Berlin, Herbst 2011

Vielen Dank für die
wertvolle Unterstützung
bei der Erstellung
dieser Arbeit !
    Ihr Philipp Täger

Studien zum Internationalen Wirtschaftsrecht/
Studies in International Economic Law

Herausgegeben von
Prof. Dr. Marc Bungenberg, LL.M., Universität Siegen
Prof. Dr. Christoph Herrmann, LL.M., Universität Passau
Prof. Dr. Markus Krajewski, Friedrich-Alexander-Universität
Erlangen-Nürnberg
Prof. Dr. Carsten Nowak, Europa Universität Viadrina,
Frankfurt/Oder
Dr. Jörg Philipp Terhechte, Universität Hamburg
Prof. Dr. Wolfgang Weiß, Deutsche Hochschule für
Verwaltungswissenschaften, Speyer/Oxford Brookes
University

Band 4

Philipp Täger

Der Schutz von Menschenrechten im internationalen Investitionsrecht

Unter besonderer Beachtung der Rechte und Pflichten des Exportstaates

Nomos

Die Deutsche Nationalbibliothek verzeichnet diese Publikation in
der Deutschen Nationalbibliografie; detaillierte bibliografische
Daten sind im Internet über http://dnb.d-nb.de abrufbar.

Zugl.: Potsdam, Univ., Diss., 2010

ISBN 978-3-8329-6731-4

1. Auflage 2011
© Nomos Verlagsgesellschaft, Baden-Baden 2011. Printed in Germany. Alle Rechte, auch
die des Nachdrucks von Auszügen, der fotomechanischen Wiedergabe und der Übersetzung, vorbehalten. Gedruckt auf alterungsbeständigem Papier.

Vorwort

Die vorliegende Arbeit wurde im Sommersemester 2010 von der Juristischen Fakultät der Universität Potsdam als Dissertation angenommen. Sie befindet sich auf dem Stand von Dezember 2010. Die Anfertigung und die Drucklegung wurden durch ein Graduiertenstipendium der Universität Potsdam sowie durch einen Druckkostenzuschuss des Auswärtigen Amts ermöglicht, wofür ich mich an dieser Stelle bedanken möchte.

Mein herzlicher Dank gilt meinem Doktorvater Prof. Dr. Markus Krajewski, der die Arbeit mit zahlreichen wertvollen Hinweisen förderte und mich darüber hinaus in allen akademischen Belangen unterstützte. Danken möchte ich auch PD Dr. Norman Weiß für die Erstellung des Zweitgutachtens.

Mein ganz besonderer Dank gilt Sara Geerdes, meinen Eltern und meiner Schwester, die mich in allen Phasen meiner Ausbildung und besonders bei der Anfertigung der Dissertation stets liebevoll und rückhaltlos unterstützt haben. Mein Onkel Karl Herbst hat dankenswerterweise die Mühen des Korrekturlesens auf sich genommen.

Berlin, im März 2011   Philipp Täger

Inhaltsverzeichnis

Abkürzungsverzeichnis

ABl.	Amtsblatt der Europäischen Union
AEUV	Vertrag über die Arbeitsweise der Europäischen Union
ATCA	Alien Tort Claims Act
BGBl.	Bundesgesetzblatt
BIT	Bilateral Investment Treaty
BMWi	Bundesministerium für Wirtschaft und Technologie
CAO	Compliance Advisor/Ombudsmann
CARIFORUM	Caribbean Forum
CESCR	Committee on Economic, Social and Cultural Rights
COMESA	Common Market for Eastern and Southern Africa
ECGD	Export Credits Guarantee Department
ECHR	European Court of Human Rights
ECOSOC	Economic and Social Council
ECT	Energy Charta Treaty
EG(V)	(Vertrag zur Gründung der) Europäische(n) Gemeinschafte(n)
EGMR	Europäischer Gerichtshof für Menschenrechte
EIB	Europäische Investitionsbank
EPA	Economic Partnership Agreement
ESC	Europäische Sozialcharta
EU(V)	(Vertrag über die) Europäische Union
FDI	Foreign Direct Investment
GA (Res)	General Assembly (Resolution)
GAOR	General Assembly Offical Records
GATS	General Agreement on Trade in Services
IBRD	International Bank for Reconstruction and Development
ICESCR	International Covenant on Eonomic, Social and Cultural Rights
ICJ	International Court of Justice
ICSID	International Centre for Settlement of Investment Disputes
IFC	International Finance Corporation
IGH	Internationaler Gerichtshof
IGH-Statut	Statut des Internationalen Gerichtshofs
ILA	International Law Association

ILC	International Law Commission
ILM	International Legal Materials
ILO	International Labour Organisation
IPbürgR	Internationaler Pakt über bürgerliche und politische Rechte
IPwirtR	Internationaler Pakt über wirtschaftliche, soziale und kulturelle Rechte
IStGH	Internationaler Strafgerichtshof
ITN	Investment Treaty News
IWF	Internationaler Währungsfond
LDCs	Least developed countries
MAI	Multilateral Agreement on Investment
MIGA	Multilaterale Investitions-Garantie Agentur
NAFTA	North American Free Trade Agreement
NEXI	Nippon Export and Investment Insurance
NGO	Non-governmental organisation
OECD	Organisation for Economic Co-operation and Development
OPIC	Overseas Private Investment Corporation
PCIJ	Permanent Court of International Justice
SPS	Agreement on the Application of Sanitary and Phytosanitary Measures
StIGH	Ständiger Internationaler Gerichtshof
UN	United Nations
UN Doc.	United Nations Document
UNC	Charta der Vereinten Nationen
UNCITRAL	United Nations Commission on International Trade Law
UNCTAD	United Nations Conference on Trade and Development
UNTS	United Nations Treaty Series
WTO	World Trade Organisation
WVK	Wiener Konvention über das Recht der Verträge

14

Einführung

"God did not bestow all products upon all parts of the earth, but distributed His gifts over different regions, to the end that men might cultivate a social relationship because one would have need of the help of another. And so he called commerce into being, that all men might be able to have common enjoyment of the fruits of the earth, no matter where produced."[1]

Schon *Grotius*, dem sogenannten „Gründungsvater" des modernen Völkerrechts, war die enge Verbindung zwischen internationaler Wirtschaftstätigkeit und den sich daraus entwickelnden politischen und gesellschaftlichen Folgewirkungen offensichtlich. Aktuelle Entwicklungstendenzen der globalisierten Wirtschaft scheinen jedoch darauf hinzudeuten, dass die internationalen Wirtschaftsbeziehungen diese gegenseitigen Wechselwirkungen nicht mehr in ausreichendem Maße beachten. Die zum Teil gewalttätigen Demonstrationen gegen die internationalen Wirtschaftsorganisationen und -konferenzen (WTO, G 8-Konferenzen etc.) der letzten Jahre sind nur die äußerlichen Anzeichen für eine weit verbreitete Unzufriedenheit mit dem aktuellen Stand der wirtschaftlichen Globalisierung. Die Kritik der sogenannten „Globalisierungsgegner" richtet sich dabei vor allem gegen die wirtschaftlichen und sozialen Ungerechtigkeiten der voranschreitenden Globalisierung, die ihrer Meinung nach durch die zunehmende Vernetzung der nationalen Märkte als dem herausstechenden Kennzeichen der wirtschaftlichen Globalisierung nicht beseitigt, sondern vielmehr noch verstärkt werden. Vor allem die fehlende bzw. mangelhafte Verankerung grundlegender menschenrechtlicher, gesellschaftlicher und ökologischer Belange in den globalen Wirtschaftsinstitutionen und die entwicklungspolitischen Positionen mancher Industriestaaten und transnationaler Unternehmen stehen in besonderem Maße im Mittelpunkt der Kritik.[2]

Im Rahmen des Welthandelsrechts hat sich daher schon seit einiger Zeit eine intensive Diskussion um die Möglichkeiten der Integration entwicklungspolitischer und menschenrechtlicher Aspekte in das System der WTO entsponnen.[3] Im

---

1   *Grotius*, De Jure Belli Ac Pacis (1625), Book II, Ch.II, XIII, 5 (zitiert nach *Zia-Zarifi* in: Nieuwenhuys/Brus (2001), 101 (101)).

2   Vgl. nur *Amnesty International* (2006), S.7 ff.; *Stiglitz* (2006), S.21 ff.; *Karns/Mingst* (2004), S.361 ff.; vgl. auch die von der Nichtregierungsorganisation *Weed* herausgegebenen Arbeitsblätter von *Fichtner* (2006) und *Drillisch/Sekler* (2004).

3   Vgl. nur *Leader* (2006), 159 (159 ff.); *Petersmann* (2006), 633 (633).

internationalen Investitionsrecht, also dem Teilgebiet des Wirtschaftsvölkerrechts, das die Förderung und den Schutz internationaler Investitionen zum Gegenstand hat[4], ist eine derartige grundlegende juristische Auseinandersetzung mit den völker- und menschenrechtlichen Implikationen internationaler Investitionstätigkeit bislang noch nicht in erforderlichem Maße erfolgt. Nur einzelne Gesichtspunkte dieses vielschichtigen Rechts- und Wirtschaftsbereiches, wie z. B. die Bindung transnationaler Unternehmen an bestimmte Menschenrechtsstandards[5], sind bereits Gegenstand umfassender völkerrechtlicher Forschung gewesen. Dies ist insofern erstaunlich, als die von ausländischen Tochtergesellschaften produzierten Waren und bereitgestellten Dienstleistungen bereits Ende der 1990er Jahre ein höheres Volumen erreichten als der gesamte Welthandel[6] und daher berechtigterweise die Feststellung getroffen werden kann, dass Investitionen bzw. die aus den Auslandsinvestitionen resultierenden Produktionsumsätze den Welthandel als treibende Kraft der Weltwirtschaft abgelöst haben.[7] Gerade wegen dieser eminenten Bedeutung der internationalen Investitionstätigkeit für die wirtschaftliche und gesellschaftliche Entwicklung vieler Nationalstaaten erscheint es dringend notwendig, die entwicklungs- und menschenrechtlichen Folgewirkungen von ausländischen Investitionen unter völkerrechtlichen Gesichtspunkten genauer zu untersuchen und auf ihre wesentlichen Bestimmungsfaktoren hin zu analysieren.

A. Die menschenrechtliche Relevanz des internationalen Investitionsrechts

Neben den vielfältigen positiven Effekten, die ausländische Direktinvestitionen im Empfangsstaat entfalten können (so z. B. die Bereitstellung von notwendigem Kapital, Wissens- und Technologietransfer, *Spill-over*-Effekte für die nationale Wirtschaft des Gastlandes[8]), ergeben sich häufig auch negative Folgen für die

---

4   Dieser Arbeit soll ein weites Verständnis des Begriffs des internationalen Investitionsrechts zugrunde liegen. Neben den klassischen, auf Völkergewohnheits- und Völkervertragsrecht beruhenden investitionsrechtlichen Schutzstandards sollen auch die sonstigen nationalen und internationalen Instrumente zum Schutz und zur Förderung internationaler Investitionen, insbesondere auch Investitionsgarantien zum internationalen Investitionsrecht gezählt werden.

5   Vgl. *De Schutter* in: De Schutter (2006), S.1 ff.; *Jägers* (2002), S.19 ff.; *Muchlinski* (2007), S.514 ff.

6   Vgl. *UNCTAD*, World Investment Report 1999, S.4 ff.

7   *Görs* (2005), S.19.

8   Zu den positiven Effekten internationaler Investitionen vgl. *Pradhan* (2006), S.1 ff.; *UN-Wirtschafts- und Sozialrat* (2003), para.6.

soziale und wirtschaftliche Situation des Importstaates. Zwar sind Direktinvestitionen als Kapitalanlagen als solche nicht unmittelbar menschenrechtsrelevant, jedoch können die mit ihnen finanzierten Tätigkeiten negative menschenrechtsrelevante Auswirkungen haben. Diese Tatsache haben mittlerweile auch die Vereinten Nationen erkannt und versuchen daher, zur Klärung der gegenseitigen Abhängigkeiten und Interdependenzen der beiden Rechtsgebiete beizutragen.[9] Praktische Beispiele für menschenrechtsrelevante Folgen ausländischer Direktinvestitionen hinsichtlich der grund- und menschenrechtlichen Lage in Importstaaten sind hinreichend durch Nichtregierungsorganisationen und gerichtliche bzw. schiedsgerichtliche Verfahren dokumentiert.[10] Beispielhaft seien hier drei Sachverhalte geschildert, die die negativen Auswirkungen internationaler Investitionstätigkeit auf die menschenrechtliche Situation im Zielstaat verdeutlichen.

So ist z. B. die Klage burmesischer Bürger aus dem Jahr 1996 gegen das US-Ölunternehmen Unocal und die burmesische Regierung vor US-Gerichten zu gewisser Prominenz gelangt.[11] Unocal betrieb in den 90er Jahren in Myanmar ein Pipeline-Projekt in Form eines Joint Ventures mit dem französischen Ölunternehmen Total und einem staatseigenen burmesischen Ölunternehmen.[12] Aufgrund einer Vereinbarung mit dem burmesischen Staatsunternehmen wurden

---

9   Siehe dazu die zahlreichen Aktivitäten des UN-Wirtschafts- und Sozialrats, so z.B. *UN-Wirtschafts- und Sozialrat* (2003), para.5 ff.; die Aktualität der Thematik wird auch durch die Ernennung von *John Ruggie* zum *UN-Special Representative of the Secretary-General on Human Rights and Transnational Corportions and Other Business Enterprises* verdeutlicht, vgl. dazu die zahlreichen Berichte, die zwischenzeitlich vom *Special Representative* vorgelegt wurden: u.a. *United Nations* (2007): ICESCR; *United Nations* (2007): Human Rights Policies of Chinese Companies.

10 Vgl. dazu beispielsweise die Dokumentation *The Curse of Gold* von der Nichtregierungsorganisation *Human Rights Watch* zu den menschenrechtsrelevanten Verbrechen im Zusammenhang mit Goldabbau und -produktion in der Demokratischen Republik Kongo (abrufbar unter www.hrw.org/reports/2005/drc0505/); zu den Menschenrechtsverletzungen in Zusammenhang mit Investitionstätigkeiten im Ölförderungs- und Bergbausektor den Report *Oil and Mining in Violent Places* der Nichtregierungsorganisation *Global Witness* aus dem Jahr 2007 (abrufbar unter www.globalwitness.org/media_library_detail. php/580/en/oil_and_mining_in_violent_places); zu menschenrechtsrelevanten Vorkommnissen im Zusammenhang mit der Mobiltelefonproduktion in China und den Philippinen siehe den Report *Silenced to deliver, Mobile phone manufacturing in China and the Philippines* der Nichtregierungsorganisationen SOMO und SwedWatch aus dem Jahr 2008 (abrufbar unter www.swedwatch.org).

11 *National Coalition Government of the Union of Burma v. Unocal, Inc.*, 176 F.R.D. 329, 349 (C.D. Cal.1997); vgl. auch die Entscheidung des Court of Appeals United States Court of Appeals for the Ninth Circuit (2002), *John Doe I v. Unocal*, 2002 U.S.App. LEXIS 19263; ausführlich zu den menschenrechtsrelevanten Klagen auf Grundlage des *Alien Tort Claims Act* unten Kapitel 4. F.

12 Zum Sachverhalt siehe *Gaedtke* (2004), 241 (243/244); *Seibert-Fohr* (2004), 195 (197).

durch das burmesische Militär Sicherheits- und andere Leistungen beim Bau der Pipelines erbracht. In der Praxis bestanden die „Sicherheitsleistungen" u. a. darin, dass die Truppen zahlreiche Bewohner von Gebieten, durch die die Pipeline verlaufen sollte, zwangen, am Bau des Projekts mitzuwirken. Andere Bewohner wurden von ihren Grundstücken mit Gewalt vertrieben. Jegliche Proteste gegen das Projekt wurden von den Militärs brutal niedergeschlagen, wobei es zu Mord, Vergewaltigung, Folter und Plünderungen kam. Die betroffenen Personen warfen Unocal vor, von den Vorgängen Kenntnis gehabt und das Militär bei seinen gegen die Bevölkerung gerichteten Maßnahmen unterstützt zu haben. Die Anschuldigungen stützten sich u. a. darauf, dass Unocal vor der Beteiligung an dem Projekt eine Risikobewertung hatte durchführen lassen, die die beschriebenen Auswirkungen als wahrscheinlich erscheinen ließen. Das Verfahren wurde schließlich im Dezember 2004 mit einem Vergleich abgeschlossen, in welchem sich die Firma Unocal bereit erklärte, den Klägern eine nicht genannte Summe für Entwicklungsprogramme in der Region der Pipeline zu zahlen.

Als weiteres Beispiel für die negativen Auswirkungen von investitionsbedingten Tätigkeiten transnationaler Unternehmen kann der Umgang des britischen Unternehmens RTZ Corporation Plc. mit seinen lokalen Mitarbeitern in Namibia angeführt werden.[13] Rio Tinto, die namibische Tochterfirma des Mutterunternehmens RTZ Corporation Plc., betrieb in den 1990er Jahren in Namibia Uranminen.[14] Die Schutzmaßnahmen, die Rio Tinto nach Weisung des britischen Muttcrunternehmens zugunsten der Mitarbeiter ergriff, waren in keiner Hinsicht ausreichend. So nahm die namibische Geschäftsführung für die Einhaltung bestimmter Lieferfristen in Kauf, dass Minenarbeiter trotz höchster Staub- und Uranbelastung ohne jeglichen Schutz wie z. B. Atemmasken arbeiten mussten. Dieses Vorgehen der namibischen Tochtergesellschaft entsprach den Weisungen und Leitlinien, die das britische Mutterunternehmen seiner namibischen Tochter Rio Tinto für den Arbeits- und Gesundheitsschutz gegeben hatte. In Folge der gesundheitlichen Belastungen erkrankten einige Arbeiter an Krebs und erhoben daraufhin Klage in Großbritannien gegen die britische Muttergesellschaft RTZ Corporation Plc. Auch wenn die Klagen aufgrund von Verjährungsvorschriften im Ergebnis nicht zu einer Verurteilung der Muttergesellschaft führten, war aus menschenrechtlicher Sicht allein die Zulässigkeit der Klage in Großbritannien ein Erfolg.

---

13 Vgl. dazu Court of Appeal, *Connelly v. RTZ Corporation Plc. And Another*, 24/0771995, (1996) Q.B. 361.

14 Zum Sachverhalt siehe *Weschka* (2006), 625 (632); *Jägers* (2002), S.205.

Ganz ähnliche Vorwürfe wurden gegen den deutschen Pharma-Konzern *Schering* bezüglich der Behandlung von Mitarbeitern in Lima (Peru) erhoben.[15] Bis 1989 kamen dort Produktionsmethoden zum Einsatz, die aufgrund ihrer gesundheitsschädlichen Folgewirkungen Anlass für teils heftige Auseinandersetzungen der betroffenen Arbeitnehmer und Arbeitnehmerinnen mit dem Unternehmen waren. Nach Berichten der Belegschaft wurde in den Werkshallen eine chemische Substanz (Formalin) zur Desinfektion von Verpackungen benutzt, die zu vielfältigen Erkrankungen der Belegschaft führte. Ein derartiger Einsatz der Chemikalie wäre in Deutschland unmöglich gewesen, da sie als krebserzeugend und giftig beim Einatmen, Verschlucken und bei Berührung mit der Haut eingestuft wird.

Häufig sind die negativen Auswirkungen jedoch nicht unmittelbare Folge des Verhaltens ausländischer Investoren, sondern die relevanten Menschenrechtsverletzungen sind in vielen Fällen in den jeweiligen Zulieferbetrieben der investierenden Unternehmen zu beobachten. Insbesondere die Sport- und Bekleidungsindustrie ist in diesem Zusammenhang immer wieder Ziel von Kritik gewesen.[16] Aktuell werden Vorwürfe gegen international agierende Markenunternehmen wie Puma oder Adidas erhoben. Unter deren Logo sollen auf dem argentinischen Markt Bekleidungsartikel vertrieben werden, die unter Arbeitsbedingungen hergestellt werden, die weder den Maßstäben des argentinischen noch des internationalen Rechts entsprechen.[17] Die in den Zulieferbetrieben arbeitenden Näherinnen und Näher müssen entgegen der argentinischen Arbeitszeitgesetzgebung überlange Arbeitszeiten, oft zwischen zwölf und 21 Stunden, ertragen. Die Löhne liegen zumeist weit unter den gewerkschaftlich vereinbarten Tarifen. Häufig wohnen die Näher in demselben Raum, in dem sie arbeiten, wobei die Nähwerkstätten zumeist abgeschlossen sind, so dass die Näharbeiter diese häufig nur am Wochenende zu vorgegebenen Zeiten verlassen dürfen.

Vor diesem Hintergrund drängt sich die Vermutung auf, dass ein spezifischer Zusammenhang zwischen bestimmten Auslandsdirektinvestitionen (insbesondere in Entwicklungs- und Schwellenländern[18]) und der Menschenrechtslage in den

---

15 Vgl. *Böttger* (2002), S.28.
16 Siehe dazu z.B. die Dokumentation der Nichtregierungsorganisation OXFAM über Arbeits- und Menschenrechtsverstöße der Sportbekleidungsindustrie in Asien aus dem Jahr 2006: *Offside! Labour rights and sportswear production in Asia* (abrufbar unter: www.oxfamamerica.org).
17 Dazu ausführlich *Kaleck/Saage-Maaß* (2008), S.102 ff.
18 Aufgrund der Unsicherheiten bezüglich des Begriffs der „Entwicklung" existiert keine anerkannte völkerrechtliche Definition der Gruppe der Entwicklungs- und Schwellenstaaten, vgl. *Kaltenborn* (2008), 205 (210 ff.). Allgemein anerkannt ist lediglich die Definiti-

jeweiligen Gaststaaten besteht. Zum einen versuchen transnationale Unternehmen regelmäßig, durch Verlagerung von Produktions- und Geschäftsaktivitäten nicht nur die Produktionskosten zu senken, sondern auch die bestehenden Menschenrechts-, Arbeits- und Sozialstandards der entwickelten Industrienationen zu umgehen. Das in Entwicklungsländern zum Teil zu beobachtende Normsetzungs- und Vollzugsdefizit im Bereich der Menschen- und Sozialrechte soll vor einer zu genauen staatlichen Kontrolle schützen. Zum anderen senken einige Gaststaaten allzu häufig auch selbst ihre Arbeits- und Sozialstandards im Wettbewerb um die attraktivsten Investitionsbedingungen für ausländische Unternehmen.

> "To attract companies like yours (…) we have felled mountains, razed jungles, filled swamps, moved rivers, relocated towns (…) all to make it easier for you and your business here."[19]

Diese geradezu unterwürfige Haltung von Schwellen- und Entwicklungsländern im Kampf um Investoren veranschaulicht das Ringen um ausländisches Kapital. Entwicklungs- und Schwellenländer sind auf ausländisches Kapital und *Know-how* angewiesen, um nachhaltige wirtschaftliche und soziale Entwicklung generieren zu können. Es liegt nahe, die Attraktivität des Investitionsstandortes auch dadurch zu steigern, dass der Entwicklung und Durchsetzung ökologischer und arbeits- bzw. sozialrechtlicher Standards keine hohe wirtschaftspolitische Priorität zuerkannt wird.

B. Relevante Entwicklungen im Bereich der internationalen Investitionen

Das dargelegte Spannungsverhältnis zwischen Investitionsrecht und Menschenrechtsschutz wird zudem durch aktuelle Entwicklungen in den internationalen Investitionsflüssen verstärkt. Seit Anfang der 1990er Jahre ist das Volumen der internationalen Investitionen beständig gestiegen und erreichte seinen ersten

---

on der am wenigsten entwickelten Länder, der sog. *Least Developed Countries* (vgl. *UNCTAD*, The Least Developed Countries Report 2010; abrufbar unter: www.unctad.org /en/docs/ldc2010_en.pdf). Trotz dieser Schwierigkeiten wird mangels anderer Alternativen auf diese Begrifflichkeiten mit all ihren Unschärfen zurückgegriffen. Für die Untersuchung soll unter einem Entwicklungsland ganz allgemein ein Staat verstanden werden, der nach wirtschaftlichen und sozialen Indikatoren (wie z.B. dem durchschnittlichen Einkommen, der Kindersterblichkeit und der Analphabetenquote) rückständig ist. Freilich gibt es innerhalb dieser Gruppe große Unterschiede. Die wirtschaftliche Lage einiger Schwellenstaaten wie China, Brasilien oder Mexiko unterscheidet sich deutlich von der Situation der am wenigsten entwickelten Staaten vor allem in der Karibik und im südlichen Afrika; vgl. *Krajewski* (2009), Rn.831; *Fatouros* in: EPIL (1992), 1017 (1020).

19 So in einem philippinischen Regierungsdokument, zitiert nach *Dine* (2005), S.223.

Höchststand im Jahr 2000 (1.411 Mrd. US-Dollar), fiel bis 2003 zunächst auf 560 Mrd. US-Dollar ab, erreichte im Jahr 2005 jedoch schon wieder ein Volumen von 916 Mrd. US-Dollar. Im Jahr 2006 näherte sich das Investitionsvolumen mit 1.306 Mrd. US-Dollar wieder dem Rekordstand aus dem Jahr 2000 und erreichte im Jahr 2007 einen neuen Höchststand mit 1.833 Mrd. US-Dollar.[20] Die weltweite Finanzkrise führte in den Jahren 2008 und 2009 zu einem erheblichen Rückgang der internationalen Investitionstätigkeit (Stand 2009: 1.114 Mrd. US-Dollar).[21] In den ersten Monaten des Jahres 2010 war allerdings bereits wieder ein Anwachsen der Investitionssummen zu beobachten.[22] Dabei sind die entwickelten Industriestaaten bzw. deren transnationale Unternehmen nach wie vor die wirkungsmächtigsten Akteure in den internationalen Investitionsbeziehungen. Die meisten internationalen Investitionen wurden im Jahr 2008 von westlichen transnationalen Unternehmen getätigt, wobei der Großteil der Investitionen wiederum in die entwickelten Industriestaaten floss.[23] Bemerkenswert an den aktuellen Entwicklungen ist jedoch, dass sich der Kreis der Kapitalimport- und Kapitalexportstaaten in den letzten Jahren erweitert hat. Dominierten bislang Unternehmen aus den USA, Japan und die Staaten der Europäischen Union (EU) das Geschehen, treten nun vermehrt Unternehmen aus Entwicklungs- und Schwellenländern als Akteure in den investitionsrechtlichen Beziehungen auf.[24] Im Zuge dieser Entwicklung waren im Jahr 2007 die bisher größten Investitionsflüsse in Entwicklungs- und Schwellenländer zu beobachten (500 Mrd. US-Dollar)[25]. Zugleich erreichte auch das Volumen der Investitionen aus Entwicklungs- und Schwellenländern in andere Entwicklungs- und Schwellenländer (sog. *south-to-south investment*) Rekordwerte[26]. Wenngleich manche Regionen stärker an diesem Wachstum teilhatten als andere, lässt sich generalisierend feststellen, dass sowohl die Investitionsflüsse in die Entwicklungs- und Schwellenländer als auch aus diesen heraus in den letzten Jahren flächendeckend deutlich zugenommen

---

20 Soweit nicht anders gekennzeichnet stammen alle Zahlen aus dem *World Investment Report 2010*. Dieser jährlich von der *UN Conference on Trade and Development* (UNCTAD) veröffentlichte Report gibt einen umfassenden Überblick über Umfang und Struktur der weltweiten Investitionsströme und der transnationalen Unternehmen.
21 *UNCTAD*, World Investment Report (2010), S.2.
22 Vgl. dazu den *Global Quaterly Index* in: *UNCTAD*, World Investment Report (2010), S.3.
23 *UNCTAD*, World Investment Report (2010), S.17.
24 *UNCTAD*, World Investment Report (2010), S.16 ff.; vgl. dazu *Sauvant* (2005), 639 (640 ff.).
25 *UNCTAD*, World Investment Report (2008), S.8.
26 *UNCTAD*, World Investment Report (2007), S.105 ff.; World Investment Report (2008), S.38 ff.

haben. Zugleich steigt die Anzahl der in der Liste der 100 größten transnationalen Unternehmen vertretenen Unternehmen aus Entwicklungs- und Schwellenstaaten stetig. Findet sich in der Aufstellung der 50 umsatzstärksten Unternehmen im Jahr 1994 noch kein einziges Unternehmen aus Entwicklungs- und Schwellenländern[27], gehörten im Jahr 2005 bereits sieben dieser Unternehmen der Gruppe der 100 größten an[28]. Der Anteil transnationaler Unternehmen aus Entwicklungs- und Schwellenländern stieg im Jahr 2008 auf 28 % an.[29]

Für den Untersuchungsgegenstand sind diese Entwicklungen unter verschiedenen Gesichtspunkten relevant. Zunächst lässt das zuletzt stetige Wachstum der Investitionstätigkeit erwarten, dass die (positiven und negativen) sozioökonomischen und menschenrechtlichen Auswirkungen der getätigten Investitionen rein quantitativ zunehmen werden. Steigen die internationalen Investitionsflüsse an, so ist zu erwarten, dass die investitionsspezifischen Gefährdungslagen für den Schutz und die Verwirklichung der Menschenrechte zunehmen. Zudem lassen sich die meisten Menschenrechtsverletzungen im Zusammenhang mit internationalen Investitionstätigkeiten in strukturschwachen Entwicklungs- und Schwellenländern beobachten. Dort, wo transnationale Unternehmen nicht auf festgefügte, effektive staatliche Strukturen und ein gewisses allgemeines Wohlstandsniveau treffen, steigt die Wahrscheinlichkeit für investitionsbedingte Menschenrechtsverletzungen. Diesen Zusammenhang betont auch *John Ruggie*, der *Special Representative of the Secretary-General on Human Rights and Transnational Corportions and Other Business Enterprises* in einem Bericht aus dem Jahr 2006:

> "(...), there is clearly a negative symbiosis between the worst corporate-related human rights abuses and host countries that are characterized by a combination of relatively low national income, current or recent conflict exposure, and weak or corrupt governance."[30]

Steigen die Investitionsflüsse in Entwicklungs- und Schwellenländer bzw. steigt die Investitionstätigkeit zwischen Entwicklungs- und Schwellenländern, vervielfachen sich die potentiellen menschenrechtlichen Problemkonstellationen. Eine weitere Folge der erhöhten Investitionsaktivität durch Unternehmen aus Entwicklungsländern besteht darin, dass Investitionen häufiger von Unternehmen durchgeführt werden, deren Sensibilität für Fragen des Menschenrechtsschutzes

---

27 *UNCTAD*, World Investment Report (1994), S.10.
28 *UNCTAD*, World Investment Report (2008), S.27; diese Zahl hat sich bis zum Jahr 2010 nicht verändert, vgl. *UNCTAD*, World Investment Report (2010), S.17.
29 *UNCTAD*, World Investment Report (2010), S.17.
30 *United Nations* (2006), Promotion and Protection of Human Rights, Rn.30.

nicht in erforderlichem Maß ausgebildet ist[31] und deren Verhalten nicht in vergleichbarem Umfang der Überprüfung durch die Medien und zivilgesellschaftlichen Gruppen in den Heimatstaaten standhalten muss.[32] Haben sich viele westliche transnationale Unternehmen – sei es aus eigenem Antrieb, sei es aufgrund öffentlichen Drucks – inzwischen unternehmensinterne Verhaltensleitlinien gegeben, so hat das Thema bei den meisten Unternehmen aus Entwicklungs- und Schwellenstaaten keinen vergleichbaren Stellenwert.

C. Die Rechtsstellung des Exportstaates als primärer Untersuchungsgegenstand

Eine Untersuchung des Spannungsverhältnisses zwischen internationalem Investitionsrecht und dem System des Menschenrechtsschutzes kann auf verschiedene Weise erfolgen. Am naheliegendsten ist eine Vorgehensweise, die sich an den Hauptakteuren des internationalen Investitionsrechts und deren Rechtsstellung orientiert. Bei internationalen Investitionsvorgängen sind zumindest drei Akteure beteiligt: der Staat, aus dem die Investition stammt (sog. Export- oder Heimatstaat), der Zielstaat, in dem die Investition getätigt wird bzw. ihre wirtschaftlichen und rechtlichen Wirkungen entfaltet (sog. Import- oder Gaststaat) und schließlich der Investor, in der Regel ein transnational agierendes Unternehmen.[33]

Zum einen könnte demnach die Rechtsordnung des Zielstaates ausländischer Investitionen dahingehend untersucht werden, inwieweit sie vor den potentiell negativen Folgen ausländischer Investitionstätigkeit schützt bzw. Voraussetzungen dafür schafft, dass negative Folgewirkungen minimiert werden oder gänzlich ausbleiben. Wenngleich der Ansatz unter rechtsvergleichenden Aspekten interessant erscheint, wird er im Rahmen dieser Untersuchung nicht weiterverfolgt werden. Es widerspräche der primär völkerrechtlichen Ausrichtung dieser Arbeit, eine ganze Reihe nationaler Rechtsordnungen auf ihre Menschenrechtssensibilität zu untersuchen, zumal es den Rahmen der Studie überschreiten würde, einen auch nur annähernd repräsentativen Überblick über die verschiedenen nationalstaatlichen Investitionsgesetzgebungsmodelle vor dem Hintergrund der jeweiligen menschenrechtlichen Verpflichtungen zu erarbeiten. Zudem hat sich gezeigt, dass Gaststaaten, in denen ausländische Investoren bzw. inländische

---

31 Vgl. für chinesische Unternehmen *United Nations* (2007), Human Rights Policies of Chinese Companies, S.2 ff.
32 Vgl. *UNCTAD*, World Investment Report (2007), S.153.
33 Vgl. zu den Begrifflichkeiten *Wallace* (2002), S.102/103; *Gramlich* (1984), S.111.

Zulieferbetriebe menschenrechtsgefährdendes und -verletzendes Verhalten ausübten, zum großen Teil über formal bestehende menschenrechtliche Schutzinstrumentarien verfügten, diese aber aufgrund defizitärer justizieller Systeme oder aus mangelnder politischer Bereitschaft heraus nicht zum Einsatz kamen. Besonders evident werden diese Probleme in zahlreichen Konfliktregionen der Welt, in denen funktionierende Staatswesen nicht oder nicht mehr existieren.[34] Eine Analyse der relevanten, formal bestehenden nationalen Schutzinstrumente hat daher nur begrenzte Aussagekraft für die tatsächliche menschenrechtliche Lage in einem bestimmten Staat.

Ein zweiter Ansatzpunkt könnte sein, das Verhältnis der transnationalen Unternehmen zum Völkerrecht im Allgemeinen und zum völkerrechtlichen System des Menschenrechtsschutzes im Speziellen zu analysieren.[35] In diesem Zusammenhang gibt es bereits eine Vielzahl umfangreicher Forschungsarbeiten zur Frage der Völkerrechtssubjektivität juristischer Personen und der daraus möglicherweise zu folgernden unmittelbaren Bindung transnationaler Unternehmen an Menschenrechte.[36] Ein zentrales Argument, das für die Bindung transnationaler Unternehmen angeführt wird, besteht darin, dass die bisherige weitgehende Nichtbeachtung transnationaler Unternehmen im völkerrechtlichen System in einem Wertungswiderspruch zu dem großen Einfluss stehe, den transnationale Unternehmen auf die wirtschaftlichen, sozialen und ökologischen Lebensbedingungen weltweit ausüben. Aufgrund der finanziellen und organisatorischen Macht umsatzstarker, weltweit agierender Unternehmensgruppen solle neben den klassischen Völkerrechtssubjekten daher auch transnationalen Unternehmen zumindest partielle Völkerrechtssubjektivität zukommen, die eine Bindung dieser Unternehmen an Menschenrechte zur Folge habe. Im Gegensatz zu dieser in letzter Zeit verstärkt geäußerten Auffassung sind nach traditioneller Ansicht in Rechtsprechung und Lehre transnationale Unternehmen jedoch keine Völkerrechtssubjekte.[37] Es lässt sich daher feststellen, dass die Diskussion um die unmittelbare menschenrechtliche Verpflichtung transnationaler Unternehmen an einem Punkt angelangt ist, an dem in absehbarer Zeit wohl keine fundamentalen Änderungen in der Staaten- und Rechtsprechungspraxis zu erwarten sind. Einen praktikablen

---

34 *OECD* (2002), Multinational Enterprises in Situations of Conflict, S.10 ff.
35 Diesen Ansatz verfolgen beispielsweise *Schmalenbach* (2001); 57 (58 ff.); *Jägers* (2002), S.19 ff.; *Addo* (1999), S.3 ff.
36 Vgl. aus dem umfangreichen Schrifttum: *Paul* (2000/2001), 285 (285 ff.); *Zerk* (2006), S.60 ff.; *Schmalenbach* (2001), 57 (61 ff.); *Ratner* (2001), 443 (489 ff.); *Joseph* (1999), 171 (175); *Sornarajah* (2010), S.149 ff.; *Muchlinski* (2007), S.514 ff.
37 Vgl. *Krajewski* (2009), Rn.61; *Schmalenbach* (2001), 57 (80); *Diez de Velasco* (2007), S.306/307.

Ansatz zum Ausgleich des Spannungsverhältnisses zwischen Investitionsrecht und Menschenrechtsschutz stellt dieser Ansatz somit zurzeit nicht dar und wird daher keine vertiefende Behandlung erfahren.

Angesichts der Schwierigkeiten, die sich bei der direkten Anwendbarkeit völkerrechtlicher Standards auf transnationale Unternehmen ergeben, und aufgrund des Umstandes, dass von vielen Gaststaaten keine effektive Wahrung von Menschenrechtsstandards erwartet werden kann, liegt es nahe, den dritten Ansatzpunkt, also die Rechtsstellung der Exportstaaten internationaler Investitionen, in den Mittelpunkt der Untersuchung zu stellen. Die Überlegung, die Exportstaaten für die menschenrechtsrelevanten Folgewirkungen internationaler Investitionen mit in die Verantwortung zu nehmen, scheint schon deshalb sinnvoll, da 90 % der transnationalen Unternehmen ihre Muttergesellschaft in entwickelten Industriestaaten haben.[38] In diesen Staaten sind in aller Regel Menschenrechtsstandards in nationalen Gesetzen verankert, und es bestehen rechtsstaatliche Verfahren zur Sanktionierung von Normverstößen. Bereits im Jahr 1970 kam *Vagts* daher für US-amerikanische Unternehmen und deren Regulierung zu dem Ergebnis:

> "Still there is a strong, and to my mind, compelling case to be made for a continuing American effort to keep the MNE under surveillance. So long as MNE's are largely headquartered here and managed by Americans, it will be the United States alone that has the capacity to keep track of what MNE's are doing and the power to make them change their practices. (…) MNE's might expand following their internal dynamics without regard to their broader impact. Pending effective international controls, which are still a long way hence, the United States will have to continue and even expand its control."[39]

Aufgrund dieser Notwendigkeiten und Vorzüge des „heimatstaatsbezogenen" Ansatzes haben sich in letzter Zeit vermehrt UN-Organisationen[40] und globalisierungskritische, zivilgesellschaftliche Gruppierungen[41] mit diesem beschäftigt. So findet sich beispielsweise im *World Investment Report* 2007 der *United Nations Conference on Trade and Development* (UNCTAD) die Feststellung:

---

38   *Weschka* (2006), 625 (629).
39   *Vagts* (1970), 739 (786).
40   *UN-Wirtschafts- und Sozialrat* (2003), Rn.31 ff.; UN Committee on Economic, Social and Cultural Rights, General Comment No.12 para.36; General Comment No.14 para.39.
41   Vgl. dazu die gemeinsame Initiative von Brot für die Welt, FIAN International und des Evangelischen Entwicklungsdienstes (eed), in deren Rahmen umfangreiche Arbeiten zu extraterritorialen Staatenpflichten getätigt wurden (Materialien abrufbar unter www.fian.de); siehe auch die Arbeiten des *International Council on Human Rights,* beispielsweise die 2003 erschienene Schrift *Duties sans Frontières: Human rights and global social justice*, S.23 ff. (abrufbar unter www.international-council.org/files/reports/3/ 108_-_Economic_and_Social_Rights.pdf).

"Home-country governments also have a duty to protect against human rights abuses committed abroad by their nationals and TNCs."[42]

Eine tiefergehende völkerrechtliche Auseinandersetzung mit dem Konzept der „Heimatstaatverpflichtungen" ist bisher noch nicht erfolgt.[43] Die Behebung dieses Defizits scheint jedoch dringend notwendig, zum einen aufgrund des großen Potentials dieses Ansatzes für den Menschenrechtsschutz, zum anderen wegen der weitreichenden Folgewirkungen und potentiellen Konfliktfelder grenzüberschreitender Verpflichtungsstrukturen.

D. Zu Aufbau und Struktur der Untersuchung

Grundsätzliches Ziel dieser Arbeit ist es, auf Grundlage des geltenden Völkerrechts Problemlösungen zu finden, die den Eigengesetzlichkeiten und sachlichen Erfordernissen des internationalen Kapital- und Wirtschaftsverkehrs angemessen sind und zugleich die erforderliche Flexibilität besitzen, die für effektiven Menschenrechtsschutz erforderlich ist. Aufgrund der Neuartigkeit vieler sich im Spannungsverhältnis von internationalem Investitionsrecht und Menschenrechtsschutz stellender Fragen und angesichts der sich rasch verändernden globalen wirtschaftlichen und rechtlichen Gegebenheiten wird sich die Untersuchung zum Teil jedoch auch auf einem schmalen Grat zwischen *lex ferenda* und *lex lata* bewegen müssen. Angesichts der rechtlichen Herausforderungen der Globalisierung und des internationalen Investitionsrechts erscheint ein derartiges Vorgehen erforderlich.

Klargestellt sei bereits an dieser Stelle, dass sich diese Untersuchung nicht mit der Frage auseinandersetzen wird, inwieweit die Eingliederung menschenrechtlicher Werte in das internationale Investitionsrecht zur Auflösung oder Minderung des Spannungsverhältnisses zwischen Gewinnstreben und Menschenrechten unter *wirtschaftlichen* oder *politischen* Gesichtspunkten umsetzbar ist. Dies ist keine Rechtsfrage und soll bzw. kann daher nicht in dieser Untersuchung beantwortet werden.[44] Primäres Ziel dieser Untersuchung wird es vielmehr sein, vor dem Hintergrund aktueller Rechtsentwicklungen die Rahmenbedingungen und Möglichkeiten einer menschenrechtsorientierten Regulierung internationaler Investi-

---

42 *UNCTAD*, World Investment Report (2007), S.178.
43 Ansätze dazu bei *Zerk* (2006), S.145 ff.; *Coomans* in: Coomans/Kamminga (2004), 183 (190 ff.); *Sornarajah* (2010), S.155 ff.
44 Vgl. *Schmalenbach* (2001), 57 (58); für eine wirtschaftswissenschaftliche Analyse siehe *Blume/Voigt* (2007), 509 (509 ff.).

tionen im Völkerrecht und im nationalen Recht aufzuzeigen und zugleich die Grenzen einer solchen Regulierung auszuloten. Die Untersuchung wird sich dabei folgendermaßen gliedern:

In einem ersten Schritt werden der Begriff der internationalen Investition bestimmt und die zentralen investitionsrechtlichen Förderungs- und Schutzinstrumente vorgestellt (Kapitel 1). Im zweiten Kapitel sollen die für den Untersuchungsgegenstand relevanten völkerrechtlichen Menschenrechte identifiziert, ihr Verpflichtungsumfang herausgearbeitet und vor dem Hintergrund ihrer investitionsrechtlichen Relevanz beschrieben werden. Kapitel 3 und 4 bilden das Kernstück der Untersuchung. In diesen Kapiteln werden die möglichen menschen- und völkerrechtlichen Ansatzpunkte für eine stärkere Integration menschenrechtlicher Belange in das internationale Investitionsrecht geprüft. In Kapitel 3 sollen die relevanten menschenrechtlichen Rechtsquellen zunächst dahingehend untersucht werden, inwieweit aus ihnen grenzüberschreitende Verpflichtungen abzuleiten sind, die unmittelbare Auswirkungen auf den grenzüberschreitenden Investitionsvorgang haben könnten. Anschließend sollen die erarbeiteten völkerrechtlichen Regelungs- und Kontrollpflichten auf die investitionsrechtlichen Instrumente der Investitionsabkommen und Investitionsgarantien übertragen werden. Kapitel 4 wird sich mit den jurisdiktionellen Möglichkeiten auseinandersetzen, die den Exportstaaten zur menschenrechtlichen Regulierung unternehmerischen Verhaltens im Ausland offenstehen. Kapitel 5 widmet sich schließlich der nationalen bundesdeutschen Grundrechtsordnung, insbesondere der Frage, inwieweit aus den relevanten grundrechtlichen Gewährleistungen Vorgaben für die Ausgestaltung nationaler investitionsrelevanter Förderungsinstrumente abgeleitet werden können.

Kapitel 1: Internationale Investitionen, transnationale Unternehmen und deren Regulierung durch den Exportstaat

Die Untersuchung soll die spezifisch grund- und menschenrechtlichen Folgewirkungen, die im Rahmen internationaler Investitionstätigkeit auftreten können, zum zentralen Gegenstand haben. Zu diesem Zwecke ist es unerlässlich, den Begriff der internationalen Investition inhaltlich in einem Umfang zu klären, der eine umfassende Überprüfung der menschenrechtlichen Implikationen ermöglicht. Im folgenden Kapitel sollen daher die verschiedenen Ausprägungen internationaler Investitionstätigkeit und die Maßnahmen zu deren Förderung kurz vorgestellt werden. Nach der Klärung dieser investitionsrechtlichen Grundbegriffe werden die Hauptakteure grenzüberschreitender Investitionstätigkeit, die transnationalen Unternehmen, in ihrer wirtschaftlichen und rechtlichen Dimension beschrieben.

A. Internationale Investitionen und Investitionsabkommen

Unter einer internationalen Investition[45] versteht man grundsätzlich die Anlage von Kapital durch einen Investor (Privatperson oder Unternehmen) in ausländischen Produktionsmitteln.[46] Zwar sind die Einzelheiten des völkerrechtlichen Investitionsbegriffs nicht abschließend geklärt, die Unterscheidung zwischen ausländischen Direktinvestitionen (*Foreign Direct Investment*, FDI) und Portfolio-Investitionen ist jedoch allgemein anerkannt[47] und soll den folgenden Ausführungen zugrunde liegen.

---

45 Der deutsche Mustervertrag über die Förderung und den Schutz von Kapitalanlagen aus dem Jahr 2009 spricht nicht von Investitionen, sondern von „Kapitalanlagen", vgl. Art.1 (die von Deutschland abgeschlossenen Investitionsschutzabkommen sind abrufbar unter http://www.dis-arb.de/de/53/bit/uebersicht-id0); die authentische englische Sprachfassung dieser Verträge übersetzt diesen Begriff mit *investment*. Daraus ist abzuleiten, dass auch im Deutschen die Begriffe Kapitalanlage und Investition weitestgehend deckungsgleich sind, vgl. *Banz* (1988), S.49; *Krajewski/Ceyssens* (2007), 180 (186). Im Folgenden wird in Anlehnung an den internationalen Sprachgebrauch in erster Linie der Begriff der Investition verwendet.

46 *Krajewski* (2009), Rn.524.

47 Vgl. nur *Krajewski* (2009), Rn.530; *Görs* (2005), S.191/192; *Sornarajah* (2010), S.8 ff.; *Salacuse* (2010), S.29 ff.

I. Ausländische Direktinvestitionen

Eine allgemeinverbindliche Definition für ausländische Direktinvestitionen konnte sich bisher auf internationaler Ebene noch nicht durchsetzen.[48] Zu diesen Definitionsschwierigkeiten tragen in hohem Maße die in den verschiedenen Investitionsschutzverträgen verwendeten unterschiedlichen Investitionsdefinitionen bei.[49] Anerkannt sind jedoch einige grundsätzliche Merkmale ausländischer Direktinvestitionen, die sich in der entsprechenden Definition der *Organisation für wirtschaftliche Zusammenarbeit und Entwicklung* (OECD) wiederfinden:

> "Foreign direct investment reflects the objective of obtaining a lasting interest of a resident entity in one economy (direct investor) in an entity resident in an economy other than that of the investor (direct investment enterprise). The lasting interest implies the existence of a long-term relationship between the investor and the enterprise and a significant degree of influence on the management of the enterprise. Direct investment involves both the initial transaction between the two entities and all subsequent capital transactions between them and affiliated enterprises, both incorporated and unincorporated."[50]

Danach bezeichnet der Begriff der Direktinvestition die finanzielle Beteiligung eines Investors an einem ausländischen Unternehmen, die nach Art und Umfang dazu bestimmt ist, einen langfristigen Einfluss auf die Geschäftspolitik und damit auf die Leitung des Unternehmens zu sichern. Der erforderliche Einfluss kann durch Neugründung einer Produktionsstätte im Ausland (sog. *greenfield investment*) oder durch Akquisition und Fusion (sog. *merger and acquisition*) oder Mehr- oder Minderheitsbeteiligung an einem Unternehmen (z. B. in Form eines *joint venture*) erreicht werden.[51] In allen Investitionskonstellationen besteht die

---

48   Ausführlich zum Begriff der Direktinvestition *Belling* (2008), S.42 ff.; *Görs* (2005), S.191 ff.; *Grewlich* (1980), 25 ff.; *Schreuer (2009)* Art.25 Rn.113 ff.
49   *Dolzer/Schreuer* (2008), S.62 ff.
50   *OECD*, Benchmark Definition of Foreign Direct Investment, 3ed edition 1996, para.5; abrufbar im Internet unter: www.oecd.org; vgl. die nahezu inhaltsgleiche Definition des Internationalen Währungsfonds, *Balance of Payments Manual*, 1993, Nr.359 (abgedruckt in *Herdgen* (2009), § 21 Rn.5); vgl. auch die Defininition in *UNCTAD*, World Investment Report (2007), S.245: "Foreign direct investment (FDI) is defined as an investment involving a long-term relationship and reflecting a lasting interest and control by a resident entity in one economy (foreign direct investor or parent enterprise) in an enterprise resident in an economy other than that of the foreign direct investor (FDI enterprise or affiliate enterprise or foreign affiliate). FDI implies that the investor exerts a significant degree of influence on the management of the enterprise resident in the other economy. Such investment involves both the initial transaction between the two entities and all subsequent transactions between them and among foreign affiliates, both incorporated and unincorporated. FDI may be undertaken by individuals as well as business entities".
51   Zu den Formen ausländischer Direktinvestitionen *Belling* (2008), S.47 ff.

unternehmerische Zielsetzung darin, längerfristig Waren oder Dienstleistungen im Ausland zu produzieren bzw. sich an dieser Produktion zu beteiligen.[52] Maßgebliches Kriterium einer Direktinvestition ist neben der Dauerhaftigkeit der unternehmerischen Tätigkeit das Bestreben, einen wesentlichen bzw. beherrschenden Einfluss auf die Geschäftstätigkeit des kapitalnehmenden Unternehmens auszuüben. Dies ist immer bei einer hundertprozentigen Tochtergesellschaft, regelmäßig auch bei einer Mehrheitsbeteiligung der Fall. Häufig reicht aber aufgrund spezieller gesellschaftsrechtlicher Vertragsvereinbarungen schon eine Sperrminorität. Nach Angaben der OECD kann dies bereits bei einer Übernahme von Unternehmensteilen von mindestens 10 % gegeben sein, wenn die übrigen Anteile sehr weit gestreut bzw. verteilt sind. Zum Teil wird von einem Mindestanteil von 25 % ausgegangen.[53]

II. Portfolio-Investitionen

Abzugrenzen sind die Direktinvestitionen von den sogenannten Portfolio-Investitionen, die darauf abzielen, über eine kurzfristige Beteiligung eine angemessene Rendite des eingesetzten Kapitals zu erzielen, ohne einen direkten und laufenden Einfluss auf das Management oder die operative Geschäftspolitik auszuüben.[54] Diese Investitionen können zum einen durch den Erwerb von Schuldverschreibungen (sog. Anleihen) erfolgen. Der Erwerb von unternehmerischen Rechten am Unternehmen ist damit nicht verbunden. Andererseits ist die Investition auch durch dividendenabhängige Anteile an Fonds oder ausländischen Unternehmen möglich. Das Anlageziel ist dabei stets renditeorientiert, also auf die Erzielung eines Kapitalertrages ausgerichtet und nicht auf die Erlangung unternehmerisch-strategischen Einflusses.[55] In der Regel beschränken sich die Investoren von Portfolio-Investitionen auf ihre gesetzlich und satzungsmäßig verankerten Informations- und Aufsichtsfunktionen in den Kontrollorganen und Gremien des Zielunternehmens, um sich über die laufende Geschäftstätigkeit und den Erfolg des Unternehmens unterrichten zu können. Gewährt ihnen ihre Kapitalbeteiligung jedoch auch einen spürbaren und unmittelbaren Einfluss auf die Geschäftsleitung in Form einer Mitwirkung bei deren Besetzung bzw. der des Managements, so kann die Abgrenzung zur Direktinvestition im Einzelfall

---

52 *Krajewski* (2009), Rn.531; *Johannsen* (2009), S.12.
53 Vgl. *Wallace* (2002), S.115; *Belling* (2008), S.44 ff.
54 *Krajewski* (2009), Rn.532; *Sornarajah* (2010), S.196/197.
55 *Belling* (2008), S.52; *Görs* (2005), S.20/21.

schwierig sein. Ein Indiz zur Unterscheidung von Portfolio- und Direktinvestitionen kann in der Person des Investors gesehen werden. Während ausländische Direktinvestitionen größtenteils von transnationalen Unternehmen vorgenommen werden, werden Portfolio-Investitionen zum überwiegenden Teil von Privatpersonen selbst oder durch institutionelle Anleger getätigt.[56]

III. Internationale Investitionsabkommen

Das internationale Investitionsrecht ist gekennzeichnet durch ein komplexes System nationaler und internationaler Regelungs- und Vertragsbeziehungen. Gegenstand der Untersuchung werden in erster Linie die aufgrund ihrer großen Verbreitung praktisch relevantesten Vertragstypen sein: bilaterale Investitionsabkommen und investitionsrelevante regionale Abkommen. Diese Vertragstypen sollen im Folgenden überblicksartig vorgestellt werden.

Als wohl wichtigstes Element des internationalen Investitionsschutzes muss das weit verbreitete Netz bilateraler Investitionsschutzabkommen bezeichnet werden. Diese Verträge werden auch Investitionsförderungs- und Investitionsschutzabkommen (IFV) genannt. International durchgesetzt hat sich der Terminus *Bilateral Investment Treaty* (BIT). Rund 2700 bilaterale Investitionsabkommen existieren, an denen ca. 180 Staaten als Vertragsparteien beteiligt sind.[57] In diesen völkerrechtlichen Verträgen sichern sich die Vertragsparteien bestimmte investitionsrelevante Behandlungsstandards zu.[58] Wenngleich sich die konkreten Inhalte gewisser Standards von BIT zu BIT unterscheiden können, haben sich dennoch typische investitionsschutzrechtliche Elemente herausgebildet, die sich in der großen Mehrzahl der BITs finden.[59] Zu diesen zählen zunächst die Vorschriften, die ein günstiges Investitionsklima vorbereiten und sichern sollen (z. B. Regelungen über den Aufenthalt von Staatsangehörigen der Partnerstaaten und deren persönliche Sicherheit und Unversehrtheit). Daneben enthalten BITs materielle Schutzbestimmungen wie die investitionsrechtlichen Diskriminierungsverbote (Inländerbehandlung und Meistbegünstigung) und die Entschädigungspflicht direkter und indirekter Enteignungen. Zudem regeln die Verträge die Schlichtung von Streitigkeiten, die sich unmittelbar aus dem Zusammenhang mit den geschützten Investitionen ergeben. Für Investor-Staat-Streitigkeiten

56 *Rindler* (1999), S.16.
57 Zahlen nach *UNCTAD*, World Investment Report (2010), S.81.
58 Vgl. *Krajewski* (2009), Rn.547 ff.; *Sornarajah* (2010), S.201 ff.; *Görs* (2005), S.173.
59 Vgl. *Salacuse* (2010), S.131; *Belling* (2008), S.63; *Krajewski* (2009), Rn.551.

verweisen die Verträge heute in der überwiegenden Mehrzahl auf das *Internatio-nal Center for the Settlement of Investment Disputes* (ICSID)[60].

Für die Mitgliedsstaaten der Europäischen Union hat sich der Rechtsrahmen für den Abschluss von Investitionsschutzverträgen mit Inkrafttreten des Vertra-ges von Lissabon am 1.12.2009 grundlegend geändert. Nach Art. 207 Abs. 1 S.1 AEUV wird die Gemeinsame Handelspolitik nach einheitlichen Grundsätzen ge-staltet, was nunmehr – anders als in Art. 133 des EG-Vertrages – den Bereich der „ausländischen Direktinvestitionen" einschließt. Waren die Förderung und der Schutz von Auslandsdirektinvestitionen bislang mitgliedsstaatliche Angelegen-heiten, so sind diese Bereiche des Außenwirtschaftsrechts mit dem Vertrag von Lissabon zur ausschließlichen EU-Kompetenz geworden. Die Kompetenzüber-tragung von den Mitgliedsstaaten auf die EU erfolgte zum einen, um die EU im Rahmen von multilateralen Vertragsverhandlungen über Auslandsinvestitionen zu stärken.[61] Zum anderen soll allen Unternehmern aus EU-Staaten ein einheitli-ches Schutzniveau bei Investitionen in Drittstaaten bereitgestellt werden, unab-hängig davon, ob sie im Rahmen eines mitgliedsstaatlichen Investitionsschutz-vertrages als geschützter Investor gelten oder nicht.[62]

Gemäß Art. 207 Abs. 1 i.V.m. Art. 3 Abs. 1 lit.e) AEUV ist nunmehr nur noch die EU für den Schutz und die Förderung internationaler Direktinvestitionen zu-ständig, wobei die bereits abgeschlossenen BITs der Mitgliedsstaaten – vorbe-haltlich einer Notifizierung der EU-Kommission – jedoch weitergelten sollen.[63] Die Übertragung der ausschließlichen Kompetenz im Bereich der Auslandsdi-rektinvestitionen auf die EU wirft zahlreiche Fragen hinsichtlich ihrer konkreten Auswirkungen auf.[64] So wird beispielsweise der genaue Umfang der Kompe-tenzübertragung zu klären sein, insbesondere, ob auch Portfolio-Investitionen unter den Kompetenztitel der „ausländischen Direktinvestitionen" des Art. 207

---

60 Das ICSID wurde auf der Grundlage des Übereinkommens vom 18.3.1965 zur Beilegung von Investitionsstreitigkeiten zwischen Staaten und Angehörigen anderer Staaten (BGBl. 1969 II S.371) errichtet. Eine Liste der Mitgliedsstaaten ist abrufbar unter www.world bank.org/icsid/.

61 *Johannsen* (2009), S.15.

62 Vgl. Mitteilung der EU-Kommission „Auf dem Weg zu einer umfassenden europäischen Auslandsinvestitionspolitik" (KOM(2010)343 endg. v. 7.7.2010), S.5.

63 Vgl. zur Weitergeltung der bestehenden mitgliedsstaatlichen BITs Art.2 ff. des Vor-schlags der EU-Kommission für eine Verordnung des Europäischen Parlaments und des Rates zur Einführung einer Übergangsregelung für bilaterale Investitionsabkommen zwi-schen Mitgliedsstaaten und Drittstaaten (KOM(2010)344 endg. v. 7.7.2010).

64 Vgl. *Tietje* (2010), 647 (650); *Terhechte* (2010), 517 (522); vgl. dazu auch die Mitteilung der EU-Kommission „Auf dem Weg zu einer umfassenden europäischen Auslandsinves-titionspolitik" (KOM(2010)343 endg. v. 7.7.2010).

Abs. 1 S.1 AEUV zu subsumieren sind.[65] Wäre dies nicht der Fall, so könnte die EU auch in Zukunft nicht allein auf dem Feld des internationalen Investitionsschutzes agieren, sondern nur zusammen mit den Mitgliedsstaaten, z. B. im Rahmen sogenannter *mixed agreements*. In gleicher Weise werden in der aktuellen wissenschaftlichen Diskussion Antworten auf die Fragen zu finden sein, wie in langfristiger Perspektive mit den bestehenden BITs der Mitgliedsstaaten umzugehen ist[66] und inwieweit die EU zukünftig Partei in Investor-Staat-Schiedsverfahren sein kann[67]. Gemäß der menschenrechtlichen Ausrichtung der Studie wird im Folgenden allerdings nur der Frage nachgegangen, in welcher Weise die zukünftige europäische Auslandsinvestitionspolitik menschenrechtliche Belange beachten wird bzw. zu beachten haben wird.[68]

Neben die bilateralen Investitionsschutzabkommen treten regionale Abkommen, in denen sich die Vertragsparteien neben anderen, in der Regel handelsrelevanten Zugeständnissen auch Schutzrechte für Investoren aus den anderen Vertragsstaaten einräumen. Ein Beispiel für ein derartiges regionales Abkommen ist das Nordamerikanische Freihandelsabkommen NAFTA[69], das in seinem Kapitel 11 ein umfassendes Investitionsschutzregime enthält.[70] Im Rahmen dieser Übereinkommen ergeben sich menschenrechtsrelevante Fragestellungen, die aufgrund der ähnlichen Behandlungsstandards häufig denen der BITs ähneln. Zum Teil entstehen wegen der mehrseitigen Vertragskonstruktionen jedoch auch eigenständige Konkurrenzsituationen zwischen Investitionsrecht und Menschenrechtsschutz.

In der Vergangenheit haben sich auch sogenannte Investor-Staat-Verträge als menschenrechtsrelevant erwiesen.[71] Investor-Staat-Verträge (sog. *Host Government Agreements*) werden unmittelbar zwischen Investor und Gaststaat – bzw. den von diesem vorgesehenen staatlichen Stellen – über die rechtlichen Rahmenbedingungen eines bestimmten Projektes geschlossen und betreffen vor al-

---

65 Zu dieser Frage *Terhechte* (2010), 517 (520 ff.); *Johannsen* (2009), S.15; *Tietje* (2010), 647 (648).
66 Vgl. dazu den Vorschlag der EU-Kommission für eine Verordnung des Europäischen Parlaments und des Rates zur Einführung einer Übergangsregelung für bilaterale Investitionsabkommen zwischen Mitgliedsstaaten und Drittstaaten (KOM(2010)344 endg. v. 7.7.2010).
67 Mitteilung der EU-Kommission „Auf dem Weg zu einer umfassenden europäischen Auslandsinvestitionspolitik", (KOM(2010)343 endg. v. 7.7.2010), S.9/10; *Tietje* (2010), 647 (649).
68 Dazu unten Kapitel 3. B. III. 4.
69 Der Vertragstext ist abgedruckt in ILM 32 (1993), S.289 ff. und S.605 ff.
70 Allgemein dazu *Görs* (2005), S.151 ff.; *Wallace* (2002), S.369 ff.
71 Dazu ausführlich *Leader* (2006), 657 (683 ff.); *Shemberg* (2008), para.122 ff.

lem große Investitionsprojekte wie z. B. Infrastrukturmaßnahmen oder die Ausbeutung von Rohstoffen. In der Regel enthalten diese Verträge, deren Rechtsnatur nach wie vor umstritten ist[72], zum einen Verpflichtungen des Investors, bestimmte Investitionen vorzunehmen, und auf der anderen Seite Verpflichtungen des Gaststaates, dem Investor die notwendigen Konzessionen und Genehmigungen zur Verwirklichung des Projekts zu erteilen und darüber hinaus gewisse Schutzrechte gegen staatliche Eingriffe zu gewähren.[73] Aus der Funktion der Investor-Staat-Verträge ergibt sich, dass der Heimatstaat bei der Verhandlung und dem Abschluss eines Investor-Staat-Vertrages in keiner Weise beteiligt ist. Vertragsparteien sind allein der Gaststaat und das investierende Unternehmen. Aufgrund der Ausrichtung der Studie auf die Rechtsstellung des Exportstaates internationaler Investitionen werden Investor-Staat-Verträge daher keine weitergehende Beachtung finden.

IV. Die besondere Menschenrechtsrelevanz der ausländischen Direktinvestitionen

Der internationale Investitionsvorgang an sich, also der grenzüberschreitende Kapitaltransfer, ist in menschenrechtlicher Hinsicht zunächst neutral, schadet also weder menschenrechtlichen Belangen, noch fördert er diese. Im Gegensatz dazu können die sich anschließenden wirtschaftlichen Tätigkeiten, die aufgrund des transferierten Kapitals ausgeführt werden, erhebliche menschenrechtsrelevante Folgewirkungen aufweisen. Dies belegen die oben skizzierten Beispiele. Für das zu untersuchende Spannungsverhältnis zwischen dem Investitionsrecht und dem völkerrechtlichen Menschenrechtsschutz sind in erster Linie die ausländischen Direktinvestitionen von Interesse, da sich hier der Investor dauerhaft oder jedenfalls für eine gewisse Zeit wirtschaftlich im Zielland der Investition betätigen und damit auch Produktionsfaktoren und Ressourcen in Anspruch nehmen will. Vor allem dann, wenn der Investor tatsächlich im Gastland wirtschaftlich über einen längeren Zeitraum aktiv ist, wird seine Betätigung mehr oder minder spürbare Wirkungen auf die wirtschaftliche und menschenrechtliche Entwicklung des Gastlandes haben.

Diese Tatsache soll aber nicht darüber hinwegtäuschen, dass auch Portfolio-Investitionen merkbare Folgewirkungen auf den Verwirklichungsgrad wirt-

---

72 *Herdegen* (2009), § 21 Rn.2 ff.
73 *Krajewski* (2009), Rn.576; *Wälde/Ndi* (1996), 215 (220 ff.); *Date-Bah* (1971), 241 (241/242).

schaftlicher und sozialer Menschenrechte im Gaststaat zeitigen können. Zum einen ist denkbar, dass internationale Investoren bei ihren Investitionsaktivitäten darauf achten, nur in Unternehmen zu investieren, die nachhaltig und menschengerecht wirtschaften.[74] Ein derartig selektives Investitionsverhalten kann positive arbeits- und sozialrelevante Effekte im Importstaat zeitigen, dürfte zum jetzigen Zeitpunkt aber die große Ausnahme auf den internationalen Finanzmärkten darstellen. Vor allem zu Zeiten der Asienkrise Ende der 90er Jahre und während der jüngsten Finanzkrise in den Jahren 2008 und 2009 haben vielmehr die negativen Auswüchse internationaler Investitionstätigkeit die Stabilität der nationalen Wirtschaftsräume belastet.[75] Die Gefahren, die von spekulativem Kapital aufgrund seiner Volatilität ausgehen, haben sich als relativ hoch erwiesen. Ziehen viele internationale Kapitalanleger innerhalb kurzer Zeit ihre auf kurzfristigen Gewinn angelegten Portfolio-Investitionen aus einem Gaststaat ab, kann dies zu tiefgreifenden Störungen im volkswirtschaftlichen Gleichgewicht des Gaststaates führen. Vor allem Schwellen- und Entwicklungsländer müssen dann zur Beherrschung der Verwerfungen auf dem jeweiligen nationalen Kapitalmarkt ihre finanziellen Ressourcen einsetzen, die in der Folge für die Verwirklichung der wirtschaftlichen, sozialen und kulturellen Rechte fehlen.[76] In einigen Fällen hat zudem die Politik des Internationalen Währungsfonds (IWF) zur Verschärfung der Situation in den betroffenen Staaten beigetragen. Im Gegenzug für Sonderkredite in Milliardenhöhe verlangte der IWF die Einhaltung strikter Sparkurse sowie einer Reihe von strukturellen Reformen der Wirtschafts- und Finanzpolitik. Häufig führten diese Auflagen, die zum Teil auch konkrete Vorgaben für Sozial-, Arbeitsmarkt- und Gesundheitspolitik enthielten, zur Verschärfung der wirtschaftlichen und sozialen Verhältnisse der betroffenen Staaten.[77]

Die Verknüpfung von Portfolio-Investitionen mit der menschenrechtlichen Lage im Zielstaat der Investition ist daher regelmäßig mittelbarer Natur. Erst eine durch kurzfristige internationale Investitionen bzw. deren plötzlichen Abzug ausgelöste Finanzkrise kann negative Rückwirkungen auf die wirtschaftlichen, sozialen und kulturellen Rechte in einem Staat zeitigen. Antworten auf diese Ge-

---

74   Vgl. dazu *Jones* u.a. (2007), 1 (2 ff.); auch im Rahmen der UN wurden Prinzipien für verantwortungsvolles Investieren, die sog. *United Nations Principles of Responsible Investment* (abrufbar unter: www.unpri.org/principles), erarbeitet. Daneben gibt es derartige Verhaltensrichtlinien auch für private Banken, die Investitionstätigkeiten fördern. Die bekanntesten sind die sog. *Equator Principles*, abrufbar unter www.equator-principles.com.
75   *Krajewski* (2009), Rn.730; *Bachand/Rousseau* (2003), S.10/11.
76   Vgl. *UN-Wirtschafts- und Sozialrat* (2003), para.8.
77   *Krajewski* (2009), Rn.731/732.

fahren müssen in erster Linie im internationalen Währungs- und Finanzrecht gefunden werden. Die klassischen Instrumente des internationalen Investitionsrechts wie bilaterale Investitionsschutzabkommen sind nur zum Teil auf Portfolio-Investitionen anwendbar.[78] In dieser Untersuchung sollen aufgrund der Einwirkungsmöglichkeiten der Exportstaaten und der unmittelbareren Wirkungsintensität jedoch genau die menschenrechtlichen Implikationen dieser klassischen Rechtsinstrumente zur Regelung ausländischer Direktinvestitionen wie BITs und Investitionsförderungsmaßnahmen im Vordergrund stehen. Die menschenrechtssensible Ausgestaltung des internationalen Kapitalmarkts wird daher nicht der zentrale Untersuchungsgegenstand sein, dennoch werden Portfolio-Investitionen soweit möglich in die völkerrechtliche Bewertung mit aufgenommen werden.

B. Nationale und internationale Investitionsgarantien

Die Beteiligung der Exportstaaten an internationaler Investitionstätigkeit erschöpft sich nicht allein im Abschluss von Investitionsabkommen, sie verfügen vielmehr in der Mehrzahl über weitere Instrumente zur Investitionsförderung. Aus entwicklungs- und wirtschaftspolitischen Gründen werden ausländische Direktinvestitionen, insbesondere solche in Entwicklungsländern, durch nationale und internationale Institutionen gefördert. Das Instrumentarium reicht dabei von Investitionsgarantien über zinsgünstige Kredite bis hin zu direkten staatlichen Beteiligungen an ausländischen Investitionsobjekten. Die Versicherungssysteme eröffnen dem Investor die Möglichkeit, sich gegen die Zahlung einer Prämie für einen gewissen Zeitraum eines Teils der Risiken der Auslandsinvestition zu entledigen. Durch die Ausschaltung sogenannter politischer Risiken soll der Investor in die Lage versetzt werden, seine Investitionsentscheidung vornehmlich nach wirtschaftlichen Gesichtspunkten zu treffen, womit neben der Verfolgung entwicklungspolitischer Ziele auch zur weltweiten optimalen Allokation der Produktionsfaktoren beigetragen werden kann.[79] Da die Investoren bzw. die vorgeschlagenen Investitionsprojekte bestimmte, von der Vergabestelle definierte Voraussetzungen für die Bewilligung der Unterstützung erfüllen müssen, eröffnet die Einbeziehung staatlicher Stellen in die Planung des Vorhabens den för-

---

78 *Sornarajah* (2010), S.196/197; zu dieser Frage für den deutschen Mustervertrag *Krajewski/Ceyssens* (2007), 180 (188/189); zur Frage, inwieweit Portfolio-Investitionen im Rahmen des MIGA-Übereinkommens berücksichtigungsfähig sind: *Görs* (2005), S.85.

79 *Rindler* (1999), S.60.

dernden Institutionen Einflussmöglichkeiten auf die Ausführung und Gestaltung der geförderten Investitionstätigkeit. Es liegt nahe, diese Einflussmöglichkeiten der Exportstaaten für den Untersuchungsgegenstand nutzbar zu machen, beispielsweise durch die Einführung einer „Menschenrechtsverträglichkeitsprüfung" als Voraussetzung für die Vergabe von Investitionsgarantien. Ob ein derartiger Ansatz möglich bzw. völkerrechtlich geboten ist, soll zu einem späteren Zeitpunkt ausführlich diskutiert werden.[80] An dieser Stelle soll lediglich ein kurzer Überblick über die Institutionen und Instrumente der Investitionsförderung gegeben werden.

Für die Bundesrepublik Deutschland wird das wichtigste Instrument der Auslandsinvestitionsförderung der Bundesregierung, die Bürgschaften im Rahmen der „Bundesgarantien für Kapitalanlagen im Ausland"[81], im Vordergrund stehen. Mithilfe dieser Einrichtung versichert die Bundesrepublik Deutschland Auslandsinvestitionen deutscher Unternehmen aller Wirtschaftszweige in Entwicklungs- und Schwellenländern mit Investitionsgarantien gegen nichtkommerzielle Risiken.[82] Kommt es z. B. aus politischen Gründen zum Verlust der Anlage eines Investors im Ausland oder zum Verlust der Möglichkeit, Gewinne ins Ausland bzw. in das Heimatland zu transferieren, so entschädigt die Bundesregierung den deutschen Investor und fordert den Betrag langfristig von dem Gastland zurück.[83] Rechtsgrundlage für die Vergabe der Investitionsgarantien ist Art. 115 Abs. 1 GG i.V.m. dem jeweiligen Haushaltsgesetz.[84] Das zuständige Organ, das über die Förderungswürdigkeit eines Investitionsvorhabens entscheidet, ist der sogenannte Interministerielle Ausschuss (IMA). In diesem Ausschuss sind das Bundesministerium für Wirtschaft und Technologie, das Bundesministerium der Finanzen, das Auswärtige Amt und das Bundesministerium für wirtschaftliche

---

80   Siehe dazu Kapitel 3. C.
81   Vgl. dazu *Schöber* (1994), S.56/57; zum Umfang der Investitionsgarantien vgl. den jährlich vom *Bundesministerium für Wirtschaft und* Technologie und *PricewaterhouseCoopers* herausgegebenen Jahresbericht für Investitionsgarantien der Bundesrepublik Deutschland (*Bundesministerium für Wirtschaft und Technologie/Pricewaterhouse Coopers* (2010)); allgemein zu Investitionsgarantien: *Herdegen* (2009), § 22 Rn.35 ff.
82   Unter nichtkommerziellen Risiken werden nach § 4 der *Allgemeinen Bedingungen* für Bundesgarantien für Direktinvestitionen im Ausland (abrufbar unter www.agaportal.de) u. a. verstanden: Krieg und sonstige bewaffnete Auseinandersetzungen, Revolution, Aufruhr oder im Zusammenhang mit solchen Ereignissen stehende terroristische Akte (Kriegsfall); Zahlungsverbote oder Moratorien (ZM-Fall).
83   Zur Vergabepraxis und der Abwicklung von Schadensfällen: siehe die *Allgemeinen Bedingungen* für Bundesgarantien für Direktinvestitionen im Ausland; dazu auch *Siebelt* (1994), 2860 (2861).
84   So z.B. Art.3 des Gesetzes über die Feststellung des Bundeshaushaltsplanes für das Haushaltsjahr 2006, BGBl. 2006 I S.1634 ff.

Zusammenarbeit und Entwicklung vertreten. Die Geschäftsführung im Rahmen des Vergabeverfahrens wird von einem Mandatarkonsortium unter Federführung der *PwC Deutsche Revision AG* wahrgenommen. Die Mandatare bereiten die Garantieanträge für die IMA-Sitzungen vor und beraten die Bundesregierung gemeinsam mit Sachverständigen.

Daneben unterstützen die Deutsche Investitions- und Entwicklungsgesellschaft (DEG) und die Kreditanstalt für Wiederaufbau (KfW) deutsche Unternehmen bei Investitionen im Ausland z. B. durch zinsgünstige Darlehen und Bürgschaften.[85] Über ähnliche nationale Garantiesysteme verfügen die meisten westlichen Industriestaaten, wobei zunehmend auch Schwellenländer staatszugehörige Investoren durch Förderungsinstrumentarien unterstützen. Ein Vorreiter bei der Schaffung staatlicher Investitionsgarantien war das Versicherungsprogramm der USA, dessen Durchführung der *Overseas Private Investment Corporation* (OPIC)[86] obliegt.[87]

Auf internationaler Ebene ist im Bereich der Investitionsgarantien vor allem die Multilaterale Investitions-Garantie-Agentur (*Multilateral Investment Guarantee Acency*, MIGA[88]) aktiv, deren Zweck die Förderung des Zuflusses von wirtschaftlich produktiven Investitionen in die Mitgliedsstaaten und insbesondere in Entwicklungsländer ist.[89] Die MIGA, ein organisatorisch, finanziell und rechtlich selbstständiger Teil der Weltbankgruppe, übernimmt Garantien für nichtkommerzielle Risiken privater Direktinvestitionen in Entwicklungs- und Schwellenländern und berät diese Länder zugleich in investitionsrelevanten Fragen.[90] Die Agentur kann in dieser Funktion Garantieverträge mit Investoren schließen, die im Hoheitsgebiet eines Entwicklungslandes durch Kapitalbeteiligungen, Darlehen und Direktinvestitionen investieren wollen. Eine Garantie wird bewilligt, soweit bestimmte Voraussetzungen vorliegen (wirtschaftliche Solidität der geplanten Investition und ihr Beitrag zur Entwicklung des Gaststaates, Übereinstimmung der Investition mit dem Recht und den erklärten Entwicklungszie-

---

85 Vgl. dazu *Böttger* (2002), S.106 ff.
86 *The Overseas Private Investment Corporation Act*, 22. U.S.C.A. Sec. 2191-2200b.
87 Das amerikanische Förderungssystem besteht bereits seit dem Jahr 1948 und war ursprünglich als Teil der Marshall-Plan-Hilfe für Europa gedacht; ausführlich dazu *Meron* (1976), S.49 ff.; *Comeaux/Kinsella* (1994), 1 (33 ff.).
88 Übereinkommen zur Errichtung der Multilateralen Investitions-Garantie-Agentur vom 11. Oktober 1985, BGBl. 1987 II S.455; zur Zeit hat die MIGA 175 Mitgliedsstaaten (Stand 13.01.2010; abrufbar unter: http://www.miga.org).
89 Art.2 MIGA-Übereinkommen.
90 Dazu *Gloria* in: Ipsen (2004), § 47 Rn.6 ff.; *Görs* (2005), S.82 ff.; *Schöber* (1994), S.96 ff.

len und -prioritäten des Gaststaates, Verfügbarkeit eines Rechtsschutzes für die Investition[91]) und der Gaststaat die Gewährung der Garantie genehmigt hat.[92] Die Investoren müssen in aller Regel im Verhältnis zum Gaststaat Ausländer und ihr Heimatstaat muss Mitglied des MIGA-Übereinkommens sein.[93] Die versicherbaren Risikoarten umfassen u. a. das Transferrisiko, das Enteignungsrisiko oder das Schadensrisiko aufgrund von Krieg oder zivilen Unruhen.[94]

Das Verhältnis der MIGA zu anderen nationalen und internationalen Förderungseinrichtungen ist durch das Prinzip der Additionalität gekennzeichnet, d. h. die MIGA wird im Verhältnis zu anderen Investitionsversicherungen der großen Exportnationen nicht etwa als Konkurrent, sondern ergänzend tätig.[95] So ist es beispielsweise denkbar, dass ein Investitionsvorhaben durch mehrere nationale Garantiesysteme und zusätzlich durch die MIGA abgesichert ist.[96]

Die Europäische Gemeinschaft hat ebenfalls eine Reihe von Instrumenten zur Förderung von Direktinvestitionen entwickelt. Die zentrale Institution, die die Aufgabe der Investitionsförderung erfüllt, ist die Europäische Investitionsbank (EIB). Nach Art. 308 f. AEU ist die EIB eine finanziell und organisatorisch selbstständige Finanzinstitution, die über eigene Rechtspersönlichkeit verfügt und ohne eigenen Erwerbszweck tätig ist. Die Tätigkeit der EIB hat ihren unmittelbaren Schwerpunkt im Bereich der Europäischen Union selbst. Hauptaufgabe ist es, mit eigenen und Kapitalmarktmitteln zu einer ausgewogenen und reibungslosen Entwicklung des Gemeinsamen Marktes im Interesse der Gemeinschaft beizutragen. Gemäß Art. 16 Abs. 1 S.1 der Satzung der EIB gewährt die Bank dazu privaten und öffentlichen Unternehmen Darlehen für Investitionsvorhaben in den europäischen Hoheitsgebieten der Mitgliedsstaaten. Unter bestimmten Voraussetzungen unterstützt die EIB nach Art. 16 Abs. 1 S.2 ihrer Satzung aber auch Investitionsvorhaben, die ganz oder teilweise außerhalb der europäischen Hoheitsgebiete durchgeführt werden. Auf dieser Grundlage ist die EIB seit über 30 Jahren im Rahmen der Jaunde- und Cotonou-Partnerschaftsabkommen[97] in vielen Staaten Afrikas, der Karibik und des Pazifik (sog. AKP-Staaten) als Entwicklungspartner tätig. Die EIB unterstützt zudem Investitionsvorhaben in 20 überseeischen Ländern und Gebieten, vorwiegend in der Karibik und im Pazi-

---

91 Vgl. Art.12 MIGA-Übereinkommen.
92 Vgl. *Schweisfurth* (2006), S.597.
93 Art.12-15 MIGA-Übereinkommen.
94 Zu den versicherbaren Risiken siehe Art.11 MIGA-Übereinkommen.
95 Vgl. Art.19 MIGA-Übereinkommen.
96 *Theodorou* (2001), S.545; *Rindler* (1999), S.85 ff.
97 Das Partnerschaftsabkommen von Cotonou zwischen der EU und den AKP-Staaten vom 23. Juni 2000, abrufbar unter: www.eib.org/attachments/country/cotonou_en.pdf.

fik, die zu bestimmten EU-Mitgliedsstaaten verfassungsrechtliche Verbindungen haben.

Trotz der mit dem Vertrag von Lissabon erfolgten Kompetenzübertragung im Bereich der ausländischen Direktinvestitionen von den Mitgliedsstaaten auf die EU sind keine weitergehenden Maßnahmen der Union bezüglich der Vergabe von Investitionsgarantien zu erwarten. Nach der Mitteilung der EU-Kommission „Auf dem Weg zu einer umfassenden Auslandsinvestitionspolitik" ist es „weder praktikabel noch wünschenswert (…), die Investitionsfördermaßnahmen der Mitgliedsstaaten zu ersetzen."[98] Die Schaffung eines eigenen Versicherungsträgers für Investitionsversicherungen und eine hiermit verbundene Ersetzung der Versicherungsträger der Mitgliedsstaaten ist somit auch nach dem Vertrag von Lissabon höchst unwahrscheinlich.[99]

Neben der EIB existieren weitere regional ausgerichtete Versicherungsagenturen wie beispielsweise die *Inter-Arab Investment Guarantee Corporation* (IAIGC)[100], die Investitionen arabischer Investoren in den Staaten der Arabischen Liga versichert.[101]

Zusätzlich zu den staatlichen und zwischenstaatlichen Investitionsprogrammen besteht ein privater Markt für die Versicherung von Investitionsrisiken, der von einer kleinen Gruppe von privaten Versicherern, darunter vor allem *Lloyd's of London* und die *American Insurance Group* (AIG), dominiert wird.[102] Die privaten Versicherungsangebote unterscheiden sich von den beschriebenen staatlichen und zwischenstaatlichen Versicherungsinstrumenten dadurch, dass auch bereits bestehende Kapitalanlagen abgesichert werden können und ein nicht auf bestimmte Länder bezogener Versicherungsschutz erworben werden kann, verlangen jedoch in der Regel höhere Versicherungsprämien und haben kürzere Laufzeiten. Da es sich bei den privaten Versicherern um nichtstaatliche Akteure handelt, die anders als die vorgestellten staatlichen und zwischenstaatlichen Förderinstitutionen aufgrund fehlender Völkerrechtssubjektivität keinen originär völkerrechtlichen Pflichten unterliegen können, werden die privaten Versicherer in dieser Untersuchung keine weitere Beachtung finden.

---

98   Mitteilung der EU-Kommission „Auf dem Weg zu einer umfassenden europäischen Auslandsinvestitionspolitik" (KOM(2010)343 endg. v. 7.7.2010), S.6.
99   So auch *Johannsen* (2009), S.30.
100 Der Gründungsvertrag *Convention Establishing the Inter-Arab investment Guarantee Corporation* ist abrufbar unter www.iaigc.net.
101 Zu weiteren Informationen siehe *Schöber* (1994), S.39/40.
102 Siehe dazu *Comeaux/Kinsella* (1994), 1 (45 ff.); *Rindler* (1994), S.101 ff.; *Rowat* (1992), 103 (125 ff.).

C. Transnationale Unternehmen

Transnationale Unternehmen[103], d. h. Unternehmen, die durch Tochtergesellschaften und Zweigniederlassungen in mehr als einem Staat wirtschaftlich tätig sind, gehören zu den Hauptakteuren der internationalen Wirtschafts- und Investitionsbeziehungen und werden daher eine zentrale Rolle in der Untersuchung einnehmen. Die wirtschaftliche Macht einiger dieser Unternehmen zeigt sich daran, dass ihre Jahresumsätze das Bruttoinlandsprodukt zahlreicher Staaten um ein Vielfaches übersteigen.[104] Die Öffentlichkeit nimmt transnationale Unternehmen häufig als wirtschaftliche und organisatorische Einheiten wahr, vom juristischen Standpunkt aus stellt sich die Struktur des transnationalen Unternehmens jedoch ungleich komplexer dar.[105] Da im Rahmen menschenrechtssensibler Regulierung internationaler Investitionstätigkeit durch den Export- bzw. Heimatstaat der unmittelbare Regelungsadressat regelmäßig das grenzüberschreitend tätige Unternehmen sein wird, soll im Folgenden ein kurzer Überblick über die Organisations- und Entscheidungsstrukturen transnationaler Unternehmen gegeben werden.

I. Allgemeine Definitionsansätze

Der *United Nations Draft Code of Conduct on Transnational Corporations* definiert das transnationale Unternehmen als

> "(...) an enterprise, comprising entities in two or more countries, regardless of the legal form and fields of activity, which operates under a system of decision-making, permitting coherent policies and a common strategy through one or more decision-making centers, in which the entities are so linked, by ownership or otherwise, that one or more of them may be able to exercise a significant influence over the activities of others, and, in particular, to share knowledge, resources and responsibilities with the others."[106]

---

103 Zum Teil wird statt dem Terminus *transnationales* Unternehmen auch *multinationales* Unternehmen verwendet, so z.B. *Paul* (2000/2001), 285 (285 ff.); *Vagts* (1969), 739 (739 ff.). Daneben finden sich auch die Bezeichnungen plurinationale, anationale oder globale Unternehmen, vgl. *Wallace* (2002), S.103; *Muchlinski* (2007), S.5 ff. Inhaltliche Unterschiede sollen - soweit ersichtlich - durch die unterschiedliche Terminologie nicht zum Ausdruck gebracht werden. Hier wird der Begriff des *transnationalen* Unternehmens verwendet, da dies dem neueren Sprachgebrauch innerhalb der UN entspricht, vgl. nur *UNCTAD*, World Investment Report (2010).
104 Vgl. *Dowell-Jones* (2004), S.132.
105 Vgl. *Muchlinski* (2007), S.51 ff.
106 Paragraph 1 lit.a) des United Nations Draft Code of Conduct on Transnational Corporations (UN Doc. E/1990/94) vom 12 Juni 1990; vgl. dazu auch die Definition in *UNCTAD*,

Transnational in diesem Sinne ist also ein Unternehmen, das außerhalb seines Heimatstaates Produktions- oder Dienstleistungsstandorte besitzt oder kontrolliert und diese in eine einheitliche Unternehmens- bzw. Konzernstrategie eingliedert. Im rechtlichen Sinne handelt es sich bei den verbundenen ausländischen Tochtergesellschaften regelmäßig um unabhängige juristische Personen. Die strategisch und organisatorisch relevanten Entscheidungen werden jedoch in der Regel in der Konzernzentrale getroffen, wobei naturgemäß die Intensität der Leitungs- und Kontrollbefugnisse von Unternehmen zu Unternehmen divergieren kann. Denkbar ist die Präsenz eines transnationalen Unternehmens auf einem ausländischen Markt auch über die Errichtung von unselbstständigen Zweigniederlassungen[107] oder über rein vertragliche Verbindungen zu ausländischen Unternehmen[108].

Transnationale Unternehmen können sowohl in privatem als auch in staatlichem Eigentum stehen. In der Praxis überwiegen die privatwirtschaftlich geführten Unternehmen, wenngleich neuerdings umsatzstarke Staatsunternehmen und staatlich kontrollierte Investitionsfonds aus Schwellenländern (z. B. aus der Volksrepublik China) immer wieder die internationale Aufmerksamkeit auf sich ziehen.[109] In der völkerrechtlichen Bewertung kann die staatliche Beteiligung an einem Unternehmen eigenständige Konsequenzen nach sich ziehen.[110] In dieser Untersuchung werden diese Fragestellungen wegen der überwiegenden praktischen Relevanz privater Investoren aber keinen Schwerpunkt bilden, an den relevanten Stellen wird auf die Besonderheiten staatlicher Beteiligungen dennoch hingewiesen werden.

World Investment Report (2007), S.245: "Transnational corporations (TNCs) are incorporated or unincorporated enterprises comprising parent enterprises and their foreign affiliates. A parent enterprise is defined as an enterprise that controls assets of other entities in countries other than its home country, usually by owning a certain equity capital stake. An equity capital stake of 10% or more of the ordinary shares or voting power for an incorporated enterprise, or its equivalent for an unincorporated enterprise, is normally considered as the threshold for the control of assets"; ausführlich zu den verschiedenen Definitionsansätzen *Nowrot* (2006), S.51 ff.; *Wallace* (2002), S.102 ff.; *Grewlich* (1980), S.29 ff.

107 Vgl. zur Unterscheidung von selbstständigen Tochtergesellschaften und unselbstständigen Zweigniederlassungen *Habersack* (2006), § 5 Rn.52.
108 *Muchlinski* (2007), S.52 ff.
109 Vgl. *Chinesische Staatsfirmen streben ins Ausland* in: Neue Zürcher Zeitung vom 6.11.2007, Nr.258, S.10; speziell für die Beteiligung von Staatsunternehmen im Öl- und Gassektor siehe *UNCTAD*, World Investment Report (2007), S.116.
110 Vgl. *Seidl-Hohenveldern* (1987), S.55 ff.; *Fischer* (1984) S.7 ff.

II. Einheitliche Leitung bzw. Kontrolle als Charakteristikum des modernen transnationalen Unternehmens

Kennzeichnendes Merkmal des modernen transnationalen Unternehmens sind die Leitungs- und Kontrollmöglichkeiten der Muttergesellschaft gegenüber den ausländischen Tochtergesellschaften.[111] Zwischen den verschiedenen Unternehmensteilen bestehen gesellschaftsrechtliche und insbesondere finanzielle Verbindungen, die durch einseitige, von einer oder von mehreren Einheiten ausgehende Einflussnahme gekennzeichnet sind. Wie bereits dargestellt können Intensität und Umfang der Leitungsmacht von Unternehmen zu Unternehmen variieren. Insbesondere landesspezifische Wettbewerbsentwicklungen innerhalb des Investitionsstandortes können eine wirtschaftliche Eigenentwicklung der Tochtergesellschaften zur Folge haben, d. h. diesen wird von der Leitungszentrale eine gewisse Handlungsautonomie zugestanden. Generell lässt sich aber feststellen, dass sich die Möglichkeiten der einheitlichen Leitungs- und Kontrollaktivitäten in den letzten Jahren stark verbessert haben, da die Kosten für grenzüberschreitende Leitung und Kontrolle stark gesunken sind (wie z. B. die Kosten für elektronische Kommunikation).[112] Die fortlaufende Kontrolle der Geschäftstätigkeit der ausländischen Tochtergesellschaften sowohl durch elektronische Kommunikation als auch durch finanzwirtschaftliche Controllingsysteme und der Ausbau unternehmensinterner Revision haben dazu geführt, dass die ausländischen Landes- und Tochtergesellschaften vielfach als wirtschaftlich und organisatorisch unselbstständige „Betriebsteile" geführt werden, die rechtliche Selbstständigkeit also nur aus formalen Gründen gewahrt bleibt.[113]

Dieser grenzüberschreitende, gesellschaftsinterne direkte „Durchgriff" steht im unmittelbaren Spannungsverhältnis zu den nationalstaatlichen Regelungsmöglichkeiten und -befugnissen, die im Grundsatz noch immer vom Prinzip der Territorialhoheit geprägt sind. Unternehmensinterne Weisungen der Muttergesellschaften entfalten ihre Wirkungen in einer Vielzahl von Staaten, nationalstaatliche Regelungen gelten im Grundsatz nur auf dem jeweiligen staatlichen Hoheitsgebiet. Transnationale Unternehmen sind somit ein herausragendes Beispiel für die strukturelle Divergenz zwischen der Territorialität der Staatenordnung und der Transnationalität des Wirtschaftssystems.[114] Aufgrund ihres um-

---

111   *Sornarajah* (2010), S.61; *Salow* (1984), S.8; *Wallace* (2002), S.159.
112   *Dowell-Jones* (2004), S.131.
113   Vgl. *Kokkini-Iatridou/De Waart* (1983), 89 (93).
114   So bereits *Meessen* (1975), S.17; vgl. auch *Großfeld* (1986), S.11; *Stone* (1996), 445 (445 ff.).

fangreichen finanziellen, personellen und Wissenspotentials und der damit verbundenen (informellen) Macht werden transnationale Unternehmen daher zum Teil als eine Gefahr für die nationalstaatliche politische Wirtschafts- und Rechtsordnung angesehen. Einen Ansatzpunkt, diese strukturelle Divergenz im Bereich der wirtschaftlichen und sozialen Rechte auszugleichen, könnte die völkerrechtliche „Überwachung" und Regulierung der Kontroll- und Leitungsmöglichkeit des Mutterkonzerns durch den Heimatstaat bieten. Nutzt das transnationale Unternehmen diese Durchgriffsmöglichkeiten auf die Tochtergesellschaften zur Maximierung der Gewinne, so spricht einiges dafür, die Leitungs- und Kontrollmöglichkeit auch als richtungsweisenden Ansatzpunkt zur Etablierung von Leitungs- und Kontrollpflichten für die Erreichung international anerkannter Solidarwerte, wie insbesondere dem Menschenrechtsschutz, heranzuziehen. Dieser Ansatz wird ausführlich in Kapitel 4 analysiert werden.

D. Regulierung internationaler Investitionsaktivitäten durch den Exportstaat

Aufgrund der erheblichen sozioökonomischen Bedeutung transnationaler Unternehmen und der durch sie getätigten internationalen Investitionen besteht weithin Konsens, dass internationale Investitionstätigkeit regulativer Vorgaben bedarf, um auf der einen Seite die gewünschten positiven Entwicklungs- und Wohlfahrtseffekte zu generieren, andererseits aber nicht soziale und menschenrechtliche Verwerfungen hervorzurufen bzw. zu deren Entstehung beizutragen.[115] Der Begriff der Regulierung soll im Rahmen dieser Untersuchung in einem sehr weiten Sinne verstanden werden, also als jede Form der staatlichen Beeinflussung wirtschaftlicher Aktivitäten, sei es durch abstrakt-generelle Rechtssetzung oder durch die Konkretisierung der Rechtsnormen für den Einzelfall durch gerichtliche Entscheidungen und Verwaltungsakte.[116]

Regulierungsansätze, die die positiven wirtschaftlichen Effekte internationaler Investitionen nutzbar machen wollen und zugleich den effektiven Schutz und die progressive Verwirklichung von Grund- und Menschenrechten zum Ziel haben, müssen die rechtlichen und wirtschaftlichen Rahmenbedingungen des internationalen Investitionsvorgangs beachten. Diese sind dadurch gekennzeichnet, dass die sonst üblichen zwischenstaatlichen Rechtsverhältnisse um eine Dimension,

---

115 Vgl. *United Nations Development Programm* (2003), „Making Global Trade work for People", S.246 (abrufbar unter www.undp.org/mdg/globaltrade.pdf.); *UNCTAD*, World Investment Report (2007), S.96; *Seidl-Hohenveldern* (1999), S.71; *Seid* (2002), S.13/14.
116 Vgl. *Krajewski/Ceyssens* (2007), 180 (181); *Meng* (1994), S.6.

nämlich um das Verhältnis des Investors zum Gaststaat, ergänzt und somit maßgeblich durch das Dreiecksverhältnis Export- bzw. Heimatstaat – Investor – Importstaat- bzw. Gaststaat bestimmt werden. Wie bereits dargelegt, wird die Analyse der Regelungsmöglichkeiten und -pflichten der *Export- bzw. Heimatstaaten* im Vordergrund stehen. Dem Exportstaat internationaler Investitionen stehen dabei grundsätzlich zwei Regelungskonstellationen offen: Er kann zum einen die investitionsrelevanten Sachverhalte regeln, auf die er aufgrund seiner Territorialhoheit unmittelbar und ausschließlich Einfluss nimmt. Die Vergabe einer staatlichen Investitionsgarantie ist ein Beispiel für diese Konstellation. Andererseits besteht für den Exportstaat die Möglichkeit, das Verhalten seiner transnationalen Unternehmen im Gaststaat zum Anknüpfungspunkt von Regelungen zu machen (sog. extraterritoriale Jurisdiktion) und somit auf die Verhaltensmuster dieser Unternehmen einzuwirken. Völkerrechtlich problematisch ist insbesondere die zweitgenannte Konstellation, also die extraterritoriale Jurisdiktion. Da diesem Konzept im Verlauf der Untersuchung eine wichtige Bedeutung zukommen wird, sollen dessen Grundzüge an dieser Stelle überblicksartig erläutert werden.

Unter extraterritorialer Jurisdiktion im weiteren Sinne[117] versteht man jede Ausübung von Hoheitsgewalt mit Auslandsbezug.[118] Die Auslandsverknüpfung kann darin bestehen, dass die hoheitliche Betätigung an sich im Ausland ereignende Vorgänge anknüpft, also Auslandssachverhalte zum Tatbestand von Rechtsfolgen im Inland macht (sog. Auslandsanknüpfung).[119] Andererseits kann die Hoheitsausübung sich auch an Personen richten, die sich auf fremdem Territorium befinden, oder Auswirkungen außerhalb des eigenen Territoriums hervorrufen, also Rechtsfolgen für das Ausland statuieren (sog. Auslandsregelung). Für den Untersuchungsgegenstand sind beide Ausformungen extraterritorialer Jurisdiktion relevant. Zum einen können wirtschaftliche Aktivitäten transnationaler Unternehmen im Ausland den Anknüpfungspunkt für menschenrechts- und investitionsrelevante Regelungen des Heimatstaates darstellen. Beispielsweise

---

117 Im Gegensatz zur extraterritorialen Jurisdiktion im *weiteren* Sinne meint extraterritoriale Jurisdiktion im *engeren* Sinne die tatsächliche Vornahme von Hoheitsakten im Ausland, also extraterritorial ausgeübte Hoheitsgewalt. Der Auslandsbezug resultiert in dieser Konstellation nicht daraus, dass im Inland ausgeübte Hoheitsgewalt an einen Sachverhalt im Ausland anknüpft oder Rechtsfolgen im Ausland nach sich zieht, sondern dass der Hoheitsakt selbst im Ausland vorgenommen wird, so z.B. bei der Vollstreckung im Ausland, vgl. *Rossi* (2007), 115 (122). Den folgenden Ausführungen wird der *weite* Begriff der extraterritorialen Jurisdiktion zugrunde liegen, da nur dieser die untersuchungsrelevanten Konstellationen der menschenrechtsrelevanten extraterritorialen Gesetzgebung und -durchsetzung umfasst.

118 *Meng* (1994), S.74 ff.; *Rossi* (2007), 115 (118 ff.).

119 Vgl. *Ziegenhain* (1992), S.2; *Meng* (1994), S.74/75.

können Heimatstaaten schadensersatz- oder strafrechtliche Vorschriften in ihre nationalen Rechtsordnungen für Fallkonstellationen aufnehmen, in denen staatszugehörige transnationale Unternehmen Menschenrechtsverletzungen in Gaststaaten begehen. Andererseits kann der nationale Normgeber im Rahmen einer Auslandsregelung tätig werden und dabei menschen- und arbeitsrechtliche Mindestanforderungen an das Verhalten transnationaler Unternehmen im Ausland formulieren.

Das Instrument der extraterritorialen Jurisdiktion könnte demnach ein Einfallstor darstellen, durch das sich der Exportstaat Zugriffsmöglichkeiten auf den Vorgang der Direktinvestition und auf die Tätigkeit der investierenden Unternehmen am Standort im Importstaat verschafft.[120] Diese Form der Regulierung hat gegenüber international vereinbarten Ansätzen den erheblichen Vorteil, dass kein internationaler Konsens über bestimmte Mindeststandards erreicht werden muss, der einzelne Staat vielmehr unilateral seine (höheren) Schutzstandards auch auf Auslandssachverhalte anwenden kann, an denen Investoren seiner Staatszugehörigkeit beteiligt sind. Derartige extraterritoriale Regelungen können jedoch leicht in Konflikt mit den Rechts- und Wertvorstellungen derjenigen Gaststaaten geraten, auf deren Territorium sich die Regelungen beziehen bzw. auf deren Territorium sie sich auswirken. Extraterritoriale Jurisdiktion stellt sich somit als einseitige, bisweilen konfliktträchtige Alternative zu völkerrechtlicher Harmonisierung und internationaler Koordination dar.[121] Aufgrund dieser Konkurrenzsituationen mit der Territorialhoheit des jeweiligen Zielstaates gehört die Frage der Zulässigkeit extraterritorialer Jurisdiktion zu einer der umstrittensten Problemstellungen des Völkerrechts.[122] Inwieweit dieses Instrument für den Untersuchungsgegenstand dennoch verwertbar ist, wird ausführlich in Kapitel 4 zu diskutieren sein.

---

120 Vgl. *Morgenstern/Knapp* (1978), 769 (773); *Stone* in: Bratton u.a. (1996), 445 (475/476); vgl. dazu auch die Gesetzesinitiativen in den USA (*Corporate Code of Conduct Act*, HR 4596, 106 th Cong, § 3 (2000)) und Australien (*Corporate Code of Conduct Bill* 2000 (Cth)), in denen durch Ausübung extraterritorialer Jurisdiktion staatszugehörige Unternehmen zu menschenrechtskonformem Handeln im Ausland angehalten werden sollten; eingehend dazu *Deva* (2004), 37 (52).
121 *Meng* (1997), 269 (270).
122 Vgl. nur *Meng* (1994), S.458.

Kapitel 2: Die untersuchungsrelevanten Menschenrechte

Eine umfassende Darstellung und Analyse aller potentiell grund- und menschenrechtsrelevanten Auswirkungen von Aktivitäten, die Staaten oder transnationale Unternehmen im Zusammenhang mit Auslandsinvestitionen tätigen, können und sollen hier nicht vorgenommen werden, da diese in so vielfältiger Weise auftreten, dass eine abschließende abstrakte Aufzählung unmöglich erscheint. Vielmehr wird sich diese Arbeit schwerpunktmäßig damit beschäftigen, die investitionsbedingten Auswirkungen auf die wirtschaftlichen Menschenrechte zu untersuchen, die unmittelbar das Arbeitsleben betreffen. Diese Beschränkung erscheint sachgerecht, da investitionsrelevante Aktivitäten von Staaten und transnationalen Unternehmen regelmäßig eine besonders hohe Wirkungsintensität bezüglich dieses Ausschnittes des menschenrechtlichen Normenbestandes, wie z. B. hinsichtlich des Rechts auf sichere und gesunde Arbeitsbedingungen (Art. 7 IPwirtR und ILO-Konventionen Nr. 120, Nr. 134, Nr. 167) oder der Vereinigungsfreiheit und des Rechts auf Kollektivverhandlungen (Art. 8 IPwirtR und ILO-Konvention Nr. 87 und Nr. 98) aufweisen. Freilich sind auch die Auswirkungen internationaler Investitionstätigkeit auf die sozialen und kulturellen Menschenrechte sowie auf die Umwelt im Gaststaat nicht zu unterschätzen.[123] Deren Analyse wird gleichwohl nicht zentraler Gegenstand dieser Arbeit sein. Auch wenn die sozialen, kulturellen und ökologischen Rechte in vielen Fällen mit den arbeitsrelevanten Menschenrechten in einem gegenseitigen Wirkungsverhältnis stehen, beinhalten sie in vielerlei Hinsicht andersartige Problemlagen, deren umfassende Bearbeitung die Grenzen dieser Arbeit überschreiten würde. Lediglich zur Veranschaulichung bestimmter Fragestellungen wird im Laufe der Untersuchung Rückgriff auf die beschriebenen angrenzenden Gebiete genommen werden.

Die wichtigsten internationalen Kodifikationen auf dem Gebiet der wirtschaftlichen Menschenrechte stellen der Internationale Pakt für wirtschaftliche, soziale

---

123 So können beispielsweise die Folgen unternehmerischen Handelns auf das Recht auf einen angemessenen Lebensstandard (Art.11 IPwirtR) beträchtlich sein; vgl. dazu nur die Diskussion um das Menschenrecht auf Wasser, *Rudolf* in: Rudolf (2007), S.15 ff.; UN Committee on Economic, Social and Cultural Rights, General Comment No.15 para.12; zu den ökologischen Implikationen internationaler Investitionen vgl. *Böttger* (2002), S.26 ff.; *UNCTAD*, World Investment Report (2007), S.145 ff.

und kulturelle Rechte[124] aus dem Jahr 1966 (im Folgenden: IPwirtR) und die zahlreichen bereichsspezifischen ILO-Übereinkommen dar.[125] Der Rückgriff auf diese Instrumentarien des Menschen- und Arbeitsrechtsschutzes bietet sich an, da sich die genannten völkerrechtlichen Regelungen auf ein gewisses Maß an universeller Akzeptanz in der Weltgemeinschaft stützen[126] und daher allein wegen ihrer quasi-universellen Bindungswirkung besonders auf das internationale Investitionsrecht einwirken können und über institutionalisierte Überwachungsmechanismen verfügen.

A. Der Internationale Pakt über wirtschaftliche, soziale und kulturelle Rechte (IPwirtR)

Eine umfassende Kodifikation haben wirtschaftliche Menschenrechte auf universeller Ebene im IPwirtR erfahren, der 1966 von der UNO-Generalversammlung verabschiedet wurde und 1978 gemäß Art. 27 IPwirtR mit der Ratifikation des Vertrages durch den 35. Mitgliedsstaat in Kraft trat. Zusammen mit der Allgemeinen Menschenrechtserklärung aus dem Jahr 1948[127] und dem Internationalen

---

124 International Covenant on Economic, Social and Cultural Rights (ICESCR) vom 16.12.1966, G.A. Res. 2200, 21 U.N. GAOR, Supp. (No.16) 49, U.N. Doc. A/6316 (1966); für die Bundesrepublik Deutschland in Kraft getreten am 3.1.1976, BGBl. 1973 II S.1570.

125 Neben den hier genannten Rechtsquellen IPwirtR und den ILO-Konventionen enthalten freilich auch andere Vertragswerke untersuchungsrelevante Gewährleistungen. So ist beispielsweise das Recht auf freie Bildung von Gewerkschaften nicht nur im IPwirtR (Art. 8) und in den ILO-Konventionen Nr.87 und Nr.98 niedergelegt, sondern auch im IPbürgR (Art.22 Abs.1) und in Art.11 der Europäischen Menschenrechtskonvention (EMRK). Daneben enthalten auch *soft law*-Instrumente wie die *OECD-Guidelines for Multinational Enterprises* (abrufbar unter www.oecd.org/dataoecd/56/36/19224228.pdf) die vier genannten Kernarbeitsrechte in Abschnitt IV. Employment and Industrial Relations. Die rechtlichen Fragestellungen, die derartige Mehrfachregulierungen aufwerfen, sollen in dieser Arbeit nicht weiter vertieft werden, da ihnen im vorliegenden Zusammenhang keine Relevanz zukommt; ausführlich zur Frage der sog. overlapping rights: *Stender* (2004), S.4 ff und S.113 ff.

126 So hat beispielsweise die ILO-Konvention Nr.98 zur Vereinigungsfreiheit 160 Mitgliedsstaaten (Stand 13.01.2011; die aktuellen Ratifikationszahlen der ILO-Übereinkommen sind unter www.ilo.org/ilolex/english/docs/declworld.htm abrufbar); der IPwirtR hat aktuell 160 Mitgliedsstaaten (Stand: 13.01.2011; die aktuellen Ratifikationszahlen sind abrufbar unter http://treaties.un.org).

127 Die Allgemeine Erklärung der Menschenrechte vom 10.12.1948, Resolution 217 A (III), in: United Nations, General Assembly, Official Records third Session (part I) Resolutions (Doc. A/810), S.71.

Pakt über bürgerliche und politische Rechte (IPbürgR)[128] bildet der IPwirtR die *International Bill of Human Rights*, also gleichsam den Grundrechtskatalog der internationalen Staatengemeinschaft.[129] Die besondere Bedeutung der beiden Pakte ist darin zu sehen, dass sie Menschenrechte, die in der Allgemeinen Erklärung der Menschenrechte von 1948 noch als Utopie skizziert wurden, in umfassender Weise juristisch verbindlich machen und damit Individuen völkerrechtlich verankerte Garantien einräumen, deren Einhaltung wenigstens „ein Stück weit" durch Überwachungssysteme sichergestellt werden kann.[130]

Trotz der äußerst hohen Ratifikationszahl des IPwirtR (Stand 13.01.2011: 160 Mitgliedsstaaten[131]) bereitet die Nichtratifikation bestimmter Länder Schwierigkeiten bei der Formulierung genereller Aussagen über das Verhältnis des Menschenrechtsschutzes zum internationalen Investitionsrecht. Für das internationale Investitionsrecht ist von besonderer Relevanz, dass die Vereinigten Staaten von Amerika den Pakt seit 1977 zwar unterzeichnet, bis heute aber noch nicht ratifiziert haben.[132] Zwar erzeugt schon die Unterzeichnung eines völkerrechtlichen Vertrages gewisse Verpflichtungen, diese gebieten dem Staat jedoch nur, Ziel und Zweck eines Vertrages vor seinem Inkrafttreten nicht zu vereiteln.[133] Der Staat, von dessen Territorium aus die meisten transnationalen Unternehmen operieren[134] und von dem aus somit bedeutende internationale wirtschaftliche Aktivitäten koordiniert werden, unterliegt demnach nicht unmittelbar den völkerrechtlichen Verpflichtungen des IPwirtR. Die Folgen der Nichtbindung der Vereinigten Staaten von Amerika und bestimmter anderer Staaten sind für den Untersuchungsverlauf jedoch überschaubar, da die hier relevanten grundlegenden Menschenrechte mit wirtschaftlichem Bezug – wie später noch darzulegen sein wird[135] – auch auf einer völkergewohnheitsrechtlichen Basis Bestand haben und deshalb unabhängig von einer konkreten Ratifikation Geltung beanspruchen. Die gewohnheitsrechtliche Geltung eines wirtschaftlichen Menschenrechts führt zu-

---

128 International Covenant on Civil and Political Rights (ICCPR) vom 16. Dezember 1966, G.A. Res. 2200, 21 U.N. GAOR, Supp. (No.16) 52, U.N. Doc. A/6316 (1966); in Kraft getreten am 23.3.1976, BGBl. 1973 II S.1534.
129 *Eide* in: Symonides (2002), 109 (109).
130 *Kälin/Künzli* (2008), S.46.
131 Aktuelle Zahlen abrufbar unter: http://treaties.un.org.
132 Zu den Gründen vgl. *Alston* (1990), 365 (372 ff.); *Weston* in: Lillich (1981), 27 (30 ff.).
133 Art.18 Wiener Übereinkommen über das Recht der Verträge vom 23.5.1969, BGBl. 1985 II S.926 ff.; allgemein zur US-amerikanischen menschenrechtlichen Vertragspraxis vgl. *Bradley* (2007), 307 (313 ff.).
134 Siehe dazu die Liste der 100 größten transnationalen Unternehmen in *UNCTAD*, World Investment Report (2006), S.30 ff.
135 Vgl. Kapitel 2. D.

dem dazu, dass Mitgliedsstaaten des IPwirtR nicht ohne Weiteres wirksame Vorbehalte zu dieser bestimmten Gewährleistung machen können.[136]

Zentrales Organ zur Überwachung der Paktrechte ist der Ausschuss für wirtschaftliche, soziale und kulturelle Rechte (im Folgenden: der Ausschuss). Dieser 1985 durch den Wirtschafts- und Sozialrat der Vereinten Nationen (Economic and Social Council, ECOSOC) eingesetzte Ausschuss[137] besteht aus 18 unabhängigen Experten und hat die Aufgabe, den Wirtschafts- und Sozialrat bei der Erfüllung der ihm nach Art. 16 ff. IPwirtR übertragenen Aufgaben zu unterstützen. Der Ausschuss ist folglich ein Unterorgan des Wirtschafts- und Sozialrats, das nur mit diesem und nicht direkt mit den Mitgliedsstaaten in Beziehung tritt. Formal liegt die politische und rechtliche Letztverantwortlichkeit über die Abgabe oder Nichtabgabe von Empfehlungen, die der Ausschuss anregt, beim Wirtschafts- und Sozialrat.[138] In tatsächlicher Hinsicht hat sich der Ausschuss jedoch in kürzester Zeit aus seiner rein beratenden Rolle gelöst und ist zum zentralen Diskussionsforum für die Weiterentwicklung der wirtschaftlichen, sozialen und kulturellen Rechte geworden.[139] Diese Funktion führt der Ausschuss im Rahmen der Staatenberichtsverfahren nach Art. 16 ff. IPwirtR, die durch Abschließende Stellungnahmen (sog. *Concluding Observations*) beendet werden, und durch den Erlass Allgemeiner Bemerkungen (sog. *General Comments*) aus.

Im Rahmen des Berichtsverfahrens obliegt es den Mitgliedsstaaten nach Art. 16 Abs. 1 IPwirtR, periodische, gewöhnlich in fünfjährigen Zyklen zu erstellende Berichte „über die getroffenen Maßnahmen und über die Fortschritte vorzulegen, die hinsichtlich der Beachtung der in dem Pakt anerkannten Rechte erzielt wurden."[140] Diese Berichtspflicht kann auch investitionsrelevante Sachverhalte umfassen, soweit beispielsweise über die Arbeitsbedingungen in einem Gaststaat internationaler Investitionen berichtet wird. Der Ausschuss prüft die in den Staatenberichten dargelegten legislativen, administrativen und judikativen Maßnah-

---

136 Vgl. dazu Human Rights Committee, General Comment No.24 para.8: "Although treaties that are mere exchanges of obligations between States allow them to reserve inter se application of rules of general international law, it is otherwise in human rights treaties, which are for the benefit of persons within their jurisdiction. Accordingly, provisions in the Convenant that represent customary international Law (...) may not be subject of reservations."; vgl. dazu auch *Künzli* (2001), S.86.
137 Resolution 1985/17, UN Doc. E/1985/85 (1985); ausführlich zur Entstehungsgeschichte des Ausschusses *Alston* (1992), 473 (475 ff.); siehe auch *Sepulveda* (2003), S.29 ff.
138 *Klee* (2000), S.248; *Sepulveda* (2003), S.89/90.
139 *Craven* (1995), S.91; *Sepulveda* (2003), S.32.
140 Zum Ablauf des Staatenberichtsverfahrens *Craven* in: Eide/Krause/Rosas (2001), 455 (461 ff.); *Alston* (1992), 473 (491 ff.); *Klee* (2000), S.248 ff.

men und erlässt schließlich die Abschließenden Stellungnahmen.[141] Diese listen die positiven und negativen Faktoren bei der Implementierung der Vertragspflichten auf und enthalten mehr oder weniger detaillierte Empfehlungen.[142] Echte Sanktionsmechanismen kennt der IPwirtR jedoch nicht. Grundidee des Berichtsverfahrens ist vielmehr die allmähliche Verbesserung der menschenrechtlichen Lage in den Mitgliedsstaaten auf dem Wege eines konstruktiven Dialogs zwischen dem berichterstattenden Staat und dem Ausschuss.[143]

Zweites und hinsichtlich seiner interpretatorischen Leitfunktion wohl wirkungsintensiveres Instrument des Ausschusses sind die Allgemeinen Bemerkungen. Diese *General Comments* zu einzelnen Artikeln oder Teilbestimmungen des Sozialpakts dienen primär dem Zweck, den Vertragsstaaten bei der Erfüllung ihrer Menschenrechtsverpflichtungen als Wegweiser und Interpretationshilfen zu dienen. Sie stellen zwar keine autoritative und somit rechtsverbindliche Auslegung der Paktbestimmungen dar, jedoch spiegeln sie die Spruchpraxis des Ausschusses wider und liefern zugleich erläuternde Konkretisierungen der abstrakt formulierten Paktrechte.[144] Die erhebliche Bedeutung, die den *General Comments* bei der Auslegung und Umsetzung des Paktes zukommt, beruht auf der fachlichen Expertise der Ausschussmitglieder und der darauf aufbauenden hohen Überzeugungskraft der *General Comments*.[145] In der wissenschaftlichen Diskussion um den rechtlichen Gehalt der wirtschaftlichen, sozialen und kulturellen Rechte gehören die *General Comments* zu den wichtigsten Interpretationshilfen.[146]

Ein weiterer Zweck der *General Comments* besteht in dem Versuch, eine Art Zwischenbilanz für die rechtliche Implementierung und praktische Bedeutung einer bestimmten menschenrechtlichen Gewährleistung zu ziehen. Dies ist sowohl für die gegenwärtigen wie auch die zukünftigen Vertragsparteien von Interesse, da sie sich ein Bild von den Anforderungen machen können, denen sie mit ihrem Beitritt zum Pakt unterliegen.[147]

---

141 Art. 16 Abs. 2 a) IPwirtR.
142 *Klein* in: Ipsen/Schmidt-Jortzig (2001), 301 (302).
143 *Riedel* (2003), 389 (395 ff.).
144 *Tomuschat* (2008), S. 190/191; zu den *General Comments* i.R.d. IPbpR: *Klein* in: Ipsen/Schmidt-Jortzig (2001), 301 (306/307)).
145 *Riedel* in: Deutsches Institut für Menschenrechte (2005), S. 170; *Kälin/Künzli* (2008), S. 246/247; zur Bedeutung der *General Comments* bei der nationalen Rechtsanwendung: *Súarez Franco* (2010), S. 246 ff.
146 Vgl. *Craven* (1995), S. 91 ff.; *Rudolf* in: Rudolf (2007), S. 22 ff.; *Súarez Franco* (2010), S. 105 ff.
147 Vgl. *Klein* in: Ipsen/Schmidt-Jortzig (2001), 301 (307).

Die *General Comments* sind daneben aber auch völkerrechtlich nicht bedeutungslos. Die Vertragsparteien des IPwirtR unterliegen der allgemeinen Pflicht, die von ihnen geschlossenen Verträge nach Treu und Glauben zu erfüllen (vgl. Art. 26 des Wiener Übereinkommens über das Recht der Verträge[148]; im Folgenden: WVK). Lassen die Staaten die Rechtsauffassungen des Ausschusses schlicht beiseite oder halten sie diese für irrelevant, handeln die Vertragsstaaten entgegen dieser Verpflichtung.[149] Falls ein Mitgliedsstaat einen *General Comment* ablehnt, obliegt ihm die Pflicht, seine abweichende Meinung zu begründen und den divergierenden rechtlichen Gehalt einer bestimmten Paktverpflichtung darzulegen.[150] Das Verhalten der Delegationen im Rahmen der Staatenberichtsverfahren zum IPwirtR lässt darauf schließen, dass die Paktstaaten die *General Comments* als inhaltliche Konkretisierungen des IPwirtR sowohl tatsächlich wie auch völkerrechtlich als maßgebend akzeptieren. Paktstaaten wenden äußerst selten ein, dass die in den *General Comments* niedergelegten Standards nicht zu beachten seien.[151] Fast ausnahmslos werden die durch die *General Comments* konkretisierten Standards von den Mitgliedsstaaten bei der Erfüllung ihrer Berichtspflichten als Maßstab herangezogen. Aufgrund ihrer rechtlichen und tatsächlichen Bedeutung werden die *General Comments* daher auch im Rahmen dieser Untersuchung eine zentrale Rolle bei der Auslegung der Gewährleistungen des IPwirtR spielen.

Schließlich sei noch auf das im Dezember 2008 von der Generalversammlung der Vereinten Nationen verabschiedete Fakultativprotokoll zum IPwirtR[152] hingewiesen. In diesem Protokoll werden die Einzelheiten für ein Individualbeschwerdeverfahren für den IPwirtR geregelt (Art. 2 bis Art. 9 des Protokolls).[153] Danach kann sich eine Einzelperson an den Ausschuss wenden, soweit der Beschwerdeführer darlegt, dass er Opfer einer Verletzung eines der im Pakt kodifizierten Rechte ist. Erfüllt die Beschwerde die übrigen Zulässigkeitsvoraussetzungen (vgl. Art. 3 bis Art. 5 des Protokolls), nimmt der Ausschuss die Individualbeschwerde an und prüft sie nach festgelegten Kriterien. Dabei ist insbesondere beachtenswert, dass der Ausschuss bei der Prüfung von Beschwerden die Angemessenheit der ergriffenen staatlichen Maßnahmen untersucht (Art. 8 Abs.

---

148 Wiener Übereinkommen über das Recht der Verträge vom 23.5.1969, BGBl. 1985 II S.926 ff.
149 *Súarez Franco* (2010), S.106; *Klein* in: Ipsen/Schmidt-Jortzig (2001), 301 (307) zur Bindungswirkung der *General Comments* i.R.d. IPbpR.
150 *Rudolf* in: Rudolf (2007), S.23.
151 Vgl. *Riedel* in: Deutsches Institut für Menschenrechte (2005), S.164.
152 UN-Doc. A/RES/63/117, Anhang v. 10.12.2008.
153 Zu Einzelheiten des Protokolls vgl. *Aichele* (2009), 72 (74).

4). Damit soll die Tatsache Berücksichtigung finden, dass dem Vertragsstaat möglicherweise eine Vielzahl geeigneter politischer und rechtlicher Maßnahmen für die Umsetzung der im Pakt niedergelegten Rechte zur Verfügung steht. Bislang ist das Fakultativprotokoll allerdings noch nicht völkerrechtlich verbindlich. Erst mit der Hinterlegung von zehn Ratifizierungs- bzw. Beitrittsurkunden wird das Protokoll in Kraft treten.[154]

Neben dem IPwirtR und den angegliederten Überwachungsmechanismen stellt die Internationale Arbeitsorganisation (*International Labour Organization* (ILO)) einen weiteren Grundpfeiler in der Architektur des internationalen Arbeits- und Menschenrechtsschutzes dar. Aufbau und Funktionsweisen sollen im Folgenden dargestellt werden.

B. Die Normen der Internationalen Arbeitsorganisation (ILO)

Die Internationale Arbeitsorganisation ist eine Sonderorganisation der Vereinten Nationen und hat seit ihrer Gründung im Jahr 1919 durch die Verabschiedung von inzwischen 188 Konventionen und einer großen Anzahl von begleitenden Empfehlungen zu allen Aspekten des Arbeitslebens in bedeutender Weise zur Verrechtlichung der internationalen Arbeitsverhältnisse beigetragen. Auf organisatorischer Ebene weist die ILO die Besonderheit einer dreigliedrigen Struktur auf (sog. Tripartismus[155]), d. h. zu den Sitzungen der von der Verfassung der ILO vorgesehenen Organe entsendet ein Mitgliedsstaat unabhängig voneinander auftretende Vertreter der Regierung, der Arbeitnehmer und der Arbeitgeber.[156] Die Organisation zählt inzwischen 183 Mitgliedsstaaten[157], die der ILO-Verfassung als völkerrechtlichem Gründungsvertrag beigetreten sind und auf freiwilliger Basis die bereichsspezifischen ILO-Konventionen ratifizieren können. Die thematische Spannweite der Konventionen reicht dabei von der Regulierung der Nachtarbeit im Bäckereigewerbe (*Night Work (Bakeries) Convention* Nr. 20, 1925)[158] bis hin zu Fragen der Erhebung von Arbeitsstatistiken (*Labour Statistics Convention* Nr. 160, 1985). Aufgrund dieses umfangreichen Normbestandes der ILO ist für diese Untersuchung eine Beschränkung auf grundlegende

---

154 Stand 13.01.2011: drei Mitgliedsstaaten; aktuelle Zahlen unter: http://treaties.un.org.
155 *Brupbacher* (2002), S.48.
156 Art.4 Abs.1 ILO-Verfassung.
157 Stand 13.01.2011; aktuelle Mitgliederzahlen abrufbar unter www.ilo.org/ilolex/english /mstatese.htm.
158 Alle Konventionen sind im Internet in der ILO-Datenbank ILOLEX abrufbar unter: www.ilo.org/ilolex.

menschenrechtliche Aspekte des internationalen Arbeitsschutzes erforderlich. Im Folgenden soll daher der Schwerpunkt auf den für den Untersuchungsgegenstand besonders relevanten vier Kernarbeitsrechten liegen, die von der ILO als besonders schützenswert identifiziert und im Jahr 1998 in der *Declaration on Fundamental Principles and Rights at Work*[159] niedergelegt wurden.

I. Die ILO-Declaration on Fundamental Principles and Rights at Work

Am 18. Juni 1998 verabschiedete die Internationale Arbeitskonferenz der ILO in Genf die *Declaration on Fundamental Principles and Rights at Work*. Darin wird bestimmten arbeitsrechtlichen Standards der Rang von sogenannten Kernarbeitsrechten (*core labour standards/rights*[160]) eingeräumt. Der Begriff der Kernarbeitsrechte bezieht sich dabei auf bestimmte im Zusammenhang mit der Erbringung von Arbeitsleistung stehende Rechte, die menschenrechtlichen Ursprungs sind und daher unabhängig von der wirtschaftlichen Situation eines Staates als fundamental angesehen werden.[161] Namentlich handelt es sich bei diesen Rechten um die Vereinigungsfreiheit und die effektive Anerkennung des Rechts auf Kollektivverhandlungen, die Beseitigung aller Formen von Zwangs- und Pflichtarbeit, die effektive Abschaffung der Kinderarbeit und die Beseitigung der Diskriminierung in Beschäftigung und Beruf. Den einzelnen Kernarbeitsrechten sind jeweils zwei ILO-Konventionen zuzuordnen, die dem normativen Gehalt der in der Deklaration nur stichwortartig genannten Rechte inhaltliche Konturen verleihen. So erfährt das Verbot der Zwangs- und Pflichtarbeit (Art. 2 b) der Deklaration) eine Konkretisierung in den Konventionen Nr. 29 (*Forced Labour Convention*, 1930) und Nr. 105 (*Abolition of Forced Labour Convention*, 1957). Die Vereinigungsfreiheit und die effektive Anerkennung des Rechts auf Kollektivverhandlungen (Art.2 (a)) spiegeln sich in den Konventionen Nr. 87 (*Freedom of Association and Protection of the Right to Organise Convention*, 1948) und Nr. 98 (*Right to Organise and Collective Bargaining Convention*, 1949) wider. Art.2 (c) (Abschaffung der Kinderarbeit) korrespondiert mit den Konventionen Nr.138 (*Minimum Age Convention*, 1973) und Nr.182 (*Worst Forms of Child Labour Convention*, 1999) und die Beseitigung der Diskriminierung in Beschäftigung und Beruf (Art.2 (d)) mit den Konventio-

---

159 Abrufbar unter: www.ilo.org/public/english/standards/decl/declaration/index.htm.
160 Vgl. *Alston* (2004), 457 (458); *Langille* (2005), 409 (409).
161 *Burianski* (2004), S.40.

nen Nr.100 *(Equal Remuneration Convention, 1951)* und Nr.111 *(Discrimination (Employment and Occupation) Convention, 1958)*.

Die Deklaration ist als unmittelbare Reaktion der ILO auf die Vertiefung der internationalen Wirtschaftsbeziehungen und die Forderung nach einer sozialverträglicheren Ausgestaltung der stetig voranschreitenden Globalisierung anzusehen. Die Mechanismen der ILO für den effektiven Schutz grundlegender Arbeitnehmerrechte im sich verschärfenden internationalen Wettbewerb wurden als ungenügend angesehen, die ILO als dazu berufene Organisation sollte jedoch die Achtung grundlegender Arbeitsstandards als Spielregeln des internationalen Wettbewerbs sicherstellen und den Handlungsdruck auf die internationalen Wirtschafts- und Finanzinstitutionen vermindern.[162] Diese Aufgabenstellung machte es erforderlich, den zum Teil unübersichtlich gewordenen Normbestand der zahlreichen Konventionen zusammenzufassen und zu einem durchsetzungsfähigen Instrument des internationalen Arbeitsrechtsschutzes zu bündeln.[163] Entgegen

---

162 Vgl. hierzu die *Singapore Ministerial Declaration* der WTO, WTO-Doc. WT/MIN(96) /DEC/W vom 18.12.1999: "We renew our commitment to the observance of internationally recognized labour standards. The International Labour Organization (ILO) is the competent body to set and deal with these standards, (…)".

163 Unsicherheiten und Unklarheiten bestehen hinsichtlich der rechtlichen Verpflichtungswirkungen der Deklaration (vgl. dazu ausführlich *Alston* (2004), S.457 (460 ff.)). In der Praxis der ILO sind Deklarationen als eines von drei nicht-bindenden Instrumenten neben Empfehlungen und Resolutionen anerkannt (Art.19 ILO-Verfassung). Als völkerrechtlich bindende Handlungsformen sind in der Verfassung der ILO lediglich Konventionen vorgesehen. Obgleich es sich bei der Erklärung von 1998 rechtstechnisch um eine nicht bindende Deklaration handelt, kam in manchen Staaten während der Verhandlungsphase die Befürchtung auf, die ILO-Deklaration begründe unmittelbare völkerrechtliche Pflichten hinsichtlich nicht ratifizierter ILO-Konventionen für alle Mitglieder. Die Besorgnis, die ILO-Deklaration 1998 verpflichte alle Mitglieder auch ohne Ratifikation „durch die Hintertür" zur Einhaltung der acht ILO-Kernkonventionen, erscheint aufgrund des Wortlauts der Erklärung auf den ersten Blick auch nicht unbegründet: „Die Internationale Arbeitskonferenz (…) 2. Erklärt, dass alle Mitglieder, auch wenn sie die betreffenden Übereinkommen nicht ratifiziert haben, allein aufgrund ihrer Mitgliedschaft in der Organisation verpflichtet sind, die Grundsätze betreffend die grundlegenden Rechte, die Gegenstand dieser Übereinkommen sind, in gutem Glauben und gemäß der Verfassung einzuhalten, zu fördern und zu verwirklichen, nämlich: a. die Vereinigungsfreiheit und die effektive Anerkennung des Rechts zu Kollektivverhandlungen; b. die Beseitigung aller Formen von Zwangs- und Pflichtarbeit; c. die effektive Abschaffung der Kinderarbeit; d. die Beseitigung der Diskriminierung in Beschäftigung und Beruf". Es entspricht jedoch der ganz vorherrschenden Auffassung, dass die Deklaration selbst keinerlei eigenständigen Rechtspflichten hinsichtlich der einzelnen Kernkonventionen begründet. Die Mitgliedsstaaten sind nach den Vorgaben der ILO-Verfassung nur dann zur Einhaltung der entsprechenden ILO-Konventionen verpflichtet, wenn sie diese ratifiziert haben, vgl. *Blüthner* (2004), S.195; *Burianski* (2004), S.60.

der immer wieder geäußerten Skepsis[164] hinsichtlich der Auswahl der Kernrechte, des grundsätzlichen Zwecks und der rechtlichen Auswirkungen der Formulierung der Kernarbeitsdeklaration lässt sich nach fast zehnjährigem Bestehen der Deklaration eine weitgehend positive Bilanz ziehen.

Die ILO-Deklaration wird in der völkerrechtlichen Literatur weitgehend als Referenzpunkt in der Diskussion um die soziale und menschenrechtliche Dimension der wirtschaftlichen Globalisierung anerkannt und zur Bestimmung eines völkerrechtlichen Mindestsozialstandards herangezogen.[165] Auch wenn häufig Bedenken vorgebracht wurden, dass durch die Hervorhebung gewisser Rechte andere arbeitsrechtliche ILO-Konventionen an Bedeutung verlieren[166] und die „harten" konventionsrechtlichen ILO-Standards durch die in der Deklaration enthaltenen Grundsätze und Prinzipien verwässert werden könnten, ist ein derartiger Effekt bisher noch nicht zu beobachten. Vielmehr scheint sich die Vermutung zu bestätigen, dass die Fokussierung auf grundlegende Rechte zur Erhöhung der „Schlagkraft" der ILO-Schutzstandards geführt und sich die Deklaration zum wichtigen Bestandteil in der allgemeinen Globalisierungsdebatte entwickelt hat.[167] Ein Beispiel für die globale Relevanz der Kernarbeitsrechte ist die Tatsache, dass viele internationale Finanzorganisationen den ILO-Kernarbeitsstandards als Referenzpunkte bei der Kreditvergabe Beachtung schenken. So hat beispielsweise die *International Finance Corporation* (IFC), die für Entwicklungsprojekte zuständige Sparte der Weltbankgruppe, die ILO-Kernarbeitsrechte als Voraussetzung der Mittelvergabe (sog. *Performance Standards*) aufgenommen.[168] Auch die EU nimmt in ihren Richtlinien zum Vergaberecht Bezug auf die „fundamentalen Konventionen der ILO", deren Befolgung Relevanz im Vergabeverfahren bei öffentlichen Aufträgen zukommen kann.[169]

---

164 *Alston* (2004), 457 (509 ff.).
165 Vgl. nur *Burianski* (2004), S.58 ff., S.117 ff.; *Blüthner* (2004), S.156 ff.
166 *Alston* (2004), 457 (488 ff.).
167 *Langille* (2005), 409 (436/437); *Servais* (2005), para.209.
168 Gleiches gilt für die Vergabevoraussetzungen bei der *European Investment Bank* (EIB) und der *Asian Development Bank*, vgl. ILO (2007), *Equity at work*, para.323 ff.; zu den menschenrechtsrelevanten Vergabevoraussetzungen der Multilateralen-Investitions-Garantie-Agentur (MIGA) vgl. unten Kapitel 3. C. II. 2.
169 Vgl. Erwägungsgrund 44 zur Richtlinie 2004/17/EG des Europäischen Parlaments und des Rates vom 31. März 2004 (ABl. L 134/1) und Erwägungsgrund 33 zur Richtlinie 2004/18/EG des Europäischen Parlaments und des Rates vom 31. März 2004 (ABl. L.134/114); ausführlich über die Bedeutung der ILO-Deklaration im Bereich des Beschaffungswesens: *Ziekow* (2007), S.11 ff.

II. Überwachungsmechanismen

Das Überwachungssystem der ILO ist seinem Grundsatz nach zweigliedrig aufgebaut.[170] Zum einen existieren Klage- und Beschwerdemöglichkeiten, die es den Sozialpartnern und Regierungen erlauben, Klagen gegen andere Mitgliedsstaaten bzw. deren mangelhafte innerstaatliche Umsetzung eines von ihnen ratifizierten Übereinkommens zu richten.[171] Daneben gibt es ein Berichtssystem, in dessen Rahmen die Mitgliedsstaaten in regelmäßigen Abständen berichten müssen, inwieweit ihre nationale Gesetzgebung und Verwaltungspraxis den Anforderungen der ILO-Konventionen entsprechen.[172] Mit der Aufgabe der Überwachung der Staatenberichte ist seit dem Jahr 1926/1927 der sogenannte Expertenausschuss der ILO (*Committee of Experts on the Application of Conventions and Recommendations*, CEACR) betraut.[173] Dieser prüft nicht nur die Staatenberichte, sondern veröffentlicht auch selbst eine Vielzahl von allgemeinen Berichten (sog. *General Surveys*), in denen die Umsetzungs- und Ratifikationsprobleme der Mitgliedsstaaten hinsichtlich bestimmter Konventionen und Empfehlungen in einer Querschnittsanalyse dargestellt werden. Ziel der *General Surveys* ist es (ähnlich den *General Comments* des IPwirtR) an sich nicht, die Bestimmungen der Konvention verbindlich zu interpretieren, sondern vielmehr die in der Realität zu beobachtende Bandbreite der Rechtsentwicklung in den einzelnen Staaten vor dem Hintergrund der internationalen Regelungen abzubilden und zu analysieren. Aufgrund des beschränkten Arbeitsauftrages ist zu beobachten, dass der Expertenausschuss bei der Auslegung der einzelnen Bestimmungen Zurückhaltung wahrt. Die in den Konventionen enthaltenen normativen Bestimmungen werden zumeist nur umschrieben, die nationalen Rechtssysteme, die entsprechende Regelungen enthalten, werden aufgezählt, ohne auf Einzelheiten weiter einzugehen. Insgesamt hält sich der Ausschuss eng an die in den Konventionen festgelegten Vorgaben und verzichtet auf eine dynamische Interpretation der Vorschriften. Der Unterschied zwischen *lex lata* und *lex ferenda* wird – im Gegensatz zu den *General Comments* des Ausschusses des IPwirtR – nicht verwischt.[174] Diese Zurückhaltung mag ihren Grund auch darin finden, dass die Konventionen sehr viel detaillierter die jeweiligen Schutzstandards umschreiben als die abstrakten und

---

170 Vgl. *Servais* (2005), para.983 ff.; *Brupbacher* (2002), S.53 ff.
171 Art.24 ff. ILO-Verfassung; vgl. auch *Burianski* (2004), S.68/69.
172 Art.22 ff. ILO-Verfassung.
173 Vgl. dazu *Rosas/Scheinin* in: Eide/Krause/Rosas (2001), 425 (432 ff.).
174 *Nußberger* (2005), S.260.

kurzen Vorschriften des IPwirtR und insofern einer dynamischen Interpretation nicht in gleichem Maße zugänglich sind.

Neben dem *Committee of Experts* existiert seit 1951 für die Vereinigungsfreiheit bzw. die sie schützenden Konventionen Nr. 87 und Nr. 98 mit dem Ausschuss für Vereinigungsfreiheit (*Committee on Freedom of Association*) ein besonderes Organ, das für diesen speziellen Bereich die Um- und Durchsetzung der ILO-Vorschriften überwacht.[175] Diese Sonderstellung der beiden Konventionen ist Ausdruck der herausragenden Bedeutung der Gewerkschaftsrechte für die Verwirklichung aller Arbeitsrechte im Rahmen der ILO.[176]

Mit der Annahme der ILO-Deklaration 1998 sind gleichzeitig zwei weitere Überwachungsinstrumente mit unterschiedlichen Zielsetzungen eingeführt worden.[177] Als erstes Instrument der Implementierung sieht die ILO-Deklaration jährliche Berichte vor (*Annual Follow-up*).[178] Diese jährlichen Berichte werden über die Umsetzung der vier grundlegenden Prinzipien auch in den Staaten angefertigt, die nicht alle acht Kernkonventionen der ILO, dafür aber die Deklaration aus dem Jahr 1998 ratifiziert haben. Mit Hilfe dieser Berichte soll festgestellt werden, in welchen Bereichen die Mitgliedsstaaten Schwierigkeiten und Schwachstellen bei der Umsetzung der vier fundamentalen Prinzipien haben. Zweitens sieht der *Follow-up*-Mechanismus die Veröffentlichung eines länderübergreifenden Gesamtberichts (*Global Report*) über die Verwirklichung der vier arbeitsrechtlichen Grundprinzipien vor.[179] Dieser Bericht betrifft im jährlichen Wechsel eines der vier fundamentalen Prinzipien und soll einen Überblick über die weltweite Verwirklichung der Prinzipien bieten. Der *Global Report* ergänzt hierdurch die länderspezifischen jährlichen Berichte des *Annual Follow-up*. Die beiden *Follow-up*-Instrumente der ILO-Deklaration wiederum treten neben die bereits bestehenden Überwachungsmechanismen.

An dieser Stelle ist klarzustellen, dass die Überwachungsinstrumente der Konventionen und der Deklaration eine Implementierung durch Sanktionen weder ermöglichen noch bezwecken.[180] Für Strafmaßnahmen fehlt sowohl in der ILO-Deklaration als auch in der Verfassung der ILO jede Rechtsgrundlage. Die

---

175 *Servais* (2005), para.1001 ff.
176 *Blüther* (2004), S.167 ff.; *Brupbacher* (2002), S.58/59; ausführlich zur Vereinigungsfreiheit unten Kapitel 2. D. I.
177 Vgl. *Blüther* (2004), S.190/191.
178 Das *Annual Follow-up* basiert auf Annex II.A ILO-Deklaration i.V.m. Art.19 Abs.5 ILO-Verfassung.
179 Annex III.A ILO-Deklaration; alle bisherigen Global Reports sind abrufbar unter: www.ilolex.org
180 *Langille* (2005), 409 (413); *Servais* (2005), para.1020/1048.

Deklaration stellt vielmehr ausdrücklich klar, dass die im *Follow-up* vorgesehene Überwachung „*of a strictly promotional nature*"[181] ist. An der Tatsache, dass die ILO lediglich durch öffentliche Bloßstellung und den Entzug technischer Kooperation die Durchsetzung ihrer Konventionen verlangen kann, hat sich auch durch die ILO-Deklaration nichts geändert.[182] Trotz dieses formal schwachen Überwachungs- und Durchsetzungsmechanismus hat die ILO im Wege des konstruktiven Dialogs einige Erfolge bei der Verwirklichung der festgeschriebenen Mindeststandards errungen. So konnte das *Committee on Freedom of Association* beispielsweise in einigen Fällen die Wiedereinstellung von Arbeitern erreichen, die aufgrund gewerkschaftlicher Aktivitäten zu Unrecht entlassen worden waren.[183]

C. Inhaltliche und institutionelle Verbindungen zwischen dem IPwirtR und den ILO-Konventionen

Der IPwirtR und die verschiedenen ILO-Konventionen stellen rechtlich unabhängige internationale Übereinkommen dar. Jedoch gibt es zwischen den beiden Normkomplexen vielfältige, zum Teil institutionelle, größtenteils aber inhaltliche Berührungspunkte. So besteht zum einen im Rahmen des Staatenberichtsverfahrens nach Art. 18 ff. IPwirtR eine verfahrensrechtliche Verbindung, da sich die ILO als Sonderorganisation der Vereinten Nationen in bestimmten Verfahrensstadien an der Prüfung der Staatenberichte beteiligen kann und diese Möglichkeit auch regelmäßig wahrnimmt.[184] Zum anderen gibt es erhebliche materiellrechtliche Überschneidungen in den Übereinkommen, da zumindest der Teil des IPwirtR, der sich mit den wirtschaftlichen und sozialen Rechten befasst, Entsprechungen und Konkretisierungen in den ILO-Konventionen findet. Insofern

---

181 Annex I:2 ILO-Deklaration; die ILO kann jedoch als letztes Mittel vor der Suspendierung der Mitgliedschaft oder vor dem Ausschluss des Mitglieds den Mitgliedsstaaten nach Art.33 ILO-Verfassung empfehlen, Sanktionen oder sonstige Maßnahmen gegen Staaten zu ergreifen, die in gravierender Weise gegen ILO-Konventionen verstoßen. Bisher ist dieses Verfahren nur einmal angewandt worden. Ziel der Sanktionen war im Jahr 2000/2001 aufgrund fortdauernder Verstöße gegen die Zwangsarbeitskonvention Nr.29 Burma/Myanmar; vgl. *Burianski* (2004), S.69/70.

182 *Blüther* (2004), S.192.

183 *Servais* (2005), para.1049; daneben sind weitere Fälle aus Myanmar bekannt, in denen auf Forderung der ILO hin Arbeiter aus Gefängnissen entlassen wurden, die sich rechtlich gegen Zwangsarbeit zur Wehr gesetzt hatten; siehe dazu *Amnesty International*, Jahresbericht Myanmar 2007.

184 *Craven* (1995), S.76 ff.

ist es nicht verwunderlich, dass der Ausschuss bei der Auslegung der Vorschriften des IPwirtR ausdrücklich auf die Definitionen und Wertungen der ILO-Konventionen Bezug nimmt[185] und die Mitgliedsstaaten in seinen *Reporting guidelines*[186] auffordert, bei der Abfassung ihrer Staatenberichte nach Art. 16 ff. IPwirtR auf die Informationen und Daten der ILO zurückzugreifen[187]. Auch bei der Umsetzung der Paktrechte in die nationalen Rechtsordnungen sollen die entsprechenden ILO-Standards als Maßstab herangezogen werden.[188]

Die einzelnen ILO-Konventionen können somit in weiten Teilen als eine Konkretisierung der abstrakten Regelungen des IPwirtR angesehen werden. In dieser Untersuchung werden die ILO-Konventionen daher in erster Linie als Auslegungshilfen für die im IPwirtR kodifizierten Kernarbeitsrechte herangezogen. Diese Vorgehensweise bietet sich für die wirtschaftlichen Kernarbeitsrechte in besonderem Maße an, da die ILO-Konventionen und der IPwirtR in diesem Bereich – wie im Folgenden zu zeigen sein wird – keine divergierenden, sondern vielmehr sich ergänzende Tatbestandsmerkmale aufweisen.

Art. 5 Abs. 2 IPwirtR enthält darüber hinaus eine Vorschrift, die sich ausdrücklich mit dem Verhältnis des Paktes zu anderen menschen- und sozialrechtlichen Verpflichtungen der Mitgliedsstaaten befasst. Danach dürfen die in einem Land durch Gesetze, Übereinkommen, Verordnungen oder durch Gewohnheitsrecht anerkannten oder bestehenden grundlegenden Menschenrechte nicht unter dem Vorwand beschränkt oder außer Kraft gesetzt werden, dass der IPwirtR derartige Rechte nicht oder nur in einem geringen Ausmaße anerkennt. Für das Verhältnis des IPwirtR zu den ILO-Konventionen folgt daraus, dass das Schutzniveau des IPwirtR nicht unter das Niveau zugleich verbindlicher ILO-Konventionen abfallen darf.[189]

---

185 Vgl. nur UN Committee on Economic, Social and Cultural Rights, General Comment No.6 para.27; No.18 para.9; auch die menschenrechtliche Literatur zum IPwirtR bezieht sich zur Auslegung des Paktes auf ILO-Konventionen, siehe z.B. *Craven* (1995), S.265, 270.

186 Die *Reporting Guidelines* (abrufbar unter: www.ohchr.org) sind vom Ausschuss erarbeitete Richtlinien, die den Staaten beim Verfassen der Staatenberichte nach Art.16 IPwirtR helfen sollen.

187 UN Committee on Economic, Social and Cultural Rights, General Comment No.18 para.53.

188 UN Committee on Economic, Social and Cultural Rights, General Comment No.18 para.48.

189 Vgl. zur gleichlautenden Vorschrift Art.5 Abs.2 IPbpR: *Nowak* (2005), Art.5 para.14.

D. Die untersuchungsrelevanten wirtschaftlichen Menschenrechte

Im Folgenden sollen nun die untersuchungsrelevanten wirtschaftlichen Menschenrechte (Vereinigungsfreiheit und effektive Anerkennung des Rechts auf Kollektivverhandlungen, Beseitigung aller Formen von Zwangs- und Pflichtarbeit, effektive Abschaffung der Kinderarbeit, Beseitigung der Diskriminierung in Beschäftigung und Beruf, Recht auf gerechte und günstige Arbeitsbedingungen) näher dargestellt werden. Der konkrete Gehalt der wirtschaftlichen Menschenrechte erschließt sich aufgrund der relativ abstrakten Formulierungen im IPwirtR nur unter Rückgriff auf erläuternde Quellen. Im Folgenden soll daher anhand der Vorschriften des IPwirtR, der konkretisierenden acht ILO-Kernarbeitskonventionen und der Spruchpraxis der zuständigen Überwachungsgremien der materielle Schutzbereich der einzelnen Rechte dargestellt, deren normativer Geltungsbereich beschrieben und auf einige spezifisch investitionsrechtliche Gefahrenlagen hingewiesen werden.

I. Vereinigungsfreiheit, Streikrecht und Recht auf Kollektivverhandlungen

1. Materieller Schutzbereich

Die Vereinigungsfreiheit und das Recht auf Kollektivverhandlungen haben auf internationaler Ebene ihre normative Verankerung in Art. 8 IPwirtR und in den ILO-Konventionen Nr. 87[190] und Nr. 98[191]. Während Art. 8 IPwirtR ausdrücklich nur von Gewerkschaften spricht, schützt die Konvention Nr. 87 ganz allgemein die Vereinigungsfreiheit im wirtschaftlichen Bereich:

> „Die Arbeitnehmer und die Arbeitgeber haben ohne jeden Unterschied das Recht, ohne vorherige Genehmigung Organisationen nach eigener Wahl zu bilden und solchen Organisationen beizutreten, wobei lediglich die Bedingung gilt, dass sie deren Satzungen einhalten."[192]

Beiden Übereinkommen ist die Gewährleistung der positiven und negativen Dimension der Vereinigungs- bzw. Gewerkschaftsfreiheit gemeinsam: Arbeitnehmer und im Anwendungsbereich der ILO-Konvention auch Arbeitgeber haben das Recht, entsprechende Vereinigungen zu bilden, diesen beizutreten bzw. nicht

---

190   Für Deutschland verbindlich seit dem 20.03.1957, BGBl. 1956 II S.2072.
191   Für Deutschland verbindlich seit dem 08.06.1956, BGBl. 1955 II S.1122.
192   Art.2 ILO-Konvention Nr.87.

beizutreten und die Vereinigung tatsächlich zu betreiben.[193] Der IPwirtR beschränkt in Art. 8 Abs. 1 lit.a) den Zweck der Gewerkschaften und die daraus folgenden Aktivitäten ausdrücklich auf die Förderung und den Schutz wirtschaftlicher und sozialer Interessen. Daher müssen die Aktivitäten der Gewerkschaften in erster Linie auf die Verbesserung der Arbeitsbedingungen gerichtet sein, können sich aber auch auf Bereiche der Wirtschafts- und Sozialpolitik der Regierung erstrecken. Lediglich gewerkschaftliche Aktivitäten, die rein politischer Natur sind (z. B. rein politisch motivierte Streiks), werden nicht von Art. 8 IPwirtR geschützt.[194] Die Vereinigungen genießen ferner das Recht, sich Satzungen zu geben, ihre Vertreter frei zu wählen und sich in übergeordneten nationalen oder internationalen Verbänden zu organisieren.[195] Die ILO-Übereinkommen Nr. 98 und Nr. 87 verbieten ausdrücklich die Diskriminierung von Arbeitnehmern aufgrund ihrer Gewerkschaftszugehörigkeit oder gewerkschaftlichen Betätigung[196] und schreiben angemessenen Schutz der Sozialpartner vor Einmischung von außen vor[197].

Die Vereinigungs- und Gewerkschaftsfreiheit umfasst zudem das Recht auf Kollektivverhandlungen. Der Ausschuss leitet dieses Recht aus Art. 8 Abs. 1 lit.c) IPwirtR ab[198], das *Committee on Freedom of Association* sieht das Recht implizit sowohl in Konvention Nr. 87 als auch in Konvention Nr. 89 verankert.[199] Art. 8 Abs. 1 lit.d) IPwirtR und ILO-Konvention Nr. 87 gewährleisten den Arbeitnehmern das Streikrecht, soweit es in Übereinstimmung mit der innerstaatlichen Rechtsordnung ausgeübt wird.[200]

Angesichts der rapiden weltwirtschaftlichen Veränderungen in Zeiten der Globalisierung steht der Schutz der Vereinigungs- und Gewerkschaftsfreiheit vor

---

193 Ausführlich zum materiellen Schutzbereich des Art.8 IPwirtR: *Fenwick* in: Chapman/Russell (2002), 53 (55 ff.); *Brupbacher* (2002), S.17; *Burianski* (2004), S.62.

194 So für die ILO-Konventionen Nr.87 und Nr.98 auch das *Committee on Freedom of Association* in: ILO (2006), *Freedom of Association*, para.528.

195 Art.5 ILO-Konvention Nr.87; Art.8 Abs.1 (b) IPwirtR.

196 Art.1 Abs.1 und 2 ILO-Konvention Nr.98.

197 Art.2 ILO-Konvention Nr.98.

198 Vgl. z.B. die *Concluding Observations* des Ausschusses zum Staatenbericht Südkoreas 2001, in dem der Ausschuss Korea daran erinnerte, dass "(…) the provisions of article 8 guarantee for all persons the right to freely form and join trade unions, the right to engage in collective bargaining through trade unions for the promotion and protection of their economic and social interests, as well as the right to strike", UN. Doc. E/C.12/1/Add.59, para.39; siehe auch *Craven* (1995), S.275; *Fenwick* in: Chapman/Russell (2002), 53 (65/66).

199 *Macklem* in: Alston (2005), 61 (65).

200 Dazu ausführlich *Craven* (1995), S.277 ff.; ILO (2006), *Freedom of Association*, para.520 ff.

spezifischen neuartigen Herausforderungen. So hat der Ausschuss für wirtschaftliche, soziale und kulturelle Rechte in seinem *Statement on Globalization and Economic, Social and Cultural Rights* aus dem Jahr 1998 festgestellt, dass

"(...) the right to form and join trade unions may be threatened by restrictions upon freedom of association, restrictions claimed to be "necessary" in a global economy, or by the effective exclusion of possibilities for collective bargaining, or by the closing off of the right to strike for various occupational and other groups."[201]

Die Durchsetzung der Vereinigungs- und Gewerkschaftsfreiheit und des Rechts auf Kollektivverhandlungen bewirkt in der Regel die Stärkung der Arbeitnehmervertretung und führt in der Folge häufig zur Verbesserung der Arbeitsbedingungen und der Entlohnung der Arbeitnehmer, aber auch zu Kostensteigerungen für die Unternehmen. Genau diese Entwicklung läuft den Erwartungen vieler nationaler Regierungen und investierender Unternehmen zuwider, die im internationalen Standortwettbewerb großen Wert auf ein für sie günstiges Investitionsklima und niedrige Produktionskosten legen. Gaststaaten transnationaler Unternehmen neigen daher dazu, insbesondere die Gewerkschaftsfreiheit zugunsten der Attraktivität des Investitionsstandortes zu verkürzen. Diese Problematik haben schon die Verfasser der *ILO-Tripartite Declaration of Principles concerning Multinational Enterprises and Social Policy*[202] erkannt, als sie festhielten:

"(...) where governments of host countries offer special incentives to attract foreign investment, these incentives should not include any limitation of the workers´ freedom of association or the right to organize and bargain collectively."[203]

In diesem Zusammenhang ist in letzter Zeit das Phänomen der sogenannten Sonderwirtschaftszonen (*Special Economic Zones*) und Exportförderzonen (*Export Processing Zones*) relevant geworden.[204] Unter dieser Bezeichnung haben Regierungen von Schwellen- und Entwicklungsländern abgegrenzte Wirtschaftsgebiete eingerichtet, die durch besondere arbeits- und steuerrechtliche Bedingungen

---

201 UN Committee on Economic, Social and Cultural Rights, *Statement on Globalization and Economic, Social and Cultural Rights* (1998), zitiert in: *Macklem* in: Alston (2005), 61 (83).
202 Abrufbar unter: www.ilo.org/ilolex/english/iloquerymtn.1.htm.
203 Para.46 ILO-Tripartite Declaration of Principles concerning Multinational Enterprises and Social Policy.
204 Dazu *Nam* (2006), 161 (162 ff.); *Muchlinski* (2007), S.226 ff.; siehe auch *Committee on Employment and Social Policy* der ILO: *Employment and social policy in respect of export processing zones (EPZs)*, GB.285/ESP/5 (November 2002), abrufbar unter: www.ilo.org/ilolex/english; vgl. auch den Artikel *Indiens Sonderwirtschaftszonen spalten das Land*, in: Neue Zürcher Zeitung vom 13.11.2006, S.23.

ausländische Investoren anziehen sollen.[205] Die damit oft einhergehenden Beschränkungen arbeitsrechtlicher Vorschriften betreffen insbesondere Gewerkschafts- und Streikrechte.[206] Eine derartige Differenzierung in der Gewährung gewerkschaftlicher Rechte kann in Konflikt mit der ILO-Konvention Nr. 87 geraten, da das Gewerkschafts- und Streikrecht nach Art. 2 „ohne jeden Unterschied" (*without distinction whatsoever*) zu gewähren ist.[207]

2. Normativer Geltungsbereich

Die ILO-Konventionen Nr. 87 und Nr. 98 genießen (wie die übrigen Kernarbeitskonventionen) eine sehr hohe Ratifikationsdichte[208], die sich hinsichtlich der Mitgliedszahlen und der Unterzeichnerstaaten weitgehend mit der des IPwirtR deckt. Trotz dieses aus arbeits- und menschenrechtlicher Sicht erfreulichen Befundes ist eine Überprüfung der gewohnheitsrechtlichen Geltung dieses wirtschaftlichen Menschenrechts erforderlich, da beispielsweise die USA weder an Art. 8 IPwirtR gebunden noch den Konventionen Nr. 87 und Nr. 98 beigetreten sind und insofern Zweifel an der universellen Geltung der Vereinigungsfreiheit und des Streikrechts bestehen.

Für die Entstehung und den Bestand von völkerrechtlichem Gewohnheitsrecht sind zwei Merkmale konstitutiv: Eine allgemeine, gleichförmige Staatenpraxis (consuetudo) und deren Anerkennung als Recht (opinio iuris).[209] Für den Bereich des Menschenrechtsschutzes stellt der Nachweis einer allgemeinen tatsächlichen Staatenpraxis ein erhebliches Problem dar, da diese naturgemäß in der staatlichen Interaktion festgestellt werden muss, die Menschenrechte aber in erster Linie im Verhältnis Staat/Bürger ihre Wirkung entfalten.[210] Die klassischen Argu-

---

205 Vgl. die ILO-Definition der EPZs: "(…) industrial zones with special incentives set up to attract foreign investors, in which imported materials undergo some degree of processing before being (re)exported again."; zitiert nach *Committee on Employment and Social Policy* der ILO: *Employment and social policy in respect of export processing zones (EPZs)*, S.1.

206 ILO (2006), *Freedom of Association*, para.264-266; *Burianski* (2004), S.76/77.

207 Dazu *Nam* (2006), 161 (172/173); *Attwooll* (1986), 223 (242).

208 ILO-Konvention Nr.87: 150 Mitgliedsstaaten; ILO-Konvention Nr.98: 160 Mitgliedsstaaten (Stand: 13.01.2011); Zahlen abrufbar unter www.ilo.org/ilolex/english/docs/declworld.htm.

209 Vgl. nur *Stein/von Buttlar* (2009), Rn.124; *Verdross/Simma* (1984), § 551.

210 Vgl. *Bleckmann* in: Klein (2003), 29 (33/34); *Heintschel von Heinegg* in: Ipsen (2004), § 16 Rn.6.

mentationsmuster können daher nur zum Teil herangezogen werden.[211] Darüber hinaus besteht die Beachtung des menschenrechtlichen Normbefehls klassischer Weise in einem staatlichen Unterlassen bzw. Nichtstun. International wahrgenommen werden in der Regel aber nur Verstöße gegen menschenrechtliche Standards, also genau Hinweise, die gegen eine allgemeine Übung der Staaten sprechen, Menschenrechte zu respektieren.[212] Gleiches gilt für die im Bereich der wirtschaftlichen Rechte verbreiteten aktiven Schutz- und Gewährleistungspflichten. Aufmerksamkeit bekommen vor allem öffentlichkeitswirksame Verstöße gegen staatliche Schutz- und Gewährleistungspflichten (wie z.B. Empörung über drastische Analphabetenzahlen unter Frauen in islamischen Ländern entgegen der Verpflichtung aus Art. 13 IPwirtR[213]).

Grundsätzlich kann auch innerstaatliches Unterlassen (im Rahmen der *duty to respect*) bzw. innerstaatliches Handeln (im Rahmen der *duty to protect*) eine gewohnheitsrechtsbegründende Übung beinhalten.[214] So stellen beispielsweise innerstaatliche Gesetze und Verfassungen Staatenpraxis dar, soweit sie von einer gewissen Dauer, Einheitlichkeit und Verbreitung geprägt sind.[215] Denn was Staaten intern verfassungsrechtlich versprechen, soll ihnen auch international entgegengehalten werden können.[216] Aus der innerstaatlichen Rechtsordnung lässt sich insbesondere die für die Begründung gewohnheitsrechtlicher Schutzpflichten erforderliche Staatenpraxis ableiten, da der unmittelbare Schutz von Menschenrechten in der Regel durch nationale Gesetzgebung erfolgt, die den Schutz von Privaten vor Verletzungen durch andere Private zum Ziel hat.

Daneben kann auch das Unterlassen bestimmter staatlicher Handlungen gegenüber Privaten ein völkergewohnheitsrechtliches Verbot begründen. In diesem

---

211 Diese grundsätzlichen Schwierigkeiten bewog ein Teil der völkerrechlichen Lehre dazu, Abstand von der Theorie der gewohnheitsrechtlichen Fundierung der Menschenrechte zu nehmen und stattdessen die Allgemeine Erklärung der Menschenrechte aus dem Jahr 1948 und weitere Resolutionen menschenrechtlichen Inhalts der Generalversammlung der Vereinten Nationen als autoritative Auslegung der UN-Charta zu betrachten oder fundamentale Menschenrechte als allgemeine Rechtsgrundsätze im Sinne des Art.38 Abs.1 lit.c) IGH-Statut zu qualifizieren; vgl. *Simma/Alston* (1992), 82 (100 ff.); *Verdross/Simma* (1984), § 822. Eine vertiefende Darstellung dieser Ansätze erscheint jedoch nicht unbedingt erforderlich, da sich diese letztlich nicht durchgesetzt haben.
212 Vgl. *Schachter* (1982), 327 (334 ff.); *Skogly* (2006), S.110.
213 Nach Angaben der UNESCO waren im Jahr 2000 beispielsweise 76 Prozent der Frauen im Jemen Analphabetinnen, 65 Prozent in Marokko und 41 Prozent in Ägypten; vgl. http://portal.unesco.org/education.
214 *Steiner/Alston* (1996), S.28; *Bleckmann* in: Klein (2003), 29 (43); *Malanczuk* (1997), S.39.
215 *Bleckmann* in: Klein (2003), 29 (43); *Malanczuk* (1997), S.40.
216 *Doehreing* in: Klein (2003), 67 (74).

Fall muss das Unterlassen auf der nach außen kundgetanen Überzeugung basieren, dazu rechtlich verpflichtet zu sein.[217] In der Regel begründen Staaten aber ihr Unterlassen nicht. Daher wird sich die Überzeugung, zu einem Unterlassen verpflichtet zu sein, häufig nur indirekt nachweisen lassen, d. h. in der Reaktion des verletzenden Staates auf einen ihm vorgeworfenen Normverstoß bzw. in Form von Reaktionen auf das Verhalten von anderen Völkerrechtssubjekten.[218] Diese Reaktionen tragen dann zur Entstehung der Staatenpraxis bei, sind zum anderen aber auch Ausdruck der Rechtsüberzeugung.

Hierzu ist für das Gewerkschafts- und Streikrecht Folgendes festzuhalten: In annähernd allen nationalen Verfassungs- und Rechtsordnungen ist – in welcher Form auch immer – das Vereinigungsrecht gewährleistet.[219] Bei Verstößen gegen dieses Recht führen staatliche Stellen in der Regel tatsächliche Gründe an, die belegen sollen, dass es überhaupt keine Beschränkung des Vereinigungs- bzw. Streikrechts gab, oder es werden Rechtfertigungen für die Beschränkung des Rechts im Einzelfall angeführt und somit implizit die Menschenrechtsverpflichtung anerkannt.[220] Diese Reaktionen staatlicher Stellen auf den Vorwurf der Verletzung der Vereinigungsfreiheit stellen Staatenpraxis dar und deuten darauf hin, dass das Vereinigungs- und Streikrecht heutzutage von der ganz überwiegenden Mehrheit der Staaten als geltendes Recht akzeptiert wird.

Gewerkschaftliche Rechte und deren Schutz bilden zudem regelmäßig einen Schwerpunkt in internationalen Vereinbarungen, die sich mit wirtschaftlicher und sozialer Entwicklung beschäftigen. Völkerrechtliche Verträge[221] und sonstige internationale Dokumente, insbesondere Entschließungen der Generalversammlung der Vereinten Nationen[222], stellen Staatenpraxis dar, wenn – wie im Fall des Vereinigungs- und Streikrechts – eine beachtliche Anzahl von Verträgen dieselbe Regelung enthält. Die Gewährleistungen der Vereinigungsfreiheit und des Rechts auf Kollektivverhandlungen finden sich in der Allgemeinen Erklä-

---

217 *Heintschel von Heinegg* in: Ipsen (2004), § 16 Rn.19.
218 Vgl. *Heintschel von Heinegg* in: *Ipsen* (2004), § 16 Rn.20.
219 Vgl. nur Art.14 der Argentinischen Verfassung; Art.38 der Verfassung von Bangladesch; Art.8 der Brasilianischen Verfassung; Art.19 Abs.1 (c) der Indischen Verfassung; Art.21 Abs.1 (e) der Verfassung von Namibia; Art.2 (d) der Kanadischen Verfassung; Art.14 Abs.1 (c) der Verfassung von Singapur; Art.43 der Verfassung von Kuweit.
220 Vgl. dazu den *350th Report of the Committee on Freedom of Association* vom Juni 2008, in dem zahlreiche Fälle der ILO-Überwachungsmechanismen im Zusammenhang mit dem Vereinigungs- und Streikrecht dokumentiert sind.
221 Vgl. *Stein/von Buttlar* (2009), Rn.127; *Malanczuk* (1997), S.40 ff.; *Doehring* in: Klein (2003), 67 (71 ff.); kritisch zur Herausbildung von Gewohnheitsrecht durch völkerrechtliche Verträge: *Heintschel von Heinegg* in: Ipsen (2004), § 16 Rn.22.
222 Vgl. *Heintschel von Heinegg* in: Ipsen (2004), § 16 Rn.23.

rung der Menschenrechte der UNO (Art. 19, 20 Abs. 1, 23 Abs. 4), in der Europäischen Sozialcharta (Art. 5, 6), in der Charta der Grundrechte der EU[223] (Art. 12), in der afrikanischen Banjul Charta der Menschenrechte und der Rechte der Völker (Art. 10 Abs. 1), in der Arabischen Charta der Menschenrechte (Art. 29), und dem IPbürgR (Art. 22 Abs. 1). Der IPwirtR und der IPbürgR nehmen dabei ausdrücklich Bezug auf die in ILO-Konventionen festgeschriebenen Standards.[224] Weitere Garantien der Vereinigungsfreiheit und des Rechts auf Kollektivverhandlungen in Form von *soft law* sind in den Entschließungen des Europäischen Parlaments[225] und den Abschlussdokumenten zum Weltmenschenrechts-[226] und -sozialgipfel[227] niedergelegt.

Angesichts der hohen Ratifikationsquote der Übereinkommen und der weitreichenden Akzeptanz des Vereinigungs- und Streikrechts in anderen internationalen Dokumenten kann man auch unter diesem Gesichtspunkt von einer gewohnheitsrechtlichen Verankerung der Vereinigungsfreiheit ausgehen. Zudem sehen sich die Staaten, die nicht Mitglieder der entsprechenden Verträge sind, in der Mehrzahl an die menschenrechtlichen Gewährleistungen gebunden.[228] So prüft beispielsweise das *U.S. Department of State* in seinen jährlichen Berichten zur menschenrechtlichen Lage in anderen Staaten (sog. *Country Reports on Human Rights Practices*[229]) alle diejenigen wirtschaftlichen Rechte, die Eingang in die *ILO Declaration on fundamental principles and rights at work* gefunden haben und bezeichnen diese als „*international recognized human rights*".[230] Daneben ist freilich noch zu beachten, dass die USA als Vertragsstaat des IPbürgR an das dort in Art. 22 ebenfalls niedergelegte Vereinigungs- und Gewerkschaftsrecht gebunden sind. Andere Staaten, wie beispielsweise Indien oder Iran, sind zwar nicht Mitgliedsstaaten der ILO-Konventionen, haben dafür aber den IPwirtR ratifiziert und sich somit zu den materiellen Gewährleistungen der Vereinigungsfreiheit bekannt.

---

223 ABl. vom 30.3.2010, C 83/389.
224 Art.22 Abs.3 IPbürgR; Art.8 Abs.3 IPwirtR.
225 Vgl. z.B. die Entschließung des Europäischen Parlaments vom 11.7.2007 zu einem moderneren Arbeitsrecht für die Herausforderungen des 21. Jahrhunderts (2007/2023(INI)).
226 Wiener Erklärung und Aktionsprogramm vom 25.6.1993 der Weltmenschenrechtskonferenz (UN Doc. A/Conf.157/24), abgedruckt in: Europäische Grundrechte-Zeitschrift (EuGRZ), 1993, S.520 ff.
227 Vgl. Commitment 3 der Abschlusserklärung des Weltsozialgipfels von Kopenhagen 1995 (UN Doc. A/CONF.166/9).
228 Dazu *Heintschel von Heinegg* in: Ipsen (2004), § 16 Rn.22.
229 Abrufbar unter: www.state.gov/g/drl/rls/hrrpt/.
230 Zum Konzept der *internationally recognized worker rights* in den Freihandelsverträgen der USA siehe: *Alston* (2004), 457 (497).

Gegen die gewohnheitsrechtliche Fundierung der Vereinigungsfreiheit sprechen schließlich nicht die Vorbehalte und Auslegungserklärung, die von Vertragsstaaten bei Unterzeichnung bzw. Ratifikation des IPwirtR bezüglich der Vereinigungs- und Streikrechte des Art. 8 IPwirtR angebracht wurden.[231] Nach einem von verschiedenen Paktstaaten in unterschiedlichen Formulierungen[232] angebrachten Vorbehaltstypus sollen die Gewährleistungen des Art. 8 IPwirtR nur im Rahmen der jeweiligen nationalen Rechtsordnung gelten. So lautet zum Beispiel der Vorbehalt von Bangladesch zu Art. 7 und Art. 8 IPwirtR:

> "The Government of the People's Republic of Bangladesh will apply articles 7 and 8 under the conditions and in conformity with the procedures established in the Constitution and the relevant legislation of Bangladesh."

Dieser Vorbehaltstypus steht zum einen in Konflikt mit Art. 27 WVK, nach dem innerstaatliches Recht nicht als Grund für die Nichterfüllung eines völkerrechtlichen Vertrages herangezogen werden kann. Zudem ist wegen der offenen Formulierung des Vorbehalts nicht mit hinreichender Sicherheit festzustellen, welche völkervertraglichen Verpflichtungen der Paktstaat tatsächlich übernimmt bzw. welche vertraglichen Gewährleistungen aufgrund nationaler Regelungen ausgeschlossen sind. Derartige Klauseln treffen daher regelmäßig auf Einsprüche anderer Vertragsstaaten. So reagierte beispielsweise Finnland auf die oben zitierte Erklärung von Bangladesch mit folgendem Einspruch:

> "A reservation which consists of a general reference to national law without specifying its contents does not clearly define for the other Parties of the Convention the extent to which the reserving state commits itself to the Convention and therefore may raise doubts as to the commitment of the reserving state to fulfil its obligations under the Convention. Such a reservation is also, in the view of the Government of Finland, subject to the general principle of treaty interpretation according to which a party may not invoke the provisions of its domestic law as justification for a failure to perform its treaty obligations."

Unbestimmte Auslegungserklärungen und Vorbehalte werden in der menschenrechtlichen Literatur und von den zuständigen Überwachungsorganen zum Teil als unzulässig und in der Folge als rechtlich irrelevant qualifiziert.[233] Die Unsicherheiten, die sich aus der offenen Formulierung des Vorbehalts für die Geltung

---

231 Übersicht über die Auslegungserklärungen und Vorbehalte zum IPwirtR und die dazu ergangenen Einsprüche abrufbar unter: http://treaties.un.org.
232 Vgl. dazu beispielsweise die Auslegungserklärung Chinas zu Art.8 Abs.1 lit.a): "The application of Article 8.1 (a) of the Covenant to the People's Republic of China shall be consistent with the relevant provisions of the Constitution of the People's Republic of China, Trade Union Law of the People's Republic of China and Labor Law of the People's Republic of China".
233 Vgl. *Kälin/Künzli* (2008), S.119 ff.; *Schilling* (2010), S.40 ff.

der menschenrechtlichen Gewährleistungen ergäben, seien nicht mit dem Ziel eines umfassenden Menschenrechtsschutzes zu vereinbaren. Die Frage der Zulässigkeit dieser Vorbehalte muss hier allerdings nicht abschließend bewertet werden. Der durch den Vorbehalt intendierte Rückbezug auf die nationale Rechtsordnung lässt sich jedenfalls nicht dahingehend auslegen, dass der betreffende Staat die Geltung der Vereinigungsfreiheit grundsätzlich in Fragen stellen würde. Vielmehr folgt aus dem Vorbehalt lediglich, dass die grundsätzlich bestehenden völkerrechtlichen Verpflichtungen durch die nationale Rechtsordnung ausgestaltet werden. Daraus lässt sich keineswegs ableiten, dass die betreffenden Staaten die Existenz eines völkerrechtlich fundierten Vereinigungs- und Streikrechts gänzlich ablehnten. Problematischer erscheint insoweit der Vorbehalt, durch den Kuwait die Anwendung des Streikrechts aus Art. 8 Abs. 1 lit.d) IPwirtR ausschließt:

> "The Government of Kuwait reserves the right not to apply the provisions of article 8, paragraph 1 (d)."

Kuwait behält sich mit dieser Erklärung die Gewährung des Streikrechts vollumfänglich vor. Diese Erklärung lässt darauf schließen, dass Kuwait sich auch auf gewohnheitsrechtlicher Basis nicht an das Streikrecht gebunden fühlt. Die Bundesrepublik Deutschland führt in ihrem Einspruch gegen diesen Vorbehalt aus, dass das Streikrecht ein grundlegendes wirtschaftliches Menschenrecht innerhalb des IPwirtR darstelle und ein dagegen gerichteter Vorbehalt in Konflikt mit Ziel und Zweck des Vertrages (vgl. Art. 19 lit.c) WVK) stehe:

> "The Government of the Federal Republic of Germany regards the reservation concerning article 8 (1) (d), in which the Government of Kuwait reserves the right not to apply the right to strike expressly stated in the Covenant (...) as being problematic in view of the object and purpose of the Covenant."

Unabhängig davon, ob man hier einen Verstoß gegen Art. 19 lit.c) WVK annimmt und folglich von der Ungültigkeit des Vorbehalts ausgeht[234], steht dieser Vorbehalt nicht der Annahme einer auf einer allgemeinen Rechtsüberzeugung basierenden Staatenpraxis entgegen. Der Vorbehalt Kuwaits ist der einzige, der sich ausdrücklich gegen die Gültigkeit des Streikrechts aus Art. 8 Abs. 1 lit.d) IPwirtR richtet. Dieser singuläre Vorbehalt kann weder die allgemeine Staatenpraxis noch die gemeinsame Rechtsüberzeugung der übrigen Staaten erschüttern, sondern lediglich zur Stellung Kuwaits als *persistent objector* führen.[235] Denn

---

234 So beispielsweise für bestimmte Gewährleistungen des IPbürgR: Human Rights Committee, General Comment 24, para.16-18.
235 Vgl. *Graf Vitzthum* in: Graf Vitzthum (2010), 1.Abschnitt Rn.133; *Stein/von Buttlar* (2009), Rn.138.

zur Bejahung einer allgemeinen Staatenpraxis ist keine gleichförmige und uniforme Praxis sämtlicher Völkerrechtssubjekte erforderlich. Es genügt vielmehr, wenn die Übung weitverbreitet und repräsentativ ist.[236] Diese weitverbreitete und repräsentative Übung bezüglich des Vereinigungs- und Streikrechts wird nicht durch den Vorbehalt Kuwaits erschüttert. Es ist daher davon auszugehen, dass die im Bereich des Vereinigungs- und Streikrechts formulierten Vorbehalte zu den Gewährleistungen des IPwirtR keine durchgreifenden Hindernisse für die gewohnheitsrechtliche Geltung des Vereinigungs- und Streikrechts begründen. Im Ergebnis lässt sich somit feststellen, dass sich das Vereinigungs-, Gewerkschafts- und Streikrecht in einem Maße in der internationalen Staatengemeinschaft verfestigt hat, dass es als Bestandteil des Völkergewohnheitsrechts anerkannt ist.[237]

II. Verbot der Zwangs- und Pflichtarbeit

1. Materieller Schutzbereich

Obwohl der Wortlaut des IPwirtR nicht explizit von einem Verbot der Zwangs- und Pflichtarbeit spricht, ist allgemein anerkannt, dass das in Art. 6 IPwirtR gewährte Recht auf „frei gewählte und angenommene Arbeit" das Verbot der Zwangsarbeit enthält.[238] Zur konkretisierenden Inhaltsbestimmung des Begriffs der Zwangs- oder Pflichtarbeit hat der Ausschuss für wirtschaftliche, soziale und kulturelle Rechte in seinem *General Comment* No. 18 aus dem Jahr 2007 auf die relevanten ILO-Konventionen Nr. 29[239] (*Forced Labour Convention*, 1930) und Nr. 105[240] (*Abolition of Forced Labour Convention*, 1957) zurückgegriffen.[241] Die ILO-Konvention Nr. 29 enthält eine Definition der Zwangsarbeit, die von der Mehrzahl der UN-Spruchkörper[242] und sonstigen berufenen Auslegungsor-

---

236 *Schweisfurth* (2006), 2. Kapitel Rn.63; *Stein/von Buttlar* (2009), Rn.128/135.
237 So auch *Burianski* (2004), S.62/63; *Pagnattaro* (2004), 203 (243 ff.).
238 UN Committee on Economic, Social and Cultural Rights, General Comment No.18 para.6; *Drzewicki* in: Eide/Krause/Rosas (1995), S.175.
239 Für Deutschland verbindlich seit dem 13.6.1956, BGBl. 1956 II S.640.
240 Für Deutschland verbindlich seit dem 22.6.1959, BGBl. 1959 II S.441.
241 UN Committee on Economic, Social and Cultural Rights, General Comment No.18 para.9.
242 UN Committee on Economic, Social and Cultural Rights, General Comment No.18 para.9; für den Bereich des IPbürgR vgl. *Nowak* (2005) Art.8 para.15.

ganen[243] herangezogen wird und somit eine gewisse universelle Akzeptanz gefunden hat. So heißt es in Art. 2 Abs. 1 ILO-Konvention Nr. 29:

> "For the purposes of this Convention the term forced or compulsory labour shall mean all work or services which is exacted from any person under the menace of any penalty and for which the said person has not offered himself voluntarily."[244]

Den Tatbestand der Zwangsarbeit kennzeichnen somit drei Voraussetzungen: Es muss sich bei der erzwungenen Tätigkeit um eine Arbeit oder Dienstleistung (*„work or service"*) handeln, die unter einer Strafandrohung erfolgt (*„menace of penalty"*) und nicht auf Freiwilligkeit basiert (*„which the said person has not offered himself voluntarily"*).[245] Während Art. 6 IPwirtR hinsichtlich des Verbotes der Zwangsarbeit nur die allgemeinen Einschränkungen des Art. 4 IPwirtR gestattet, lässt Art. 1 Abs. 2 (a)-(e) Konvention Nr. 29 für bestimmte Fälle ausdrücklich Ausnahmen vom Zwangsarbeitsverbot zu. So sind Arbeitspflichten im Zusammenhang mit Militärdienstpflichten sowie Arbeitspflichten, die sich im Rahmen der normalen Bürgerpflichten bewegen, und Arbeit infolge gerichtlicher Verurteilung oder nationaler Notstandssituationen vom Verbot ausgenommen. Da die allgemeine Ausnahmevorschrift des Art. 4 IPwirtR keine konkreten, auf die besondere Situation des Art. 6 IPwirtR bezogenen Voraussetzungen für das Vorliegen eines Rechtfertigungsgrundes nennt, ist davon auszugehen, dass der Ausschuss bei der Interpretation des Art. 4 IPwirtR in Bezug auf das Zwangsarbeitsverbot auf die oben genannten Ausnahmevorschriften der ILO-Konvention Nr.29 zurückgreifen wird und sich somit keine wesentlichen inhaltlichen Differenzen ergeben.

Mit der ILO-Konvention Nr. 105 über die Abschaffung der Zwangsarbeit aus dem Jahr 1957 wurde der Schutzbereich des Verbots der Zwangsarbeit gegenüber der ILO-Konvention Nr. 29 (1930) erweitert und zugleich konkretisiert. So ist es den Vertragsstaaten insbesondere verboten, Zwangsarbeit als Mittel politischen Zwangs, als Mittel der Rekrutierung von Arbeitskräften, als arbeitsrechtliche Disziplinarmaßnahme oder als Strafe für die Teilnahme an Streiks zu verwenden bzw. zu dulden.[246]

---

243 Vgl. beispielsweise die Entscheidung des Europäischen Gerichtshofs für Menschenrechte in der Sache *Van der Mussele v. Belgium*, A/70 (1983), Ziff. 32 ff.
244 Art.2 Abs.1. ILO-Konvention Nr.29.
245 Vgl. ILO (2007), *Eradication of Forced Labour*, para.35 ff.; *Schilling* (2010), S.83/84.
246 *Abolition of Forced Labour Convention* (1957), Art.1: "Each Member of the International Labour Organization which ratifies this Convention undertakes to suppress and not to make use of any of forced or compulsory labour (a) as a means of political coercion or as a punishment for holding or expressing political views or views ideologically opposed for the established political, social or economic system; (b) as a method of mobilising and

Für den zu untersuchenden Bereich ist das Zwangsarbeitsverbot vor dem Hintergrund der wirtschaftlichen Globalisierung und der verschärften Wettbewerbsdynamik auf den Weltmärkten unter verschiedenen Aspekten relevant. Der ILO-Expertenausschuss[247] konstatiert in seinem *General Survey concerning the Forced Labour Convention, 1930 (Nr.29), and the Abolition of Forced Labour Convention, 1957 (Nr.105)* aus dem Jahr 2007 neuartige Gefahren hinsichtlich der Durchsetzung des Zwangsarbeitsverbotes:

> "In more recent years, other forms of forced labour have come into greater prominence. These are in part a result of certain aspects of globalization, economic and social changes, and a widening gap between the rich and the poor, labour market changes and the increased mobility of populations. In relation to Convention No.29, these practices include: the trafficking in persons for the purpose of exploitation; the imposition on children of the worst forms of child labour; compulsory labour in privatized prisons and for private enterprises; (…); the requirement to perform overtime work under the menace of penalty."[248]

Der Schwerpunkt des Kampfes gegen die Zwangsarbeit hat sich demnach vom öffentlichen Sektor in die Privatwirtschaft verlagert.[249] Im Gegensatz zur Entstehungszeit der Konvention Nr. 29 im Jahr 1930 gehen heute die größten Gefahren, das Verbot der Zwangsarbeit zu unterlaufen, nicht mehr direkt vom Staat, sondern von Privaten, insbesondere von privaten Unternehmen aus.[250] So sind im Zusammenhang mit grenzüberschreitenden wirtschaftlichen Aktivitäten großer Unternehmen bzw. deren lokaler Subunternehmer Fälle bekannt geworden, in denen ausländische Arbeitgeber bzw. deren nationale Subunternehmer entgegen den nationalen Arbeitsschutzbestimmungen einheimische Arbeiter unter Androhung von Strafe, Verringerung des Entgelts oder sogar der Beendigung des Arbeitsverhältnisses zu übermäßig hohen Überstunden gezwungen haben.[251] Derartige Geschäftspraktiken fallen nach der Definition der ILO-Konvention Nr. 29

---

using labour for purposes of economic development; (c) as a means of labour discipline; (d) as a punishment for having participated in strikes; (e) as a means of racial, social, national or religious discrimination".

247 Siehe zur Tätigkeit des ILO-Expertenausschusses: *Wagner* (2001), S.65 ff.

248 ILO (2007), *Eradication of Forced Labour*, para.197.

249 Vgl. auch die Zahlen der ILO (2005), *Alliance against forced* labour, para.50: Ca. 12,3 Millionen Menschen waren im Jahr 2005 Opfer von Zwangsarbeit. Davon wurden 9,8 Millionen Menschen von privaten natürlichen oder juristischen Personen zur Arbeit gezwungen.

250 ILO (2007), *Eradication of Forced Labour*, para.136.

251 Viele derartige Fälle sind in Zusammenhang mit den mexikanischen *Maquiladoras* bekannt geworden, vgl. dazu die reichhaltige Dokumentation unter: http://en.maquilasolidarity.org; vgl. dazu auch die Fallstudie zu Bekleidungsfirmen in Argentinien bei *Kaleck/Saage-Maaß* (2008), S.102 ff.

unter das Zwangsarbeitsverbot und erfordern demnach ein Tätigwerden des Staates zum Schutz der individuellen Rechtspositionen.[252]

Auch die zunehmende Praxis einiger ILO-Mitgliedsstaaten, verurteilte Gefangene gegen Entgelt an Privatunternehmen zu „verleihen" bzw. die Gefängnisleitung und -verwaltung an sich zu privatisieren, stellt die Schutzsysteme der ILO vor neuartige Schwierigkeiten.[253] Dem arbeitenden Gefangenen stehen aufgrund seiner besonderen Stellung als Gefangener nicht in allen Konventionsstaaten die Schutzrechte eines gewöhnlichen Arbeitnehmers zu. Daher ist der außerhalb des Gefängnisses arbeitende Gefangene in besonderem Maße schutzbedürftig.[254] Vor diesem Hintergrund gestattet Art. 2 Abs. 2 lit.c ILO-Konvention Nr. 29 die Arbeit Gefangener für Privatunternehmen oder in privatisierten Gefängnissen nur unter bestimmten Voraussetzungen als Ausnahme zum Zwangsarbeitsverbot des Art. 1 Abs. 1 ILO-Konvention Nr. 29. So können Gefangene zwar generell zu bestimmten Arbeiten herangezogen werden, der konkreten Art der Beschäftigung muss der Gefangene aber freiwillig und in formaler Weise zustimmen, d. h. er darf nicht gegen seinen Willen zu einer billigen Arbeitskraft herabgewürdigt werden.[255] Um die arbeitsrechtlichen Schutzlücken des Gefangenen gegenüber seinem privaten Arbeitgeber auszugleichen, müssen darüber hinaus die Arbeitsbedingungen außerhalb des Gefängnisses von einer öffentlichen Aufsicht geprüft und kontrolliert werden.[256]

2. Normativer Geltungsbereich

Die im Bereich der Zwangsarbeit fundamentale Konvention Nr. 29 ist mit 174 Unterzeichnerstaaten die Kernarbeitskonvention mit den meisten Ratifikationen. Konvention Nr.105 hat mit 171 Mitgliedsstaaten in fast gleichem Maße globale Anerkennung gefunden.[257]

---

252 ILO (2007), *Eradication of Forced Labour*, para.37, 134; ILO (2005), *Alliance against Forced Labour*, para.14.
253 ILO (2007), *Eradication of Forced Labour*, para.48 ff.; ILO (2005), *Alliance against Forced Labour*, para.127.
254 ILO (2007), *Eradication of Forced Labour*, para.108.
255 ILO (2005), *Alliance against Forced Labour*, para.122.
256 Art.2 Abs.2 (c) ILO-Konvention Nr.29: "under the supervision and control of a public authority"; ILO (2007), *Eradication of Forced Labour*, para.53.
257 Stand 13.01.2011; aktuelle Zahlen abrufbar unter www.ilo.org/ilolex/english/docs/declworld.htm.

Für das Verbot der Zwangsarbeit deutet bereits die weitreichende Akzeptanz der einschlägigen ILO-Konventionen auf die völkergewohnheitsrechtliche Geltung der Norm hin. Neben den ILO-Übereinkommen und dem IPwirtR hat das Verbot der Zwangsarbeit in vielen anderen völkerrechtlichen Verträgen und Dokumenten eine Kodifizierung erfahren, vgl. Art. 8 Abs. 3 lit.a IPbürgR, Art. 4 Abs. 2 EMRK[258], Art. 6 Abs. 1 AMRK, Art. 15 Banjul Charta der Menschenrechte und Rechte der Völker, Art. 31 Arabische Charta der Menschenrechte, Art. 4 Abs. 2 Europäische Sozialcharta, Art. 5 Abs. 2 Europäische Grundrechtecharta, Art. 6 Additional Protocol to the American Convention on Human Rights in the Area of Economic, Social and Cultural Rights, Art. 5 Anti-Sklaverei-Konvention[259]. Auch in sonstigen internationalen Dokumenten[260] und in der ganz überwiegenden Mehrzahl der nationalen Rechtsordnungen[261] finden sich Regelungen, die Zwangsarbeit verbieten. Es besteht daher kein Zweifel an der völkergewohnheitsrechtlichen Geltung des Verbots der Zwangsarbeit.[262]

In Teilbereichen stellt die Rechtsqualität des Verbots der Zwangsarbeit eine Besonderheit im Kreis der wirtschaftlichen Menschenrechte dar. Nach der *Barcelona Traction*-Entscheidung[263] des IGH und der vorherrschenden Auffassung in der Literatur[264] zählt das Verbot der Sklaverei als wichtiger Teil der Zwangsarbeit unter Privaten zu den Verpflichtungen, die gegenüber der internationalen Gemeinschaft als Ganzer bestehen (sog. Verpflichtungen *erga omnes*). Zugleich

---

258 BGBl. 2002 II S.1055.
259 Übereinkommen betreffend die Sklaverei vom 25.9.1926, LNTS, Vol.LX, No. 1414, in der Form des Änderungsprotokolls vom 7.12.1953, siehe BGBl. 1972 II S.1473.
260 Z.B. Art.6 der Resolution 2542 (XXIV), UN General Assembly, *Declaration on Social Progress and Development*, 11.12.1969.
261 Insbesondere in den nationalen Verfassungen der Nicht-Paktstaaten, z.B. dem 13. Zusatzartikel der amerikanischen Verfassung oder Chapter 2 Section 13 der Südafrikanischen Verfassung.
262 So auch *Bungenberg* in: Heselhaus/Nowak (2006), § 13 Rn.13; *Schmalenbach* (2001), 57 (62); siehe dazu auch die US-amerikanische Entscheidung auf der Grundlage des ATCA: *Iwanowa v. Ford Motor* Co., 67 F. Supp. 2d 424, 440 (D.N.J.1999): „The use of unpaid, forced labor (…) violated clearly established norms of customary international law".
263 *Case concerning the Barcelona Traction, Light and Power Co.* (Belgium v. Spain), ICJ Reports 1970, 3 (32): „An essential distinction should be drawn between the obligation of a State towards the international community as a whole, and those arising vis á vis another State in the field of diplomatic protection. By their very nature the former are the concern of all States. In view of the importance of the rights involved, all States can be held to have a legal interest in their protection; they are obligations *erga omnes*. Such obligations derive, for example, in contemporary international law, (…) from the principles and rules concerning the basic rights of the human person, including protection from slavery and racial discrimination".
264 M.w.N. *Kadelbach* (1992), S.296/297.

gehört das Sklavereiverbot zu den zwingenden Normen des Völkerrechts (*sog. ius cogens*).[265] Hierbei ist zu beachten, dass nach der Sklaverei-Definition des Zusatzübereinkommens über die Abschaffung der Sklaverei, des Sklavenhandels und Institutionen und Praktiken ähnlich der Sklaverei aus dem Jahr 1956[266] auch Schuldknechtschaft und Leibeigenschaft von dem Begriff der Sklaverei erfasst sind. Soweit sich das Verbot der Zwangsarbeit mit dem Bereich der Sklaverei oder ähnlicher Praktiken überschneidet, gehört das Verbot der Zwangsarbeit zu den zwingenden Normen des Völkerrechts.[267]

III. Diskriminierungsverbote in der Arbeit

1. Materieller Schutzbereich

Das allgemeine Verbot der Diskriminierung und das komplementäre Gebot der Gleichbehandlung finden sich in einer Vielzahl internationaler Verträge zum Menschenrechtsschutz.[268] Der Ausschuss hat bislang keinen spezifischen Diskriminierungsbegriff für den Bereich der wirtschaftlichen Menschenrechte entwickelt. Definitionsansätze finden sich jedoch in den *Reporting Guidelines*[269] und einigen *General Comments*. Die *Reporting Guidelines* verstehen unter Diskriminierung im Bereich des Rechts auf Arbeit (Art. 6 IPwirtR)

> "(…) any distinctions, exclusions, restrictions or preferences, be it in law or in administrative practices or in practical relationships, between persons or groups of persons, made on the basis of race, colour, sex, religion, political opinion, nationality or social origin, which have the effect of nullifying or impairing the recognition, enjoyment or exercise of equality of opportunity or treatment in employment or occupation."[270]

---

265 *Pagnattaro* (2004), 203 (227).
266 Art.I lit.a und lit.b des Zusatzübereinkommens über die Abschaffung der Sklaverei, des Sklavenhandels und Institutionen und Praktiken ähnlich der Sklaverei (UNTS 1957, Vol. CCLXVI, No. 3822).
267 Vgl. *Burianski* (2004), S.64; *Fuks* (2006), 112 (126); *Gaedtke* (2004), 241 (246); vgl. dazu auch den Report *Forced Labour in Myanmar*, Commission of Inquiry appointed under Article 26 of the Constitution of the International Labour Organization to examine the observance of Myanmar of the Forced Labour Convention 1930 (No.29), 1998.
268 Vgl. nur Art.7 AEMR, Art.26 IPbürgR, Art.14 EMRK.
269 Die Reporting Guidelines (abrufbar unter: www.ohchr.org) sind vom Ausschuss erarbeitete Richtlinien, die den Staaten beim Verfassen der Staatenberichte nach Art.16 IPwirtR leiten sollen.
270 Reporting Guidelines zu Art.6 IPwirtR, para.3a.

In *General Comment* No. 16 definiert der Ausschuss geschlechtsspezifische Diskriminierung unter Berufung auf das Übereinkommen zur Beseitigung jeder Form von Diskriminierung der Frau (CEDAW)[271]:

> "Discrimination against women is "any distinction, exclusion or restriction made on the basis of sex which has the effect or purpose of impairing or nullifying the recognition, enjoyment or exercise by women, irrespective of their marital status, on a basis of equality of men and women, of human rights and fundamental freedoms in the political, economic, social, cultural, civil or any other field."[272]

Der vom Ausschuss verwendete Diskriminierungsbegriff entspricht im Grundsatz dem im allgemeinen Menschenrechtsschutz anerkannten Diskriminierungsbegriff, der vier Elemente enthält[273]: Eine Ungleichbehandlung (unter Umständen auch eine Gleichbehandlung), die auf gruppenbezogene Merkmale gestützt und ungerechtfertigt ist und schließlich einen (Rechts-)Nachteil auferlegt.

Im IPwirtR sind Diskriminierungsverbote an verschiedenen Stellen niedergelegt. Art. 2 Abs. 2 IPwirtR enthält ein allgemeines akzessorisches Diskriminierungsverbot, das sich auf alle im Pakt niedergelegten materiellen Gewährleistungen des dritten Teils bezieht und durch verschiedene, speziellere Diskriminierungsverbote ergänzt wird.[274] So wiederholt beispielsweise Art. 3 IPwirtR das Gebot, die Gleichberechtigung von Mann und Frau bei der Ausübung aller im Pakt festgelegten wirtschaftlichen, sozialen und kulturellen Rechte sicherzustellen.[275] Im Zusammenhang mit den wirtschaftlichen Menschenrechten finden sich weitere spezielle Diskriminierungsverbote in Art. 7 lit.a (i) („gleicher Lohn für gleiche Arbeit") und lit.c (Gewährleistung der gleichen Aufstiegschancen innerhalb des Berufes). Der Ausschuss betont bei der Interpretation des Art. 3 IPwirtR in *General Comment* Nr. 16 (2005), dass die Diskriminierungsverbote sowohl *de iure* (*sog. formal equality*) als auch *de facto* (*sog. substantive equality*) Ungleichbehandlungen erfassen:

---

271 Übereinkommen zur Beseitigung jeder Form von Diskriminierung der Frau vom 18.12.1979, BGBl. 1985 II S.648.

272 UN Committee on Economic, Social and Cultural Rights, General Comment No.16 para.11; vgl. dazu auch die Diskriminierungsdefinition in den Reporting Guidelines zu Art 6 IPwirtR.

273 Vgl. *König/Peters* in: Grote/Maurahn (2006), Kap.21 Rn.47; *Kälin/Künzli* (2008), S.397 ff.

274 Als "verbotene" Diskriminierungsmerkmale nennt Art.2 Abs.2 IPwirtR in einer nicht abschließenden Aufzählung Rasse, Hautfarbe, Geschlecht, Sprache, Religion, politische oder sonstige Anschauung, nationale oder soziale Herkunft, Vermögen und Geburt.

275 Zu Art.3 IPwirtR hat der Ausschuss im Jahr 2005 einen ausführlichen General Comment verfasst: UN Committee on Economic, Social and Cultural Rights, General Comment No.16; dazu *Siegel* in: Chapman/Russell (2002), 21 (36 ff.).

"Formal equality assumes that equality is achieved if a law or policy treats men and women in a neutral manner. Substantive equality is concerned, in addition, with the effects of law, policies and practices and with ensuring that they do not maintain, but rather alleviate, the inherent disadvantage that particular groups experience."[276]

Im Bereich der wirtschaftlichen Menschenrechte (vor allem im Zusammenhang mit dem Recht auf Arbeit (Art. 6 IPwirtR) und dem Recht auf gerechte und günstige Arbeitsbedingungen (Art. 7 IPwirtR)) hat der Ausschuss der geschlechtsspezifischen Diskriminierung besondere Bedeutung zugeschrieben. In *General Comment* Nr. 16 hat der Ausschuss festgelegt, dass Frauen durch effektive Gesetzgebung vor Diskriminierung beim Zugang zu Berufen und innerhalb des ergriffenen Berufes vor Nachteilen bei der Beförderung zu schützen sind.[277]

Zur effektiven Umsetzung des Diskriminierungsver- bzw. Gleichbehandlungsgebotes können Mitgliedsstaaten zum Mittel der positiven Diskriminierung[278] greifen. Dazu der Ausschuss in *General Comment* Nr. 16:

"The principles of equality and non-discrimination, by themselves, are not always sufficient to guarantee true equality. Temporary special measures may sometimes be needed in order to bring disadvantaged or marginalized persons or groups of persons to the same substantive level as others. Temporary special measures aim at realizing not only de jure or formal equality, but also de facto or substantive equality for men and women. However, the application of the principle of equality will sometimes require that States parties take measures in favour of women in order to attenuate or suppress conditions that perpetuate discrimination. As long as these measures are necessary to redress de facto discrimination and are terminated when de facto equality is achieved, such differentiation is legitimate."[279]

Es können demnach Maßnahmen ergriffen werden, die durch besondere Förderung dazu beitragen sollen, Benachteiligungen für Angehörige bestimmter diskriminierter Gruppen abzubauen und so zumindest Chancengleichheit, zum Teil aber auch ergebnisgleiche Repräsentation herzustellen. In Bereichen, in denen

---

276 UN Committee on Economic, Social and Cultural Rights, General Comment No.16 para.7; zu dieser Unterscheidung auch *Limburg Principles*, para.37/38; die *Limburg Principles on the Implementation of the ICESCR* sind ein Interpretationskatalog für den IPwirtR, der 1985 von der *International Commission of Jurists* ausgearbeitet und – obgleich von einer privaten Organisation geschaffen und daher nicht bindend - sogar als UN-Dokument (UN Doc. E/CN.4/1987/17, Annex (Limburg Principles)) veröffentlicht wurde.

277 UN Committee on Economic, Social and Cultural Rights, General Comment No.16 para.23/24; dazu auch *Sepulveda* (2003), S.407/408.

278 Sog. *Temporary Special Measures* bzw. *Affirmative Action Policies*; allgemein dazu *Sepulveda* (2003), S.401; *Craven* (1995), S.184 ff.; vgl. auch ILO (2007), *Equality at work*, para.37 ff., 225 ff.

279 UN Committee on Economic, Social and Cultural Rights, General Comment No.16 para.15.

Gleichbehandlungsgebot und Diskriminierungsverbot nicht zur gewünschten tatsächlichen Gleichstellung von Mann und Frau führen, können Staaten der benachteiligten Gruppe daher eine bevorzugte Behandlung zukommen lassen.

Im Bereich der ILO sind die Konventionen Nr. 100[280] (*Equal Remuneration Convention*) und Nr. 111[281] (*Discrimination (Employment and Occupation) Convention*) die grundlegenden Instrumente des arbeitsrelevanten Diskriminierungsschutzes. Die wichtigste Vorschrift der *Equal Remuneration Convention No. 100* (1951), Art. 1 lit.b) definiert den Grundsatz „gleicher Lohn für gleiche Arbeit", wobei sich dieser Grundsatz wie Art. 7 lit.a (i) IPwirtR nur auf geschlechtsspezifische Ungleichbehandlungen bei der Entlohnung bezieht.[282] Die *Discrimination (Employment and Occupation) Convention No. 111* von 1958 enthält ein umfassendes Gebot der Nichtdiskriminierung im Arbeitsleben. Eine Diskriminierung liegt nach der Legaldefinition der Konvention Nr. 111 vor, wenn nach Rasse, Hautfarbe, Geschlecht, Religion, politischen Ansichten, nationaler oder sozialer Herkunft Unterscheidungen getroffen werden und hierdurch die Gleichbehandlung oder die Chancengleichheit in Beschäftigungsverhältnissen oder bei der Einstellung eingeschränkt oder beseitigt werden.[283] Eine Unterscheidung, die in den fachlichen Erfordernissen der Beschäftigung begründet ist, gilt allerdings nicht als Diskriminierung.[284]

Relevant ist das Diskriminierungsverbot in der transnationalen Investitionssituation vor allem hinsichtlich der Maßnahmen zur positiven Diskriminierung. Ausländische investierende Unternehmen greifen in Entwicklungs- und Schwellenländern in der Regel auf leitende Arbeitskräfte aus dem Herkunftsland zurück, da diese bereits über das erforderliche fachliche *Know-how* verfügen und sich relativ gut in die jeweilige Unternehmenskultur einfügen können. Für die positive Entwicklung der Volkswirtschaft des Gaststaates wäre es jedoch förderlich, wenn einheimische Unternehmen in die Zulieferketten eingebunden würden und einheimische Arbeitskräfte in verantwortlichen Positionen vom Wissen und der Erfahrung der hochspezialisierten und -technisierten ausländischen Unternehmen profitieren könnten. Eine derartige Partizipation einheimischer Angestellter am Wissenstransfer ließe sich beispielsweise durch eine Mindestquote von inländischen Angestellten in leitenden Positionen ausländischer Unternehmen sicherstellen. Derartige Bestimmungen können jedoch in Kollision geraten mit dem in

---

280 Für Deutschland verbindlich seit dem 8.6.1956, BGBl. 1956 II S.23.
281 Für Deutschland verbindlich seit dem 16.6.1961, BGBl. 1961 II S.97.
282 *Blüthner* (2004), S.184/185.
283 Art.1 Abs.1 lit.a) Konvention Nr.111.
284 Art.1 Abs.1 lit.b) Konvention Nr.111.

fast allen bilateralen Investitionsschutzverträgen niedergelegten Grundsatz der fairen und billigen Behandlung und den Enteignungsbestimmungen.[285]

2. Normativer Geltungsbereich

Die gleichheitsrechtlichen Konventionen verfügen über eine hohe Ratifikationsdichte: Konvention Nr. 100 haben 168 Staaten ratifiziert, Konvention Nr. 111 hat 169 Mitgliedsstaaten.[286]

Hinsichtlich des rechtlichen Stellenwerts des Diskriminierungsverbotes kommentiert der Ausschuss des IPwirtR in seinem *General Comment* No. 16:

> "The equal right of men and women to the enjoyment of all human rights is one of the fundamental principles recognized under international law and enshrined in the main human rights instruments."[287]

Die Formulierung des Ausschusses (*"one of the fundamental principles recognized under international law"*) deutet auf die grundlegende Bedeutung und die damit verbundene gewohnheitsrechtliche Geltung des völkerrechtlichen Diskriminierungsverbotes hin. Im völkervertragsrechtlichen Bereich ist aufgrund der hohen Ratifikationszahlen (186 Mitgliedsstaaten) das Übereinkommen zur Beseitigung jeder Form von Diskriminierung der Frau[288] das wichtigste Instrument zum Schutz vor geschlechtsspezifischer Diskriminierung. Diese Konvention enthält in Art. 11 Abs. 1 eine spezielle Vorschrift für die Beseitigung der Diskriminierung der Frau im Berufsleben. Gleiches gilt für die Arabische Charta der Menschenrechte (Art. 2 und Art. 32). Speziell vor Rassendiskriminierung im wirtschaftlichen, sozialen und kulturellen Bereich soll das Internationale Übereinkommen zur Beseitigung jeder Form von Rassendiskriminierung[289] Schutz gewähren (Art. 2 Abs. 2). Allgemeine Vorschriften zum Diskriminierungsverbot enthalten Art. 26 IPbürgR, Art. 14 EMRK, Art. 2, Art. 3 Abs. 1 und Art. 18 Abs.

---

285 Ausführlich dazu Kapitel 3. B. III. 1. b.

286 Stand 13.01.2011; aktuelle Zahlen abrufbar unter www.ilo.org/ilolex/english/docs /declworld.htm.

287 UN Committee on Economic, Social and Cultural Rights, General Comment No.16. para.1; vgl. dazu auch Human Rights Committee, General Comment No.18, para.1: "Non-discrimination, together with equality before the law and equal protection of the law without any discrimination, constitute a basic and general principle relating to the protection of human rights".

288 Übereinkommen zur Beseitigung jeder Form von Diskriminierung der Frau vom 18.12.1979, BGBl. 1985 II S.648.

289 Internationales Übereinkommen zur Beseitigung jeder Form von Rassendiskriminierung, vom 7.3.1966, BGBl. 1969 II S.962.

3 der Banjul Charta der Menschenrechte, Art. 20 ff. Europäische Sozialcharta und Rechte der Völker. Das Diskriminierungsverbot wird weiterhin als einziges Menschenrecht unmittelbar durch die Charta der Vereinten Nationen (im Folgenden UNC oder UN-Charta) geschützt, vgl. Art. 1 Abs. 3, 13 und 55 UNC. Im Bereich des EU-Rechts ist auf die Richtlinie 2000/78/EG des Rates vom 27. November 2000 zur Festlegung eines allgemeinen Rahmens für die Verwirklichung der Gleichbehandlung in Beschäftigung und Beruf hinzuweisen.[290] Auch in sonstigen völkerrechtlich relevanten Dokumenten ist das Diskriminierungsverbot allgemein anerkannt. So zählt das im Jahr 1987 vom *American Law Institute* veröffentlichte *Restatement (Third) of the Law, Foreign Relations of the United State* das Verbot der rassischen, religiösen und geschlechtsspezifischen Diskriminierung zum Völkergewohnheitsrecht.[291] Das Wiener Aktionsprogramm aus dem Jahr 1993 enthält in Paragraph 19 ff. detaillierte Bestimmungen zu einem weit verstandenen Diskriminierungsverbot. Der IGH kommt im *Barcelona Traction*-Urteil zu dem Schluss, dass das Verbot der Rassendiskriminierung sogar eine Verpflichtung *erga omnes* darstellt.[292] Aufgrund des dargelegten großen Rückhalts des Diskriminierungsverbotes im wirtschaftlichen und sozialen Bereich ist von der gewohnheitsrechtlichen Fundierung des allgemeinen Diskriminierungsverbotes und somit auch von Diskriminierungsverboten in der Arbeit auszugehen.[293]

Gegen diesen Befund sprechen auch nicht die Vorbehalte, die manche Vertragsparteien des IPwirtR im Bereich des Diskriminierungsverbotes angebracht haben.[294] Zum Teil handelt es sich dabei – wie im Bereich des Vereinigungs- und Streikrechts – um Vorbehalte, die die gleichheitsrechtlichen Verpflichtungen des IPwirtR nur im Rahmen der nationalen Rechtsordnung als bindend anerkennen.[295] Derartige Vorbehalte schließen das Bestehen einer gewohnheitsrechtlichen Norm nicht aus.[296] Daneben haben verschiedene Staaten in ihren Erklärun-

---

290 Amtsblatt der Europäischen Gemeinschaften vom 2.12.2000, ABl. L 303, S.16.
291 *American Law Institute (1987),* § 702 comment i, j, l.
292 *Barcelona Traction* (Belgium v. Spain), 3 (32).
293 Vgl. *Shaw* (2008), S.275, 286 ff.; *Burianski* (2004), S.65; zum Bereich der geschlechtsbezogenen Diskriminierung *Cassese* (2005), S.395.
294 Übersicht über die Auslegungserklärungen und Vorbehalte zum IPwirtR und die dazu ergangenen Einsprüche abrufbar unter http://treaties.un.org.
295 So z.B. der Vorbehalt Kuwaits zu Art.2 Abs.2 IPwirtR: "Although the Government of Kuwait endorses the worthy principles embodied in article 2 paragraph 2, and article 3 as consistent with the provisions of the Kuwait Constitution in general and of its article 29 in particular, it declares that the rights to which the articles refer must be exercised within the limits set by Kuwaiti law."
296 Vgl. dazu bereits Kapitel 2. D. I. 2.

gen bei Vertragsunterzeichnung zum Ausdruck gebracht, dass sie grundsätzlich das Diskriminierungsverbot als rechtlich verbindlich akzeptieren, aufgrund tatsächlicher Umstände das Verbot jedoch zum Zeitpunkt der Vertragsunterzeichnung noch nicht vollständig umsetzen können.[297] Dieser Vorbehaltstypus wendet sich nicht gegen den Bestand des Diskriminierungsverbotes an sich, sondern verzögert lediglich dessen vollumfängliche Anwendung in zeitlicher Hinsicht. Die Formulierungen erkennen die Rechtsverbindlichkeit des Diskriminierungsverbotes somit dem Grunde nach an und festigen im Ergebnis die Herausbildung des gewohnheitsrechtlichen Diskriminierungsverbots.

IV. Abschaffung der Kinderarbeit

1. Materieller Schutzbereich

Der IPwirtR enthält in Art. 10 Nr.3 eine Regelung zur Zulässigkeit bzw. Unzulässigkeit von Kinderarbeit.[298] Art. 10 Nr.3 Satz 1 IPwirtR gebietet den Staaten, Sondermaßnahmen zum Schutz von Kindern und Jugendlichen zu ergreifen und diese ohne Diskriminierung nach Abstammung oder aus sonstigen Gründen zu treffen. Kinder und Jugendliche sollen gemäß Art. 10 Nr.3 Satz 2 IPwirtR vor wirtschaftlicher und sozialer Ausbeutung geschützt werden. Nach Art. 10 Nr.3 Satz 3 soll die Beschäftigung mit Arbeiten, die ihrer Moral oder Gesundheit schaden, ihr Leben gefährden oder voraussichtlich ihre normale Entwicklung behindern, gesetzlich strafbar sein. In Satz 4 werden die Mitgliedsstaaten schließlich dazu verpflichtet, „Altersgrenzen festzusetzen, unterhalb derer die entgeltliche Beschäftigung von Kindern gesetzlich verboten und strafbar ist." Derartige Altersgrenzen finden sich in erster Linie in den ILO-Konventionen Nr. 138 über das Mindestalter für die Zulassung zur Beschäftigung vom 26. Juni 1973 und der

---

297 So z.B. die Erklärung des Vereinigten Königreichs: "Secondly, the Government of the United Kingdom declare that they must reserve the right to postpone the application of sub-paragraph (a) (i) of article 7 of the Covenant in so far as it concerns the provision of equal pay to men and women for equal work, since, while they fully accept this principle and are pledged to work towards its complete application at the earliest possible time, the problems of implementation are such that complete application cannot be guaranteed at present".

298 Siehe dazu auch das Übereinkommen über die Rechte des Kindes vom 20.11.1989, G.A. Res. 44/25 U.N. GOAR, 44th Session, Supp. No.49, U.N. Doc. A/44/49 (1989); BGBl. 1992 II S. 122.

ILO-Konvention Nr. 182 über das Verbot und unverzügliche Maßnahmen zur Beseitigung der schlimmsten Formen der Kinderarbeit vom 17. Juni 1999.[299]

Zweck der *Minimum Age Convention Nr.138*[300] aus dem Jahre 1973 ist die tatsächliche Abschaffung der Kinderarbeit und die allgemeine Anhebung des Beschäftigungsalters von Kinderarbeitern.[301] Die ILO-Konvention Nr. 138 legt in Art. 2 Abs. 1 i.V.m. Art. 3 fest, dass das Mindestalter für die Zulassung zur Arbeit nicht unter dem Alter liegen darf, in dem die Schulpflicht endet und in keinem Fall unter 15 Jahren. Für Entwicklungs- und Schwellenländer, deren „Wirtschaft und schulische Einrichtungen ungenügend entwickelt sind", ist die Festsetzung des Mindestalters auf 14 Jahre möglich, wobei die Absenkung des Mindestalters Konsultations- und Berichtspflichten für den Unterzeichnerstaat nach sich zieht.[302] Diese generellen Altersgrenzen kennen Ausnahmen: Einerseits liegt die Grenze bei 18 Jahren für die Zulassung zu Arbeiten, welche Gesundheit, Sicherheit oder Sittlichkeit der Jugendlichen gefährden können[303], und bei 16 Jahren, falls diese Arbeiten begleitet werden und im Rahmen einer Ausbildung stattfinden. Andererseits sind leichte, die Entwicklung von Jugendlichen und von Kindern nicht negativ beeinflussende Arbeiten bereits ab dem 13. Lebensjahr erlaubt[304] und schon vorher sind Einzelfallbewilligungen z. B. für künstlerische Tätigkeiten gestattet.[305] Nicht in den Anwendungsbereich der Konvention fällt der Besuch von Schulen und Weiterbildungseinrichtungen.[306]

Die Konvention Nr. 182 gegen die schlimmsten Formen der Kinderarbeit[307] verpflichtet die Unterzeichnerstaaten, bestimmte, als besonders schädlich angesehene Formen der Kinderarbeit unverzüglich durch geeignete Maßnahmen zu verbieten und zu beseitigen.[308] Zu den schlimmsten Formen der Kinderarbeit zählen Sklaven- und Zwangsarbeit von Kindern, Kinderprostitution, die Beschäf-

---

299 Vgl. zum Verhältnis des Kinderarbeitsverbots im IPwirtR zu den ILO-Konventionen die *Concluding Observations* zum Staatenbericht von Mexiko (E/C.12/Mex/Co/4, para.41), in dem Mexiko dazu aufgefordert wird, „(to) consider ratifying ILO Convention No.138 (1973) concerning Minumum Age for Admission to Employment and that it accordingly raise the minimum working age from 14 years to the age of completion of compulsory schooling (…)".

300 Für Deutschland verbindlich seit dem 8.4.1976, BGBl. 1976 II S.201.

301 Art.1 ILO-Konvention Nr.138; *Lansky* (1997), 233 (236).

302 Art.2 Abs.3 und Abs.4 ILO-Konvention Nr.138.

303 Art.3 ILO-Konvention Nr.138.

304 Art.7 ILO-Konvention Nr.138.

305 Vgl. *Brupbacher* (2002), S.15.

306 Art.6 ILO-Konvention Nr.138.

307 Für Deutschland verbindlich seit dem 18.4.2002, BGBl. 2001 II S.1290.

308 Art.1 ILO-Konvention Nr.182.

tigung von Kindern im Zusammenhang mit illegalen Handlungen wie Drogen-handel, gefährliche Arbeiten und die zwangsweise Rekrutierung von Kindern für den militärischen Einsatz.[309] Das Schutzalter in dem Übereinkommen liegt gemäß Art. 2 bei 18 Jahren.

Der größte Anteil der Kinderarbeit vollzieht sich traditionellerweise im ländlichen Raum, wo Kinder als unbezahlte Arbeitskräfte innerhalb des Familienverbandes, vor allem im Agrarsektor[310] oder als billige Hilfskräfte im Bergbau[311] eingesetzt werden. Gleichzeitig steigt aber auch die Anzahl von Kindern, die in urbanen Zentren im produzierenden Gewerbe Arbeit leisten.[312] In diesem Bereich können auch transnationale Unternehmen in Konflikt mit dem Verbot der Kinderarbeit geraten, entweder weil sie selbst auf Kinderarbeit zurückgreifen oder lokale Subunternehmer in illegaler Weise Kinder als Arbeitskräfte beschäftigen.

2. Normativer Geltungsbereich

Die Konvention Nr. 138 verfügt über 156 Mitgliedsstaaten. Der Konvention Nr. 182 sind 173 Staaten beigetreten.[313] Eine große Anzahl anderer menschen-rechtsrelevanter Verträge enthält Regelungen über die Verpflichtung zur Abschaffung von Kinderarbeit (vgl. nur Art. 18 Abs. 3 Banjul Charta der Menschenrechte und Rechte der Völker, Art. 38, 39 Arabische Charta der Menschenrechte, Art. 32 Europäische Grundrechtecharta). Besonders hervorzuheben ist in diesem Zusammenhang die UN-Kinderrechtskonvention, die mit 193 Mitglieds-staaten[314] zu den äußerst seltenen Völkerrechtsverträgen gehört, die annähernd universelle Akzeptanz in der Weltgemeinschaft gefunden haben. Auch die Wiener Deklaration und das Aktionsprogramm aus dem Jahr 1993 bekräftigen in den Paragraphen 45 ff. die fundamentale Bedeutung des Schutzes der Kinder vor wirtschaftlicher Ausbeutung. Diese weitgehende Akzeptanz des Verbotes der Kinderarbeit ist ein starkes Indiz dafür, dass die Verpflichtung, Kinder vor ökonomischer Ausbeutung und vor Arbeit zu schützen, die gefährlich oder schädlich

---

309 Art.3 ILO-Konvention Nr.182.
310 ILO (2002), *A Future without Child Labour*, para.72 ff; *Lansky* (1997), 233 (243).
311 Vgl. *United Nations* (2007), ICESCR, para.94.
312 ILO (2002), *A Future without Child Labour*, para.88 ff.
313 Stand 13.01.2011; aktuelle Zahlen abrufbar unter www.ilo.org/ilolex/english/docs/declworld.htm.
314 Stand 13.01.2011; aktuelle Zahlen abrufbar unter http://treaties.un.org.

für ihre Gesundheit ist oder die physische, mentale oder soziale Entwicklung des Kindes behindern, zum Völkergewohnheitsrecht zu zählen ist.[315]

Da die Kinderrechtskonvention selbst keine altersmäßige Begrenzung vorsieht, die Mitgliedsstaaten lediglich zur Festlegung eines Mindestalters verpflichtet sind (Art. 32 Abs. 2), ließe sich bezweifeln, ob bezüglich der detaillierten Mindestalter bereits feste gewohnheitsrechtliche Regeln existieren. Mit der Zunahme der Ratifikationszahlen der ILO-Konvention Nr. 138 auf inzwischen 150 Mitgliedsstaaten dürfte sich diese Frage jedoch zugunsten der gewohnheitsrechtlichen Geltung der in dieser Konvention festgelegten Mindestgrenzen, insbesondere der allgemeinen 14-Jahresgrenze, entschieden haben.

E. Rechtsnatur der wirtschaftlichen Menschenrechte

Die Rechtsnatur wirtschaftlicher Menschenrechte ist sowohl im völkerrechtlichen Schrifttum wie auch in der nationalen und internationalen Rechtsprechung äußerst umstritten.[316] Die Rechts- und Menschenrechtsqualität der wirtschaftlichen, sozialen und kulturellen Rechte wurde, insbesondere im Frühstadium ihrer internationalen Kodifikation, häufig in Zweifel gezogen.[317] Trotz der Beteuerungen der Unteilbarkeit und Interdependenz[318] aller Menschenrechte finden sich Stellungnahmen in der völkerrechtlichen Literatur[319] und von Regierungsvertretern[320], die dem Rechtscharakter des ganzen IPwirtR oder bestimmter Einzelrechte des IPwirtR kritisch gegenüberstehen bzw. diesen teilweise offen bestreiten. Zum einen geht es dabei um die Frage, inwieweit Staaten durch wirtschaftli-

---

315 *Pagnattaro* (2004), 203 (250); *Schmalenbach* (2001), 57 (62); *Torres* (2003/2004), 447 (460); zum Teil wird das Verbot der Kinderarbeit bereits als *ius cogens* charakterisiert, so *Bullard* (2001), 139 (158/159).

316 *Dowell-Jones* (2004), S.15; *Alston* (1990), 365 (377); *Verdross/Simma* (1984), § 1247; *Tomuschat* (2008), S.40 ff.; *Eide* in: Symonides (2002), S.119 ff.; *Alston/Quinn* (1987), 156 (219 ff.); *Sepulveda* (2002), S.115 ff.; *Klee* (2000), S.87 ff.; *Schneider* (2004), S.39 mit Nachweisen zur deutschen Rechtsprechung; vgl. dazu auch UN Committee on Economic, Social and Cultural Rights, General Comment No.3, der den programmatischen Titel *The nature of States parties obligations* trägt.

317 *Bossuyt* (1975), 783 (793/794); *Vierdag* (1978), 69 (103).

318 Vgl. nur Art.4 der Maastricht Guidelines on Violations of Economic, Social and Cultural Rights: "It is now undisputed that all human rights are indivisible, interdependent, interrelated and of equal importance for human dignity."; auch: *Eide* (1989), S.35.

319 *Verdross/Simma* (1984), § 1247; *Tomuschat* (2008), S.40 ff.; weitere Nachweise bei *Klee* (2000), S.76 ff.

320 Vgl. *Concluding Observations* Switzerland E/1999/22 para.348; *Concluding Observations* The United Kingdom of Great Britain and Northern Ireland E/1998/22 para.293.

che, soziale und kulturelle Menschenrechte überhaupt völkerrechtlich verbindliche Verpflichtungen auferlegt werden. Zum anderen wird kontrovers darüber diskutiert, in welchem Umfang wirtschaftliche Menschenrechte in einem gerichtlichen oder quasigerichtlichen Verfahren von Personen oder Personengruppen geltend gemacht werden können. Die Frage der Justiziabilität ist auch nach der Verabschiedung des Fakultativprotokolls zum IPwirtR im Dezember 2008 noch nicht abschließend geklärt.[321] Der Ausrichtung der Studie auf die heimatstaatlichen Verpflichtungen entsprechend wird es im Folgenden entscheidend auf den erstgenannten Aspekt ankommen, d. h. auf die Frage, welches Pflichtenprogramm sich aus den menschenrechtlichen Verpflichtungen für das staatliche Instrumentarium des Investitionsschutzes und der Investitionsförderung ergibt.

Basierend auf dem vagen Wortlaut des Art. 2 Abs. 1 IPwirtR wird gegen die Rechtsverbindlichkeit des Paktes gegenüber den Mitgliedsstaaten vorgebracht, dass die wirtschaftlichen, sozialen und kulturellen Rechte illusorische Wunschvorstellungen oder zumindest nur Programmsätze seien, denen keinerlei oder nur mindere Rechtsqualität zukomme als beispielsweise den bürgerlichen und politischen Rechten.[322] Der Wortlaut des IPwirtR („unter Ausschöpfung aller seiner Möglichkeiten", „nach und nach mit allen geeigneten Mitteln") bringe die Intention der Verfasser des Paktes zum Ausdruck, die Gewährleistungen eher als politische Absichtserklärung denn als rechtliche Verbindlichkeiten zu verstehen.[323] Die Mitgliedsstaaten wollten sich angesichts der enormen finanziellen und organisatorischen Belastungen, die die Umsetzung aller im Pakt aufgezählten Rechte bedeuten, nicht im rechtlichen Sinne zur Gewährung der wirtschaftlichen, sozialen und kulturellen Rechte verpflichten.

Den Kritikern der rechtlichen Verbindlichkeit der Rechte des Paktes ist sicherlich darin zuzustimmen, dass nur inhaltlich fassbare Regelungen dazu geeignet sind, Staaten vollwertige Rechtspflichten aufzuerlegen. Zur Entkräftung der Zweifel hinsichtlich der inhaltlichen Bestimmtheit der wirtschaftlichen Menschenrechte ist jedoch auf die Arbeit des Ausschusses zu verweisen, der durch die oben beschriebene Ausdifferenzierung der Paktverpflichtungen einen entscheidenden Beitrag zur Überprüfbarkeit der wirtschaftlichen Menschenrechte erbracht hat. Jedenfalls hinsichtlich der vom Ausschuss definierten Kernverpflichtungen, die sich aus den einzelnen Paktrechten ergeben, ist aufgrund der hinreichenden inhaltlichen Konkretisierung rechtliche Überprüfbarkeit anzunehmen. Gleiches gilt für die Diskriminierungsverbote des IPwirtR. Da es sich

---

321 Vgl. *Súarez Franco* (2010), S.41 ff.; *Klee* (2000), S.88 ff.; *Schneider* (2004), S.9/10.
322 *Vierdag* (1978), 69 (103); *Verdross/Simma* (1984), § 1247.
323 *Bossuyt* (1975), 783 (790 ff.).

bei den Diskriminierungsverboten der Art. 2 Abs. 2 und Art. 3 IPwirtR um sofort umzusetzende, ressourcenunabhängige Staatenverpflichtungen handelt und Diskriminierungen im Bereich der wirtschaftlichen, sozialen und kulturellen Rechte bereits von verschiedenen menschenrechtlichen Überwachungsorganen untersucht worden sind, kann die Justiziabilität dieser Rechte unter dem Gesichtspunkt der inhaltlichen Bestimmtheit zumindest hinsichtlich der staatlichen Verpflichtung, diese Rechte diskriminierungsfrei zu gewährleisten, bejaht werden.[324] Neben den Ausführungen des Ausschusses des IPwirtR kann zur Konkretisierung der wirtschaftlichen Menschenrechte auch auf die Spruchpraxis des Menschenrechtsausschusses zum IPbürgR zurückgegriffen werden.[325] So wurden beispielsweise im Rahmen von Individualbeschwerdeverfahren zum Diskriminierungsverbot häufig Feststellungen zu wirtschaftlichen Rechten getroffen.[326] Schließlich können auch die ILO-Konventionen in diesem Zusammenhang als Konkretisierungen herangezogen werden.

Gegen das Argument der Ressourcenabhängigkeit wirtschaftlicher Menschenrechte ist einzuwenden, dass auch die Verwirklichung bestimmter bürgerlicher und politischer Rechte an den Einsatz von Ressourcen gebunden ist.[327] So setzen z. B. die in Art. 14 IPbürgR enthaltenen prozessualen Rechte einen funktionierenden Justizapparat, also die angemessene Ausbildung und Bezahlung von Richtern, Staats- und Rechtsanwälten voraus, Maßnahmen, die ohne Zweifel erhebliche finanzielle und organisatorische Mittel erfordern.[328] Trotz dieser Ressourcenabhängigkeit stellt gleichwohl niemand die rechtliche Qualität der bürgerlichen und politischen Rechte in Abrede. Umgekehrt beinhalten wirtschaftliche Rechte einfache Unterlassungspflichten, so etwa die Pflicht der Staaten, nicht das Streikrecht (Art. 8 Abs. 1 lit.d) IPwirtR) zu verletzen oder keine staatliche Zwangsarbeit zu betreiben (Art. 6 Abs. 1 IPwirtR).[329] Insbesondere bei diesen sogenannten ressourcenunabhängigen Verpflichtungen steht die uneinge-

---

324 UN Committee on Economic, Social and Cultural Rights, General Comment No.3 para.5; *Schneider* (2004), S.32; *Tomuschat* (2008), S.44.

325 Zu diesem sog. *integrated approach: Scheinin* in: Eide/Krause/Rosas (2001), 29 (32 ff.); *Rosas/Scheinin* in: Eide/Krause/Rosas (2001), 425 (426 ff.).

326 So z.B. in *Zwaan-de Vries v. the Netherlands*, Communication No.182/1984, Yearbook of the Human Rights Committee 1987, Vol.II, pp. 300-304; m.w.N. auch zur Spruchpraxis des EGMR: *Scheinin* in: Eide/Krause/Rosas (2001), 29 (34 ff.); zur nationalen Rezeption des IPwirtR in unterschiedlichen Paktstaaten vgl. *Coomans* (2006), S.17 ff.

327 Vgl. *Alston/Quinn* (1987), 156 (172/173); *Skogly/Gibney* (2002), 781 (784/785).

328 Weitere Beispiele bei *Súarez Franco* (2010), S.59/60.

329 *Schneider* (2004), S.33.

schränkte Rechtsqualität wirtschaftlicher Menschenrechte daher nicht in Rede.[330] Hier greift das Argument der beschränkten, von wirtschaftlichen Umständen abhängigen Umsetzungspflicht nicht.

Ressourcenunabhängige Pflichten wie die Diskriminierungsverbote der Art. 2 Abs. 2, Art. 3 und Art. 7 lit.a i) IPwirtR und das Recht auf freie Gewerkschaften (Art. 8 Abs. 1 lit.a) IPwirtR) müssen daher auch nach der Spruchpraxis des Ausschusses unmittelbar, in erster Linie durch legislatives Handeln umgesetzt werden.[331] Eine Verzögerung der Umsetzung unter Hinweis auf die wirtschaftliche Entwicklung bzw. Ressourcenknappheit eines Staates ist in diesem Bereich unzulässig, da der Erlass der entsprechenden gesetzlichen Regelungen keinen erheblichen finanziellen Aufwand für den Staat bedeutet.[332] So erfordert z. B. das Recht, einer Gewerkschaft eigener Wahl allein nach Maßgabe ihrer Vorschriften beitreten zu können (Art. 8 Abs. 1 lit.a) IPwirtR), keinen hohen finanziellen staatlichen Aufwand. Erforderlich sind in erster Linie gesetzgeberische Maßnahmen, die den freien Gewerkschaftsbeitritt ermöglichen. Auch die anderen untersuchungsrelevanten Menschenrechte im Bereich der Vereinigungsfreiheit, des Zwangsarbeitsverbotes, der Diskriminierungsverbote in der Arbeit und der Kinderarbeit lassen sich zu großen Teilen durch Gesetzgebung und effektiven Gesetzesvollzug gewährleisten. Anders als beispielsweise die Verpflichtung zur Einrichtung einer unentgeltlichen Grundschulausbildung gemäß Art. 14 IPwirtR setzen die untersuchungsrelevanten Menschenrechte keinen hohen staatlichen Ressourceneinsatz voraus.

Doch auch die ressourcenabhängigen Pflichten des IPwirtR enthalten insoweit direkte Verpflichtungen, als die Mitgliedsstaaten unmittelbar mit den ihnen zur Verfügung stehenden Mitteln mit der progressiven Realisierung der jeweiligen Rechte beginnen und zumindest einen Kerngehalt (sog. *minimum core content*) sicherstellen müssen.[333] Der Ausschuss hat dazu in seinem grundlegenden

---

330 *Klee* (2000), S.104/105; zur Unterscheidung zwischen ressourcenabhängigen und ressourcenunabhängigen Verpflichtungen vgl. UN Committee on Economic, Social and Cultural Rights, General Comment No.3 para.1.

331 UN Committee on Economic, Social and Cultural Rights, General Comment No.3 para.3/5; zur Umsetzung der Diskriminierungsverbote vgl. General Comment No.13 para.31; *Sepulveda* (2003), S.395/396; zur Umsetzung der Vereinigungsfreiheit (Art.8 IPwirtR) vgl. *Craven* (1995), S.261/262; *Concluding Observations* Republic of Corea E/1996/22 para.80.

332 *Klee* (2000), S.175 ff.

333 Vgl. *Klee* (2000), S.182 ff./212; *Schneider* (2004), S.31 ff.; *Dowell-Jones* (2004), S.21 ff.; vgl. auch die sog. Limburg Principles (1987), para.8: "All States Parties have an obligation to begin immediately to take steps towards full realization of the rights contained in the Covenant. (…)"; para.16: "Although the full realization of the rights recognized in

General Comment No. 3, der den Titel *"The nature of States parties obligations"* trägt, festgehalten:

"(…) the Committee is of the view that a minimum core obligation to ensure the satisfaction of, at the very least, minimum essential levels of each of the rights is incumbent upon every State party."[334]

Der konkrete Umfang des Kerngehalts jedes einzelnen Rechts ist freilich schwer zu bestimmen.[335] Es soll sich dabei um einen Kernbereich handeln, bei dessen Missachtung die betreffende Garantie jeglichen Sinnes entleert würde.[336] Der Ausschuss ist in letzter Zeit dazu übergegangen, für die einzelnen Gewährleistungen des IPwirtR den jeweils wesensbestimmenden Kerngehalt zu definieren.[337] Auch für untersuchungsrelevante Rechte hat der Ausschuss bereits für eine Konkretisierung des Kerngehaltsbegriffs gesorgt.[338]

---

the Covenant is to be attained progressively, the obligation of some rights can be made justiciable immediately, while other rights can become justiciable over time."; die *Limburg Principles* sind ein Interpretationskatalog, der 1985 von der *International Commission of Jurists* ausgearbeitet und - obgleich von einer privaten Organisation geschaffen und daher rechtlich nicht bindend - sogar als UN-Dokument (UN Doc. E/CN.4/1987/17, Annex (Limburg Principles)) veröffentlicht wurde.

334 UN Committee on Economic, Social and Cultural Rights, General Comment No.3 para.10.

335 *Sepulveda* (2003), S.365 ff.; *Eide* (1989), 35 (43 ff.); *Craven* (1995), S.141 ff.

336 *Künzli* (2001), S.283.

337 Vgl. beispielsweise für das Recht auf Nahrung (Art.11 IPwirtR): UN Committee on Economic, Social and Cultural Rights, General Comment No.12 para.8.

338 UN Committee on Economic, Social and Cultural Rights, General Comment No.18 para.31:"In the context of article 6, this "core obligation" encompasses the obligation to ensure non-discrimination and equal protection of employment. Discrimination in the field of employment comprises a broad cluster of violations affecting all stages of life, from basic education to retirement, and can have a considerable impact on the work situation of individuals and groups. Accordingly, these core obligations include at least the following requirements: (a) To ensure the right of access to employment, especially for disadvantaged and marginalized individuals and groups, permitting them to live a life of dignity; (b) To avoid any measure that results in discrimination and unequal treatment in the private and public sectors of disadvantaged and marginalized individuals and groups or in weakening mechanisms for the protection of such individuals and groups; (c) To adopt and implement a national employment strategy and plan of action based on and addressing the concerns of all workers on the basis of a participatory and transparent process that includes employers' and workers' organizations. Such an employment strategy and plan of action should target disadvantaged and marginalized individuals and groups in particular and include indicators and benchmarks by which progress in relation to the right to work can be measured and periodically reviewed."; für das geschlechtsspezifische Diskriminierungsverbot des Art.3 IPwirtR vgl. UN Committee on Economic, Social and Cultural Rights, General Comment No.16 para.17: "Article 3 sets out a non-derogable standard for compliance with the obligations of States parties as set out in arti-

Obgleich bei der Überwachung dieser Kernverpflichtungen die wirtschaftliche Entwicklung und die finanziellen Mittel eines jeden Paktstaates zu berücksichtigen sind, trifft diesen im Fall der mangelnden Umsetzung die Beweislast darzulegen, dass er alle zur Verfügung stehenden Möglichkeiten ausgeschöpft hat, um seinen Kernverpflichtungen prioritär nachzukommen.[339] Ein Vertragsstaat, in dem zum Beispiel eine bedeutende Anzahl von Menschen wesentlicher Nahrungsmittel, wesentlicher Gesundheitsversorgung oder einer grundlegenden Bildung entbehrt, kommt *prima facie* seinen Paktverpflichtungen nicht ausreichend nach.[340] Der betreffende Staat kann jedoch durch den Nachweis der Unmöglichkeit der Erfüllung der Kernverpflichtungen trotz des Einsatzes aller vorhandenen Mittel den Vorwurf der Paktverletzung entkräften.

Im Rahmen der Umsetzungsverpflichtungen hat jeder Vertragsstaat einen großen Ermessensspielraum hinsichtlich der zu unternehmenden Schritte.[341] Der Ausschuss überprüft allerdings, ob die eingesetzten Mittel geeignet im Sinne des Art. 2 Abs. 1 IPwirtR sind.[342] Zu den geeigneten Mitteln gehört neben gesetzgeberischen Maßnahmen des jeweiligen Staates beispielsweise die Zurverfügungstellung gerichtlicher Instanzen.[343] Problematisch bleibt aber, dass der Staat durch seine Etatplanung selbst festlegt, wie viele Mittel er für die Realisierung der wirtschaftlichen, sozialen und kulturellen Rechte einsetzen will. Unstreitig ist nur, dass ein Staat nicht alle seine verfügbaren Ressourcen zur Verwirklichung der wirtschaftlichen, sozialen und kulturellen Rechte einsetzen muss, wegen anderer Verpflichtungen nicht einmal einsetzen darf, weshalb ihm auch für die Verteilung der Ressourcen ein großer Spielraum verbleibt.[344] Dabei besteht die

---

cles 6 through 15 of ICESCR."; zum Verbot der Kinderarbeit vgl. General Comment No.14 para.43/44.; auch in der Literatur wurde der Versuch unternommen, den einzelnen Gewährleistungen des IPwirtR einen bestimmten Kerngehalt zuzuordnen, vgl. dazu die Beiträge zu den einzelnen Rechten bei Chapman/Russel (2002), S.21 ff.

339 *Schneider* (2004), S.25.
340 UN Committee on Economic, Social and Cultural Rights, General Comment No.3 para.10: "Thus, for example, a State party in which any significant number of individuals is deprived of essential foodstuffs, primary health care, of basic shelter and housing, or of the most basic forms of education, is prima facie failing to discharge its obligations under the Covenant. If the Covenant were to be read in such a way as not to establish such a minimum core obligation, it would be largely deprived of its raison d'etre."; siehe dazu auch *Sepulveda* (2003), S.126 ff./176 ff.; *Craven* (1995), S.142.
341 Vgl. dazu *Künzli* (2001), S.275/276.
342 UN Committee on Economic, Social and Cultural Rights, General Comment No.3 para.4; *Limburg Principles* (1987), para.20.
343 General Comment No.3 para.5, General Comment No.9 para.10 ff.; *Sepulveda* (2003), S.335 ff.
344 *Craven* (1995), S.137; *Alston/Quinn* (1987), 156 (177 ff.).

Gefahr, dass die Nichtverwirklichung bzw. die unzureichende Realisierung der Paktrechte häufig mit fehlenden Ressourcen gerechtfertigt wird. Um das zu verhindern, misst der Ausschuss die Einhaltung der Paktverpflichtungen nicht daran, ob der jeweilige Etat die notwendigen Mittel enthält, sondern daran, ob die wirtschaftliche Leistungsfähigkeit des Staates insgesamt die Umsetzung der Rechte erlaubt.[345]

Abschließend sei darauf hingewiesen, dass die Anerkennung der Rechtsverbindlichkeit der wirtschaftlichen, sozialen und kulturellen Menschenrechte eine erhebliche Stärkung erfahren hat durch die bereits erwähnte Verabschiedung des Fakultativprotokolls zum IPwirtR durch die UN-Generalversammlung im Dezember 2008. Wirtschaftliche, soziale und kulturelle Rechte werden hier dem Grunde nach als einklagbare Rechtspositionen anerkannt und somit in Bezug auf die Durchsetzungsmöglichkeit den bürgerlichen und politischen Rechten gleichgestellt. Im Ergebnis wird man auch deshalb nicht an der grundsätzlichen Rechtsverbindlichkeit der untersuchungsrelevanten Kernarbeitsrechte zweifeln können. Dafür spricht zudem, dass die Kernarbeitsrechte nicht nur im IPwirtR, sondern auch in anderen Menschenrechtsverträgen kodifiziert sind, bei denen keine Zweifel bezüglich ihrer rechtlichen Verbindlichkeit bestehen.[346] So sind das Verbot der Zwangs- und Pflichtarbeit, die Gewerkschaftsfreiheit und das allgemeine Diskriminierungsverbot im IPbürgR niedergelegt, vgl. Art. 8 Abs. 2 IPbürgR; Art. 22 IPbürgR; Art. 26 IPbürgR.

F. Verpflichtungsdimensionen der wirtschaftlichen Menschenrechte

Es ist schließlich noch die Frage zu beantworten, welche konkrete Gestalt die Verpflichtungen aus den wirtschaftlichen Menschenrechten haben, in welchem Maße sie die Staaten also zu einem *Tätigwerden* oder *Unterlassen* verpflichten. Diese Ausdifferenzierung ist von Bedeutung, da sie die später vorzunehmende Einordnung menschenrechtlicher Verpflichtungen von Exportstaaten bezüglich bestimmter investitionsrechtlicher Instrumente (insbesondere den bilateralen Investitionsschutzverträgen oder den nationalen Investitionsgarantien) erleichtern wird.

Hinsichtlich des Verpflichtungsumfanges enthalten einige Menschenrechtskonventionen allgemeine Verpflichtungsvorschriften, d. h. Bestimmungen, die

---

345 UN Committee on Economic, Social and Cultural Rights, General Comment No.3 para.10.
346 *Tomuschat* (2008), S.42.

festlegen, welche Pflichten die Staaten mit der Ratifikation des betreffenden Vertragswerks übernommen haben (so z. B. Art. 2 Abs. 1 IPwirtR, Art. 2 Abs. 1 IPbürgR und Art. 1 EMRK). In der völkerrechtlichen Lehre und Praxis ist allgemein anerkannt, dass ungeachtet der unterschiedlichen vertraglichen Umschreibungen menschenrechtliche Garantien unabhängig von ihrer Rechtsnatur als bürgerliche und politische bzw. wirtschaftliche, soziale und kulturelle Rechte gleichzeitig negativ zu einem Unterlassen und positiv zu einem Tun verpflichten.[347] Dabei lassen sich grundsätzlich drei Verpflichtungsarten unterscheiden, die im Folgenden unter besonderer Beachtung der wirtschaftlichen Rechte des IPwirtR und der ILO-Konventionen dargestellt werden sollen.

I. Unterlassungspflichten

Auf einer ersten Stufe können Menschenrechte wirksam durch staatliches Unterlassen geschützt werden. Im Rahmen der Unterlassenspflichten besteht die Pflicht des Staates zur Achtung der Menschenrechte (sog. *duty to respect*).[348] Der konkrete Inhalt der Achtungs- bzw. Unterlassenspflicht, die sowohl faktisches als auch gesetzgeberisches Handeln betreffen kann, ergibt sich dabei aus der Formulierung der jeweiligen materiellen Garantie. Der Unterlassenspflicht des Staates steht ein komplementärer Abwehranspruch des Berechtigten gegenüber.[349] Unterlassungspflichten hat der Ausschuss für den Bereich der Kernarbeitsrechte unter anderem in seinem *General Comment* No. 18 hinsichtlich des Rechts auf Arbeit (Art. 6 IPwirtR) anerkannt:

> "States parties are under the obligation to *respect* the right to work by, inter alia, prohibiting forced or compulsory labour and refraining from denying or limiting equal access to decent work for all persons, especially disadvantaged and marginalized individuals and groups, including prisoners or detainees, members of minorities and migrant workers. In particular, States parties are bound by the obligation to respect the right of women and young persons to have access to decent work and thus to take measures to combat discrimination and to promote equal access and opportunities."[350]

Somit gehört es zum gesicherten Bestand des Pflichtenkanons aus dem IPwirtR, dass der Staat nicht ungerechtfertigt (beispielsweise durch staatliche Unterneh-

---

347 *Eide* (1989), S.37 ff; *Künzli* (2001), S.190 ff.; *Sepulveda* (2003), S. 123 ff.
348 *Künzli* (2001), S.213 ff.
349 *Kälin/Künzli* (2008), S.110/111.
350 UN Committee on Economic, Social and Cultural Rights, General Comment No.18 para.23.

men[351]) in den Schutzbereich der wirtschaftlichen Menschenrechte eingreifen darf.[352] Im Bereich der ILO ist Art. 3 Abs. 2 Konvention Nr. 87 über die Vereinigungsfreiheit und den Schutz des Vereinigungsrechts aus dem Jahr 1948 ein Beispiel für eine staatliche Unterlassungspflicht. Nach dieser Vorschrift dürfen die in Art. 1 und Art. 2 des Übereinkommens gewährleistete Vereinigungsfreiheit und ihre rechtmäßige Ausübung nicht durch staatliche Stellen unzulässig eingeschränkt oder verboten werden.

II. Schutzpflichten

Im Rahmen der Schutzpflichten sind Staaten positiv verpflichtet, menschenrechtlich geschützte Rechtsgüter vor Gefahren, insbesondere durch Übergriffe Dritter, zu schützen (sog. *duty to protect*).[353] Als potentielle Verletzer kommen sowohl staatliche als auch nichtstaatliche Akteure in Betracht, wobei es in der Praxis vor allem darum geht, die entsprechenden menschenrechtlichen Garantien im Verhältnis zwischen Privaten durchzusetzen. Die von der Schutzverpflichtung geforderten staatlichen Maßnahmen zum Schutz Privater können in präventive und kurative Verpflichtungen unterteilt werden.[354] Erstere umfassen Maßnahmen, die darauf gerichtet sind, die Verletzungen materieller Rechte durch Private zu verhindern, die zweitgenannten Verpflichtungen umfassen diejenigen Maßnahmen, die Staaten im Falle einer bereits erfolgten Verletzung zu ergreifen haben. Für den Untersuchungsgegenstand werden in erster Linie die präventiven Verpflichtungen relevant sein, da diese weitergehende Auswirkungen auf die Ausgestaltung der nationalen und internationalen investitions- und menschenrechtsrelevanten Rechtsordnungen haben als die nachgelagerten kurativen Pflichten.

Im Rahmen des IPwirtR hat die Schutzdimension eine ausdrückliche textliche Verankerung in Art. 6 Abs. 1, Art. 10 IPwirtR und Art. 15 Abs. 1 lit.c IPwirtR gefunden. Der Ausschuss erkennt Schutzverpflichtungen jedoch auch außerhalb

---

351 Vgl. dazu UN Committee on Economic, Social and Cultural Rights, General Comment No.14 para.34; hier wird eine Unterlassenspflicht im Zusammenhang mit *state-owned facilities* beschrieben; so auch in General Comment No.15 para.21.

352 Zu Unterlassungspflichten beim Streikrecht: *Fenwick* in: Chapman/Russell (2002), 53 (55 ff.); *Brupbacher* (2002), S.17; zu Unterlassungspflichten beim Zwangsarbeitsverbot: *Drzewicki* in: Eide/Krause/Rosas (1995), S.175.

353 Vgl. *Eide* (1989), 35 (37 ff.); *Kälin/Künzli (2008)*, S.111, 118 ff.; speziell zur Schutzpflicht im Rahmen des IPwirtR: *United Nations* (2007), ICESCR, para. 8 ff.

354 *Künzli* (2001), S.232 ff.

dieser Vorschriften an. In seinem *General Comment* zum Recht auf Arbeit gemäß Art. 6 IPwirtR stellt der Ausschuss fest:

> "Obligations to protect the right to work include, inter alia, the duties of States parties to adopt legislation or to take other measures ensuring equal access to work and training and to ensure that privatization measures do not undermine workers' rights."[355]

> "Violations of the obligation to protect follow from the failure of States parties to take all necessary measures to safeguard persons within their jurisdiction from infringements of the right to work by third parties. They include omissions such as the failure to regulate the activities of individuals, groups or corporations so as to prevent them from violating the right to work of others; or the failure to protect workers against unlawful dismissal."[356]

Schließlich ist noch auf die Ausführungen der *Maastricht Guidelines on Violations of Economic, Social and Cultural Rights*[357] hinzuweisen. Die *Guidelines* wurden im Jahre 1997 von internationalen Experten auf dem Gebiet der wirtschaftlichen, sozialen und kulturellen Rechte erarbeitet und stellen eine rechtlich zwar unverbindliche, jedoch inhaltlich äußerst instruktive Interpretationshilfe für die Regelungen des IPwirtR dar. Aufgrund der fachlichen Autorität der Mitglieder der Expertenrunde wird man die *Guidelines* darüber hinaus als Hilfsquelle zur Auslegung des Paktes im Sinne des Art. 38 lit.d) des Statuts des Internationalen Gerichtshofs qualifizieren können. Auch die *Guidelines* deuten auf umfassende staatliche Schutz- und Kontrollpflichten gegenüber privaten Einheiten, insbesondere gegenüber transnationalen Unternehmen, hin:

> "The obligation to protect includes the State's responsibility to ensure that private entities or individuals, including transnational corporations over which they exercise jurisdiction, do not deprive individuals of their economic, social and cultural rights. States are responsible for violations of economic, social and cultural rights that result from their failure to exercise due diligence in controlling behaviour of such non-state actors."[358]

---

355 UN Committee on Economic, Social and Cultural Rights, General Comment No.18 para.25; daneben ist die Schutzdimension noch in vielen weiteren General Comments des Ausschusses enthalten, vgl. nur General Comment No.13 para.59, General Comment No.14 para.51.

356 UN Committee on Economic, Social and Cultural Rights, General Comment No.18 para.35.

357 Abrufbar unter: www.unhcr.org/refworld/docid/48abd5730.html.

358 Art. 18 der Maastricht Guidelines; auch der Ausschuss des IPwirtR hat an verschiedenen Stellen eine Schutzpflicht gegenüber den von Unternehmen ausgehenden Gefahren anerkannt, vgl. UN Committee on Economic, Social and Cultural Rights, General Comment No.18 para.35: "Violations of the obligation to protect follow from the failure of States parties to take all necessary measures to safeguard persons within their jurisdiction from infringements of the right to work by third parties. They include omissions such as the failure to regulate the activities of individuals, groups or corporations so as to prevent

Die Schutzverpflichtung bezieht sich demnach auch auf die untersuchten Kernarbeitsrechte.[359] Die Schutzdimension wohnt zudem den meisten ILO-Konventionen inne. So verpflichtet beispielsweise das Übereinkommen Nr. 182 über das Verbot und unverzügliche Maßnahmen zur Beseitigung der schlimmsten Formen der Kinderarbeit aus dem Jahr 1999 die Unterzeichnerstaaten, diese Formen der Kinderarbeit unverzüglich durch geeignete Maßnahmen zu verbieten und zu beseitigen.[360]

III. Gewährleistungspflichten

Die Pflicht zur Gewährleistung der Menschenrechte geht über die Verpflichtung zum Schutz vor Übergriffen Privater hinaus. Auf dieser Stufe müssen die Staaten sicherstellen, dass die Menschenrechte für die Berechtigten in möglichst umfassender Weise Realität werden (sog. *duty to ensure/fulfil*).[361] Dies bedarf regelmäßig vielfältiger gesetzgeberischer und administrativer Maßnahmen, um die rechtlichen, institutionellen und verfahrensmäßigen Voraussetzungen für die volle Realisierung des Rechts sicherstellen zu können. Hierzu wiederum der Ausschuss zu Art. 6 IPwirtR:

> "States parties are obliged to fulfil (provide) the right to work when individuals or groups are unable, for reasons beyond their control, to realize that right themselves by the means at their disposal. This obligation includes, inter alia, the obligation to recognize the right to work in national legal systems and to adopt a national policy on the right to work as well as a detailed plan for its realization."[362]

G. Zusammenfassung

Die Studie wird sich auf die Analyse der zentralen wirtschaftlichen Menschenrechte konzentrieren, namentlich auf die Vereinigungsfreiheit, das Streikrecht

---

them from violating the right to work of others; (...)"; so auch General Comment No.15 para.23; General Comment No.19 para.65.

359 Zur Schutzkomponente bei Zwangsarbeit: ILO (2007), Eradication of Forced Labour, para.136; zur Schutzkomponente des Diskriminierungsverbotes: UN Committee on Economic, Social and Cultural Rights, General Comment No.16 para.23/24; dazu auch *Sepulveda* (2003), S.407/408.

360 Art.1 ILO-Konvention Nr.182.

361 *Kälin/Künzli* (2008), S.111, 127 ff.; *Sepulveda* (2003), S.239 ff.

362 UN Committee on Economic, Social and Cultural Rights, General Comment No.18 para.36.

und das Recht auf Kollektivverhandlungen, die Beseitigung aller Formen von Zwangs- und Pflichtarbeit, die effektive Abschaffung der Kinderarbeit und die Beseitigung der Diskriminierung in Beschäftigung und Beruf. Als primäre Rechtsquellen werden der IPwirtR und die *ILO-Declaration on Fundamental Principles and Rights at Work* bzw. die acht korrespondierenden Kernarbeitskonventionen der ILO dienen. Dabei ist davon auszugehen, dass den darin kodifizierten menschenrechtlich fundierten Kernarbeitsrechten völkerrechtliche Verbindlichkeit zukommt, die Mitgliedsstaaten also rechtlich überprüfbaren Unterlassens-, Schutz- und Gewährleistungspflichten unterliegen. Zudem konnte die gewohnheitsrechtliche Fundierung der fundamentalen wirtschaftlichen Menschenrechte nachgewiesen werden. Daneben wurde deutlich, dass spezifisch investitionsrelevante Gefährdungen für die beschriebenen Menschenrechte bestehen, die zum großen Teil nicht von staatlichen Stellen ausgehen, sondern hauptsächlich von privaten Akteuren wie transnationalen Unternehmen. Der aus den beiden Normkomplexen und dem Völkergewohnheitsrecht entwickelte Menschenrechtsstandard soll als normativer Hintergrund für die Bestimmung der grund- und menschenrechtlichen Verpflichtungen der Exportstaaten dienen und als inhaltlicher Rahmen für den weiteren Prüfungsgang fungieren.

Nachdem somit die erforderlichen begrifflichen und inhaltlichen Grundlagen gelegt sind, wird sich die Untersuchung im folgenden Kapitel einem zentralen Prüfungsgegenstand, den menschenrechtlichen Verpflichtungen der Exportstaaten und deren Umsetzung im internationalen Investitionsrecht, zuwenden.

Kapitel 3: Die menschenrechtlichen Verpflichtungen der Exportstaaten und deren Umsetzung im internationalen Investitionsrecht

Dem Grundansatz der Untersuchung folgend wird der Schwerpunkt der völkerrechtlichen Analyse auf der Rechtsstellung des Export- bzw. Heimatstaates liegen. In einem ersten Schritt sollen hierzu die menschenrechtlichen Rechtsquellen daraufhin untersucht werden, inwieweit sie den Exportstaaten internationaler Investitionen völkerrechtliche Verantwortlichkeiten und Verpflichtungen für die von staatszugehörigen Unternehmen getätigten internationalen Investitionen übertragen (Kapitel 3. A.). Dabei ist zu klären, ob nach dem aktuellen Entwicklungsstand des völkerrechtlichen Menschenrechtsschutzes die Exportstaaten dazu verpflichtet sind, Investitionsschutz- und -förderungsinstrumente menschenrechtssensibel auszugestalten und die investitionsbedingten Tätigkeiten von transnationalen Unternehmen, die in einem jurisdiktionsbegründenden Verhältnis zum Exportstaat stehen, menschenrechtsadäquat zu regulieren. Diese Fragestellungen haben durch die neuesten *General Comments* des Ausschusses zum IPwirtR[363] eine neue Dynamik entwickelt und werden daher einen Schwerpunkt des folgenden Kapitels bilden. Daran anschließend sollen die erarbeiteten Verpflichtungsstrukturen auf die Instrumente des Investitionsrechts übertragen werden (zu den Investitionsabkommen siehe Kapitel 3. B., zu den Investitionsgarantien siehe Kapitel 3. C.). Anhand bestehender Investitionsgarantiesysteme und internationaler Investitionsabkommen wird zu überprüfen sein, inwieweit menschenrechtliche Belange bereits in der Rechtswirklichkeit Beachtung finden.

A. Völkerrechtlich begründete Regelungs- und Kontrollpflichten zulasten der Exportstaaten internationaler Investitionen

Aufgrund ihrer staatlichen Souveränität obliegt es grundsätzlich den Importstaaten internationaler Investitionen, auf ihrem Territorium fundamentale Menschen- und Arbeitsrechte im Rahmen der wirtschaftlichen Tätigkeit transnationaler Un-

---

363 Vgl. nur UN Committee on Economic, Social and Cultural Rights, General Comment No.12 para.36; No.14 para.39; No.15 para.31/33.

ternehmen zu schützen und durchzusetzen.[364] Für die Importstaaten von Auslandsinvestitionen hat das zur Folge, dass sie durch nationale Gesetzgebung innerstaatliche Gemeinwohlaspekte und die völkerrechtlich übernommenen Verpflichtungen zum Schutz der Menschenrechte umsetzen bzw. ausgestalten können und müssen. Welche Konsequenzen menschenrechtliche Bindungen für den Exportstaat von internationalen Investitionen haben, ist dagegen nicht so einfach zu bewerten. Soweit sich Staaten unmittelbar an einem Investitionsvorgang beteiligen, unterliegen sie im nationalstaatlichen Bereich den national geltenden grund- und menschenrechtlichen Beschränkungen. Welche menschenrechtlichen Pflichten die Exportstaaten bei ihren Mitwirkungshandlungen in der grenzüberschreitenden Investitionssituation zu beachten haben, wird im Einzelnen zu untersuchen sein.

Möglicherweise bestehende grenzüberschreitende Verpflichtungen können weitreichende Auswirkungen auf die Ausgestaltung der Vergabevoraussetzungen von staatlichen Investitionsgarantien und den Inhalt von bilateralen Investitionsschutzverträgen haben. Falls Menschenrechtsverträge die Mitgliedsstaaten auch hinsichtlich extraterritorialer Sachverhalte bestimmten Bindungen unterwerfen, unterlägen die Staaten einer völkerrechtlichen Pflicht, ihre Außenwirtschaftsinstrumente bezüglich ihrer Menschenrechtsrelevanz zu prüfen und den internationalen Verpflichtungen entsprechend menschenrechtsadäquat auszugestalten. Weiterhin könnten sich aus den menschenrechtlichen Verpflichtungen Folgen für die Regulierung und Kontrolle des Verhaltens transnationaler Unternehmen im Ausland ergeben. Soweit menschenrechtliche Schutzpflichten in grenzüberschreitenden Sachverhalten bestünden, könnten Staaten verpflichtet sein, in ihren nationalen Rechtsordnungen Rechtsakte zu erlassen, die transnationale Unternehmen ihrer Staatszugehörigkeit bzw. deren Tochtergesellschaften von Menschenrechtsverletzungen abhalten sollen bzw. im Schadensfall zivilrechtliche Ausgleichsansprüche oder strafrechtliche Sanktionen bereitstellen.[365]

Die neueren Entwicklungen zur Begründung transnationaler Verpflichtungen im Bereich der wirtschaftlichen Menschenrechte haben sich in erster Linie im Forum des IPwirtR ereignet. Wie bereits ausgeführt, zeigt sich der Ausschuss zum IPwirtR sehr viel progressiver in der Auslegung und Anwendung des Paktes

---

364 Vgl. dazu auch die *Charter of Economic Rights and Duties of States* (Res. 3281, GA 3281 (XXIX), Off. Doc. GA UN, 29th sess., Doc. UN A/29/3281 (1974) 50, Art. 2 para.2 lit.a), in der das Recht jeden Staates anerkannt wird, "to regulate and exercise authority over foreign investment within its national jurisdiction in accordance with its laws and regulations and in conformity with its national objectives and priorities".

365 Vgl. *Fichtner* (2006), S.31.

als die zuständigen Überwachungsorgane der ILO bei der Interpretation der ILO-Konventionen. Die folgenden Ausführungen werden sich daher schwerpunktmäßig mit dem IPwirtR und den relevanten Äußerungen des Ausschusses befassen.

I. Rechtspolitische Überlegungen zu transnationalen Verpflichtungen

Rechtspolitisch werden vielfältige Gründe dafür angeführt, dass investitionsexportierende Staaten mehr Verantwortung für menschenrechtsrelevante Sachverhalte übernehmen sollten, die aufgrund wirtschaftlicher Aktivitäten transnationaler Unternehmen ihrer Staatszugehörigkeit entstehen. So spricht für die Errichtung von zivilrechtlichen Schadensersatzansprüchen und strafrechtlichen Verfolgungsmöglichkeiten für Sachverhalte mit Auslandsbezug, dass die Justizsysteme vieler Entwicklungs- und Schwellenländer aufgrund ihrer beschränkten Kapazitäten in vielen Fällen nicht oder nur unzureichend dazu in der Lage sind, aufwändige und langwierige Prozesse gegen transnationale Unternehmen durchzuführen.[366] Aufgrund des häufig in Entwicklungsländern zu beobachtenden Normsetzungs- und Vollzugsdefizits liegt es im Sinne eines effektiven Menschenrechtsschutzes nahe, die Exportstaaten, also in der Regel die entwickelten Industrie-, zum Teil aber auch Schwellenstaaten zu verpflichten, alles in ihrer Macht Stehende für eine „menschengerechte" Entwicklung der wirtschaftlichen Globalisierung zu tun. Diese Forderung wird nicht nur von Nichtregierungsorganisationen erhoben[367], sondern auch Entwicklungs- und Schwellenländer wollen die Industriestaaten dazu bewegen, durch Regulierung von Unternehmenstätigkeit einen Beitrag zur Verbesserung der Menschenrechtslage in den betreffenden Ländern zu leisten. Diesen Ansatz bringt auch ein Arbeitspapier zum Ausdruck, das im Jahr 2003 von China, Indien, Kenia, Pakistan und Simbabwe der *WTO Working Group on Investment* zugeleitet wurde:

> "Multinational Enterprises should strictly abide by all domestic laws and regulations in each and every aspect of the economic and social life of the host members in their investment and operational activities. (...) The home member's government should therefore also undertake obligations, including to ensure that the investor's behaviour and practices are in line with and contribute to the interests and development policies of the host member."[368]

---

366 *Joseph* (1999), 171 (177/178); *Weschka* (2006), 625 (629).
367 Vgl. *Sekler* (2003), S.15; *Mann/von Moltke* (2005), S.15.
368 WT/WGTI/W/152 (2003); abrufbar über: www.wto.org.

Daneben kann auch die historische Entwicklung des mit dem Recht der internationalen Investitionen in engem Zusammenhang stehenden Instituts des diplomatischen Schutzes als Argument für Regelungs- und Kontrollpflichten des Heimatstaates herangezogen werden. Die Ausübung diplomatischen Schutzes erlaubt es einem Staat, natürliche und juristische Personen gegenüber völkerrechtswidrigen Handlungen einer fremden Hoheitsgewalt, im Investitionsbereich insbesondere gegen unzulässige Enteignungen, zu schützen.[369] Soweit ein Staat einen fremden Staatsangehörigen nicht nach dem gebotenen internationalen fremdenrechtlichen Mindeststandard[370] behandelt, begründet dies völkerrechtliche Verantwortlichkeit gegenüber dem Heimatstaat des Individuums. Das Institut des diplomatischen Schutzes geht dabei von der Grundannahme aus, dass das private Individuum im Ausland der fremden Staatsmacht gleichsam ungeschützt ausgeliefert ist und daher des Schutzes seines Heimatstaates bedarf. Unter Berufung auf das Institut des diplomatischen Schutzes haben Staaten jedoch nicht nur die grundlegenden und existenziellen Fremdenrechte ihrer Staatsbürger (wie beispielsweise das Recht auf Gewährung von Rechtspersönlichkeit oder körperlicher Unversehrtheit) geltend gemacht, sondern sehr früh auch deren rein wirtschaftlichen Interessen im Ausland geschützt.[371] In den letzten Jahrzehnten hat sich gezeigt, dass privatrechtliche Vereinigungen, insbesondere umsatzstarke transnationale Unternehmen sich nicht nur in der Situation des „wehrlosen Fremden" im Ausland befinden, sondern häufig aufgrund ihres großen Einflusses eine gefestigte wirtschaftspolitische Machtposition im Gaststaat einnehmen.

Vor dem Hintergrund dieser Entwicklung stellt sich die Frage, ob es als Korrelat zur Möglichkeit der Ausübung diplomatischen Schutzes zugunsten der eigenen Staatsan- und -zugehörigen nicht auch eine Pflicht zur Kontrolle des Verhaltens eigener Staatsangehöriger im Ausland geben muss.[372] Dies noch um so mehr, als die Heimatstaaten in wirtschaftlicher Hinsicht häufig zu den Nutznießern der Aktivitäten der transnationalen Unternehmen gehören, da diese in der Regel die im Ausland erwirtschafteten Gewinne nicht dort reinvestieren, sondern zu einem großen Teil in die Heimatstaaten abziehen und zu deren Wohlstand

---

369 *Epping/Gloria* in: Ipsen (2004), § 24 Rn.31 ff.; *Cassese* (2005), S.242.
370 Zum materiell-rechtlichen Inhalt des fremdenrechtlichen Mindeststandards: *Ipsen* in: Ipsen (2004), § 50 Rn.2 ff.
371 Vgl. hierzu den sogenannten *Schufeldt Claim* von 1930 (abgedruckt in: *American Journal of International Law* Vol.24, 1930, S.799), in dem die USA einen Staatsangehörigen in seinem fremdenrechtlichen (wirtschaftlichen) Mindeststandard durch Guatemala verletzt sah; dazu *Sornarajah* (2010), S.158/159.
372 Vgl. *Sornarajah* (2010), S.155 ff.

beitragen.[373] Für den Bereich des internationalen Investitionsrechts ließe sich die Verpflichtung des Exportstaates auch deshalb rechtfertigen, als sich die Industriestaaten im Rahmen bi- und multilateraler Abkommen sehr für die Absicherung von internationalen Investitionen von Unternehmen ihrer Staatszugehörigkeit einsetzen, gleichzeitig aber keinerlei Verantwortung für die negativen Folgen des wirtschaftlichen Handelns dieser Unternehmen übernehmen wollen.

Unter rechtspolitischen Gesichtspunkten sprechen demnach einige Gründe für transnationale Verpflichtungen der Exportstaaten internationaler Investitionen. Zu prüfen sein wird jedoch, ob mit dieser zunächst eher politisch-moralisch begründeten Forderung eine tatsächliche völkerrechtliche Pflichtenstellung korreliert. Bedenken gegen transnationale Verpflichtungen bestehen unter dem Gesichtspunkt der Souveränität der Gast- und Importstaaten.

II. Transnationale Verpflichtungen und staatliche Souveränität

Die Untersuchung wird die menschenrechtlichen Verpflichtungen der Heimatstaaten bezüglich internationaler Investitionsabkommen, Investitionsgarantien und der Ausübung extraterritorialer Jurisdiktion zum Gegenstand haben. Unter souveränitätsrechtlichen Gesichtspunkten ist die menschenrechtssensible Ausgestaltung der beiden erstgenannten Instrumente nicht sonderlich problematisch, da im Falle der internationalen Investitionsgarantien beide Staaten dem Vertragsinhalt zustimmen müssen, somit ihre Souveränität nicht einschränken, sondern durch den Vertragsschluss konsensual ausüben. Im Falle der menschenrechtssensiblen Ausgestaltung von Garantievergabeverfahren sind keine Kollisionen mit der Souveränität der Zielstaaten zu erwarten, da durch die Garantievergabe nicht in den souveränen Regelungsbereich des Zielstaates eingegriffen wird. Problematisch und daher im Folgenden zu vertiefen ist jedoch das Verhältnis zwischen extraterritorialer Jurisdiktion zugunsten menschenrechtlicher Schutzgüter und dem Grundsatz der staatlichen Souveränität.

Für die Völkerrechtswissenschaft des 19. Jahrhunderts wäre allein schon die Diskussion transnationaler Verpflichtungen hinsichtlich des Schutzes von Rechten fremder Staatsangehöriger auf fremdem Territorium nahezu undenkbar gewesen. Der vorherrschende völkerrechtliche Grundsatz dieser Zeit war die Lehre von der absoluten staatlichen Souveränität, nach der es das alleinige Recht des Territorialstaates war, rechtsrelevante Sachverhalte auf seinem Staatsgebiet zu

---

373 Vgl. zu dieser Interessenidentität zwischen Herkunftsstaaten und privaten transnationalen Unternehmen *Wolf* (1997), S.128.

regeln.[374] Nur für bestimmte Bereiche (z. B. für den Bereich der Piraterie oder der Sklaverei) hatten sich die Staaten auf die Möglichkeit der Ausübung exterritorialer Hoheitsgewalt vertraglich verständigt.[375] Ein derart striktes Konzept staatlicher Souveränität würde jede Überlegung bezüglich einer Verpflichtung zur Beeinflussung von Sachverhalten innerhalb des souveränen Regelungsbereiches eines anderen Staates hinfällig erscheinen lassen, da eine derartige Regelung immer einen Verstoß gegen das völkerrechtliche Interventionsverbot darstellen würde. Nach heutigem Verständnis sind Souveränität und Gebietshoheit jedoch nicht als absolut zu verstehen. Im Laufe des 20. Jahrhunderts hat sich insbesondere im Zuge der Entwicklung der Menschenrechte der zuvor geschlossene Bereich der inneren Angelegenheiten, des sogenannte *domaine réservé*, nach und nach partiell geöffnet.[376] Diejenigen Bereiche, die durch völkerrechtlichen Vertrag, Völkergewohnheitsrecht oder sonstige Bestimmungen des Völkerrechts geregelt sind, sind nicht mehr allein innere Angelegenheiten. Bildlich gesprochen endet der *domaine réservé* dort, wo die völkerrechtliche Regelung beginnt.[377] Soweit ein Staat beispielsweise aufgrund einer souveränen Entscheidung Mitgliedsstaat eines menschenrechtlichen Vertrages geworden ist, ist davon auszugehen, dass der Staat in diesem Bereich seine souveräne Stellung weitgehend aufgegeben hat und sich bei der Verletzung von Menschenrechten nicht mehr auf den Einwand der Intervention in den *domaine réservé* berufen kann.[378] Soweit also für den Bereich der wirtschaftlichen Menschenrechte durch den IPwirtR und Völkergewohnheitsrecht völkerrechtliche Verpflichtungen für die Mitgliedsstaaten begründet wurden, ist für diese eine Berufung auf ihren interventionsfreien Bereich bei Verstößen gegen Paktrechte grundsätzlich ausgeschlossen.

---

374 Vgl. dazu *Seidl-Hohenveldern* (1999), S.19 ff.; *Proelß* in: Graf Vitzthum (2010), 5.Abschnitt Rn.94 ff.

375 *Cassese* (2008), S.28; *Shaw* (2008), S.615/616.

376 *Stein/von Buttlar* (2009), Rn.639; *Skogly* (2006), S.23; zur Relativierung staatlicher Souveränität im Rahmen der wirtschaftlichen Globalisierung: *Vollmöller* (2001), S.21 ff.; vgl. dazu auch den *Report of the International Comission on Intervention and State Sovereignty*; abrufbar unter http://www.iciss.ca/menu-en.asp.

377 *Bryde* (1994), 165 (170), vgl. dazu auch eine Resolution des *Institut de Droit Internacional* aus dem Jahr 1954: „The reserved domain is the domain of State activities where the State is not bound by international law. The extent of this domain depends on international law and varies according to its development.", Resolution de l´Institut de Droit Internacional, in: Annuaire de l´Institut 45 (1954), Bd.II, S.292 (Übersetzung von *Ermacora* in: Simma (1991), Art 2 (7), Rn.31).

378 *Kälin/Künzli* (2008), S.18/19; *Meron* (1989), S.103; *Hailer* (2006), S.205.

III. Transnationale Verpflichtungen auf Grundlage des IPwirtR

Inwieweit Menschenrechtsverträge Schutzelemente zugunsten von Personen enthalten, die nicht der unmittelbaren personalen oder territorialen Hoheitsgewalt des jeweiligen Mitgliedsstaates unterliegen, ist aktuell Gegenstand einer umfassenden und intensiven völkerrechtlichen Diskussion.[379] Im Bereich militärischer Besetzungen fremdem Territoriums und multilateraler militärischer Kampfeinsätze ist die extraterritoriale Wirkung menschenrechtlicher Garantien bereits vielfach Gegenstand von gerichtlichen Auseinandersetzungen[380] und intensiver wissenschaftlicher Diskussion[381] gewesen. Die extraterritorialen Verpflichtungen wirtschaftlicher Menschenrechte im Wirtschaftsvölkerrecht hat bislang keine vergleichbare Beachtung erfahren. Sowohl die wissenschaftliche Auseinandersetzung[382] als auch die Diskussion innerhalb der Vereinten Nationen[383] befinden sich noch in einem relativ frühen Stadium.

Anknüpfungspunkt für das Bestehen von Regelungs- und Kontrollpflichten bezüglich internationaler Investitionstätigkeit sind die völkerrechtlichen Bindungen, die die Staaten aufgrund ihrer Mitgliedschaft im IPwirtR übernommen haben. Im Gegensatz zum IPbürgR, der in Art. 2 Abs. 1 den räumlichen Anwendungsbereich des IPbürgR auf das Territorium und die Hoheitsgewalt des jeweiligen Vertragsstaates begrenzt, enthält der IPwirtR keine den Anwendungsbereich des Paktes begrenzenden Formulierungen. Zugleich weist der Wortlaut des IPwirtR jedoch nicht explizit auf dessen extraterritoriale Anwendbarkeit hin. Es ist daher erforderlich, den territorialen Anwendungsbereich des IPwirtR zu klären.

---

379 Vgl. *Gondek* (2009), S.11 ff.; *Lorenz* (2004), S.8 ff.; *Joseph* in: Kamminga/Zia-Zarifi (2000), S.79 ff.; *Skogly* (2006), S.66 ff.

380 Im Bereich der EMRK: *Loizidou v. Turkey,* Series A, Vol.310; *Bankovic,* ECHR, Bsw. 52207/99; 2001-XII; dazu *Happold* (2003), 77 (77 ff.); der IGH zum IPwirtR: *Legal Consequences of the Construction of a Wall in the Occupied Palestinian Territory,* Advisory Opinion, ICJ-Reports 2004; abgedruckt in: 43 ILM (2004), S.1009 ff.

381 Vgl. nur *Lorenz* (2005), S.250 ff.; *Altiparmak* (2004), 213 (213 ff.); *Happold* (2003), 77 (77 ff.); *Dennis* (2005), 119 (119 ff.); *Gondek* (2009), S.150 ff.

382 Vgl. dazu *Weschka* (2006), 625 (628 ff.); *Skogly* (2006), S.83 ff.; *Gondek* (2009), S.291 ff.; *Sornarajah* (2010), S.157 ff.

383 Vgl. *United Nations* (2007), ICESCR, para.144 ff.; *Report by the Special Rapporteur on the Right to Food,* UN Doc. E/CN.4/2005/47; Report by the Special Rapporteur on the Right to Health, UN Doc. E/CN.4/2004/49/Add.1; UN Committee on Economic, Social and Cultural Rights, General Comment No.3 para.14.

1. Traditioneller Ansatz: Begrenzung auf das Staatsterritorium bzw. effektive Kontrolle

Grundsätzlich sind Staaten aufgrund der Menschenrechtsverträge dazu verpflichtet, die vertraglich übernommenen Menschenrechte auf ihrem Staatsgebiet zu achten, zu schützen und zu gewährleisten. In diesem Bereich fällt ihnen typischerweise die Hoheitsgewalt zu, die zur Durchsetzung von Menschenrechten erforderlich ist.[384] Daneben ist allgemein anerkannt, dass tatsächlich ausgeübte, effektive Kontrolle eines Sachverhalts über die Verantwortung eines Staates für eine Verletzung seiner menschenrechtlichen Verpflichtungen entscheidet.[385] Effektive Hoheitsgewalt kann ein Staat auch außerhalb des eigenen Territoriums ausüben und dies kann somit zur Begründung menschenrechtlicher Pflichten außerhalb des eigenen Staatsgebietes führen.[386] Für den Bereich des IPwirtR hat der Ausschuss zur Frage der extraterritorialen Anwendung der Paktrechte Ausführungen im Rahmen des Staatenberichtsverfahrens Israels im Jahr 2003 gemacht.[387] Dabei ging der Ausschuss auf die Argumentation Israels hinsichtlich der eingeschränkten Anwendbarkeit des Paktes in den von Israel besetzten Gebieten ein. Israel hatte zu seiner Verteidigung bzw. zur Nichtanwendung der Paktrechte argumentiert:

> "(…) (the ICESCR) does not apply to areas that are not subject to its sovereign territory and jurisdiction, and that the Covenant is not applicable to populations other than the Israelis in the occupied territories."[388]

---

384 *Kälin/Künzli (2008)*, S.138; vgl. dazu auch Art.29 WVK, der grundsätzlich von einer Bindung einer Vertragspartei bezüglich ihres gesamten Hoheitsgebietes ausgeht.

385 *Künzli* (2001), S.115; *Lorenz* (2005), S.115 ff.; *Meron* (1995), 78 (81).

386 Vgl. zur extraterritorialen Anwendung der EMRK: Urteil *Loizidou v. Turkey* (Preliminary Ojections, Series A, Vol.310, para.62): "Bearing in mind the object and purpose of the Convention, the responsibility of a Contracting Party may also arise when as a consequence of military action - whether lawful of unlawful - it exercises control of an area outside its territory. The obligation to secure, in such an area, the rights and freedoms set out in the Convention derives from the fact of such control whether it be exercised directly, through its armed forces, or through a subordinate local administration."; dazu auch Human Rights Committee, General Comment No.31 para.10: "States parties are required by article 2, paragraph 1, to respect and to ensure the Covenant rights to all persons who may be within their territory and to all persons subject to their jurisdiction. This means that a State party must respect and ensure the rights laid down in the Covenant to anyone within the power or effective control of that State Party, even if not situated within the territory of the State Party".

387 Ausführlich dazu *Gondek* (2009), S.306 ff.

388 UN Committee on Economic, Social and Cultural Rights, UN Doc E/C.12/1/Add.27, para. 31.

Dazu führte der Ausschuss aus:

> "The Committee further reiterates its regrets at the State party's refusal to report on the occupied territories (E/C.12/1/Add27, para. 11). In addition, the Committee is deeply concerned at the insistence of the State party that, given the circumstances in the occupied territories, the law of armed conflict and humanitarian law are considered as the only mode whereby protection may be ensured for all involved, and that this matter is considered to fall outside the sphere of the Committee's responsibility. (…) the Committee reaffirms its view that the State party's *obligations under the Covenant apply to all territories and populations under its effective control.*" [389]

Der IGH hat in seinem Gutachten zur israelischen Mauer im Jahre 2004 die Ansicht des Ausschusses aufgenommen und bekräftigt.[390] Somit ist festzuhalten, dass die Pflichten des Paktes auch außerhalb des Territoriums des jeweiligen Mitgliedsstaates Anwendung finden, soweit der Staat effektive Kontrolle über ein bestimmtes Gebiet oder über eine gewisse Bevölkerungsgruppe ausübt.[391] Die Spruchpraxis des Ausschusses enthält keine genaueren Angaben, unter welchen Voraussetzungen eine derartige effektive Kontrolle bejaht werden kann. Ist dazu ein anerkannter Anknüpfungspunkt zur Ausübung von Hoheitsgewalt erforderlich? Reicht allein die physische Möglichkeit zur Ausübung von Hoheitsgewalt aus oder ist vielmehr eine besatzungsähnliche Situation erforderlich?

Der vom Menschenrechtsausschuss des IPbürgR zu dieser Fragestellung ergangene *General Comment No. 31*[392] deutet genauso wie die oben zitierten Äußerungen des Ausschusses zum IPwirtR darauf hin, dass nur bei Vorliegen einer besatzungsähnlichen, militärischen Situation die Voraussetzungen der effektiven Kontrolle vorliegen. Ein derartiges Maß an Einfluss- und Kontrollmöglichkeiten wird man in keiner Investitionssituation annehmen können, selbst dann nicht, wenn ein Staat durch ein Staatsunternehmen im Ausland aktiv wird. Vergleicht man die vom Ausschuss und vom Menschenrechtsausschuss angeführten Beispiele effektiver Kontrolle mit der Investitionssituation, erscheint es ausge-

---

389 UN Committee on Economic, Social and Cultural Rights, UN Doc E/C.12/1/Add.27, para.15 (Hervorhebungen d. d. Autor).

390 *Legal Consequences of the construction of a Wall in the Occupied Palestinian Territory*, Advisory Opinion, ICJ-Reports 2004, Ziff.109 und 111 (abgedruckt in: 43 ILM (2004), S.1009 ff. (1040)); vgl. dazu auch *Gondek* (2009), S.310 ff.

391 Vgl. dazu auch *Concluding Observations* on Republic of Moldova, E/C.12/1/Add.91, para.10.

392 Human Rights Committee, General Comment No.31 (insbesondere para.10); ausführlich dazu auch: *Special Representative of the United Nations Secretary-General (SRSG) on the Issue of Human Rights and Transnational Corporations and Other Business Enterprises*: State Responsibilities to Regulate and Adjudicate Corporate Activities under the United Nations' core Human Rights Treaties; Individual Report on the International Covenant on Civil and Political Rights, para.146 ff.

schlossen, dass allein die unternehmerische Stellung eines Staatskonzerns eine vergleichbare Einfluss- und Kontrollmöglichkeit verschafft.

Auf Grundlage der aktuellen Spruchpraxis kann man im Ergebnis somit nicht davon ausgehen, dass effektive Kontrolle als Anknüpfungspunkt für die Begründung einer staatlichen Unterlassens- und Schutzpflicht für den Fall von Menschenrechtsverletzungen durch transnationale Unternehmen im Ausland dienen kann. Regelmäßig übt der Heimatstaat des transnationalen Unternehmens keinerlei Kontrolle über das Territorium bzw. die Bevölkerung des Ziellandes der unternehmerischen Aktivitäten aus, sondern der Gaststaat aufgrund seiner Territorialhoheit. Deshalb ist eine generelle menschenrechtliche Schutzpflicht für Sachverhalte im Ausland abzulehnen.[393]

2. Progressive Weiterentwicklung im Sinne einer Pflicht zur „internationalen Hilfe und Zusammenarbeit" [394]

Im Gegensatz zu dieser traditionellen Auffassung gibt es in jüngster Zeit vermehrt Stimmen in der völkerrechtlichen Literatur, die für eine Ausweitung der menschenrechtlichen Verpflichtungen votieren.[395] So will eine breite Strömung innerhalb des Schrifttums diejenigen Staaten, die sich in einer Position befinden, in der sie anderen hilfsbedürftigen Staaten in ihrer wirtschaftlichen und sozialen Entwicklung helfen können, aufgrund des menschenrechtlichen Kooperationsgebotes zu bestimmten Maßnahmen und Hilfeleistungen verpflichten. Im Bereich des internationalen Menschenrechtsschutzes ist daher der Gedanke der internationalen Hilfe und Zusammenarbeit wieder in den Mittelpunkt der Aufmerksamkeit gelangt.[396] Dieser ist für den Bereich der wirtschaftlichen Menschenrechte bereits im Wortlaut des Art. 2 Abs. 1 IPwirtR angelegt. Danach verpflichtet sich jeder Vertragsstaat, „einzeln und durch internationale Hilfe und Zusammenar-

---

393 So auch *Joseph* (1999), 171 (183/184); *De Schutter* (2006), S.18.
394 Obwohl die deutsche Sprache nicht zum Kreis der authentischen Sprachen des IPwirtR gehört (vgl. Art.31 IPwirtR), wird im Folgenden auf die deutsche Fassung „internationale Hilfe und Zusammenarbeit" des Art.2 IPwirtR Bezug genommen, da insofern keine inhaltlichen Differenzen zur englischen Fassung *international assistance and co-operation*, zur spanischen Fassung *asistencia y cooperación internacional* und zur französischen Fassung *l'assistance et la coopération internationales* bestehen.
395 Vgl. *Sepulveda* (2006), 271 (281 ff.); *Sornarajah* (2010), S.157 ff.; *Coomans* in: Coomans/Kamminga (2004), 183 (184 ff.).
396 *Gondek* (2009), S.316 ff.; *Salomon* (2007), S.64 ff.; *Coomans* in: Coomans/Kamminga (2004), S.183.

beit, insbesondere wirtschaftlicher und technischer Art, (...) die volle Verwirklichung der in diesem Pakt anerkannten Rechte zu erreichen." Der Gedanke der internationalen Kooperation zur Verwirklichung der Paktrechte kommt zudem in einer Reihe anderer Vorschriften des IPwirtR zum Ausdruck. So erkennen die Vertragsstaaten in Art. 11 Abs. 1 IPwirtR die entscheidende Bedeutung einer internationalen, auf freier Zustimmung beruhenden Zusammenarbeit zur Sicherstellung eines angemessenen Lebensstandards an. Teil IV, der sich mit der Verwirklichung und Durchsetzung der Paktrechte befasst, bezieht sich in zwei Vorschriften auf internationale Hilfe und Kooperation: Art. 22 IPwirtR beschreibt die Zusammenarbeit des Wirtschafts- und Sozialrates mit anderen Organen, Unterorganen und Sonderorganisationen der Vereinten Nationen hinsichtlich „der Zweckmäßigkeit internationaler Maßnahmen zur wirksamen schrittweisen Durchführung dieses Paktes (...)". Art. 23 IPwirtR bestimmt, „dass internationale Maßnahmen zur Verwirklichung der in diesem Pakt anerkannten Rechte u. a. folgendes einschließen: den Abschluss von Übereinkommen, die Annahme von Empfehlungen, die Gewährung technischer Hilfe sowie Abhaltung von regionalen und Fachtagungen zu Konsultations- und Studienzwecken in Verbindung mit den betroffenen Regierungen."

Wurde die Bedeutung internationaler Hilfe und Zusammenarbeit lange Zeit auf die Frage der technischen und finanziellen Entwicklungshilfe verengt[397], wird heutzutage vermehrt die Auffassung vertreten, andere Arten und Formen der Unterstützung und Zusammenarbeit im Bereich der wirtschaftlichen und sozialen Entwicklung mit einzubeziehen.[398] So diskutierte der Ausschuss in seinen jüngsten *General Comments* unter dem Gesichtspunkt der internationalen Hilfe und Zusammenarbeit das Bestehen von Verpflichtungen zum Erlass extraterritorialer menschenrechtsschützender Maßnahmen.[399] Die Bereitstellung technischer und finanzieller Mittel (wie beispielsweise die Entsendung von Experten als Projektberater, die Bereitstellung von speziellem Material oder technischen Diensten) stellt zwar nach wie vor einen wichtigen Bestandteil internationaler Hilfe und Zusammenarbeit dar, jedoch werden in den *General Comments* auch die sonstigen Möglichkeiten, die ein weites Verständnis internationaler Kooperation bieten kann, dahingehend untersucht, inwieweit durch Regulierung unternehmerischen Verhaltens die Industriestaaten den Entwicklungsländern beim Aufbau

---

397 *Craven* (1995), S.149/150; *Wolfrum* in: Simma (1991), Art.55 (a, b) Rn.18 ff.
398 Vgl. *Coomans* in: Coomans/Kamminga (2004), S.195 ff.; zur Weiterentwicklung der Unterstützungsinstrumente im Rahmen der WTO: *Saner/Páez* (2006), 467 (467 ff.).
399 UN Committee on Economic, Social and Cultural Rights, General Comment No.12 para.36; No.15 para.33; No.19 para.54.

eines nachhaltigen Wirtschaftslebens helfen können.[400] Inwiefern es sich bei diesen Auffassungen lediglich um rechtspolitische Forderungen *de lege ferenda* handelt oder diese Ansichten bereits über eine völkerrechtliche Fundierung verfügen, wird im folgenden Abschnitt zu untersuchen sein. Dazu soll zunächst das allgemeine Konzept der internationalen Hilfe und Zusammenarbeit im Völkerrecht erläutert und darauf aufbauend die spezifischen Entwicklungen im Rahmen des IPwirtR umfassend dargestellt und analysiert werden.

a. Das Prinzip der „internationalen Hilfe und Zusammenarbeit" im Völkerrecht

Das Prinzip internationaler Hilfe und Zusammenarbeit ist kein Novum des IPwirtR. Bereits unmittelbar nach dem Zweiten Weltkrieg gewann der Begriff der internationalen Zusammenarbeit zunehmende Beachtung im Völkerrecht.[401] In der Charta der Vereinten Nationen wurde dieser Begriff im Jahr 1945 erstmals in einem völkerrechtlich verbindlichen Vertrag niedergelegt. In Art. 1 Abs. 3 UNC wird als ein Ziel der Vereinten Nationen genannt, „internationale Zusammenarbeit herbeizuführen, um internationale Probleme wirtschaftlicher, sozialer, kultureller und humanitärer Art zu lösen und die Achtung vor den Menschenrechten und Grundfreiheiten (…) zu fördern und zu festigen." Des Weiteren findet sich der Gedanke internationaler Zusammenarbeit in Kapitel IX. der UN-Charta, das die Überschrift „Internationale Zusammenarbeit auf wirtschaftlichem und sozialem Gebiet" trägt. Insbesondere Art. 56 UNC und Art. 55 (c) UNC sind hierbei von Interesse.

> Art. 56 UNC: „Alle Staaten verpflichten sich, gemeinsam und jeder für sich mit der Organisation zusammenzuarbeiten, um die in Art. 55 dargelegten Ziele zu erreichen."

> Art. 55 (c) UNC: „Um jenen Zustand der Stabilität und Wohlfahrt herbeizuführen, der erforderlich ist, damit zwischen den Nationen friedliche und freundschaftliche, auf der Achtung vor dem Grundsatz der Gleichberechtigung und Selbstbestimmung der Völker beruhende Beziehungen herrschen, fördern die Vereinten Nationen (…) c) die allgemeine Achtung und Verwirklichung der Menschenrechte und Grundfreiheiten für alle ohne Unterschied der Rasse, des Geschlechts, der Sprache oder der Religion."

Nach diesen Vorschriften verpflichten sich alle Mitgliedsstaaten, gemeinsam und jeder für sich mit den Vereinten Nationen zusammenzuarbeiten, um u. a. die allgemeine Verwirklichung der Menschenrechte und Grundfreiheiten zu erreichen.

---

400 Für einen Überblick über die Spruchpraxis des Ausschusses bezüglich der internationalen Hilfe und Zusammenarbeit: *Sepulveda* (2006), 271 (276 ff.).
401 Vgl. *Gondek* (2009), S.317.

Dieses Kooperationsprinzip ist von der Einsicht getragen, dass das Ziel der universellen Geltung der Menschenrechte und die Lösung internationaler wirtschaftlicher, sozialer und kultureller Probleme nur im Rahmen internationaler Zusammenarbeit erreichbar sind. Entgegen dem auf den ersten Blick sehr weitreichenden Wortlaut des Art. 56 UNC entspricht es jedoch der ganz überwiegenden Meinung, dass aus der Vorschrift nur sehr beschränkt völkerrechtlich verbindliche Pflichten abzuleiten sind.[402] Die Mitgliedsstaaten müssen die Vereinten Nationen bei der Erreichung der Ziele des Art. 55 UNC nur in dem Umfang unterstützen, den die Staaten selbst für angemessen halten. Art. 56 UNC präzisiert weder die Art der zwischen den Staaten untereinander und mit den Vereinten Nationen angestrebten Zusammenarbeit, noch hat die Organisation rechtliche Mittel, eine bestimmte Form der Zusammenarbeit einzufordern. Somit verfügt die Pflicht zur Zusammenarbeit nur über eine sehr beschränkte Verpflichtungskraft und gebietet den UN-Mitgliedsstaaten lediglich ganz allgemein, konstruktiv untereinander und mit den Vereinten Nationen zusammenzuarbeiten. Zur Begründung konkreter völkerrechtlicher Verpflichtungen bedarf das Kooperationsgebot der rechtlich verbindlichen Ausgestaltung und Konkretisierung durch völkerrechtliche Verträge.[403]

In der Folgezeit wurden keine völkerrechtlichen Verträge abgeschlossen, die sich spezifisch mit der inhaltlichen Konkretisierung und konzeptionellen Weiterentwicklung des Gebots internationaler Zusammenarbeit für den Menschenrechtsschutz beschäftigten. Der in der Charta niedergelegte Gedanke der internationalen Zusammenarbeit hat inhaltlich jedoch eine gewisse Ausdifferenzierung durch eine Vielzahl völkerrechtlich nicht verbindliche *soft law*-Instrumente, insbesondere durch UN-Resolutionen und UN-Deklarationen erfahren. Zu nennen ist in diesem Zusammenhang die *Erklärung der Generalversammlung der Vereinten Nationen über völkerrechtliche Grundsätze für freundschaftliche Beziehungen und Zusammenarbeit zwischen den Staaten im Sinne der Charta der Vereinten Nationen*[404] (sog. *Friendly Relations Declaration*) aus dem Jahr 1970. In dieser Erklärung versuchte die Generalversammlung, in sieben Grundsätzen Prinzipien für friedliche Koexistenz, gute internationale Beziehungen und zwischenstaatliche Zusammenarbeit aufzustellen. Nach dem vierten Grundsatz des ersten Teils der Erklärung haben die Staaten

---

402 Dazu ausführlich *Wolfrum* in: Simma (1991), Art.56 Rn.2; *Tietje* in: Tietje (2009), § 1 Rn.123 ff.
403 *Schöbener* u.a. (2010), § 6 Rn.34; *Schweisfurth* (2006), 9.Kapitel Rn.255.
404 Anhang der Resolution der UN-Generalversammlung vom 24.10.1970 (A/RES/2625 (XXV)).

„die Pflicht, unabhängig von den Unterschieden in ihren politischen, wirtschaftlichen und sozialen Systemen, in den verschiedenen Bereichen der internationalen Beziehungen zusammenzuarbeiten, um den Weltfrieden und die internationale Sicherheit zu wahren (…). Zu diesem Zweck arbeiten die Staaten bei der Förderung der allgemeinen Achtung und Wahrung der Menschenrechte und Grundfreiheiten für alle sowie der Abschaffung aller Formen der Rassendiskriminierung und der religiösen Intoleranz zusammen; (…) Die Staaten sollen auf wirtschaftlichem, sozialem und kulturellem Gebiet (…) zusammenarbeiten."

Der Bereich wirtschaftlicher internationaler Zusammenarbeit wird intensiv in der *Charta der wirtschaftlichen Rechte und Pflichten der Staaten* behandelt, die im Jahr 1974 von der Generalversammlung angenommen wurde.[405] In Art. 8 der Charta werden die Staaten aufgerufen, mit dem Ziel zusammenzuarbeiten, angemessene und gerechtere internationale Wirtschaftsbeziehungen und strukturelle Änderungen der Weltwirtschaft zu fördern. Nach Art. 9 der Charta haben alle Staaten die Aufgabe, in wirtschaftlicher, sozialer, kultureller sowie wissenschaftlicher und technischer Hinsicht zusammenzuarbeiten und zwar mit dem Ziel, den wirtschaftlichen und sozialen Fortschritt weltweit und insbesondere in den Entwicklungsländern zu fördern. Art. 17 der Charta postuliert schließlich internationale Zusammenarbeit zum Zwecke der Entwicklung als gemeinsames Ziel und als gemeinsame Pflicht aller Staaten.

Daneben kennt auch die *Erklärung über das Recht auf Entwicklung*[406] der UN-Generalversammlung aus dem Jahr 1986 das Prinzip der internationalen Zusammenarbeit. Kooperation zwischen Staaten ist nach der Erklärung erforderlich, um das in Art. 1 anerkannte „unveräußerliche Menschenrecht auf Entwicklung" umzusetzen. Dieser Ansatz kommt in Art. 3 Abs. 3 der Erklärung zum Ausdruck:

"States have the duty to co-operate with each other in ensuring development and eliminating obstacles to development. States should realize their rights and fulfil their duties in such a manner as to promote a new international economic order based on sovereign equality, interdependence, mutual interest and co-operation among all States, as well as to encourage the observance and realization of human rights."

In Art. 4 Abs. 2 wird auf materielle Transferleistungen an Entwicklungsländer als eine Ausformung internationaler Zusammenarbeit Bezug genommen:

"Sustained action is required to promote more rapid development of developing countries. As a complement to the efforts of developing countries, effective international co-operation is essential in providing these countries with appropriate means and facilities to foster their comprehensive development."

---

405 Resolution der UN-Generalversammlung vom 12.12.1974 (A/RES/3281 (XXIX)).
406 Resolution der UN-Generalversammlung vom 4.12.1986 (A/RES/41/128).

Schließlich seien noch die *Abschlusserklärung und das Aktionsprogramm von Wien*[407] erwähnt, die Abschlussdokumente der im Jahre 1986 von den Vereinten Nationen organisierten Weltkonferenz über Menschenrechte. Auch in dieser Erklärung nimmt die internationale Zusammenarbeit eine zentrale Stellung bei der Um- und Durchsetzung der menschenrechtlichen Ziele der Vereinten Nationen ein. So stellt gleich der erste Paragraph des ersten Teils der Erklärung klar, dass „die Intensivierung der internationalen Zusammenarbeit auf dem Gebiet der Menschenrechte wesentlich für die volle Verwirklichung der Zielsetzung der Vereinten Nationen" ist. Im vierten Paragraph des ersten Teils der Abschlusserklärung heißt es weiter:

> „Die Förderung und der Schutz aller Menschenrechte und Grundfreiheiten haben als prioritäre Zielsetzung der Vereinten Nationen im Sinne ihrer Zwecke und Grundsätze, vor allem der internationalen Zusammenarbeit, zu gelten."

Schließlich ist noch auf das Kapitel C des zweiten Teils der Abschlusserklärung hinzuweisen, das die Überschrift „Zusammenarbeit, Entwicklung und Stärkung der Menschenrechte" trägt. Zusammenarbeit wird dort erforderlich erachtet in Zusammenhang mit Maßnahmen,

> „deren Sinn es ist, die Stärkung und den Aufbau menschenrechtsbezogener Institutionen, die Stärkung einer pluralistischen Gesellschaftsordnung und den Schutz in Gefahr geratener Gruppen zu fördern. Besondere Bedeutung kommt in diesem Zusammenhang Hilfeleistungen zu, die auf Wunsch von Regierungen bei der Durchführung freier und fairer Wahlen erteilt werden (…). Ebenso bedeutsam sind Hilfeleistungen zur Stärkung der Rechtsstaatlichkeit sowie zur Förderung der Meinungsfreiheit, der Rechtsprechung und der echten und wirksamen Mitbestimmung der Bevölkerung bei den Entscheidungsprozessen."

Es lässt sich somit zusammenfassen, dass das Konzept internationaler Zusammenarbeit seit geraumer Zeit im Völkerrecht bekannt ist und sich zudem auf Grundlage der Charta der Vereinten Nationen ein recht differenziertes Begriffsverständnis entwickelt hat. In völkerrechtlichen Dokumenten wird internationale Kooperation häufig als Instrument genannt, das zur Lösung grenzüberschreitender Problemlagen beitragen soll. Dabei wurde deutlich, dass sich internationale Zusammenarbeit nicht allein auf finanzielle oder sonstige materielle Transferleistungen beschränkt. Zwar nennt die *Erklärung über das Recht auf Entwicklung* im oben zitierten Art. 4 Abs. 2 auch materielle Hilfen als Bestandteil internationaler Zusammenarbeit. Zugleich existiert jedoch eine ganze Reihe anderer

---

407 Wiener Erklärung und Aktionsprogramm vom 25. Juni 1993 der Weltmenschenrechtskonferenz (UN Doc. A/Conf.157/24), abgedruckt in: Europäische Grundrechte-Zeitschrift (EuGRZ), 1993, S.520 ff.

Formen internationaler Zusammenarbeit. So ist das Verständnis von internationaler Zusammenarbeit in der *Friendly Relations Declaration* davon geprägt, dass vor allem politische und administrative Zusammenarbeit von Staaten unter das Gebot internationaler Zusammenarbeit zu fassen sind. In erster Linie diese Instrumente sind geeignet, die Zielsetzungen der Deklaration zu erreichen, z. B. zur „Abschaffung aller Formen der Rassendiskriminierung und der religiösen Intoleranz" beizutragen (vgl. den Grundsatz 4 lit.b) der *Friendly Relations Declaration*). Finanzielle Transferleistungen können daneben höchstens unterstützenden Charakter haben. Auch die zitierten Auszüge aus der *Wiener Erklärung und dem Aktionsprogramm* unterstreichen, dass thematisch so unterschiedliche Ziele wie freie und faire Wahlen, die Förderung der Meinungsfreiheit sowie der Schutz in Gefahr geratener Gruppen mit Mitteln internationaler Zusammenarbeit gefördert werden sollen.

Allerdings ist festzuhalten, dass die rechtliche Verbindlichkeit des Gebots zur internationalen Zusammenarbeit äußerst beschränkt ist. Die Regelungen der UN-Charta, insbesondere Art. 56 UNC, sind in ihrer Bindungswirkung schwach. Gerade im Rahmen des IPwirtR gab es in den letzten Jahren jedoch Versuche, die rechtliche Qualität und die konkreten Pflichtenstrukturen internationaler Zusammenarbeit unter dem Eindruck der wirtschaftlichen Globalisierung neu zu bestimmen. Die folgenden Abschnitte werden sich daher dem Konzept der internationalen Hilfe und Zusammenarbeit im IPwirtR und dessen Auslegung durch den Ausschuss zum IPwirtR zuwenden.

b. „Internationale Hilfe und Zusammenarbeit" im IPwirtR

Das Konzept der „internationalen Hilfe und Zusammenarbeit" hat seine textliche Verankerung in Art. 2 Abs. 1 des IPwirtR:

> „Jeder Vertragsstaat verpflichtet sich, einzeln und *durch internationale Hilfe und Zusammenarbeit,* insbesondere wirtschaftlicher und technischer Art, unter Ausschöpfung aller seiner Möglichkeiten Maßnahmen zu treffen, um nach und nach mit allen geeigneten Mitteln, vor allem durch gesetzgeberische Maßnahmen, die volle Verwirklichung der in diesem Pakt anerkannten Rechte zu erreichen."[408]

Als völkerrechtlicher Vertrag ist der IPwirtR nach den Regeln der Wiener Vertragsrechtskonvention zu interpretieren, die in weiten Teilen völkergewohnheitsrechtliche Geltung beanspruchen.[409] Gemäß Art. 31 Abs. 1 WVK sind Verträge

---

408 Hervorhebungen d. d. Autor.
409 *Graf Vitzthum* in: Graf Vitzthum (2010), 1.Abschnitt Rn.114.

„nach Treu und Glauben in Übereinstimmung mit der gewöhnlichen, seinen Bestimmungen in ihrem Zusammenhang zukommenden Bedeutung und im Lichte seines Zieles und Zweckes auszulegen." In der Spruchpraxis des Ausschusses ist zu beobachten, dass Erwägungen über Ziel und Zweck des Paktes, also teleologischen Aspekten, besondere Bedeutung bei der Auslegung des IPwirtR und somit auch der Kooperationspflicht des Art. 2 Abs. 1 IPwirtR zukommt.[410] Diese Herangehensweise ist zu großen Teilen Folge der sehr abstrakt und offen formulierten Verpflichtungen des IPwirtR, die in hohem Maße teleologische Erwägungen erfordern bzw. diesen zugänglich sind.

Übergreifender Sinn und Zweck des IPwirtR sind sowohl der Schutz des Individuums als auch die Gewährleistung eines allgemeinen wirtschaftlichen, sozialen und kulturellen Mindeststandards. Diese zentralen Funktionen sind bei der Interpretation des IPwirtR immer in den Auslegungsvorgang einzubeziehen. Eine Konkretisierung erfährt die teleologische Auslegungsmethode im Bereich der Menschenrechte im Effektivitätsprinzip und in der evolutiven bzw. dynamischen Auslegung.[411] Danach ist der IPwirtR so auszulegen, dass die menschenrechtlichen Standards effektiv und möglichst umfassend zum Schutz des Individuums angewandt und durchgesetzt werden.[412] Bei der Auslegung sind insbesondere die sich im Zeitablauf verändernden ökonomischen und sozialen Faktoren zu beachten. Die Vertragsbestimmungen sind in Übereinstimmung mit dem zur Zeit der Auslegung geltenden Völkerrecht und der ihnen entsprechenden Begriffsinhalte zu interpretieren.[413] Für die Interpretation des IPwirtR hat dies zur Folge, dass

---

410 So z.B. in UN Committee on Economic, Social and Cultural Rights, General Comment No.4 para.7; General Comment No.12 para.6; General Comment No.14 para.11.

411 *Sepulveda* (2003), S.79 ff.

412 UN Committee on Economic, Social and Cultural Rights, General Comment No.9 para 15; auch der Interamerikanische Gerichtshof für Menschenrechte bezieht sich auf den Effektivitätsgrundsatz, wenn er feststellt, dass "(…) the object and purpose of the American Convention is the effective protection of human rights. The Convention must, therefore, be interpreted so as to give it its full meaning and to enable the system for the protection of human rights entrusted to the Commission and the Court to attain its ´appropriate effects`", *Velásquez Rodríguez v. Honduras*, Preliminary Objections, Entscheidung vom 26. Juni 1987, Series C No.1, para.30.

413 Dies hat der Ausschuss beispielsweise bei der Interpretation des Begriffs der Gesundheit betont, siehe UN Committee on Economic, Social and Cultural Rights, General Comment No.14 para. 10; zum Begriff der Familie siehe General Comment No.4 para.6; vgl. zur dynamischen Auslegungsmethode auch die Rechtssprechung des EGMR, *Loizidou V. Turkey*, Series A, Vol.310: „That the Convention is a living instrument which must be interpreted in the light of presentday conditions is firmly rooted in the Court´s case-law (…). It follows that these provisions cannot be interpreted solely in accordance with the intentions of their authors as expressed more than forty years ago".

die sich aufgrund der fortschreitenden Globalisierung ändernden politischen, sozialen und weltwirtschaftlichen Bedingungen bei der Interpretation der Paktrechte in besonderem Maße Beachtung finden müssen.[414] Als der Pakt Mitte des letzten Jahrhunderts ausgearbeitet wurde, waren die Nationalstaaten die dominierenden Akteure auf der internationalen Ebene. Dies hat sich mit dem vermehrten Auftreten internationaler Organisationen, Nichtregierungsorganisationen und transnationaler Unternehmen grundlegend geändert. So sind im Rahmen einer notwendigen dynamischen Interpretation des Paktes die zunehmende Bedeutung privater Akteure im wirtschaftlichen Leben, die abnehmende Rolle des Staates im Zuge voranschreitender Privatisierung des öffentlichen Sektors und der stärkere Einfluss internationaler Organisationen und sonstiger externer Marktkräfte auf die Wirtschafts- und Finanzpolitik insbesondere von Entwicklungs- und Schwellenstaaten zu bedenken.

Wie bereits erwähnt, sieht der IPwirtR im Gegensatz zum IPbürgR in seinem Art. 2 keinerlei Begrenzung der territorialen Anwendbarkeit vor. Daraus ließe sich im Rahmen einer ersten Wortlautanalyse ableiten, dass schon den Verfassern des ursprünglichen Vertragstextes im Jahre 1966 die transnationale Dimension der niedergelegten Rechte deutlich war. Ob es jedoch der ursprünglichen Intention der Vertragsstaaten entsprach, rechtliche Verpflichtungen hinsichtlich der internationalen Zusammenarbeit entstehen zu lassen, kann wohl im Hinblick auf jenen Zeitpunkt noch nicht angenommen werden. Die Entstehungsgeschichte des Paktes lässt vielmehr erkennen, dass die Vertragsstaaten des IPwirtR ursprünglich wohl keine völkerrechtliche Verpflichtung zur internationalen Hilfe und Kooperation statuieren wollten.[415] Festzuhalten bleibt aber, dass die Autoren des IPwirtR die Erforderlichkeit internationaler Kooperation im Bereich der wirtschaftlichen, sozialen und kulturellen Menschenrechte erkannt hatten. Dafür spricht neben dem Bezug auf die internationale Kooperation in Art. 2 Abs. 1 IPwirtR auch Art. 23 IPwirtR, der nicht abschließend eine Reihe von internationalen Instrumenten zur Realisierung der Paktrechte an die Hand gibt. *Alston* und *Quinn* stellten im Jahre 1987 in einem grundlegenden Aufsatz über die Rechtsnatur und den Umfang der aus dem IPwirtR folgenden Verpflichtungen fest:

> "Thus, on the basis of the preparatory work it is difficult, if not impossible, to sustain the argument that the commitment to international cooperation contained in the Covenant can accurately be characterized as a legally binding obligation upon any particular state to provide any particular form of assistance. It would, however, be unjustified to go further

---

414 Vgl. *Sepulveda* (2003), S.83; *Skogly/Gibney* (2002), 781 (786/787).
415 Zur Entstehungsgeschichte des Art.2 IPwirtR vgl. *Skogly* (2006), S.84 ff.; *Dennis* (2005), 119 (127); *Dennis/Stewart* (2004), 462 (498 ff.); *Gondek* (2009), S.299 ff.

and suggest that the relevant commitment would be meaningless. In the context of a given right it may, according to the circumstances, be possible to identify obligations to cooperate internationally that would appear to be mandatory on the basis of the undertaking contained in Art.2 (1) of the Covenant. Moreover, policy trends and events in the general area of international development cooperation subsequent to the adoption to the Covenant in 1966 may be such as to necessitate a reinterpretation of the meaning to be attributed today to Art. 2 (1)."[416]

Obwohl also das internationale Kooperationsgebot nicht von Anfang an als generelle Verpflichtung im Rechtssinne angelegt war, erscheint es doch möglich, im Wege einer am Effektivitätsprinzip ausgerichteten dynamischen (Re-)Interpretation der relevanten Vorschriften des Paktes aus diesen völkerrechtlich bindende, transnationale Verpflichtungen der Paktstaaten abzuleiten. Entscheidende Bedeutung für die Weiterentwicklung des Paktes im Sinne einer Anpassung an die sich verändernden globalen wirtschaftlichen und sozialen Verhältnisse wird der Neuinterpretation des Begriffs der internationalen Hilfe und Zusammenarbeit des Art. 2 IPwirtR zukommen. Diesem Ansatz folgt auch der Ausschuss in seinen *General Comments*, in denen er Fragen grenzüberschreitender Verpflichtungen unter Berufung auf die Pflicht zur internationalen Hilfe und Zusammenarbeit behandelt.[417] Eine dynamische Interpretation des Paktes, die im Ergebnis zur Annahme transnationaler Verpflichtungen gelangt, ist nach den allgemeinen völkerrechtlichen Auslegungsregeln jedoch nur dann zulässig, wenn das Ergebnis mit dem Wortlaut des Art. 2 Abs. 1 IPwirtR vereinbar ist.[418] Noch vor der Untersuchung der Spruchpraxis des Ausschusses hinsichtlich der extraterritorialen Verpflichtungsdimension des Paktes ist daher zu prüfen, ob der Wortlaut des Art. 2 Abs. 1 des Paktes einer Auslegung entgegenstünde, die zur Annahme transnationaler Verpflichtungen der Mitgliedsstaaten als Exportstaaten internationaler Investitionen führen würde.

Wie bereits angemerkt begrenzt der Wortlaut des Art. 2 Abs. 1 IPwirtR die Pflicht zum Schutz und zur Realisierung der wirtschaftlichen, sozialen und kulturellen Rechte nicht auf das Territorium des jeweiligen Mitgliedsstaates. Nach dem offenen Wortlaut sind Unterlassens- und Schutzverpflichtungen hinsichtlich der Paktrechte auf dem Territorium von Mitgliedsstaaten als auch von Nichtmitgliedsstaaten daher keineswegs ausgeschlossen. Vor dem Hintergrund des Universalitätsanspruchs der Menschenrechte erscheint eine Auslegung zugunsten transnationaler Verpflichtungen vielmehr nahezuliegen. Der Begriff der interna-

---

416 *Alston/Quinn* (1987), 156 (191).
417 UN Committee on Economic, Social and Cultural Rights, General Comment No.3 para.14; General Comment No.12 para.36; General Comment No.15 para.31.
418 Vgl. dazu *Graf Vitzthum* in: Graf Vitzthum (2010), 1.Abschnitt Rn.123 ff.

tionalen Hilfe und Zusammenarbeit ist zudem nicht von vornherein auf Entwicklungshilfe durch finanzielle Mittel begrenzt, sondern kann einen weiten Bereich der Zusammenarbeit beim Menschenrechtsschutz, nachhaltiger Entwicklung, Handel, internationalen Investitionen usw. beinhalten.[419] So ist beispielsweise im Bereich des Umweltvölkerrechts unter dem Begriff der internationalen Kooperation eine große Anzahl verschiedenster Pflichten entwickelt worden.[420] Übertragen auf das internationale Investitionsrecht kann man daher die menschenrechtssensible Ausgestaltung staatlicher Investitionsgarantien, bilateraler Investitionsschutzabkommen und extraterritorial wirkender Gesetzgebung als Maßnahmen gegenseitiger internationaler Zusammenarbeit und Hilfe bezüglich der effektiven Realisierung der wirtschaftlichen, sozialen und kulturellen Rechte ansehen. Auch der Wortlaut des Art. 23 IPwirtR macht eine derartige Auslegung nicht unmöglich, da die dort angeführten Instrumente internationaler Hilfe und Zusammenarbeit nicht im Sinne einer abschließenden Aufzählung zu verstehen sind.[421]

c. „Internationale Hilfe und Zusammenarbeit" in der Spruchpraxis des Ausschusses für wirtschaftliche, soziale und kulturelle Rechte

Der Ausschuss hat sich in verschiedenen Zusammenhängen mit grenzüberschreitenden Verpflichtungen befasst. Ausführlich ging er in mehreren *Concluding Observations* und *General Comments* auf die Pflichten der Paktstaaten im Rahmen ihrer Mitgliedschaften in internationalen Organisationen ein (dazu sogleich Kapitel 3. A. III. 2. d.). Für das bilaterale Verhältnis von Staaten hat der Ausschuss noch keine generellen Aussagen zu den grenzüberschreitenden Verpflichtungen aus dem Pakt gemacht. Jedoch lässt der Ausschuss erkennen, dass er den Paktverpflichtungen auf Grundlage der internationalen Kooperationspflicht auch im bi- und multilateralen Verhältnis von Staaten eine grenzüberschreitende (Verpflichtungs-)Komponente zuschreibt. Zur Begründung der grenzüberschreitenden Pflichten greift der Ausschuss dabei neben dem Wortlaut des Art. 2 Abs. 1 IPwirtR vor allem auf die Kooperationspflicht aus Art. 1 Abs. 3, 55 b) und c)

---

419 *Künnemann* in: Coomans/Kamminga (2004), 201 (204); *Sengupta* (2002), 837 (876); *Gondek* (2009), S.324.
420 Vgl. *Sands* (2003), S.249 ff.; *Shaw* (2008), S.862 ff.; *Kloepfer* in: Fischer-Lescano u.a. (2008), 637 (637 ff.).
421 Vgl. dazu den Wortlaut des Art.23 IPwirtR: „Die Vertragsstaaten stimmen überein, daß internationale Maßnahmen zur Verwirklichung der in diesem Pakt anerkannten Rechte u. a. folgendes einschließen: (…)".

i.V.m. Art. 56 UNC zurück. So erkannte der Ausschuss schon in seinem *General Comment* No. 3 im Jahr 1990 die Bedeutung der Vorschriften der UN-Charta für die internationale Dimension der Paktrechte an:

> "The Committee wishes to emphasize that in accordance with Articles 55 and 56 of the Charter of the United Nations, with well-established principles of international law, and with the provisions of the Covenant itself, international cooperation for development and thus for the realization of economic, social and cultural rights is an obligation of all states. It is particularly incumbent upon those States which are in a position to assist others in this regard. (…) It emphasizes that, in the absence of an active programme of international assistance and cooperation on the part of all those States that are in a position to undertake one, the full realisation of economic, social and cultural rights will remain an unfulfilled aspiration in many countries."[422]

Zwar handelt es sich bei der hier festgestellten internationalen Verpflichtung sowohl hinsichtlich des Verpflichtungsgrades als auch hinsichtlich des Pflichtenprogramms um ein recht vages Konzept, aus dem allenfalls eine prinzipielle Kooperationspflicht entnommen werden kann.[423] Jedoch widerspräche es den Feststellungen des Ausschusses, wenn jegliche bindende Rechtspflicht aufgrund der internationalen Kooperationspflicht abgelehnt würde. Vor dem Hintergrund des allgemeinen Rechtssatzes von Treu und Glauben und des Effektivitätsgrundsatzes läge eine Interpretation fern, nach der sich die Staaten zwar innerstaatlich zur Gewährleistung verpflichteten, extern aber die Gewährleistung in anderen Staaten vereiteln könnten bzw. die fundamentalen Gewährleistungen im Rahmen des Möglichen nicht auch im Ausland verfolgen würden.

Auf Grundlage des Wortlautes des *General Comments* No. 3 wird man aber annehmen müssen, dass der Ausschuss zu dieser Zeit noch in erster Linie Entwicklungszusammenarbeit im klassischen Sinne, d. h. technische und finanzielle Transferleistungen, im Auge hatte.[424] Für das internationale Investitionsrecht sind jedoch in höherem Maße transnationale Verpflichtungen relevant, die ein gesetzgeberisches oder administratives Aktivwerden von Staaten zur Regulierung wirtschaftlichen Handelns erfordern. Insbesondere stellt sich die Frage nach Pflichten, nach denen Paktstaaten gewisse menschenrechtliche Pflichten auch gegenüber Individuen haben, die zwar der primären Hoheitsgewalt eines anderen

---

422 UN Committee on Economic, Social and Cultural Rights, General Comment No.3 para.14.
423 *Klee* (2000), S.141; *Alston/Quinn* (1987), 156 (187 ff.).
424 UN Committee on Economic, Social and Cultural Rights, General Comment No.3 verweist in para.14 hinsichtlich der Einzelheiten der internationalen Kooperationspflichten auf General Comment No.2, in dem es um internationale technische Hilfsmaßnahmen im Sinne des Art. 22 IPwirtR geht, demnach also materielle Hilfsleistungen im Vordergrund stehen.

Staates unterliegen, jedoch in einem direkten und kausalen Zusammenhang mit der unternehmerischen Tätigkeit eines transnationalen Unternehmens stehen, zu dem der Paktstaat bestimmte, insbesondere personale Verbindungen hat. Für einige wirtschaftliche Menschenrechte des IPwirtR hat der Ausschuss in seiner Spruchpraxis bereits transnationale Verpflichtungen aus dem Pakt anerkannt, soweit diese von privaten Akteuren gefährdet werden, deren Verhalten der jeweilige Heimatstaat beeinflussen kann. So hat der Ausschuss beispielsweise im Jahr 2000 in seinem *General Comment* No. 12 zum Recht auf angemessene Ernährung festgestellt:

> "States Parties should recognise the essential role of international cooperation and comply with their commitment to take joint and separate action to achieve the full realization of the right to adequate food. In implementing this commitment, States Parties should take steps *to respect the enjoyment of the right to food in other countries*, to protect that right, to facilitate access to food and provide the necessary aid when required."[425]

Noch nachdrücklicher nimmt der Ausschuss in seinem *General Comment* No. 14 zu dem Recht auf ein Höchstmaß an Gesundheit aus Art. 12 IPwirtR auf die transnationalen Verpflichtungen der Mitgliedsstaaten Bezug:

> "To comply with their international obligations in relation to article 12, State parties have to respect the enjoyment of the right to health in other countries, and to prevent third parties from violating the right in other countries, if they are able to influence third parties by way of legal or political means, in accordance with the Charter of the United Nations and applicable international law. Depending on the availability of resources, States should facilitate access to essential health facilities, goods and services in other countries, wherever possible and provide the necessary aid when required."[426]

In ähnlicher Weise interpretierte der Ausschuss im Jahr 2002 in seinem *General Comment* No. 15 das in Art. 11 und Art. 12 IPwirtR niedergelegte Recht auf Wasser. Dabei ging der Ausschuss direkt auf die Gefahren ein, die von transnationalen Unternehmen für das Recht auf Wasser ausgehen können:

> para. 31: "International cooperation requires States parties to refrain from actions that interfere, directly or indirectly, with *the enjoyment of the right to water in other countries.* Any activities undertaken within the State party's jurisdiction *should not deprive another country* of the ability to realize the right to water for persons in its jurisdiction."[427]

> para. 33: "Steps should be taken by States parties to prevent their own citizens and companies from *violating the right to water of individuals and communities in other countries.*

---

425 UN Committee on Economic, Social and Cultural Rights, General Comment No.12 para.36 (Hervorhebungen d. d. Autor).
426 UN Committee on Economic, Social and Cultural Rights, General Comment No.14 para.39 (Hervorhebungen d. d. Autor).
427 UN Committee on Economic, Social and Cultural Rights, General Comment No.15 para.31 (Hervorhebungen d. d. Autor).

Where States parties can take steps to influence other third parties to respect the right, through legal or political means, such steps should be taken in accordance with the Charter of the United Nations and applicable international law."[428]

In Paragraph 31 des *General Comments* statuiert der Ausschuss auf Grundlage der internationalen Kooperationspflicht eine grenzüberschreitende Unterlassungspflicht für alle staatlichen Handlungen, die direkt oder indirekt das Recht auf Wasser in einem anderen Staat negativ beeinflussen könnten. Die Paktstaaten müssen demnach alle hoheitlichen Handlungsinstrumente so ausgestalten, dass sie durch keine Entscheidung bzw. deren Folgen das Recht auf Wasser in einem anderen Staat beeinträchtigen. Diese Pflicht ist auch als echte Rechtspflicht zu verstehen (*"International cooperation requires states parties to refrain (…)"*).

Paragraph 33 behandelt die grenzüberschreitende Schutzdimension hinsichtlich des Rechts auf Wasser. Der Ausschuss macht bei den Verpflichtungen einen Unterschied zwischen den eigenen, also staatszugehörigen Unternehmen (*"own citizens and companies"*) und sonstigen Dritten (*"other third parties"*). Im ersten Satz des Paragraphen 33 stellt der Ausschuss eine Regel auf, nach der den Paktstaaten eine transnationale Verhinderungspflicht bezüglich der eigenen staatszugehörigen Unternehmen obliegt. Was genau der Ausschuss unter eigenen Unternehmen versteht, welche Anknüpfungspunkte er also für die Begründung von Staatszugehörigkeit akzeptieren will, führt er nicht näher aus. Unsicherheiten bestehen auch über die Art der Maßnahmen, die ergriffen werden müssen, um staatszugehörige Unternehmen im Ausland von direkten Menschenrechtsverletzungen abzuhalten. Sind legislative Maßnahmen erforderlich (so wie es Art. 2 Abs. 1 IPwirtR nahelegt) oder reichen auch Verwaltungsvorschriften bzw. eine regelmäßige Verwaltungspraxis?

Der zweite Satz des Paragraphen 33 beschäftigt sich mit sonstigen Dritten (*"other third parties"*). Der Ausschuss fordert die Vertragsstaaten auf, sonstige Dritte durch rechtliche oder politische Mittel zur Respektierung der Paktrechte anzuhalten bzw. sie dahingehend zu beeinflussen zu suchen, wobei er klarstellt, dass die ergriffenen Maßnahmen den Vorgaben der UN-Charta und des sonstigen anwendbaren Völkerrechts entsprechen sollen. Da Maßnahmen zur Verhaltenssteuerung im Ausland nur dann diesen Anforderungen entsprechen, wenn zumindest eine minimale Beziehung zwischen dem Unternehmen und dem jeweiligen Staat besteht, scheint der Ausschuss unter sonstigen Dritten lediglich solche Unternehmen zu verstehen, die dem jeweiligen Staat in irgendeiner Weise verbunden sind. Zugleich soll den Staaten in diesem Fall wohl ein größeres Maß

---

428 UN Committee on Economic, Social and Cultural Rights, General Comment No.15 para.33 (Hervorhebungen d. d. Autor).

an Ermessen zukommen, ob und mit welchen Mitteln sie ihrer Verhinderungsob-liegenheit nachkommen.[429] Sowohl rechtliche als auch politische Mittel stehen den Staaten zur Verfügung. Diese Positionen zu den transnationalen Verpflich-tungen haben sich in den letzten *General Comments* verfestigt. In seinem *General Comment* No. 18 zum Recht auf Arbeit (Art. 6 IPwirtR) aus dem Jahr 2005 wiederholt der Ausschuss seine Ansicht zu den transnationalen Schutzpflichten:

> "To comply with their international obligations in relation to article 6, States parties should endeavour to *promote the right to work in other countries* as well in bilateral and multilateral negotiations. (...)."[430]

> "The failure of States parties to take into account their legal obligations regarding the right to work when entering into bilateral or multilateral agreements with other States, interna-tional organizations and other entities such as multinational entities constitutes a violation of their obligation to respect the right to work."[431]

Im *General Comment* No. 19 aus dem Jahr 2008 zum Recht auf soziale Sicher-heit nimmt der Ausschuss nochmals ausführlich Stellung zu den transnationalen Verpflichtungen:

> para.53: "To comply with their international obligations in relation to the right to social security States parties have to respect the enjoyment of the right by refraining from actions that interfere, directly or indirectly, with the enjoyment of the right to social security *in other countries*."[432]

> para.54: "States parties *should extraterritorially protect* the right to social security by pre-venting their own citizens and national entities from violating this right in other countries. Where States parties can take steps to influence third parties (non-state actors) within their jurisdiction to respect the right, through legal or political means, such steps should be taken in accordance with the Charter of the United Nations and applicable international law."[433]

In Paragraph 53 stellt der Ausschuss – in Parallelität zu *General Comment* No. 15 – eine transnationale Unterlassenspflicht hinsichtlich des Rechts auf soziale Sicherheit auf. Der erste Satz des Paragraphen 54 etabliert wiederum eine Schutzverpflichtung, eigene Staatsan- und -zugehörige im Ausland von der Ver-letzung des Rechts auf soziale Sicherheit abzuhalten. Hinsichtlich anderer Ak-

---

429 *United Nations* (2007), ICESCR para.158.
430 UN Committee on Economic, Social and Cultural Rights, General Comment No.18 para.30 (Hervorhebungen d. d. Autor).
431 UN Committee on Economic, Social and Cultural Rights, General Comment No.18 para.33 (Hervorhebungen d. d. Autor).
432 UN Committee on Economic, Social and Cultural Rights, General Comment No.19 para.53 (Hervorhebungen d. d. Autor).
433 UN Committee on Economic, Social and Cultural Rights, General Comment No.19 para.54 (Hervorhebungen d. d. Autor).

teure innerhalb des eigenen Jurisdiktionsbereiches gilt der zurückhaltendere Verpflichtungsstandard, der bereits in *General Comment* No. 15 niedergelegt wurde.

Zusammenfassend lässt sich festhalten, dass der Ausschuss für bestimmte Bereiche des IPwirtR unter Berufung auf das Konzept der internationalen Hilfe und Zusammenarbeit Verpflichtungen formuliert hat, die über den territorialen Hoheitsbereich des einzelnen Mitgliedsstaates hinausgehen und den Bereich der klassischen technischen und finanziellen Entwicklungshilfe verlassen. Auch wenn der Ausschuss noch keine generelle Aussage zu den internationalen Verpflichtungen getroffen hat, lässt sich aus den *General Comments* eine verallgemeinerungsfähige Regel zum transnationalen Anwendungsbereich und Verpflichtungsgrad der Paktrechte ableiten. Nach dieser Regel sind die Mitgliedsstaaten des IPwirtR aufgrund der materiellen Gewährleistungen des dritten Teils i.V.m. Art. 2 Abs. 1 IPwirtR dazu verpflichtet, auf diejenigen Sachverhalte mit Auslandsbezug in menschenrechtsfördernder Weise einzuwirken, auf die sie rechtlich, politisch oder wirtschaftlich direkt oder indirekt Einfluss nehmen können. Welche konkreten Folgewirkungen diese Kooperationsverpflichtung haben kann und durch welche Instrumente die Verpflichtungen erfüllt werden sollten, bedarf noch weiterer Klärung. Zu dieser Klärung kann die Spruchpraxis des Ausschusses zu den Verpflichtungen der Paktstaaten in internationalen Organisationen beitragen.

d. Verpflichtungen in internationalen Organisationen

Der Ausschuss hat bereits mehrfach die aus dem IPwirtR folgenden Verpflichtungen der Paktstaaten bei der Mitwirkung in internationalen Organisationen betont.[434] Für den Bereich der internationalen Finanzorganisationen ermahnt der Ausschuss die Paktstaaten in seinen *Concluding Observations* im Rahmen der Staatenberichtsverfahren regelmäßig, die Verpflichtungen zur internationalen Kooperation auch bei kollektiven Entscheidungen zu beachten. So forderte der Ausschuss beispielsweise die Bundesrepublik Deutschland in seinen *Concluding Observations* aus dem Jahr 2002 zur gesteigerten Beachtung der internationalen Kooperationspflicht bei der Ausübung der Mitgliedschaft in der Weltbank und dem Internationalen Währungsfond auf:

---

434 Vgl. *Klee* (2000), S.139 ff; *Skogly* (2006), S.146 ff.

"(...) the State party, as a member of international financial institutions, in particular IMF and the World Bank, to do all it can to ensure that the policies and decisions of those organisations are in conformity with the obligations of State parties to the Covenant, in particular the obligations contained in article 2, paragraph 1, articles 11, 15, 22, 23 concerning international assistance and co-operation."[435]

Auch in den *General Comments* hat der Ausschuss mehrmals die menschenrechtlichen Verpflichtungen der Paktstaaten als Mitglieder internationaler Finanzorganisationen betont.[436] Für Aktivitäten im Rahmen von Entwicklungszusammenarbeit durch internationale Organisationen hat der Ausschuss anerkannt, dass Beteiligungen an Projekten zu vermeiden sind, die die Anwendung von Zwangsarbeit unter Verletzung internationaler Normen einschließen oder die Diskriminierung von Individuen oder Gruppen im Widerspruch zu den Vorschriften des Pakts fördern.[437]

In seinem achten *General Comment* hat sich der Ausschuss mit der Stellung der Vertragsstaaten als Mitglieder des UN-Sicherheitsrates befasst. Insbesondere das Verhältnis zwischen Wirtschaftssanktionen nach Kapitel VII. der UN-Charta und der Achtung der menschenrechtlichen Verpflichtungen stand dabei im Mittelpunkt.[438] Mit Blick auf die Verpflichtung zur internationalen Kooperation stellt der Ausschuss fest, dass die internationale Gemeinschaft verpflichtet ist, alles nur Mögliche zu tun, um zumindest den Kerngehalt der wirtschaftlichen, sozialen und kulturellen Rechte der von den Sanktionen betroffenen Einwohner des jeweiligen Staates zu schützen.[439] Die Paktstaaten sind verpflichtet, die im IPwirtR gewährleisteten Rechte bei der Einführung von Sanktionen gemäß Kapitel VII. der UN-Charta in ihre Entscheidung mit einzubeziehen sowie Schritte zu unternehmen, um etwaiges unverhältnismäßiges Leiden und Eingriffe in den

---

435   UN Committee on Economic, Social and Cultural Rights, Concluding Observations Germany, UN Doc. E/2002/22, para. 673; siehe auch: Concluding Observations United Kingdom of Great Britain And Northern Ireland, The Crown Dependencies and the Overseas Dependent Territories, UN Doc. E/C.12/1/Add.79, para.26.

436   So sollen beispielsweise nach UN Committee on Economic, Social and Cultural Rights, General Comment No.14 para.39 jene Vertragsstaaten, die Mitglieder internationaler Finanzeinrichtungen, insbesondere des Internationalen Währungsfonds, der Weltbank und regionaler Entwicklungsbanken sind, dem Schutz des Rechts auf Gesundheit bei der Einflussnahme auf die Finanzpolitik, die Kreditvereinbarungen und die internationalen Maßnahmen dieser Institutionen größere Aufmerksamkeit schenken; zu den Verpflichtungen bzgl. des Rechts auf Wasser: General Comment No.15 para.36.

437   UN Committee on Economic, Social and Cultural Rights, General Comment No.2 para.6.

438   Vgl. dazu auch *Gondek* (2009), S.340 ff.

439   UN Committee on Economic, Social and Cultural Rights, General Comment No.8 para.7.

Kerngehalt der Rechte als Resultat der Sanktionen zu verhindern.[440] Diese umfassende Bindung der Mitgliedsstaaten für ihre Aktivitäten in internationalen Organisationen kommt auch in Art. 19 der *Maastricht Guidelines on Violations of Economic, Social and Cultural Rights* zum Ausdruck:

> "The obligations of states to protect economic, social and cultural rights extend also to their participation in international organizations, where they act collectively. It is particularly important for States to use their influence to ensure that violations do not result from the programmes and policies of the organizations of which they are members. It is crucial for the elimination of violations of economic, social and cultural rights for international organizations, including international financial institutions, to correct their policies and practices so that they do not result in deprivation of economic, social and cultural rights."[441]

Es ist also festzuhalten, dass die Vertragsstaaten des IPwirtR im Rahmen ihres Tätigwerdens in internationalen Organisationen menschenrechtlichen Bindungen unterliegen.[442] Dabei ist für den Untersuchungsgegenstand von besonderer Bedeutung, dass der Ausschuss in diesem Zusammenhang Verpflichtungen anerkennt, die sich auf Personen beziehen, die nicht der territorialen oder personalen Hoheitsgewalt des verpflichteten Staates unterliegen. So sind die Mitglieder des UN-Sicherheitsrates verpflichtet, die Menschenrechte aller von den Sanktionen betroffenen Individuen zu beachten, unabhängig von der Staatsangehörigkeit und dem jeweiligen Aufenthaltsort, soweit diese Individuen faktisch von den Folgen einer Sanktion wie z. B. eines Wirtschaftsembargos betroffen sind. Auch dieser Aspekt der Schutz- und Unterlassungspflichten des IPwirtR bestätigt die Annahme, dass die transnationale Dimension bereits fester Bestandteil des Pflichtenkanons des IPwirtR ist.

3. Übertragung auf das internationale Investitionsrecht

Auf Grundlage der Spruchpraxis des Ausschusses lässt sich festhalten, dass die Paktstaaten einer transnationalen Unterlassenspflicht unterliegen, d. h. einer Verpflichtung, nicht direkt oder indirekt bei der Verletzung der Paktrechte im Ausland mitzuwirken bzw. nicht durch eigenes Handeln die Verwirklichung der

---

440 UN Committee on Economic, Social and Cultural Rights, General Comment No.8 para.12/14.
441 Maastricht Guidelines, para 19.
442 Vgl. hierzu auch die Rechtsprechung des EGMR: *Matthews v. United Kingdom*, Urteil vom 18.2.1999, RJD 1999-I.

wirtschaftlichen Menschenrechte in anderen Staaten zu behindern.[443] Die Formulierungen des Ausschusses lassen dabei keinen Zweifel, dass den Paktstaaten die transnationale Unterlassungspflicht als vollwertige völkerrechtliche Pflicht obliegt.[444] Diese auf Grundlage der internationalen Kooperationspflicht des Art. 2 Abs. 1 IPwirtR bestehenden Verpflichtungen müssen in alle materiellen Gewährleistungen des IPwirtR hineingelesen werden. Das folgt zum einen aus der Stellung der Kooperationspflicht des Art. 2 Abs. 1 IPwirtR im allgemeinen Teil des IPwirtR, der für alle nachfolgenden Garantien gilt[445], und zum anderen aus der Tatsache, dass der Ausschuss in nahezu allen neueren *General Comments* grenzüberschreitende Unterlassungspflichten betont und insofern auf eine allgemeine Rechtspflicht geschlossen werden kann. Diese Interpretation des Paktes durch den Ausschuss hat unmittelbare Auswirkungen auf die Ausgestaltung internationaler und bilateraler Investitionsabkommen und auf die Vergabevoraussetzungen von Investitionsgarantien.

a. Verpflichtungen hinsichtlich internationaler Investitionsabkommen

Der Ausschuss hat in verschiedenen *General Comments* betont, dass der Schutz und die progressive Verwirklichung wirtschaftlicher Menschenrechte in den völkerrechtlichen Investitionsabkommen der Paktstaaten „angemessene Beachtung"[446] finden müssen. Es gehört demnach zum Umfang der menschenrechtli-

---

443 So auch *Gondek* (2009), S.357; *Coomans* in: Coomans/Kamminga (2003), 183 (192/193, 199); *Sepulveda* (2003), S.373; *Zerk* (2006), S.188; *Klee* (2000), S.139; *Vandenhole* in: Salomon u.a. (2007), 85 (97); vgl. zu analogen Entwicklungen im Bereich des Umweltvölkerrechts *Skogly* (2006), S.49 ff.

444 Vgl. UN Committee on Economic, Social and Cultural Rights, General Comment No.14 para.39: "To comply with their international obligations in relation to article 12, State parties have to respect the enjoyment of the right to health in other countries (...)"; No.15 para.31: "International cooperation requires States parties to refrain from actions that interfere, directly or indirectly, with the enjoyment of the right to water in other countries."; No.19 para 53: "To comply with their international obligations in relation to the right to social security States parties have to respect the enjoyment of the right in other countries (...).": vgl. dazu auch *Künnemann* in: Coomans/Kamminga (2004), 201 (216/217).

445 Vgl. UN Committee on Economic, Social and Cultural Rights, General Comment No.3 para.1: "Article 2 is of particular importance to a full understanding of the Covenant and must be seen as having a dynamic relationship with all of the other provisions of the Covenant"; vgl. auch *Craven* (1995), S.106; *Künnemann* in: Coomans/Kamminga (2004), 201 (205).

446 So die Formulierung in General Comment No. 15 para.35 und No.12 para.36 („due attention").

chen (Unterlassens-)Verpflichtungen, beim Abschluss völkerrechtlicher Verträge sicherzustellen, dass diese nicht die Verwirklichung der Paktrechte behindern.[447] So müssen die Vertragsstaaten z. B. Schritte unternehmen, um sicherzustellen, dass internationale Verträge sich nicht negativ auf das Recht auf Wasser auswirken und den Vertragsstaaten die Fähigkeit verbleibt, dieses zu verwirklichen.[448] Lassen manche Formulierungen zunächst noch Zweifel an der völkerrechtlichen Verbindlichkeit der Anforderungen aufkommen[449], macht der Ausschuss an verschiedenen Stellen deutlich, dass die Pflicht zur angemessenen Beachtung menschenrechtlicher Belange im Rahmen des Abschlusses völkerrechtlicher Verträge eine vollwertige Rechtspflicht ist.[450] Durch welche Maßnahmen diese Verpflich-

447 UN Committee on Economic, Social and Cultural Rights, General Comment No.14 para.39/50; No.18 para.33; No.19 para.56/57; siehe dazu auch *Salomon* (2007), S.105; *Coomans* in: Coomans/Kamminga (2004), 183 (193/199).
448 UN Committee on Economic, Social and Cultural Rights, General Comment No.15 para.35: "States parties should ensure that the right to water is given due attention in international agreements and, to that end, should consider the development of further legal instruments. With regard to the conclusion and implementation of other international and regional agreements, Staates parties should take steps to ensure that these instruments do not adversely impact upon the right to water. Agreements concerning trade liberalization should not curtail or inhibit a country´s capacity to ensure the full realization of the right to water".
449 So zum Beispiel UN Committee on Economic, Social and Cultural Rights, General Comment No.12 para.36: "States parties should, in international agreements whenever relevant, ensure that the right to adequate food is given due attention and consider the development of further international legal instruments to that end."; General Comment No.16 para 30: "To comply with their international obligations in relation to article 6, States parties should endeavour to promote the right to work in other countries as well in bilateral and multilateral negotiations".
450 UN Committee on Economic, Social and Cultural Rights, General Comment No.15 para.44c: "Violations of the obligation to fulfil occur through the failure of States parties to take all necessary steps to ensure the realization of the right to water. Examples includes, inter alia: (...) (vii) failure of a State to take into account its international legal obligations regarding the right to water when entering into agreements with other States or with international organizations."; General Comment No.16 para.33: „The failure of States parties to take into account their legal obligations regarding the right to work when entering into bilateral or multilateral agreements with other States, international organizations and other entities such as multinational entities constitutes a violation of their obligation to respect the right to work."; unterstützt wird diese Ansicht durch die Maastricht Guidelines, Art.15: "Violations of economic, social, cultural rights can also occur through the omission or failure of States to take necessary measures stemming from legal obligations. Examples of such violations include: (j) The failure of a State to take into account its international legal obligations in the field of economic, social and cultural rights when entering into bilateral or multilateral agreements with other States, international organizations or multinational corporations."; vgl. dazu auch *Sepulveda* (2006), 271 (282); *Suda* (2006), 73 (141 ff.); *Kriebaum* in: Reinisch/Kriebaum (2007), 165 (173).

tung zur „angemessenen Beachtung" im Einzelnen umgesetzt werden kann, wird ausführlich in Kapitel 3. B. zu untersuchen sein.

b. Verpflichtungen hinsichtlich Investitionsgarantien

Die Unterstützung einer menschenrechtswidrigen Investitionsmaßnahme im Ausland durch eine staatliche Investitionsgarantie stellt einen zumindest indirekten Beitrag zu einer Menschenrechtsverletzung und somit eine Verletzung des IPwirtR durch den garantierenden Staat dar.[451] Es obliegt den Exportstaaten, vor der Erteilung einer Investitionsgarantie mit der erforderlichen Sorgfalt die Menschenrechtsrelevanz eines jeden Projekts zu prüfen. Zur Erfüllung dieser Pflicht müssen die Mitgliedsstaaten durch eine entsprechende Ausgestaltung der Vergabevoraussetzungen für Investitionsgarantien sicherstellen, dass ihre Mitwirkung an einem Projekt als Garantiegeber nicht mittelbar zu Verletzungen von Paktrechten beiträgt. Die Erforderlichkeit von gesetzlichen oder sonstigen normativen Maßnahmen betont der Ausschuss fortlaufend in seiner Spruchpraxis.[452] So wie die Garantiestaaten bei der Garantievergabe regelmäßig Umweltverträglichkeitsprüfungen durchführen, müssen sie auch „Menschenrechtsverträglichkeitsprüfungen" vornehmen. Vor allem in Fallkonstellationen und Zielstaaten, in denen die Tätigkeiten der transnationalen Unternehmen typischerweise menschenrechtsrelevante Problemlagen begründen, besteht eine sowohl präventive als auch nachgelagerte Kontrollpflicht der garantievergebenden Staaten.

Die bestehenden Kontrollpflichten sind dabei als Verhaltenspflichten (sog. *duty of conduct*) und nicht als Verpflichtungen zur Erreichung eines bestimmten Zieles (sog. *duty of result*) zu verstehen.[453] Ein Staat wird aufgrund der sich ständig verändernden Bedingungen niemals ein so wirkungsvolles System aufbauen können, mit dessen Hilfe er die Verhinderung negativer Folgewirkungen der geförderten Investitionen gleichsam garantieren könnte.[454] Heimatstaaten von transnationalen Unternehmen müssen jedoch ihren außenwirtschaftlichen Rechtsbestand dahingehend überprüfen, ob sie in ausreichendem Maße menschenrechtliche Schutzstandards beachten. Soweit ein Staat über ein menschen-

---

451 Vgl. beispielhaft für das Recht auf Wasser: UN Committee on Economic, Social and Cultural Rights, General Comment No.15 para.31.
452 UN Committee on Economic, Social and Cultural Rights, General Comment No.3 para.3; No.5 para.16; No.15 para.44 (b); No.16 para.19.
453 Zu dieser Unterscheidung *Sepulveda* (2003), S.184 ff.
454 Vgl. dazu *Wolf* (1997), S.550.

rechtssensibles Instrumentarium der Investitionsförderung verfügt und dieses auch einsetzt, erfüllt er seine Verhaltenspflichten. Daher ist es grundsätzlich möglich, dass ein Staat seine menschenrechtlichen Verpflichtungen erfüllt, zugleich aber im Einzelfall nicht der angestrebte völkerrechtliche Menschenrechtsstandard erreicht wird.[455] Inwieweit die versichernden nationalen und internationalen Förderungsinstitutionen die erforderliche „Menschenrechtsverträglichkeitsprüfung" bereits in ihre Vergabeverfahren integriert haben, wird in Kapitel 3. C. Gegenstand einer ausführlichen Prüfung sein.

c. Pflicht zur Ausübung extraterritorialer Jurisdiktion?

Im Rahmen der grenzüberschreitenden Schutzdimension der Menschenrechte wären die Mitgliedsstaaten zum aktiven Schutz der Paktrechte gegenüber transnationalen Unternehmen auch außerhalb ihres Territoriums verpflichtet, soweit ihr tatsächlicher und rechtlicher Einflussbereich den Schutz der Rechte ermöglicht.[456] In der Literatur werden derart weitreichende Verpflichtungen unter Berufung auf deren rechtspolitische Notwendigkeit zum Teil befürwortet.[457] Auf Grundlage der Spruchpraxis des Ausschusses erscheint es jedoch zweifelhaft, ob es zum Verpflichtungsumfang des IPwirtR gehört, dass Heimatstaaten transnationaler Unternehmen der Pflicht unterliegen, in ihren nationalen Rechtssystemen Grundlagen zu schaffen, mit denen Unternehmen straf- oder zivilrechtlich für die Begehung von bzw. Beteiligung an Menschenrechtsverletzungen im Ausland verfolgt werden können. Der Ausschuss verwendet im Zusammenhang mit der Regulierung unternehmerischen Verhaltens im Ausland sowohl für staatszu-

---

455 So auch UN Committee on Economic, Social and Cultural Rights, General Comment No.3 para.10: "In order for a State party to be able to attribute its failure to meet at least its minimum core obligations to a lack of available resources it must demonstrate that every effort has been made to use all resources that are at its disposition in an effort to satisfy, as a matter of priority, those minimum obligations".

456 Vgl. zur parallelen Frage einer Interventionspflicht im Rahmen einer transnational verstandenen *duty to protect*: *Stahn* (2007), 99 (102 ff.).

457 *Sepulveda* (2006), 271 (282); *Künnemann* in: Coomans/Kamminga (2004), 201 (219/220); in diese Richtung auch *UNCTAD*, World Investment Report (2007), S.178: "Home-country governments also have a duty to protect against human rights abuses committed abroad by their nationals and TNCs."; für das Recht auf Nahrung hat *Alston* schon 1984 auf eine transnationale *duty to regulate* bezüglich transnationaler Unternehmen hingewiesen, vgl. *Alston* in: Alston/Tomasevski (1984), S.44/45; vgl. dazu auch den *Report of the Special Rapporteur on the right to food* vom 24.1.2005, E/CN.4/2005/47, § 53.

gehörige als auch fremde Unternehmen ausschließlich Begrifflichkeiten, die zwar eine gewisse Erwartungshaltung an die Staaten zum Ausdruck bringen[458], jedoch nicht im Sinne einer rechtlichen Verpflichtung verstanden werden können.[459] Auch hat der Ausschuss in seinen *Concluding Observations* noch nie einen Mitgliedsstaat direkt dazu aufgefordert, Gesetze mit extraterritorialer Wirkung zu erlassen, um seinen (Schutz-)Pflichten aus dem Pakt nachzukommen. Bestünde eine derartige Verpflichtung, befänden sich wohl alle Paktstaaten aufgrund des Fehlens derartiger nationaler Gesetzgebung in offensichtlichem Widerspruch zu ihren Paktpflichten. Soweit die Mitgliedsstaaten aber eine Pflicht gleichsam allgemein als nicht gegeben ansehen, muss dies gemäß Art. 31 Abs. 3 lit.b) WVK Auswirkungen auf die Interpretation des Vertragstextes haben.

Als Ergebnis ist daher festzuhalten, dass nach dem aktuellen Verständnis der Verpflichtungen aus dem IPwirtR eine transnationale Kontrollpflicht im Sinne einer Pflicht zur Ausübung extraterritorialer Jurisdiktion bezüglich staatszugehöriger oder fremder Unternehmen nicht besteht.[460] Der Text des IPwirtR könnte zwar als Grundlage transnationaler Schutzpflichten *de lege ferenda* dienen, das Verhalten der Paktstaaten und die Spruchpraxis des Ausschusses geben aber für das Bestehen einer derartigen völkerrechtlichen Pflicht bislang keine Anhaltspunkte. Aus den völkergewohnheitsrechtlichen Verpflichtungen kann sich insoweit nichts anderes ergeben.[461] Eine transnationale Unterlassenspflicht im Zusammenhang mit der Investitionsgarantievergabe wird man hingegen auch den gewohnheitsrechtlichen Menschenrechten entnehmen können.[462]

IV. Zusammenfassung

Vom Grundsatz der „internationalen Hilfe und Zusammenarbeit" ausgehend konnte auf Grundlage der Spruchpraxis des Ausschusses nachgewiesen werden, dass der IPwirtR den Vertragsstaaten auch hinsichtlich transnationaler Sachver-

---

458 UN Committee on Economic, Social and Cultural Rights, General Comment No.15 para.33: "Steps should be taken (…)"; General Comment No.18 para.30: "To comply with their international obligations in relation to article 6, States parties should endeavour to promote the right to work in other countries as well (…)".; No.19 para.54: "States parties should extraterritorially protect the right to social security by preventing their own citizens and national entities from violating this right in other countries".
459 So auch *United Nations* (2007), ICESCR, para.92.
460 So auch *Coomans* in: Coomans/Kamminga (2004), 183 (199); *Brownlie* (1993), S.165.
461 *Sklogly/Gibney* (2002), 781 (788/789), *Simma/Alston* (1992), 82 (103).
462 *Skogly* (2006), S.111/112, 116/117.

halte bestimmte menschenrechtliche Pflichten auferlegt. So müssen Exportstaaten internationaler Investitionen bei der Vergabe von Investitionsgarantien und beim Abschluss von internationalen Investitionsabkommen die menschenrechtsrelevanten Folgewirkungen dieser Investitionsschutz- und Investitionsförderungsinstrumente angemessen berücksichtigen. Für die Vergabe von Investitionsgarantien folgt daraus die Verpflichtung des garantierenden Staates, im Rahmen des gesetzlich geregelten Vergabeverfahrens die menschenrechtlichen Auswirkungen des unterstützten Vorhabens zu prüfen und in die Vergabeentscheidung miteinfließen zu lassen. Die wirtschaftlichen Menschenrechte müssen zudem bei Verhandlung und Abschluss von internationalen Investitionsabkommen die Berücksichtigung finden, die zu deren effektivem Schutz erforderlich ist. Wie die Analyse des IPwirtR bzw. der Spruchpraxis des Ausschusses ergab, können keine menschenrechtlichen Regelungs- und Kontrollpflichten im Sinne einer Pflicht zur Ausübung extraterritorialer Jurisdiktion als geltendes Völkerrecht nachgewiesen werden. Die Vertragsstaaten des IPwirtR sind demnach nicht verpflichtet, im Ausland begangene Verletzungen wirtschaftlicher Menschenrechte durch private Dritte straf- oder zivilrechtlich zu verfolgen.

B. Internationale Investitionsabkommen und wirtschaftliche Menschenrechte

Zwar sind Investitionsabkommen keine originären menschenrechtlichen Schutzinstrumente, gleichwohl müssen die Vertragsparteien nach der Spruchpraxis des Ausschusses zum IPwirtR auch bei dieser Kategorie von völkerrechtlichen Verträgen die Auswirkungen auf den Schutz und die progressive Verwirklichung der wirtschaftlichen Menschenrechte beachten. Ziel des folgenden Kapitels wird es sein, diese zunächst nur allgemein formulierte Beachtungspflicht für die investitionsrelevanten Übereinkommen inhaltlich zu konkretisieren und in Hinblick auf Entwicklungen in der Vertragspraxis zu analysieren. Gegenstand der Prüfung werden die aufgrund ihres großen Verbreitungsgrades praktisch relevantesten investitionsrechtlichen Vertragstypen sein: bilaterale Investitionsschutzabkommen und regionale Abkommen mit Investitionsregeln.[463]

---

463 Die multilateralen investitionsrelevanten Verträge wie beispielsweise TRIPS und GATS werden hier keine vertiefende Behandlung erfahren, da die Diskussion um die Integration menschen- und entwicklungsrechtlicher Belange in diese Verträge stark von der handelsrechtlichen Diskussion über die Einführung einer sog. Sozialklausel dominiert ist, die hier nicht schwerpunktmäßig behandelt werden soll; vgl. dazu *United Nations* (2005): Human Rights and World Trade Agreements, S.4 ff.; *Granger/Siroen* (2006), 813 (817 ff.).

Hat sich im internationalen Handelsrecht bereits eine breite Diskussion um die Einführung von Sozialklauseln in das WTO-Recht und sonstige Freihandelsverträge entwickelt[464], befindet sich im internationalen Investitionsrecht die Diskussion um die vertragliche Eingliederung von Gemeinschaftswerten (wie z. B. Umwelt- und Gesundheitsschutz) im Allgemeinen und wirtschaftlichen Menschenrechten im Besonderen noch relativ am Anfang.[465] Vor dem Hintergrund des Bestehens von über 2.600 bilateralen Investitionsschutzabkommen und einer Vielzahl bi- und multilateraler Handelsabkommen mit Investitionskapiteln hat diese Fragestellung jedoch eine enorme praktische Bedeutung.

I. Die Stellung der Vertragsparteien internationaler Investitionsabkommen

Im Rahmen von bilateralen Investitionsschutzabkommen und regionalen Abkommen mit Investitionsregeln vereinbaren die jeweiligen Vertragsstaaten einen verbindlichen Behandlungsstandard für gegenseitige Investitionen, der regelmäßig Diskriminierungsverbote in Gestalt der Inländerbehandlung und Meistbegünstigung, Schutz vor Enteignungen und Vorschriften zur gerechten und billigen Behandlung umfasst.[466] Die Vertragsparteien nehmen hinsichtlich der vereinbarten investitionsrechtlichen Zugeständnisse gleichsam eine Doppelstellung ein. Zum einen kann ein Vertragsstaat Exportstaat von internationalen Investitionen sein, d. h. Investoren seiner Staatszugehörigkeit tätigen Investitionen auf dem Territorium des Vertragspartners. Auf der anderen Seite können sich die Staaten in der Position des Importstaates internationaler Investitionen wiederfinden, in der sie dem Investor gegenüber zu einer gewissen Behandlung verpflichtet sind. Mit dieser Doppelstellung korrelieren nach der Spruchpraxis des Ausschusses zum IPwirtR zwei eigenständige menschenrechtliche Pflichtenstellungen. Die Verpflichtungen aus dem Investitionsschutzabkommen dürfen auf der einen Seite den Importstaat nicht daran hindern, seinen menschenrechtlichen

---

464 Vgl. nur *Granger/Siroen* (2006), 813 (814 ff.); *Hilpold* (2007), 484 (485 ff.); *Petersmann* (2006), 633 (633 ff.); speziell zur Frage der Kernarbeitsrechte in bi- und multilateralen Freihandelsabkommen: *Alston* (2004), 457 (499).

465 Vgl. *Dupuy* in: Dupuy u.a. (2009), 45 (45 ff.); *Hirsch* in: Muchlinski u.a. (2008), 154 (155 ff.); *Suda* (2006), 73 (89 ff.); *Mann* (2008), S.5 ff.; speziell zur Verbindung eines multilateralen Investitionsabkommens mit menschenrechtlichen Gewährleistungen: *Zia-Zarifi* in: Nieuwenhuys/Brus (2001), 101 (109 ff.).

466 Ausführlich dazu *Dolzer/Stephans* (1995), S.58 ff.; *Sornarajah* (2010), S.201 ff.; speziell zu den Behandlungsstandards bei Verträgen mit deutscher Beteiligung *Banz* (1988), S.66 ff.

Schutzverpflichtungen auf seinem Territorium nachzukommen. Schließt ein Staat als potentieller Importstaat ein Investitionsschutzabkommen ab, das die Verwirklichung dieser Verpflichtungen erschwert bzw. unmöglich macht, liegt ein Verstoß gegen menschenrechtliche Verpflichtungen vor.[467] Andererseits müssen die Vertragsstaaten als potentielle Exportstaaten darauf achten, dass durch den Abschluss von Investitionsabkommen die Verwirklichung der Menschenrechte im potentiellen Zielstaat nicht erschwert bzw. unmöglich gemacht wird.[468] Auch der Exportstaat muss demnach darauf achten, dass die von ihm ausgehandelten Behandlungsstandards nicht zum Nachteil der menschenrechtlichen Lage im Gaststaat gereichen.

Diese Doppelstellung der Vertragsparteien führt dazu, dass eine strikte Begrenzung der Untersuchung auf die Pflichtenstellung des (einen) Exportstaates nicht möglich ist. Da beide Vertragspartner potentielle Import- und Exportstaaten sind, ist vielmehr von einer gemeinsamen Verantwortlichkeit der Vertragsparteien für die menschenrechtsadäquate Ausgestaltung des Investitionsabkommens auszugehen. Um die praktischen Folgewirkungen dieser wechselseitigen Verpflichtungsstruktur bestimmen zu können, sollen zunächst die potentiellen Spannungsfelder zwischen den Regelungen der Investitionsschutzabkommen und den menschenrechtlichen Verpflichtungen identifiziert werden.

II. Investitionsschutz vs. Regelungsautonomie

Investitionsschutzabkommen verstoßen in aller Regel nicht unmittelbar gegen menschenrechtliche Normen. So ist beispielsweise schwer denkbar, dass Vertragsstaaten ein Investitionsschutzabkommen abschließen, das ausdrücklich Kinder- oder Zwangsarbeit im Rahmen von Investitionstätigkeit ermöglicht oder fördert. Derartige Verträge wären, soweit sie gegen *ius cogens* verstoßen, gemäß Art. 53 bzw. 64 WVK nichtig, im Übrigen würden sie einen offensichtlichen Verstoß gegen die beiden UN-Menschenrechtspakte darstellen.[469] Als sehr viel relevanter als derartig offensichtliche Verstöße hat sich ein eher mittelbarer Effekt der gleichsam weltweiten Ausbreitung bi- und multilateraler Investitionsab-

---

467 *UN Wirtschafts- und Sozialrat* (2003), para. 31 a) ff.; *Suda* (2006), 73 (142).
468 *Suda* (2006), 73 (143).
469 Aufgrund des Fehlens derartiger unmittelbarer Normkollisionen sind die klassischen völkerrechtlichen Kollisionsregeln (wie z.B. *lex specialis derogat generali* oder *lex posterior derogat priori*) hier nicht anwendbar. Für die Auflösung der hier relevanten mittelbaren Konkurrenzen ist das Instrument der Auslegung heranzuziehen, das der Bewertung von Normenkollisionen vorgelagert ist.

kommen erwiesen: die Reduzierung der Regelungsautonomie der Gaststaaten internationaler Investitionen. Dieses Phänomen, das in letzter Zeit verstärkt Gegenstand wissenschaftlicher Diskussion geworden ist[470], soll im Folgenden vorgestellt und in Bezug auf den Untersuchungsgegenstand analysiert werden. Dabei wird der Frage nachzugehen sein, in welchen Bereichen sich Spannungsfelder zwischen den Anforderungen des Investitionsschutzes und den Bedürfnissen menschenrechtsfördernder Regulierung ergeben.

Durch das Zugeständnis bestimmter investitionsrelevanter Behandlungsstandards wird der regulatorische Handlungsspielraum (das sog. *right to regulate*[471]) des jeweiligen Gaststaates gegenüber den Investoren des Vertragspartners innerhalb des vertraglich festgelegten Regelungsbereichs eingeschränkt. Die Tatsache, dass völkerrechtliche Bindungen eine (freiwillige) Beschränkung der souveränen staatlichen Gestaltungsmacht mitsichbringen, ist keine Besonderheit des internationalen Investitionsrechts, sondern liegt in der Natur völkerrechtlicher Verträge begründet. Die Besonderheit der modernen Investitionsschutzverträge besteht jedoch darin, dass sich die vereinbarten Standards unmittelbar auf die Behandlung von ausländischen Rechtssubjekten auf dem Staatsgebiet der jeweiligen Vertragsparteien beziehen. Dem legislativen und exekutiven Gestaltungsspielraum des Gaststaats werden völkervertragsrechtlich dadurch zum Teil enge Grenzen für Maßnahmen gegen ausländische Investoren auf dem eigenen Staatsterritorium gesetzt. Zudem können private Investoren aufgrund spezifischer Schiedsvereinbarungen in den Investitionsabkommen regelmäßig die in den Verträgen festgelegten Standards unmittelbar vor internationalen Schiedsgerichten gegenüber dem Gaststaat einklagen. Sie sind zur Durchsetzung der völkerrechtlich begründeten Rechte also nicht mehr – wie beispielsweise im Rahmen des diplomatischen Schutzes – auf ihren Heimatstaat angewiesen, der neben rein investitionsrechtlichen Erwägungen auch sonstige außen- und wirtschaftspolitische Erwägungen anstellt und insofern als „Filter" fungiert.[472]

Aus menschenrechtlicher Perspektive kann die Einschränkung souveräner Regelungsmacht eines Staates problematisch sein, da die Möglichkeit flexibler staatlicher Regulierung eine unabdingbare Voraussetzung zur Erfüllung der menschenrechtlichen Schutz- und Verwirklichungspflichten ist, so wie sie sich in

---

470 *Ratner* (2008), 475 (476 ff.); *Been/Beauvais* (2003), 30 (35 ff.); *Krajewski/Ceyssens* (2006), 180 (181 ff.); *Weiner* (2003), 166 (167 ff.); *Wälde/Kolo* (2001), 811 (813); *Suda* (2006), 73 (90 ff.); vgl. auch *OECD* (2004), Indirect Expropriations and the Right to Regulate, S.6 ff.

471 *Mann* (2008), S.18; *Sornarajah* (2010), S.273 ff.

472 *Wälde* (2006), 63 (151).

der Spruchpraxis des Ausschusses darstellen.[473] Nur dort, wo der Staat effektive Regeln erlassen kann, ist er überhaupt in der Lage, positiv auf den Schutz und die progressive Verwirklichung der Menschenrechte einzuwirken. Wird der Gaststaat in einem menschenrechtssensiblen Bereich durch eine Bestimmung des Investitionsschutzvertrages an einer Regulierung gehindert, kommen die investitionsschutzrechtlichen Verhaltensanforderungen unweigerlich in Konflikt mit dem menschenrechtlichen Pflichtenprogramm. Soweit Staaten repressiv gegen unternehmerisches Verhalten vorgehen, das Menschenrechtsverletzungen begünstigt bzw. ermöglicht, und dabei wirtschaftliche Positionen des Investors beeinträchtigen, besteht nach vielen Investitionsschutzverträgen die Möglichkeit, diese hoheitlichen Maßnahmen als (indirekte) Enteignungen vor einem Schiedsgericht anzugreifen.[474] Als nicht minder kollisionsträchtig hat sich in diesem Bereich der Grundsatz der billigen und gerechten Behandlung erwiesen.[475]

Beispielhaft seien hier die Konfliktlagen beschrieben, die sich im Bereich des Rechts auf Wasser ergeben haben. In einem Fall hatte ein Konsortium unter der Führung des US-Infrastrukturunternehmens Bechtel im Rahmen von Privatisierungsbestrebungen in Bolivien die Lizenz für die Wasserversorgung im Gebiet Cochabamba erhalten.[476] Kurz nach der Übernahme der Trinkwasserversorgung durch den Investor stiegen die Kosten für die Endverbraucher so dramatisch an, dass es zu öffentlichen Unruhen kam und der öffentliche Notstand ausgerufen werden musste. Um eine angemessene Wasserversorgung wiederherstellen zu können, griff der Gaststaat Bolivien ein und machte die Privatisierung rückgängig. Bechtel verklagte daraufhin Bolivien auf Grundlage eines bilateralen Inves-

---

473 Vgl. dazu *Shemberg* (2008), para.39: "The state's ability to pass laws regulating the behavior of private parties (including investors) is fundamental to human rights protection, because such measures are primary tools by which states implement their international human rights obligations - specifically the duty to protect rights". Nach der Auffassung des UN Wirtschafts- und Sozialrates (*UN Wirtschafts- und Sozialrat* (2003), para.31 a-d.) müssen dem Gaststaat Regelungsspielräume in folgenden Bereichen bleiben: "The need to regulate some forms of investment; The flexibility to use some performance requirements and other measures; The flexibility to withdraw investment liberalization commitments in light of experience; The flexibility to introduce new regulations to promote and protect human rights".

474 Vgl. *Mann* (2008), S.20 ff.; *Krajewski/Ceyssens* (2007), 180 (191 ff.); *Suda* (2006), 73 (89).

475 Vgl. *Mann* (2008), S.23 ff.; *Krajewski/Ceyssens* (2007), 180 (206 ff.).

476 Zum Sachverhalt siehe *Aguas del Tunari, S.A. v. Republic of Bolivia*, ICSID-Verfahren ARB/02/3, Entscheidung über die Zuständigkeit vom 21.10.2005, para.2 ff.; ähnlich gelagerte Fälle: *Suez, Sociedad General de Aguas de Barcelona S.A. and Vivendi Universal S.A. v. Argentine Republic*, ICSID-Verfahren ARB/03/19; *Compania de Aguas del Aconquija S.A. and Vivendi Universal v. Argentine Republic*, ICSID-Verfahren ARB/97/3.

titionsschutzabkommens auf Entschädigung, zog die Klage jedoch aufgrund öffentlicher Proteste zurück.

Dieses Fallbeispiel macht die Spannungsfelder zwischen den menschenrechtlichen Verpflichtungen und den Vorgaben des Investitionsschutzabkommens sowie die Wirkungen der Selbstbeschränkungen des Gaststaates in seiner Gestaltungsautonomie deutlich. Erfüllt der Gaststaat seine menschenrechtlichen Verpflichtungen aus dem IPwirtR bezüglich des Rechts auf Wasser[477] und macht beispielsweise die Privatisierung rückgängig oder Vorgaben für die Preisgestaltung, wird er gegenüber dem Investor entschädigungspflichtig. Gibt der Staat hingegen seinen investitionsschutzrechtlichen Verpflichtungen den Vorrang, kommt er seinen menschenrechtlichen Verpflichtungen entweder nicht in gebotenem Maße nach (für den Fall, dass er keinerlei Maßnahmen gegen den Investor ergreift) oder er muss für die Erfüllung seiner menschenrechtlichen Verpflichtungen (indem beispielsweise die Privatisierung rückgängig gemacht wird) eine Entschädigung an den Investor entrichten.[478]

Konflikte können sich aber nicht nur dann ergeben, wenn ein Gaststaat zum Schutz von Menschenrechten tätig wird, sondern auch dann, wenn ein Gaststaat aktiv zur progressiven Verwirklichung und Verbesserung der arbeits- und menschenrechtlichen Lage Maßnahmen ergreift. Stärkt ein Mitgliedsstaat des IPwirtR beispielsweise die gewerkschaftliche Mitbestimmung in den Betrieben oder etabliert er Maßnahmen positiver Diskriminierung zur Bekämpfung überkommener Ungleichheiten im Berufsleben, können diese Maßnahmen in Konflikt mit den investitionsschutzrechtlichen Behandlungsstandards der Inländerbehandlung und des Enteignungsschutzes geraten. So wäre es z. B. denkbar, dass ein Gaststaat ein Modell der Arbeitnehmermitbestimmung einführt, in dem – ähnlich dem deutschen Recht – Arbeitnehmervertreter Unternehmensentscheidungen blockieren können. Die betroffenen Investoren könnten argumentieren, dass ihnen dadurch die Verfügungsgewalt über ihr Unternehmen entzogen wird

---

477 Vgl. UN Committee on Economic, Social and Cultural Rights, General Comment No.15 para.24: "Where water services (such as piped water networks, water tankers, access to rivers and wells) are operated or controlled by third parties, States parties must prevent them from compromising equal, affordable, and physical access to sufficient, safe and acceptable water. To prevent such abuses an effective regulatory system must be established, in conformity with the Covenant and this General Comment, which includes independent monitoring, genuine public participation and imposition of penalties for non-compliance".

478 Vgl. *Liberti* in: Kahn/Wälde (2007), 791 (828 ff.); *Kriebaum* in: Reinisch/Kriebaum (2007), 165 (170).

und daher eine (indirekte) Enteignung vorliegt.[479] Werden durch die Schiedsgerichte die investitionsrechtlichen Pflichten des Gaststaates extensiv ausgelegt
und angewendet, können diese erhebliche Auswirkungen auf die Regelungshoheit und den Regelungswillen der Gaststaaten zeitigen.[480] Diese Unsicherheiten
haben bereits in einigen Fällen dazu geführt, dass Importstaaten, im Besonderen
Entwicklungs- und Schwellenstaaten, im Zweifelsfall von regulierenden Maßnahmen abgesehen haben, um nicht in Konflikt mit den investitionsschutzrechtlichen Bestimmungen zu geraten.[481] Allein das Risiko, dass eine Regelung durch
den Investor im Investor-Staat-Verfahren als (indirekte oder schleichende) Enteignung qualifiziert wird, hielt Staaten davon ab, regulierende Maßnahmen zu
ergreifen.[482] Verstärkt wird dieses Spannungsverhältnis durch die Tatsache, dass
die wirtschaftlichen Menschenrechte zum großen Teil nur progressiv verwirklicht werden können, die Staaten also in der Regel über eine lange Zeitspanne
Maßnahmen zur allmählichen Verbesserung der Standards ergreifen müssen. Das
Konfliktpotential ist also beträchtlich, da über einen langen Zeitraum bei menschenrechtsfördernden Maßnahmen ein Ausgleich zwischen den Erfordernissen
des Investitionsschutzes und einer menschenrechtsfördernden Regulierung gefunden werden muss.

Ziel eines den menschenrechtlichen Verpflichtungen entsprechenden Investitionsschutzabkommens muss es also sein, eine ausgewogene Balance zwischen
dem *right to regulate* des Gaststaates und den Schutzbedürfnissen des Investors
zu finden. Zu weitreichender Investorenschutz lässt in den Gaststaaten den Eindruck entstehen, dass die nationale Souveränität zugunsten von großen Unternehmen und nicht näher bekannten, internationalen Schiedsgerichten abgegeben
wird, wohingegen uneingeschränkte Regelungsmöglichkeiten für den Gaststaat
die Gefahr schlechter Regierungsführung wachsen lassen und ein unattraktives
Investitionsklima schaffen.[483]

---

479 Beispiel nach *Ceyssens/Sekler* (2006), S.86.
480 *Mann* (2008), S.8; siehe auch *UN Wirtschafts- und Sozialrat* (2003), para.35: "To the extent that broad interpretations of expropriation provisions could affect States' willingness
 or capacity to introduce new measures to promote and protect human rights, then the use
 and interpretation of expropriation provisions is a cause of concern. Specifically, it will
 be important to avoid a situation where the threat of litigation on the basis of broadly interpreted expropriation provisions has a "chilling effect" on government regulatory capacity, conditioning State action to promote human rights and a healthy environment by
 the commercial concerns of foreign investors".
481 Dieses Phänomen wird als *regulatory chill* bezeichnet, vgl. *Been/Beauvais* (2003), 40
 (132 ff.); *Suda* (2006), 73 (93).
482 Für konkrete Beispiele siehe *Suda* (2006), 73 (100).
483 *Muchlinski* (2006), 527 (533); *Date-Bah* (1971), 241 (241).

III. Möglichkeiten der Einbeziehung wirtschaftlicher Menschenrechte

Es lässt sich demnach ein erhebliches Spannungsverhältnis zwischen menschenrechtsfördernder und -schützender Regulierung einerseits und investitionsschutzrechtlichen Verpflichtungen andererseits feststellen. Wie lässt sich dieses Spannungsverhältnis auf völkerrechtlicher Ebene auflösen? Wie können Investitionsschutzverträge durch die Vertragsstaaten so gestaltet werden, dass sich die Gaststaaten nicht für die Befolgung der einen (menschenrechtlichen) oder der anderen (investitionsrechtlichen) Pflicht entscheiden müssen? Im Folgenden sollen für diese Fragen Lösungsvorschläge erarbeitet werden. Der Gang der Untersuchung wird sich dabei folgendermaßen gliedern: In einem ersten Schritt soll der Frage nachgegangen werden, wie menschenrechtliche Belange bei der Auslegung investitionsschutzrechtlicher Bestimmungen Beachtung finden bzw. nach der Spruchpraxis des Ausschusses zum IPwirtR Beachtung finden sollten. Sodann werden Möglichkeiten, die den Vertragsstaaten zur Verankerung menschenrechtlicher Belange in Investitionsabkommen offenstehen, zu prüfen sein. Abschließend sollen mögliche Anknüpfungspunkte bei der Durchführung investitionsrechtlicher Schiedsverfahren erörtert werden.

1. Einbeziehung im Rahmen der Auslegung investitionsrechtlicher Behandlungsstandards

Wie gesehen sind die in Investitionsabkommen verwendeten Begriffe von Investitionen, Enteignung und Diskriminierung häufig so weit gefasst, dass viele staatliche Steuerungsmaßnahmen Gefahr laufen, als Vertragsverletzung bewertet und dementsprechend von den Schiedsgerichten sanktioniert zu werden. Von diesen werden die vertraglichen investitionsrechtlichen Behandlungsstandards nach den Regeln der WVK ausgelegt.[484] Dabei schreiben die Gerichte in ihrer bisherigen

---

484 Vgl. zur ICSID-Spruchpraxis: *Azurix Corp v. The Argentine Republic*, ICSID-Verfahren ARB/01/12, Entscheidung vom 14.07.2006, para.306: "The BIT is an international treaty and should be interpreted in accordance with the interpretation norms set forth by the Vienna Convention on the Law of the Treaties ('the Vienna Convention"), which is binding on the States parties to the BIT. Article 31(1) of the Vienna Convention requires that a treaty be "interpreted in good faith in accordance with the ordinary meaning to be given to the terms of the treaty in their context and in light of its object and purpose.", allgemein zur Frage der Anwendbarkeit von allgemeinem Völkerrecht im Rahmen des ICSID: *Schreuer (2009)*, Art.42 Rn.192 ff.; *Wälde* (2006), S.123/124; *Dolzer/Stephans* (1995), S.15.

Spruchpraxis vor allem der in Art. 31 Abs. 1 WVK verankerten Interpretation nach Sinn und Zweck besondere Bedeutung zu. Da der Schutz der ausländischen Investitionen naturgemäß Hauptzweck eines Investitionsabkommens ist, hat dies zur Folge, dass die Schiedsgerichte bei der Interpretation der Verträge dem möglichst umfassenden Schutz der Auslandsinvestitionen prioritäre Bedeutung zukommen lassen.[485]

Ein erster Schritt zur Sensibilisierung der Investitionsschutzverträge für menschenrechtliche Belange ließe sich im Wege der menschenrechtskonformen Auslegung der abstrakten Behandlungsstandards erreichen. Eine an den menschenrechtlichen Verpflichtungen der Vertragsstaaten angelehnte Auslegung internationaler Investitionsabkommen erscheint nicht von vornherein ausgeschlossen, da nach Art. 31 Abs. 3 lit.c) WVK bei der Auslegung völkerrechtlicher Verträge die anderen zwischen den Parteien anwendbaren Völkerrechtssätze zu berücksichtigen sind. Demnach können grundsätzlich auch die menschenrechtlichen Bindungen der Streitparteien, insbesondere die durch völkerrechtliche Verträge begründeten menschenrechtlichen Verpflichtungen, in einer investitionsrechtlichen Streitigkeit Beachtung finden.[486] Wie bereits dargestellt, sind im vorliegenden Zusammenhang die Vorschriften zu (indirekten) Enteignungen von besonderer Relevanz. Beispielhaft anhand dieses Regelungsbereichs sowie anhand des Schutzstandards der fairen und billigen Behandlung sollen die Möglichkeiten bzw. Grenzen einer menschenrechtssensiblen Auslegung investitionsrechtlicher Behandlungsstandards und die diesbezüglichen Einflussmöglichkeiten der Vertragsstaaten untersucht werden.

a. Investitionsrechtlicher Enteignungsbegriff

Enteignungen sind weder gewohnheitsrechtlich noch völkervertragsrechtlich grundsätzlich verboten, sie werden lediglich bestimmten Voraussetzungen (Erfordernis der Erfüllung eines öffentlichen Zwecks und Verbot der Diskriminie-

---

485 *Dolzer/Schreuer* (2008), S.32.
486 Aus der schiedsgerichtlichen Spruchpraxis siehe dazu das UNCITRAL-Verfahren *S. D. Myers Inc.v. Government of Canada,* Entscheidung vom 13.November 2000, in dem das Schiedsgericht in para.201 ff. das 11. Kapitel des NAFTA unter Bezugnahme auf die anderen völkerrechtlichen Verpflichtungen der beteiligten Staaten auslegt, para. 204: "The next step is for the Tribunal to review the other international agreements to which the Parties adhere. The first is the Transboundary Agreement".

rung) und einer Entschädigungspflicht unterworfen.[487] Investitionsschutzabkommen enthalten in aller Regel keine eigenständigen Enteignungsdefinitionen.[488] Sie regeln nur die Tatbestandsmerkmale einer im Rahmen des Vertragsregimes *rechtmäßigen* Enteignung. Nach der schiedsgerichtlichen Praxis erfassen Investitionsschutzabkommen neben dem unmittelbaren Entzug von Eigentum (sog. direkten Enteignungen) regelmäßig auch indirekte Enteignungen, d. h. Maßnahmen, die den Wert einer Kapitalanlage in gleicher Weise wie eine formelle Entziehung des Eigentumstitels beeinträchtigen und in der Regel zu einer vollständigen Aufhebung der Nutzungsmöglichkeit führen.[489] Bei indirekten Enteignungen wird die Rechtsinhaberschaft des Investors formell zwar gewahrt, inhaltlich jedoch so stark ausgehöhlt, dass von der Rechtsposition nur noch eine substanzlose Hülle übrigbleibt.[490] Indirekte Enteignungen wurden in der schiedsgerichtlichen Spruchpraxis beispielsweise angenommen beim Entzug der Kon- trolle über die Investition durch die Ernennung von Geschäftsführern von Seiten des Gaststaates[491] oder durch die Versagung bzw. den Entzug von für die Investition notwendigen staatlichen Genehmigungen[492].

Abzugrenzen von diesen entschädigungspflichtigen indirekten Enteignungen ist die Kategorie der entschädigungslos hinzunehmenden innerstaatlichen Regu-

---

487 Dazu ausführlich *Banz* (1988), S.74 ff.; *Krajewski* (2009), Rn. 600 ff.; *Head* (2007), S.557 ff..

488 *Dolzer/Stephans* (1995), S.104-108.

489 Vgl. den deutschen Mustervertrag Art.4 Abs.2: „Kapitalanlagen von Investoren eines Vertragsstaats dürfen im Hoheitsgebiet des anderen Vertragsstaats nur zum allgemeinen Wohl und gegen Entschädigung direkt oder indirekt enteignet, verstaatlicht oder *anderen Maßnahmen* unterworfen werden, *die in ihren Auswirkungen einer Enteignung oder Verstaatlichung gleichkommen.*" (Hervorhebungen d. d. Autor); ähnlich Art. 1110 NAFTA: Expropriation and Compensation: "1. No Party may directly or *indirectly nationalize* or expropriate an investment of an investor of another Party in its territory or take a measure tantamount to nationalization or expropriation of such an investment ("expropriation"), except (...)"; (Hervorhebungen d. d. Autor). Die Terminologie ist nicht einheitlich; zum Teil wird synonym von *indirekter* Enteignung, *de facto*-Enteignung und *schleichender* Enteignung gesprochen; zum Teil werden den Begriffen aber auch unterschiedliche Enteignungstatbestände zugeordnet. Eine präzise Unterscheidung und Kategorisierung existieren in diesem Bereich noch nicht, sind für den vorliegenden Untersuchungsgegenstand aber auch nicht von Bedeutung, da alle genannten Enteignungstatbestände die hier behandelten Problemkonstellationen aufweisen; vgl. dazu *Dolzer/Stephans* (1995), S.99; *OECD* (2004), Indirect Expropriations and the Right to Regulate, S.6 ff.

490 *Frick* (1975), S.209/210.

491 *Starrett Housing Corp. v. Government of the Islamic Republic of Iran*, 4 Iran-US C.T.R. 122, Entscheidung vom 19.12.1983; Überblick über Formen indirekter Enteignung bei *Sornarajah* (2010), S.400 ff.

492 *Middle East Cement Shipping and Handling Co. S.A. v. Arab Republic of Egypt*, ICSID-Verfahren ARB/99/6, Entscheidung vom 12.4.2002.

lierung. Im allgemeinen Völkerrecht ist anerkannt, dass Staaten aufgrund ihrer souveränen Stellung regulierend zur Sicherung von Gemeinwohlbelangen tätig werden dürfen, ohne dafür eine Entschädigung leisten zu müssen.[493] Zu diesen gemeinwohlbezogenen Maßnahmen können grundsätzlich auch Maßnahmen zum Schutz und zur progressiven Verwirklichung der Menschen- und Kernarbeitsrechte gehören. Diese staatliche Regulierungskompetenz schafft zugleich jedoch die Gefahr, dass in einzelnen Fällen der wirtschaftliche Wert ausländischer Investitionen erheblich tangiert wird. Das Spannungsverhältnis zwischen Investitionsschutz und innerstaatlicher Regulierung wird hier besonders deutlich.[494] Denn in der schiedsgerichtlichen Praxis unter den Tatbestand der indirekten Enteignung subsumierte staatliche Maßnahmen wurden in vielen Fällen nicht mit einer primär auf den Entzug des Investoreigentums gerichteten Intention erlassen, vielmehr fielen sie nur aufgrund ihrer Auswirkungen in den Anwendungsbereich der investitionsvertraglichen Enteignungsvorschriften.[495] Zu prüfen wird daher sein, unter welchen Bedingungen eine untersuchungsrelevante staatliche Regulierungsmaßnahme, deren wirtschaftliche Kosten der jeweilige Investor tragen muss, in eine Enteignung umschlägt, die durch die Allgemeinheit entschädigt werden muss. Oder wie es das Schiedsgericht im UNCITRAL-Verfahren *Saluka Investments BV v. The Czech Republic* formuliert hat:

> "(…) it (international law, Anm. d. Autors) has yet to draw a bright and easily distinguishable line between non-compensable regulations on the one hand and, on the other, measures that have the effect of depriving foreign investors of their investment and are thus unlawful and compensable in international law."[496]

Im vorliegenden Zusammenhang stellt sich also die Frage, inwieweit staatliche Maßnahmen zum Schutz und zur progressiven Verwirklichung von wirtschaftli-

---

493 *Newcombe* in: Kahn/Wälde (2007), 291 (417 ff.); *Brownlie* (2008), S.532/533; *Reinisch* (2006), S.24/25; vgl. dazu auch die aus dem Jahr 1961 stammende *Harvard Draft Convention on the International Responsibility of States for Injuries to Aliens* von den Professoren *Louis B. Sohn* und *R. R. Baxter* (abgedruckt in *American Journal of International Law*, 1961, S.545-584): "An uncompensated taking of an alien property or a deprivation of the use or enjoyment of property of an alien which results from the execution of tax laws; from a general change in the value of currency; from the action of the competent authorities of the State in the maintenance of public order, health or morality; or from the valid exercise of belligerent rights or otherwise incidental to the normal operation of the laws of the State shall not be considered wrongful, (…)".

494 *Dolzer* (2002), 64 (66); *Krajewski/Ceyssens* (2007), 180 (192).

495 Vgl. *Krajewski/Ceyssens* (2007), 180 (192); *UNCTAD*, World Investment Report (2003), S.111.

496 UNCITRAL-Verfahren *Saluka Investments BV (The Netherlands) v. The Czech Republic*, Entscheidung vom 17.3.2006, para.263.

chen Menschenrechten und Kernarbeitsrechten entschädigungspflichtig sind. Im Völkergewohnheitsrecht haben sich zur Frage des Vorliegens einer entschädigungspflichtigen Enteignung zwei konträre Lösungsmodelle herausgebildet[497], die sich in der Spruchpraxis investitionsrechtlicher Schiedsgerichte wiederfinden und im Folgenden dargestellt werden sollen. Diese Schiedsgerichtsentscheidungen beschäftigen sich in ihrer großen Mehrzahl mit umweltrechtlichen Regelungen der Gaststaaten und deren enteignungsrechtlicher Bewertung. Wie zu zeigen sein wird, können die dort verwendeten Argumentationsmuster wichtige Anknüpfungspunkte für menschenrechtliche Regulierungsmaßnahmen durch den Gaststaat sein.

Sole Effect-Doktrin

Nach einem Ansatz beurteilt sich das Vorliegen einer indirekten Enteignung in erster Linie nach den Auswirkungen der staatlichen Maßnahme aus der Sicht des Investors (sog. *Sole Effect*-Doktrin).[498] Der Tatbestand der indirekten Enteignung ist erfüllt, wenn die wirtschaftlichen Auswirkungen eine bestimmte Intensität überschreiten, entweder durch die dauerhafte Beeinträchtigung wesentlicher Rechte aus dem Eigentum, wie dem Recht zur Nutzung, Übertragung etc., oder durch eine substantielle Wertminderung oder Wertvernichtung.[499] Nach dieser Auffassung kann eine entschädigungspflichtige Enteignung auch dann vorliegen, wenn die umstrittene Maßnahme legitime gemeinwohlfördernde Ziele (wie z. B. Umwelt- und Gesundheitsschutz) verfolgt.

Diesen Ansatz zog das Schiedsgericht im NAFTA-Fall *Metalclad v. Mexico* heran.[500] Folgender in Einzelheiten umstrittener Sachverhalt lag dem Fall zu-

---

497 Ausführlich dazu *Weston* (1975), 103 (121 ff.); *Suda* (2006), 73 (95).
498 Vgl. *Dolzer* (2002), 64 (79 ff.); *Salacuse* (2010), S.316.
499 *Schill* (2005), 330 (332).
500 *Metalclad Corp. v. United Mexican States*, ICSID-Verfahren ARB(AF)/97/1, Entscheidung vom 30.8.2000; vgl. dazu auch mehrere Entscheidungen des *Iran-US-Claims Tribunal* zum Enteignungsschutz: z.B. *Tippetts, Abbett, McCarthy, Stratton/TAMS-AFF Consulting Engineers of Iran*, Entscheidung des Iran-US-Claims Tribunal No.141-7-2. 22.6.1984, Iran-U.S. Cl. Tribunal Reports, 1986, Band 6, S.219, 225/226: "While assumption of control over property by a government does not automatically and immediately justify a conclusion that the property has been taken by the government, thus requiring compensation under international law, such a conclusion is warranted whenever events demonstrate that the owner was deprived of fundamental rights of ownership and it appears that this deprivation is not merely ephemeral. The intent of the government is less important than the effects of the measures on the owner, (...)"; *Sedco, Inc. C. National Iranian Oil Co.*, 9 Iran-U.S. Claims Tribunal 248, 275 (1985); ausführlich dazu *Aldrich* (1994), 585 (589 ff.).

grunde: Ein amerikanischer Investor hatte in Mexiko ein Grundstück für die Errichtung einer Sondermülldeponie erworben und von der zuständigen Bundesbehörde bereits die Erlaubnis für die Eröffnung und den Betrieb der Deponie erhalten. Die örtliche Verwaltung verweigerte dem Investor jedoch die notwendige Baugenehmigung, da es in der lokalen Bevölkerung aufgrund gesundheitlicher Bedenken starke Vorbehalte gegen das Vorhaben gab. Das Gebiet wurde schließlich durch ein sogenanntes *Ecological Decree* unter Naturschutz gestellt, so dass die Errichtung der Deponie endgültig unmöglich wurde. Das zuständige Schiedsgericht hatte u. a. über die Frage zu entscheiden, ob die Verweigerung der Baugenehmigung eine entschädigungspflichtige Enteignung darstellte, da sie dem Investor den Gebrauch und den zu erwartenden wirtschaftlichen Ertrag aus seinem Eigentum zu einem erheblichen Teil entzog.[501] Das Schiedsgericht stellte in seiner Entscheidung zunächst fest, dass die Enteignungsbestimmungen des NAFTA auch indirekte Enteignungen umfassen.[502] Bei der folgenden enteignungsrechtlichen Bewertung des Sachverhalts waren für das Schiedsgericht allein die wirtschaftlichen Auswirkungen der Genehmigungsverweigerung auf Seiten des Investors streitentscheidend. Die Motive der lokalen Behörde für die Verweigerung erachtete das Schiedsgericht als unerheblich:

"The Tribunal need not decide or consider the motivation or intent of the adoption of the Ecological Decree. Indeed, a finding of expropriation on the basis of the Ecological Decree is not essential to the Tribunal´s finding of a violation of NAFTA Article 1110. However, the Tribunal considers that the implementation of the Ecological Decree would, in and of itself, constitute an act tantamount to expropriation."[503]

Eine parallele Argumentation findet sich im Fall *Santa Elena v. Costa Rica*[504]. Obwohl es sich hier um eine direkte Enteignung handelte, machte das Schiedsgericht sehr klare Ausführungen zur (Nicht-)Beachtlichkeit investitionsfremder Belange:

"While an expropriation or taking for environmental reasons may be classified as a taking for a public purpose, and thus be legitimate, the fact that the property was taken for this reason does not affect either the nature or the measure of the compensation to be paid for the taking. That is, the purpose of protecting the environment for which the Property was taken does not alter the legal character of the taking for which adequate compensation

---

501 Metalclad/Mexiko, para.111; vgl. dazu *Schill* (2005), 330 (331 ff.).
502 Metalclad/Mexiko, para.103.
503 Metalclad/Mexiko, para.111.
504 *Compania del Desarrollo de Santa Elena v. Costa Rica S.A. v. Republic of Costa Rica*, ICSID-Verfahren ARB//96/1, Entscheidung vom 15.2.2000.

must be paid. The international source of the obligation to protect the environment makes no difference".[505]

"Expropriatory environmental measures – no matter how laudable and beneficial to society as a whole – are, in this respect, similar to any other expropriatory measures that a state may take in order to implement its policies: where property is expropriated, even for environmental purposes, whether domestic or international, the state's obligation to pay compensation remains".[506]

Investitionsfremde Belange wie beispielsweise die gemeinwohlfördernde Intention des Normgebers haben nach diesem Ansatz keinerlei Bedeutung für die Frage, ob eine staatliche Maßnahme der Entschädigungspflicht unterliegt.[507] Auch menschenrechtsschützende und -fördernde Maßnahmen können daher entschädigungspflichtig sein.

Police Power-Doktrin

Demgegenüber haben andere investitionsrechtliche Schiedsgerichte die Zwecksetzung einer Maßnahme berücksichtigt und staatliche Maßnahmen, die ein legitimes Anliegen verfolgen, nicht als entschädigungspflichtige indirekte Enteignung qualifiziert.[508] Diesen Entscheidungen liegt ein im allgemeinen Völkerrecht als *Police Power*-Doktrin bezeichneter Ansatz zugrunde, nach dem ein Staat in Verfolgung legitimer gemeinwohlbezogener Ziele berechtigt ist, Eigentumsrechte Privater entschädigungslos zu beschränken.[509] Eine wegweisende investitionsrechtliche Entscheidung in diesem Zusammenhang stellt die ICSID-Entschei-

---

505 Santa Elena/Costa Rica, para.71.
506 Santa Elena/Costa Rica, para.72.
507 Vgl. *Appelton* (2002/2003), 35 (47); *Schreuer* (2005a), 108 (119); siehe dazu auch jüngst *Siemens v. Argentina*, Entscheidung vom 6.2.2007, para.270: „The Treaty refers to measures that have the effect of an expropriation; it does not refer to the intent of the State to expropriate".
508 Neben den sogleich zu erläuternden Urteilen sei hier beispielsweise genannt die Entscheidung des Iran-US-Claims Tribunal *Too v. Greater Modesto Insurance Associates*, Entscheidung des Iran-US-Claims Tribunal No.460-880-2; 29.12.1989, Iran-U.S. Cl. Tribunal Reports Vol.23, S.378 ; vgl. dazu auch *Krommendijk/Morijn* in: Dupuy u.a. (2009), 422 (432 ff.).
509 Vgl. *Newcombe* in: Kahn/Wälde (2007), 291 (417 ff.); *Dolzer* (1985), S.250/251; *American Law Institute* (1987), § 712, Comment g.: "A State ist not responsible for loss of property or for other economic disadvantage resulting from bona fide general taxation, regulation, forfeiture for crime, or other action of the kind that is commonly accepted as within the police power of states, if it is not discriminatory, (…), and is not designed to cause the alien to abandon the property to the state or sell it at a distress price".

dung in der Sache *TECMED v. Mexico*[510] dar. In diesem Fall initiierte der Investor TECMED ein Schiedsverfahren gegen den Gaststaat Mexiko, da einer mexikanischen Tochtergesellschaft von TECMED die Verlängerung einer befristeten Betriebsgenehmigung für eine Müllverwertungsanlage von der zuständigen mexikanischen Behörde verweigert wurde.[511] Eine der zentralen Rechtsfragen des Schiedsverfahrens war, ob diese Nichtverlängerung der befristeten Betriebsgenehmigung eine entschädigungspflichtige Enteignung darstellt. Nach Art. 5 Abs. 1 des dem Streit zugrundeliegenden spanisch-mexikanischen Investitionsschutzabkommens vom 23.6.1995 umfasst der Begriff der Enteignung „(...) Nationalisierungen, Enteignungen und andere Maßnahmen, die ihrem Charakter nach oder in ihren Wirkungen einer Enteignung gleichkommen"[512].

Bei der enteignungsrechtlichen Bewertung des Sachverhalts scheint das Schiedsgericht zunächst der *Sole Effects*-Doktrin folgen zu wollen. Das Umschlagen bzw. der Übergang von Regulierung in indirekte Enteignung wird anhand von zwei Kriterien geprüft, die allein auf die wirtschaftlichen Auswirkungen für den Investor abstellen. Zum einen darf die Beeinträchtigung des Eigentums nicht nur vorübergehender Natur sein, zum anderen muss sie zu einer vollständigen Wertvernichtung durch Untersagung der Nutzung führen.[513] Auf dieser Grundlage kommt das Schiedsgericht zu dem Ergebnis, dass die Auswirkungen der Nichtverlängerung der Betriebserlaubnis an sich die Kriterien einer indirekten Enteignung erfüllen.[514] Im Gegensatz zu den zuvor dargestellten Entscheidungen führt das Schiedsgericht im Folgenden jedoch aus, dass die Auswirkungen der staatlichen Maßnahme allein nicht zu deren Entschädigungspflichtigkeit führen.[515] Die wirtschaftlichen Auswirkungen der Nichtverlängerung der Betriebsgenehmigung seien nur als ein Faktor bei der Abgrenzung von legitimer Regulierung und entschädigungspflichtiger Enteignung zu sehen. Das Schiedsgericht setzt die Auswirkungen staatlicher Maßnahmen auf das Eigentum des Investors ins Verhältnis zur Ausübung der *Police Power* durch den Staat, prüft somit letztlich die Verhältnismäßigkeit der Beschränkungen des Eigentums.

---

510 *Técnicas Medioambientales Tecmed S.A. v. The United Mexican States*, ICSID-Verfahren ARB/(AF)/00/2, Entscheidung vom 29.5.2003.
511 Weitere Angaben zum Sachverhalt und zu den relevanten Rechtsfragen bei *Schill* (2005), 330 (331 ff.); *Hirsch* in: Muchlinski u.a. (2008), 154 (170 ff.).
512 TECMED/Mexico, para.115 (Übersetzung vom Verfasser).
513 TECMED/Mexico, para.115/116.
514 TECMED/Mexico, para.117.
515 TECMED/Mexico, para.118: "However, the Arbitral Tribunal deems it appropriate to examine, in light of Article 5(1) of the Agreement, whether the Resolution, due to its characteristics and considering not only its effects, is an expropriatory decision".

"(...) the Arbitral Tribunal will consider, in order to determine if they are to be characterized as expropriatory, whether such actions or measures are proportional to the public interest presumably protected thereby and to the protection legally granted to investments, taking into account that the significance of such impact has a key role upon deciding the proportionality."[516]

Im konkreten Fall kam das Schiedsgericht zu dem Ergebnis, dass die staatliche Maßnahme unverhältnismäßig sei und daher einen Verstoß gegen den BIT darstelle.

Trotz dieses Ergebnisses ist die Deutlichkeit, mit der das Schiedsgericht unter Hinweis auf die Judikatur des Europäischen Gerichtshofes für Menschenrechte[517] auf das Verhältnismäßigkeitsprinzip bei der Beurteilung der Entschädigungspflicht abstellt, in der investitionsrechtlichen Spruchpraxis neu.[518] Die Bestimmung der wirtschaftlichen Auswirkungen einer staatlichen Maßnahme für den Investor ist danach für die enteignungsrechtliche Bewertung allein nicht ausreichend, vielmehr müssen die für den Investor negativen Auswirkungen ins Verhältnis zu Zweck und Anlass des Eingriffes gesetzt werden. Im Rahmen dieser Verhältnismäßigkeitsprüfung müssen auch die legitimen Erwartungen des Investors Beachtung finden. Dabei stellte das Schiedsgericht zugleich klar, dass es keine pauschale Ausnahme vom enteignungsrechtlichen Entschädigungserfordernis für Regulierungen geben kann, selbst wenn es sich um eine Regelung handelt, die der Gesellschaft im Ganzen dient.[519]

---

516 TECMED/Mexico, para.122.
517 Das Schiedsgericht verweist in para.122 auf das Urteil *Matos e Silva, Lda., and Others v. Portugal*, Entscheidung des EGMR vom 16.09.1992 (Reports 1996-IV (1997) 24 EHRR 573); dabei ist zu beachten, dass der diesen Entscheidungen zugrundeliegende Art.1 des 1. Zusatzprotokolls zur EMRK in Satz 3 bereits selbst die staatliche Regelungshoheit betont: „Schutz des Eigentums. Jede natürliche oder juristische Person hat das Recht auf Achtung ihres Eigentums. Niemandem darf sein Eigentum entzogen werden, es sei denn, dass das öffentliche Interesse es verlangt, und nur unter den durch Gesetz und durch die allgemeinen Grundsätze des Völkerrechts vorgesehenen Bedingungen."; zur Verhältnismäßigkeit als Komponente der Rechtsprechung des EGMR zu Art.1 ZP.1: *Dolzer* (1985), S.200 ff.; *Mountfield* (2002), 136 (141 ff.).
518 TECMED/Mexico, para.122; dieser Ansatz wurde aufgenommen vom Schiedsgericht in der Sache *Azurix Corp v. The Argentine Republic*, ICSID-Verfahren ARB/01/12, Entscheidung vom 14.7.2006, para.312 ff.; *LG&E v. Argentina*, Entscheidung vom 3.10.2006, para.189 ff.; abgedruckt in 46 ILM (2007), 36; ähnlich auch *Goetz v. Republic of Burundi*, ICSID-Verfahren ARB/95/2, Entscheidung vom 10.2.1999, para.126.
519 TECMED/Mexico, para.121: "After reading Article 5(1) of the Agreement and interpreting its terms according to the ordinary meaning to be given to them (Article 31(1) of the Vienna Convention), we find no principle stating that regulatory administrative actions are per se excluded from the scope of the Agreement, even if they are beneficial to society as a whole - such as environmental protection -, particularly if the negative economic

Eine weitere Entscheidung, die sich für Regulierung im Sinne der *Police Powers*-Lehre offen zeigt, ist das Urteil im UNCITRAL-Verfahren *Methanex v. USA*.[520] Das zuständige Schiedsgericht vertrat die Auffassung, dass nach allgemeinem Völkerrecht eine nichtdiskriminierende Regelung, die einen legitimen Zweck des öffentlichen Interesses verfolgt, in einem fairen Verfahren zustandekommt und unter anderem auch ausländische Investoren betrifft, keine entschädigungspflichtige Enteignung darstellt.[521] Das Schiedsgericht scheint hier noch einen Schritt weiter zu gehen als das im TECMED-Fall, da die genannten Kriterien bereits das Vorliegen des Enteignungstatbestandes ausschließen sollen, wohingegen nach der TECMED-Entscheidung die Abgrenzung von legitimer entschädigungsfreier Regulierung und indirekter Enteignung in einer umfassenden Verhältnismäßigkeitsprüfung zu beurteilen ist. Liegen die drei in der Methanex-Entscheidung genannten Voraussetzungen (nichtdiskriminierende Regelung, legitimer Zweck, faires Verfahren) vor und kann der Investor keine gegenläufigen berechtigten Erwartungen (die z. B. durch eine Stabilisierungsklausel im Rahmen eines Investor-Staat-Vertrages begründet sind[522]) geltend machen, stellt die staatliche Maßnahme keine entschädigungspflichtige Enteignung dar. Eine isolierte Betrachtung dieser Entscheidungspassagen deutet also auf die Anwendung eines absoluten Standards bei der enteignungsrechtlichen Bewertung einer staatlichen Maßnahme hin, der keine umfassende Verhältnismäßigkeitsprüfung erfordert.[523] Eine Überprüfung nachfolgender Entscheidungen legt jedoch den Schluss nahe, dass sich dieser absolute Prüfungsstandard nicht durchgesetzt hat. Später ergangene Urteile, die sich ausdrücklich auf das Urteil im Methanex-Verfahren beziehen, lassen vielmehr vermuten, dass auch nach dieser Entschei-

---

impact of such actions on the financial position of the investor is sufficient to neutralize in full the value, or economic or commercial use of its investment without receiving any compensation whatsoever".

520 *Methanex Corporation v. United States of America*, Final Award of the Tribunal, Entscheidung vom 7.8.2005.

521 Methanex/USA, Teil IV, Chapter D, para.7: "But as a matter of general international law, a non-discriminatory regulation for a public purpose, which is enacted in accordance with due process and, which affects, inter alios, a foreign investor or investment is not deemed expropriatory and compensatory unless specific commitments had been given by the regulating government to the then putative foreign investor contemplating investment that the government would refrain from such regulation."; para.15: "(...) From the standpoint of international law, the California ban was a lawful regulation and not an expropriation".

522 Vgl. *Leader* (2006), 657 (673); *Mann* (2008), S.33/34.

523 So *Kriebaum* in: Reinisch/Kriebaum (2007), 165 (182).

dung kein absoluter Prüfungsmaßstab etabliert werden soll, sondern eine einzelfallabhängige Abwägung vorzunehmen ist.[524]

Schließlich sei noch der NAFTA-Fall *S. D. Myers v. Canada* erwähnt.[525] Auch in dieser Entscheidung sah das Schiedsgericht die Unterscheidung zwischen indirekter Enteignung und Regulierung als einen geeigneten Anknüpfungspunkt dafür an, einen Ausgleich zwischen dem berechtigten Regelungsbedürfnis des Gaststaates und dem Schutzbedürfnis des Investors herzustellen.[526] Die Formulierung lässt auf einen umfassenden Abwägungsvorgang bei der Prüfung des Enteignungstatbestandes schließen:

"Both words (*tantamount to expropriation* und *equivalent to expropriation*; Anm. d. Autors) require a tribunal to look at the substance of what has occurred and not only at form. A tribunal should not be deterred by technical or facial considerations from reaching a conclusion that an expropriation or conduct tantamount to an expropriation has occurred. It must look at the real interests involved and the purpose and effect of the government measure".[527]

"The general body of precedent usually does not treat regulatory action as amounting to expropriation."[528]

Übertragung der Spruchpraxis auf wirtschaftliche Menschenrechte

Als Ergebnis dieser Darstellung lässt sich festhalten, dass die investitionsrechtliche Schiedsgerichtsbarkeit in der Frage der Abgrenzung zwischen Enteignung und Regulierung bisher noch keine einheitliche und allgemeine Praxis entwickelt hat. Aufgrund der großen Abgrenzungsschwierigkeiten und der daraus resultie-

---

524 Vgl. das Uncitral-Verfahren *Saluka Investments BV (The Netherlands) v. The Czech Republic*, Entscheidung vom 17.03 2006, in dem unter Berufung auf das Methanex-Urteil in para.255 zunächst festgestellt wird: "It is now established in international law that States are not liable to pay compensation to a foreign investor when, in the normal exercise of their regulatory powers, they adopt in a non-discriminatory manner bona fide regulations that are aimed at the general welfare"; nachfolgend macht das Gericht jedoch klar, dass es sich hierbei nicht um einen absoluten Prüfungsstandard handelt, para.258: "These exceptions do not, in any way, weaken the principle that certain takings or deprivations are non-compensable. They merely remind the legislator or, indeed, the adjudicator, that the so-called "police power exception" is not absolute".

525 Zu Sachverhalt und schiedsgerichtlicher Entscheidung siehe *Hirsch* in: Muchlinski u.a. (2008), 154 (163 ff.).

526 S.D. Myers/Canada, para.282.

527 S.D. Myers/Canada, para.232; ähnlich auch *MTD v. Chile*, ICSID-Verfahren ARB/01/7, Entscheidung vom 25.5.2004, para.214; *Mafezzini v. Spain*, ICSID-Verfahren ARB/97/7, Entscheidung vom 13.11.2000, para.70 ff.

528 S.D. Myers/Canada, para.281.

renden Unsicherheiten bei der Definition der indirekten Enteignung wird zum Teil sogar die komplette Streichung dieser Enteignungskategorie aus Investitionsabkommen gefordert.[529] Die Abgrenzungsschwierigkeiten lassen zudem einen Schwachpunkt der investitionsrechtlichen Spruchpraxis offenbar werden, der darin besteht, dass die verschiedenen Schiedsgerichte nicht zur Beachtung vorher ergangener Schiedssprüche verpflichtet sind.[530] Geht ein Schiedsgericht in einer Entscheidung davon aus, dass für die enteignungsrechtliche Bewertung einer Maßnahme allein die wirtschaftlichen Auswirkungen entscheidend sind, kann ein paralleles Verfahren auf nahezu gleichlautender vertraglicher Grundlage unter Heranziehung der *Police Power*-Doktrin zu einem entgegengesetzten Ergebnis kommen.

Trotz divergierender schiedsgerichtlicher Entscheidungen lassen sich in der neueren Spruchpraxis jedoch Entwicklungslinien belegen, die sich in der Frage des staatlichen Regelungsspielraums um einen Ausgleich zwischen dem Regelungsbedürfnis des Gaststaates und dem Schutzbedürfnis des Investors bemühen.[531] In den Urteilen stellen die Schiedsgerichte auf eine angemessene Abwägung zwischen den beeinträchtigten Interessen des Investors und dem gemeinwohlfördernden Ziel der staatlichen Maßnahme ab. Obwohl es in diesen Verfahren in erster Linie um umwelt- und gesundheitsrechtliche Fragen ging, bietet die Argumentation der Schiedsgerichte aufgrund der parallelen Fragestellungen richtungsweisende Anknüpfungspunkte für die Einbeziehung wirtschaftlicher Menschenrechte bei der Abgrenzung von legitimer staatlicher Regulierung und entschädigungspflichtiger Enteignung. So wie bestimmte umwelt- und gesundheitsrechtliche Überlegungen für die völkerrechtliche Legitimität einer regulierenden Maßnahme sprechen können, müssen vor dem Hintergrund der Spruchpraxis des Ausschusses zum IPwirtR auch menschenrechtliche Wertungen in die enteignungsrechtliche Prüfung einbezogen werden. Nur auf diese Weise wird der Auslegungsregel des Art. 31 Abs. 3 lit.c) WVK entsprochen, nach der bei der Auslegung unbestimmter Rechtsbegriffe „jeder in den Beziehungen zwischen den Vertragsparteien anwendbare einschlägige Völkerrechtssatz" zu berücksichtigen ist. Zu den auf dieser Grundlage zu berücksichtigenden Völkerrechtssätzen gehören zweifellos auch die menschenrechtlichen Schutzpflichten der Vertragsstaaten. Schiedsgerichte haben diese Verpflichtungen bzw. die zu der Umsetzung dieser

---

529 *Been/Beauvais* (2003), 30 (142).
530 *Dolzer/Schreuer* (2008), S.35/36.
531 Neben den bereits genannten Entscheidungen sei hier noch erwähnt: *Patrick Mitchell v. Democratic Republic of Congo*, Decision on the Application for Annulment of the Award, ICSID-Verfahren ARB/99/7, Entscheidung vom 01.11.2006, para.54.

Verpflichtungen erforderliche Regelungsautonomie bei der Auslegung der Enteignungstatbestände zu beachten.

Dabei ist klarzustellen, dass das Vorliegen irgendeines legitimen Zieles nicht ausreichen kann, um eine staatliche Maßnahme von der Entschädigungspflichtigkeit freizuhalten. Denn schon die investitionsvertraglichen und völkergewohnheitsrechtlichen Voraussetzungen einer legalen entschädigungspflichtigen Enteignung erfordern das Bestehen eines legitimen staatlichen Zweckes.[532] Dieser kann also nicht *per se* die Entschädigungspflichtigkeit ausschließen. Es sind daher die gemeinwohlbezogenen Zwecksetzungen, die Voraussetzung für eine legale entschädigungspflichtige Enteignung sind, zu unterscheiden von denjenigen Motiven, die eine staatliche Maßnahme als legitime entschädigungsfreie Regulierung erscheinen lassen und somit den Enteignungstatbestand ausschließen.[533] Im vorliegenden Zusammenhang bietet es sich an, bei der Identifizierung legitimer staatlicher Regelungsinteressen, die die Entschädigungspflicht entfallen lassen, auf international konsentierte Werte zurückzugreifen, da der Investitionsvorgang an sich durch die Beteiligung verschiedener internationaler Akteure gekennzeichnet ist. Neben dem Gaststaat, dem ausländischen Investor und gegebenenfalls einem internationalen Finanzierungsinstitut wie der MIGA ist in der Regel auch der Heimatstaat des Investors in bestimmtem Umfang beteiligt, sei es als Garantiegeber oder als Vertragspartner eines Investitionsschutzabkommens mit dem Gaststaat. Gemeinwohlbezogene Werte, die sowohl vom Gast- als auch vom Heimatstaat auf völkerrechtlicher Ebene als verbindlich anerkannt sind, können aufgrund ihrer allgemeinen Akzeptanz die Legitimität einer staatlichen Regulierungsmaßnahme in höherem Maße belegen als rein nationale Standards.[534] Vor allem die ILO-Kernkonventionen, die durchgehend hohe Ratifikationszahlen erreicht haben, wie auch die Vorschriften des IPwirtR sind geeignet, die Funktion als „Wertefundus" zu erfüllen.[535] Regelungen, die beispielsweise der Umsetzung einer ILO-Kernkonvention dienen, unterliegen nach dem hier

---

532 Vgl. *Newcombe* in: Kahn/Wälde (2007), 391 (433); *Schreuer* (2005a), 108 (136).

533 So auch *Weiner* (2003), 167 (171); *Kriebaum* in: Reinisch/Kriebaum (2007), 165 (181).

534 Vgl. *Weston* (1975), 103 (123/124); *Newcombe* in: Kahn/Wälde (2007), 391 (424); siehe dazu auch das *American Law Institute* (1987), § 712 comment g, das die Entschädigungspflicht nur für „action that is *commonly accepted* as within the police power of states" ausnimmt (Hervorhebung d. d. Autor).

535 So auch *Weiner* (2003), 167 (174): "International conventional and customary law, in addition to state practice, will shed light on the legitimacy of regulatory purposes. For example, the widespread adherence of states to International Labour Organization treaties demonstrate general acceptance of the notion of workers´ rights, which in turn suggests that regulatory measures aimed at protecting employee and worker safety and guaranteeing suitable working conditions are unlikely to constitute indirect expropriation".

vertretenen Ansatz somit regelmäßig keiner Entschädigungspflicht, selbst dann nicht, wenn die anzuwendenden vertraglichen Enteignungsvorschriften keine Ausnahme von der Entschädigungspflicht zugunsten legitimer staatlicher Regulierung enthalten. Denn die Enteignungsvorschriften in Investitionsschutzabkommen regeln lediglich die Rechtmäßigkeit einer vorliegenden Enteignung, definieren selbst jedoch nicht die Voraussetzungen des Enteignungstatbestandes, die folgerichtig aus den allgemeinen Grundsätzen abgeleitet werden müssen. Vom dogmatischen Ansatz her schließt ein legitimes Ziel im oben definierten Sinne also bereits den Enteignungstatbestand aus.[536] Manche Entscheidungen legen entgegen der hier vertretenen Auffassung nahe, dass durch das Vorliegen eines legitimen Zieles im oben definierten Sinne eine an sich entschädigungspflichtige Enteignung gerechtfertigt werden kann und auf diesem Wege die Kompensationspflicht entfällt.[537] Der Ansatz der Schiedsgerichte in den Entscheidungen TECMED und Myers, bereits den Enteignungstatbestand zu verneinen, erscheint jedoch stringenter, da die Trennung von Regulierung und Enteignung auf Tatbestandsebene dogmatisch klarer ist und den grundsätzlichen Unterschied zwischen legitimer Regulierung und entschädigungspflichtiger Enteignung besser darstellt.

b. Der Standard der fairen und billigen Behandlung

Ein weiterer investitionsrechtlicher Schutzstandard, in dessen Anwendungsbereich das Spannungsverhältnis zwischen menschenrechtlichen und investitionsrechtlichen Verpflichtungen deutlich zu Tage tritt, ist der Standard der fairen und billigen Behandlung (sog. *fair and equitable treatment*). Diese Klausel, die regelmäßig Bestandteil internationaler Investitionsabkommen ist, schränkt den souveränen Handlungsspielraum von Gaststaaten gegenüber Investoren insoweit ein, als ausländische Investoren jederzeit fair und billig behandelt werden müssen. Faire und billige Behandlung soll zur Stabilität des regulatorischen Rahmens und somit zur Rechtssicherheit für die Investoren beitragen. Welche konkreten Anforderungen an *faire* und *billige* staatliche Behandlung zu stellen sind, ergibt sich nicht ohne Weiteres aus dem offenen und unbestimmten Wortlaut des

---

536 So auch TECMED/Mexico, para.118; S.D. Myers/Canada, para.281.
537 So z.B. in der Entscheidung Saluka/Czech Republic, para.254: "However, in using the concept of deprivation, Article 5 imports into the Treaty the customary international law notion *that a deprivation can be justified* if it results from the exercise of regulatory actions aimed at the maintenance of public order" (Hervorhebung d. d. Autor).

Schutzstandards. Es verwundert daher nicht, dass der materielle Gehalt des Gebots der fairen und billigen Behandlung zu den wohl umstrittensten Fragen des Investitionsschutzrechts zählt.[538]

Die Relevanz des Schutzstandards für die vorliegende Studie wird an einem erst kürzlich beendeten investitionsschutzrechtlichen Schiedsverfahren deutlich. In diesem Verfahren[539] wendeten sich italienische und luxemburgische Investoren vor dem ICSID gegen Maßnahmen, die von Südafrika im Rahmen des *Black Economic Empowerment*-Programms ergriffen wurden. Zur Überwindung überkommener sozialer und wirtschaftlicher Diskriminierungen müssen Unternehmen unter dem Rechtsregime des *Broad-Based Black Economic Empowerment Act*[540] und des *Minerals and Petroleum Resources Development Act* (MPRDA)[541] seit dem Jahr 2004 u. a. eine gewisse Anzahl schwarzer oder einer sonstigen benachteiligten Gruppe („historically disadvantaged person"[542]) angehörender Manager einstellen. Innerhalb von zehn Jahren sollen zudem 26 % der Anteilsrechte an Unternehmen im Bergbausektor an die relevanten Personengruppen übertragen werden. Unternehmen, die sich gegen eine derartige Beteiligung zur Wehr setzen, droht der Entzug bzw. die Verweigerung der Wiedererteilung der Bergbaukonzessionen. Gegen diese Verpflichtungen haben italienische und luxemburgische Investoren im Jahr 2007 auf Grundlage der Investitionsschutzverträge von Italien und Luxemburg mit Südafrika eine Beschwerde beim ICSID eingereicht, in der sie Verstöße gegen das Gebot der fairen und billigen Behandlung und den Enteignungsschutz rügen.[543] Der Erlass der Regelung des *Black Economic Empowerment*–Programms stelle für die Investoren u. a. eine unvorhersehbare und daher ungerechte und unbillige Maßnahme dar, die sie in ihren legitimen Erwartungen an die Stabilität der Investitionsbedingungen verletze.

---

538 *Schreuer* (2005b), 357 (359 ff.); *Dolzer/Schreuer* (2008), S.130 ff.; aus der schiedsgerichtlichen Rechtsprechung vgl. nur UNCITRAL-Verfahren *Saluka Investments BV (The Netherlands) v. The Czech Republic*, Entscheidung vom 17.3.2006, para.302 ff.; *Azurix Corp v. The Argentine Republic*, ICSID-Verfahren ARB/01/12, Entscheidung vom 14.7.2006, para.365 ff.; *Técnicas Medioambientales Tecmed S.A. v. The United Mexican States*, ICSID-Verfahren ARB/(AF)/00/2, Entscheidung vom 29.5.2003, para.152 ff.

539 *Piero Foresti, Laura de Carli and others v. Republic of South Africa*, ICSID-Verfahren ARB(AF)/07/1, Entscheidung vom 4. August 2010.

540 Abrufbar unter www.info.gov.za/view/DownloadFileAction?id=68031.

541 Abrufbar unter www.info.gov.za/gazette/acts/2002/a28-02.pdf.

542 Zur Definition dieses Begriffes siehe Art.1 MPRDA.

543 Zum Verfahrensablauf siehe Peterson, Luke Eric, *European mining investors mount arbitration over South African Black Empowerment* in: Investment Treaty News vom 14.02.2007, abrufbar unter www.iisd.org/pdf/2007/itn_feb14_2007.pdf.

Letztlich musste das Schiedsgericht nicht über die vorgebrachten Verstöße gegen die investitionsrechtlichen Schutzstandards durch Südafrika entscheiden, da die Parteien sich im Laufe des Verfahrens einigten und nur noch über die Kosten nach Billigkeitsgesichtspunkten zu urteilen war.[544] Dieses Verfahren zeigt jedoch exemplarisch, dass – in vergleichbarem Maße wie im Bereich des Enteignungsschutzes – das Gebot der fairen und billigen Behandlung zu Konflikten mit menschenrechtlich fundierten Regulierungsmaßnahmen des Gaststaates führen kann. Wäre eine Entscheidung über die Zulässigkeit der durch Südafrika ergriffenen Maßnahmen zu treffen gewesen, hätte das Schiedsgericht zu beachten gehabt, dass in den investitions- und menschenrechtlichen Verpflichtungen Südafrikas möglicherweise zwei konträre völkerrechtliche Verpflichtungen vorlagen. Zum einen können die Maßnahmen des *Black Economic Empowerment*-Programms als Schritte verstanden werden, mit denen Südafrika seinen Verpflichtungen nachkommt, die den relevanten ILO-Konventionen[545] zu entnehmen sind und die zudem gewohnheitsrechtlich zur Überwindung historischer Ungleichheiten anerkannt sind.[546] Andererseits hat sich Südafrika in den der

---

544 *Piero Foresti, Laura de Carli and others v. Republic of South Africa*, ICSID-Verfahren ARB(AF)/07/1, Entscheidung vom 4.August 2010, para.98 ff.

545 Vgl. ILO-Konvention Nr.111 (*Discrimination (Employment and Occupation) Convention*, 1958), deren Mitglied Südafrika seit dem 5.3.1997 ist, Article 2: "Each Member for which this Convention is in force undertakes to declare and pursue a national policy designed to promote, by methods appropriate to national conditions and practice, equality of opportunity and treatment in respect of employment and occupation, with a view to eliminating any discrimination in respect thereof".

546 Vgl. dazu Kapitel 2 D. III.; vgl. dazu auch die Ausführungen des Ausschusses zum IPwirtR: UN Committee on Economic, Social and Cultural Rights, General Comment No.16 para.15: "The principles of equality and non-discrimination, by themselves, are not always sufficient to guarantee true equality. Temporary special measures may sometimes be needed in order to bring disadvantaged or marginalized persons or groups of persons to the same substantive level as others. (...)"; zur Zulässigkeit positiver Diskriminierung i.R.d. IPbürgR siehe: Human Rights Committee, General Comment No.18 para.10: "(...) the principle of equality sometimes requires States parties to take affirmative action in order to diminish or eliminate conditions, which cause or help to perpetuate discrimination prohibited by the Covenant. For example, in a State where the general conditions of a certain part of the population prevent or impair their enjoyment of human rights, the State should take specific action to correct those conditions. Such action may involve granting for a time to the part of the population concerned certain preferential treatment in specific matters as compared with the rest of the population. However, as long as such action is needed to correct discrimination in fact, it is a case of legitimate differentiation under the Covenant."; dazu auch *UN Wirtschafts- und Sozialrat (2003)*, para.31b: "Maintaining flexibility in the use of certain performance requirements such as employment or local content requirements could be appropriate at times to promote the right to culture of particular cultural or linguistic minorities, or to respect the principle of non-

Streitigkeit zugrundeliegenden BITs gegenüber den Vertragspartnern Italien und Luxemburg verpflichtet, Investoren aus diesen Staaten faire und billige Behandlung zukommen zu lassen. Dieser Schutzstandard könnte durch die Eingriffe in die Unternehmensführung der Investoren durch den *Broad-Based Black Economic Empowerment Act* und den *Minerals and Petroleum Resources Development Act* verletzt sein. Um diese rechtliche Konfliktlage eingehend analysieren und mögliche Lösungswege aufzeigen zu können, ist zunächst eine Klärung des normativen Gehalts der fairen und billigen Behandlung erforderlich.

Grundlage des Gebots der fairen und billigen Behandlung sind in erster Linie die diesbezüglichen Regelungen in Investitionsschutzabkommen. Die konkreten Formulierungen differieren zum Teil erheblich.[547] So heißt es beispielsweise in Art. 2 Abs. 2 des deutschen Mustervertrags über die Förderung und den Schutz von Kapitalanlagen aus dem Jahr 2009:

> „Jeder Vertragsstaat behandelt in seinem Hoheitsgebiet Kapitalanlagen von Investoren des anderen Vertragsstaats in jedem Fall gerecht und billig und gewährt ihnen den vollen Schutz dieses Vertrags."

Die Formulierung im US-amerikanischen Mustervertrag aus dem Jahr 2004 lautet:

Article 5: Minimum Standard of Treatment

"Each Party shall accord to covered investments treatment in accordance with customary international law, including fair and equitable treatment and full protection and security.

For greater certainty, paragraph 1 prescribes the customary international law minimum standard of treatment of aliens as the minimum standard of treatment to be afforded to covered investments. The concepts of "fair and equitable treatment" and "full protection and security" do not require treatment in addition to or beyond that which is required by that standard, and do not create additional substantive rights. The obligation in paragraph 1 to provide (a) "fair and equitable treatment" includes the obligation not to deny justice in criminal, civil, or administrative adjudicatory proceedings in accordance with the principle of due process embodied in the principle legal systems of the world; (...)."[548]

Welcher konkrete Schutzstandard aus den jeweiligen Formulierungen folgt, wird in der schiedsgerichtlichen Praxis und im investitionsrechtlichen Schrifttum kontrovers diskutiert.[549] Zum Teil wird argumentiert, dass es sich bei dem Gebot

---

discrimination through the introduction of affirmative action schemes to promote employment opportunities for disadvantaged or under-represented people".

547 Einen Überblick über die verschiedenen Formulierungen gibt *Knoll-Tudor* in: Dupuy u.a. (2009), 310 (312 ff.).

548 Abrufbar unter: www.state.gov/documents/organization/117601.pdf.

549 Vgl. nur UNCITRAL-Verfahren *Saluka Investments BV (The Netherlands) v. The Czech Republic*, Entscheidung vom 17.3.2006, para.302 ff.; *Azurix Corp v. The Argentine Republic*, ICSID-Verfahren ARB/01/12, Entscheidung vom 14.7.2006, para.365 ff.; *Técni-*

der fairen und billigen Behandlung generell nur um eine Ausprägung des fremdenrechtlichen Mindeststandards des Völkergewohnheitsrechts handele. Andere
Stimmen verorten den Behandlungsstandard hingegen als einen autonomen investitionsrechtlichen Standard, dessen Inhalt unabhängig vom fremdenrechtlichen Mindeststandard auszulegen sei.

Zutreffender Weise wird man vom Wortlaut des jeweiligen Abkommens ausgehen müssen.[550] Die oben zitierte Formulierung in den US-amerikanischen
BITs[551] weist ausdrücklich auf den gewohnheitsrechtlichen Ursprung des
Schutzstandards hin. Der Gehalt der fairen und billigen Behandlung kann in
diesem Rahmen nur als Ausformung des allgemeinen fremdenrechtlichen Mindeststandards verstanden werden. Andererseits wird man in Investitionsabkommen, die nicht ausdrücklich auf den gewohnheitsrechtlichen Charakter der fairen
und billigen Behandlung hinweisen, den Behandlungsstandard autonom auszulegen haben. Schon aufgrund des Wortlauts wäre es widersinnig anzunehmen, dass
die Vertragsparteien eine faire und billige Behandlung in den Vertrag aufnehmen, damit allerdings den überkommenen und rechtstechnisch bekannten Terminus „völkerrechtlichen Mindeststandard" meinen.[552] Eine vertiefte Auseinandersetzung mit dieser Streitfrage muss hier letztlich nicht erfolgen, da weitgehend
Einigkeit besteht, dass bestimmte Elemente jedenfalls Bestandteil des Standards
der fairen und gerechten Behandlung sind, unabhängig, ob als Teil eines autonomen investitionsrechtlichen Rechtsinstituts oder als Teil des Völkergewohnheitsrechts. So werden regelmäßig die Transparenz staatlicher Entscheidungen,
das Verbot von Diskriminierung, eine gewisse Stabilität rechtlicher Rahmenbedingungen zum Schutz der legitimen Erwartungen des Investors, die Garantie eines fairen Verfahrens, das Verhalten nach Treu und Glauben sowie die Freiheit
von Zwang und Bedrohung genannt.[553] Diese Aufzählung stellt freilich keinen
geschlossenen Katalog dar, sondern ist vielmehr offen für zukünftige Weiterent-
wicklungen.

---

cas *Medioambientales Tecmed S.A. v. The United Mexican States*, ICSID-Verfahren
ARB/(AF)/00/2, Entscheidung vom 29.5.2003, para.152 ff.; *Schreuer* (2005b), 357 (359
ff.); *Dolzer/Schreuer* (2008), S.124 ff.; *Salacuse* (2010), S. 222 ff.; *Tudor-Knoll* in: Dupuy u.a. (2009), 310 (318 ff.).

550 *Dolzer/Schreuer* (2008), S.121/126.
551 Ähnlich auch der Wortlaut des NAFTA, Article 1105: Minimum Standard of Treatment
     "1. Each Party shall accord to investments of investors of another Party treatment in ac-
     cordance with international law, including fair and equitable treatment and full protection
     and security."
552 *Dolzer/Schreuer* (2008), S.124; *Salacuse* (2010), S.226.
553 *Dolzer/Schreuer* (2008), S.133 ff.; *Salacuse* (2010), S.228 ff.; *Tudor-Knoll* in: Dupuy
     (2009), 310 (321 ff.).

Von den Schiedsgerichten wird bei der Auslegung des Standards immer wieder der Schutz der legitimen Erwartungen des Investors als zentrales Schutzelement hervorgehoben.[554] Das Schiedsgericht in der Sache *TECMED* hat dazu grundlegend festgehalten:

> "The Arbitral Tribunal considers that this provision of the Agreement, in the light of the good faith principle established by international law, requires the Contracting Parties to provide to international investments treatment that does not affect the basic expectations that were taken into account by the foreign investor to make the investment. The foreign investor expects the host state to act in a consistent manner, free from ambiguity and totally transparently in its relation with the foreign investor, so that it may know beforehand any and all rules and regulations that will govern its investments, as well as the goals of the relevant policies and administrative practices and directives, to be able to plan its investment and comply with such regulation. (…)."[555]

Es handelt sich demnach um einen abstrakten Standard, der seinen konkreten Schutzgehalt erst durch die konkreten Umstände des Einzelfalls erhält. Der Investor darf sich auf seine grundlegenden Erwartungen an die Investitionsbedingungen in dem jeweiligen Gaststaat und somit auf eine gewisse Stabilität des rechtlichen Umfelds verlassen. Das bedeutet freilich nicht, dass der Gaststaat seine Rechtsordnung nach der Vornahme der Investition in keiner Weise mehr verändern darf, d. h. er diese gleichsam einfrieren muss. Es ist für jeden Investor offensichtlich, dass die Rechtsordnung des Gaststaates sich in gewisser Art und Weise weiterentwickeln wird und dass diese Veränderungen möglicherweise auch die Rahmenbedingungen der Investition verändern werden.[556] Entscheidend ist somit, *welche* Erwartungen eines Investors als legitim zu werten sind. Für den vorliegenden Zusammenhang steht naturgemäß die Frage im Vordergrund, inwieweit die Einführung menschenrechtlicher bzw. kernarbeitsrechtlicher (Schutz-)Regelungen durch den Gaststaat als Verstoß gegen die legitimen Erwartungen eines Investors gewertet werden kann.

Anknüpfungspunkt für die Auslegung des Begriffs der Legitimität von Erwartungen eines Investors sind die rechtlichen Regeln, die zum Zeitpunkt der Vor-

---

554 UNCITRAL-Verfahren *Saluka Investments BV (The Netherlands) v. The Czech Republic*, Entscheidung vom 17.3.2006, para.302 ff.; CMS v. Argentina, Entscheidung vom 12. Mai 2005, ILM (2005), para.274-276; *Técnicas Medioambientales Tecmed S.A. v. The United Mexican States*, ICSID-Verfahren ARB/(AF)/00/2, Entscheidung vom 29.5.2003, para.156/157.

555 *Técnicas Medioambientales Tecmed S.A. v. The United Mexican States*, ICSID-Verfahren ARB/(AF)/00/2, Entscheidung vom 29.5.2003, para.154.

556 *Parkerings Compagniet AS v Republic of Lithuania*, ICSID Case No. ARB/05/8, Award, 11 September 2007, para.332: "As a matter of fact, any businessman or investor knows that laws will evolve over time. What is prohibited however is for a State to act unfairly, unreasonably or inequitably in the exercise of its legislative power."

nahme der Investition im Gaststaat gelten.[557] Auch die Schutzwürdigkeit der Erwartungen des Investors in Hinblick auf den Erlass kernarbeitsrechtlicher Regelungen muss sich danach richten. Die Berechtigung und somit die Legitimität der Erwartungen können insoweit von zwei Seiten beeinflusst werden[558]: Zum einen muss sich die Erwartungshaltung des Investors an der nationalen Rechtsordnung des Gaststaates orientierten. Zum anderen sind – dem Gedanken des Art. 31 Abs. 3 lit.c) WVK folgend – die übrigen völkerrechtlichen Verpflichtungen der Vertragsparteien bei der Auslegung der Klausel heranzuziehen.

Im Bereich des nationalstaatlichen Rechts können auf diese Weise vor allem verfassungsrechtliche Vorgaben, die im Zeitpunkt der Investition bereits bestanden, die legitimen Erwartungen eines Investors beeinflussen. Ein verfassungsrechtlicher Auftrag bzw. eine verfassungsrechtliche Norm, die durch einfachgesetzliche Maßnahmen ausgestaltet werden muss, kann die Erwartungen des Investors an die Veränderungsresistenz einer Rechtsordnung beschränken. Die Ausführung eines verfassungsrechtlichen Auftrages, der bereits im Zeitpunkt der Vornahme der Investition angelegt war, kann daher nicht die legitimen Erwartungen eines Investors verletzen. Denn diese Veränderung ist für den Investor bereits in dem Zeitpunkt, in dem er die Investition tätigt, vorhersehbar und kann somit in die unternehmerische Planung des Investitionsvorhabens aufgenommen werden. Wenn die normative Ausfüllung des verfassungsrechtlichen Auftrages den übrigen Anforderungen billiger und gerechter Behandlung genügt, d. h. insbesondere nicht diskriminierend ist und in einem fairen Verfahren erlassen wurde, wird man keine ungerechte und unbillige Behandlung annehmen können.[559]

Insoweit ist auch zu beachten, dass es bei der Beurteilung der Legitimität von Erwartungen nicht allein auf die subjektive Sicht des Investors ankommt. Nicht jede investitionsrelevante Erwartung, die der Investor sich aufgrund bestimmter Umstände zu eigen gemacht hat, ist automatisch legitim. Vielmehr ist hierbei auf die Sicht eines neutralen Dritten in der Person des Investors abzustellen, darauf also, ob dieser Dritte vernünftiger Weise auf ein bestimmtes staatliches Verhalten hätte vertrauen dürfen.[560] Diesen Aspekt hätte wohl auch das Schiedsgericht in der Sache *Foresti u.a.* in seine rechtliche Beurteilung einstellen müssen. Die südafrikanische Verfassung sieht seit dem Jahr 1997 in *Chapter 2 Section 9* die

---

557 *Dolzer/Schreuer* (2008), S.134; *Salacuse* (2010), S.232.
558 Vgl. *Wythes* (2010), 241 (250 ff.).
559 So auch *Wythes* (2010), 241 (250/251).
560 Vgl. *Waste Management/Mexico* (ICSID Verfahren ARB (AF)/00/3, Entscheidung vom 30.4.2004, para.99: "(…) it is relevant that the treatment is in breach of representations made by the host State which were reasonable relied on by the claimant."

Einführung von *affirmative action*-Programmen vor.[561] Hat der Investor seine Investition in einem Zeitpunkt getätigt, in dem bereits die ausfüllungsbedürftige verfassungsrechtliche Norm existierte, die ausführenden Gesetze allerdings noch nicht, so wird er von den verfassungsrechtlich vorgesehenen Maßnahmen eines *affirmative action*-Programms nicht ungerecht und unbillig betroffen.[562] Wie sich die zeitliche Abfolge im Fall *Foresti u.a* zugetragen hat, lässt sich auf Grundlage der sehr beschränkten Informationen über das Verfahren nicht feststellen.[563] Es fehlen insbesondere Angaben zum Zeitpunkt der Vornahme der Investition. Falls die Investition von den Beschwerdeführern jedoch erst nach 1997 und somit nach Inkrafttreten der aktuellen südafrikanischen Verfassung vorgenommen wurde, die *affirmative action*-Regelung in einem fairen Verfahren zustande gekommen ist und diskriminierungsfrei auf alle in Südafrika operierenden Unternehmen angewendet wird, wird man eine Verletzung der fairen und billigen Behandlung ablehnen müssen.

Diese Überlegungen lassen sich auf den völkerrechtlichen Bereich übertragen. Soweit sich der Gaststaat völkerrechtlich zur Umsetzung und Verwirklichung bestimmter menschenrechtlicher Mindeststandards verpflichtet hat, kann der Investor keine berechtigte Erwartung haben, dass diese völkerrechtlichen Verpflichtungen nicht in die nationale Rechtsordnung umgesetzt werden.[564] Die rechtlichen Transformationsakte werden regelmäßig keine unfaire und unbillige Behandlung darstellen, wenn sie diskriminierungsfrei angewendet werden. Der Gedanke, dass alle auf einen Sachverhalt anwendbaren völkerrechtlichen Normen bei der Auslegung des völkerrechtlichen Begriffs der fairen und billigen Behandlung Beachtung finden müssen, spiegelt sich in dem Abschnitt des Schiedsurteils *S.D. Myers* wieder, der sich mit der Verletzung dieses Schutzstandards (Art. 1105 NAFTA) auseinandersetzt:

> "The Tribunal considers that a breach of Article 1105 occurs only when it is shown that an investor has been treated in such an unjust or arbitrary manner that the treatment rises to the level that is unacceptable from the international perspective. That determination must be made in the light of the high measure of deference that international law generally ex-

---

561 *Chapter 2 Section 9* der Verfassung Südafrikas: "Equality includes the full and equal enjoyment of all rights and freedoms. To promote the achievement of equality, legislative and other measures designed to protect or advance persons, or categories of persons, disadvantaged by unfair discrimination may be taken".

562 So auch *Wythes* (2010), 241 (250/251).

563 Zum Verfahrensablauf siehe *Wythes* (2010), 241 (243 ff.); *Sornarajah* (2010), S.73/107; Peterson, Luke Eric, *European mining investors mount arbitration over South African Black Empowerment* in: Investment Treaty News vom 14.02.2007, abrufbar unter www.iisd.org /pdf/2007/itn_feb14_2007.pdf.

564 So auch *Salacuse* (2010), S.233.

tends to the right of domestic authorities to regulate matters within their own borders. The determination must also take into account any specific rules of international law that are applicable to the case."[565]

Nach dem Schiedsgericht muss bei der Beurteilung der legitimen Erwartungen des Investors zum einen das Bedürfnis des Gaststaates zur Regulierung von Gemeinwohlbelangen (sog. *Police Power*) beachtet werden.[566] Zum anderen geht aus dem letzten der oben zitierten Sätze des Schiedsspruchs deutlich hervor, dass alle anwendbaren Regelungen des Völkerrechts, d. h. alle völkervertraglichen und -gewohnheitsrechtlichen Pflichten der Parteien, unmittelbar bei der Auslegung des Gebots der fairen und billigen Behandlung miteinzubeziehen sind. In diesem Satz umschreibt das Schiedsgericht gleichsam die Auslegungsregel des Art. 31 Abs. 3 lit.c) WVK, nach der „jeder in den Beziehungen zwischen den Vertragsparteien anwendbare einschlägige Völkerrechtssatz" bei der Vertragsauslegung zu beachten ist. Bei der Bestimmung der legitimen Interessen sind daher auch die völkerrechtlich fundierten Menschenrechtsverpflichtungen des Gaststaates zu beachten. Soweit eine staatliche Regulierungsmaßnahme zur Umsetzung einer ILO-Konvention oder einer Verpflichtung aus dem IPwirtR des Gaststaates dient, liegt die Annahme einer ungerechten und unbilligen Behandlung somit eher fern. Die Legitimität der Investorerwartung ist in diesem Fall auch nach menschenrechtlichen Maßstäben zu bestimmen. Wie auf der verfassungsrechtlichen Ebene müssen auch auf der völkerrechtlichen Ebene die Umsetzungsakte freilich den allgemeinen Anforderungen billigen und gerechten Staatshandelns genügen, d. h. sie dürfen insbesondere nicht diskriminierend sein und müssen in einem fairen und transparenten Verfahren erlassen werden.

Bei Anwendung dieser Auslegungsmaßstäbe ließe sich der Rechtsstandard der fairen und billigen Behandlung auf seine grundsätzliche Funktion zurückführen. Diese besteht darin, willkürliches und intransparentes Handeln des Gaststaates zu sanktionieren, um dem Investor die erforderliche Rechts- und Planungssicherheit für sein unternehmerisches Tätigwerden zu gewährleisten. In vielen Verfahren wurde der Schutzstandard allerdings wegen seiner inhaltlichen Unbestimmtheit und seines breiten Anwendungsbereichs als Art Generalklausel be-

---

565 UNCITRAL-Verfahren *S. D. Myers Inc.v. Government of Canada*, Entscheidung vom 13.November 2000, para.263.
566 Vgl. dazu auch UNCITRAL-Verfahren *Saluka Investments BV (The Netherlands) v. The Czech Republic*, Entscheidung vom 17.3.2006, para.305: "No investor may reasonably expect that the circumstances prevailing at the time the investment is made remain totally unchanged. In order to determine whether frustration of the foreign investor's expectations was justified and reasonable, the host State's legitimate right subsequently to regulate domestic matters in the public interest must be taken into consideration as well".

trachtet, die Lücken füllen soll, die von speziellen Schutzstandards nicht ausgefüllt werden.[567] Bei extensiver Auslegung kann das Gebot der fairen und billigen Behandlung so zu einem Instrument werden, das weite Bereiche staatlicher Regulierungstätigkeit potentiell entschädigungspflichtig macht. Dies entspricht zum einen nicht der ursprünglichen Schutzrichtung des Standards, zum anderen beachtet eine derartige Auslegung nicht in erforderlichem Maß die verfassungs- und völkerrechtlichen Verpflichtungen des jeweiligen Gaststaates.

Schließlich sei noch angemerkt, dass Südafrika in seinen neueren BITs dazu übergegangen ist, Ausnahmevorschriften für Maßnahmen positiver Diskriminierung zu vereinbaren, um die rechtlichen Unsicherheiten bezüglich der Gleichstellungsmaßnahmen zu beseitigen. Diese sollen Südafrika die erforderlichen Regelungsspielräume bereitstellen, innerhalb derer überkommenen sozialen und wirtschaftlichen Ungleichheiten entgegengewirkt werden kann. So bestimmt etwa Art. 3 Abs. 3 (c) des BITs zwischen Südafrika und der Tschechischen Republik aus dem Jahr 1998, dass die investitionsrechtlichen Standards der Inländerbehandlung und Meistbegünstigung

> "(...) shall not be construed so as to oblige one Party to extend to the investors of the other the benefit of any treatment, preference or privilege which may be extended by the Former Party by virtue of (...) any law or other measure the purpose of which is to promote the achievement of equality in its territory, or designed to protect or advance persons, or categories of persons, previously disadvantaged by unfair discrimination."[568]

c. Einbeziehung wirtschaftlicher Menschenrechte in die Präambel von Investitionsschutzabkommen

Einen wichtigen Schritt zur Verfestigung der Tendenz, investitionsfremde Erwägungen bei der Auslegung investitionsschutzrechtlicher Begriffe zu berücksichtigen, kann die Aufnahme menschenrechtlicher Erwägungen in die Präambel von Investitionsschutzabkommen darstellen.[569] Zwar sind die Erwägungsgründe der Präambel völkerrechtlich nicht verbindlich, gleichwohl können sie bei der Aus-

---

567 *Salacuse* (2010), S.218.
568 Abgedruckt in *Peterson* (2006), S.11; gleiche Bestrebungen sind auch in den malayischen Investitionsschutzabkommen erkennbar, in denen Malaysia versucht, Maßnahmen zur wirtschaftlichen Besserstellung der Bumiputras, einer regionalen Minderheit, aus dem Anwendungsbereich der BITs herauszuhalten, vgl. *Sornarajah* (2010), S.73.
569 Vgl. *UNCTAD*, World Investment Report (2003), S.167; *Liberti* in: Kahn/Wälde (2007), 791 (807/808); *Zia-Zarifi* in: Nieuwenhuys/ Brus (2001), 101 (121/122); speziell für den deutschen Mustervertrag: *Malik* (2006), S.13 ff.

legung einzelner Vertragsbestimmungen mitentscheidende Bedeutung erlangen. Denn wie bereits erwähnt werden Investitionsschutzabkommen als völkerrechtliche Verträge nach den Regeln der WVK ausgelegt. Gemäß Art. 32 Abs. 2 WVK findet auch die Präambel eines Vertrages bei dessen Auslegung Beachtung.[570] Wenn beispielsweise ein Schiedsgericht eine regulative Maßnahme unter enteignungsrechtlichen Gesichtspunkten prüft, können bei der Bewertung des Vorliegens einer (indirekten) Enteignung bzw. bei der Festlegung der Höhe der Entschädigungssumme[571] menschenrechtliche Erwägungen in die Entscheidung des Schiedsgerichtes miteinfließen. Enthält ein Investitionsschutzvertrag Hinweise auf investitionsfremde, insbesondere menschenrechtliche Belange ist die Nichtbeachtung menschenrechtlicher Gesichtspunkte in Abwägungsvorgängen ungleich schwerer zu rechtfertigen, als wenn die Präambel ausschließlich investitions- und wirtschaftsfördernde Zwecke benennt. Die große Mehrzahl existierender Investitionsschutzabkommen beschränkt sich jedoch auf zwei grundlegende Zielbestimmungen in der Präambel. So werden zum einen der Wunsch und die Absicht der Parteien zum Ausdruck gebracht, ihre wirtschaftlichen Beziehungen zu intensivieren, und zugleich die Erwartung geäußert, dass bessere wirtschaftliche Beziehungen und verbesserte Investitionsbedingungen den Wohlstand der Vertragsparteien erhöhen werden.[572] Der menschenrechtlichen und entwicklungspolitischen Dimension internationaler Investitionstätigkeit wird in den vorangestellten Programmsätzen in aller Regel keine Beachtung geschenkt. Kommt

---

570 Vgl dazu die UNCITRAL-Entscheidung *S.D. Myers/Canada*, para.202: "In interpreting the NAFTA the Tribunal must start by identifying the plain and ordinary meaning of the words in the context in which they appear and also must take due account of the object and purpose of the treaty. The context for the purpose of interpretation of a treaty includes its preamble and any annexes".

571 Vgl. zum Vorschlag, im Falle menschenrechtsrelevanter Regulierung die Entschädigungshöhe zu beschränken: *Liberti* in: Kahn/Wälde (2007), S.831 ff.; *Suda* (2006), 73 (130); *Peterson/Gray* (2005), S.30/31; seine Grenze findet dieser Ansatz freilich bei Investitionsschutzabkommen, die bestimmen, dass die Entschädigung dem vollen Wert der enteigneten Kapitalanlage unmittelbar vor dem Enteignungszeitpunkt entsprechen muss (so z.B. im deutschen Mustervertrag Art.4 Abs.2). Diese fast in allen Investitionsabkommen verwendeten Klauseln lassen den Schiedsgerichten wohl keinen interpretationsbedürftigen bzw. -fähigen Auslegungsspielraum.

572 *Dolzer/Stephans* (1995), S.20; vgl. auch die Präambel des deutschen Mustervertrags: „Die Bundesrepublik Deutschland und (...) - in dem Wunsch, die wirtschaftliche Zusammenarbeit zwischen beiden Staaten zu vertiefen, in dem Bestreben, günstige Bedingungen für Kapitalanlagen von Investoren des einen Staates im Hoheitsgebiet des anderen Staates zu schaffen, in der Erkenntnis, dass eine Förderung und ein vertraglicher Schutz dieser Kapitalanlagen geeignet sind, die private wirtschaftliche Initiative zu beleben und den Wohlstand beider Völker zu mehren - haben Folgendes vereinbart: (...)".

es im Rahmen einer Investitionsstreitigkeit auf die Auslegung eines bestimmten Schutzstandards an, deutet die Präambel in der bis jetzt gebräuchlichen Form demnach eher auf eine Auslegung zugunsten des Investors hin.[573]

Ein prominentes Beispiel für die Inkorporation menschen- und arbeitsrechtlicher Standards in die Präambel eines BIT ist der US-amerikanische Mustervertrag aus dem Jahr 2004.[574] Die Präambel bringt in ihrem fünften Erwägungsgrund die Absicht der Vertragsparteien zum Ausdruck, im Rahmen der Verbesserung der wirtschaftlichen Beziehungen und der Erhöhung der gegenseitigen Investitionsströme auch die international anerkannten Arbeitsrechte zu fördern:

> "*Desiring* to achieve these objectives in a manner consistent with the protection of health, safety, and the environment, and the promotion of internationally recognized labour rights;"[575]

Über die rein wirtschaftlichen Förderungsinteressen hinaus soll also auch die Sozial- und Menschenrechtsverträglichkeit der gegenseitigen Investitionen ein Ziel des Abkommens sein. Kommt es in einem Schiedsverfahren auf Grundlage des US-amerikanischen Mustervertrages auf die Interpretation eines investitionsrechtlichen Begriffes an, liegt es aufgrund der Präambel in menschenrechtssensiblen Sachverhalten nahe, arbeits- und menschenrechtliche Erwägungen in den Interpretationsprozess einzustellen. Insbesondere die menschen- und arbeitsrechtlichen Verpflichtungen, die mit den investitionsschutzrechtlichen Standards direkt kollidieren können, müssen Beachtung finden und in einen möglichst schonenden Ausgleich zu den investitionsrechtlichen Vorschriften gebracht werden.[576]

Ein weiteres Beispiel für die Aufnahme von Kernarbeitsrechten in die Präambel von internationalen investitionsrelevanten Verträgen stellen die *Economic Partnerchip Agreements* der Europäischen Union (sog. EPAs) dar. Beispielhaft sei hier die entsprechende Passage der Präambel des EPA mit Staaten der Karibikregion (sog. CARIFORUM-Staaten) wiedergegeben:

> "CONSIDERING the need to promote economic and social progress for their people in a manner consistent with sustainable development by respecting basic labour rights in line

---

573 *Dolzer* (2002), 64 (66); *Sornarajah* (2010), S.188 ff.; siehe dazu auch die Urteile in den ICSID-Verfahren *Siemens AG v. Argentine Republic*, ICSID-Verfahren ARB/02/8; Entscheidung vom 3.8.2004, para.80 ff.; *SGS v. Philippines*, Decision on Objections to Jurisdiction, 29.1.2004, ICSID-Verfahren ARB/02/6, para.116.

574 Abrufbar unter www.state.gov/documents/organization/38710.pdf.

575 Ähnlich auch der kanadische Muster-BIT abrufbar unter: www.international.gc.ca/assets/trade-agreements-accords-commerciaux/pdfs/2004-FIPA-model-en.pdf.

576 So auch *Suda* (2006), 73 (142).

with the commitments they have undertaken within the International Labour Organisation and by protecting the environment in line with the 2002 Johannesburg Declaration;"[577]

Schließlich sei noch die Präambel einer vorläufigen Version des *Multilateral Agreement on Investment* (MAI)[578] genannt, die eine sehr detaillierte Aufstellung der zu beachtenden Arbeitsrechte enthält:

"Commitment (…) to observance of internationally recognized core labour standards, i.e., freedom of association, the right to organize and bargain collectively, prohibition of forced labour, the elimination of exploitative forms of child labour, and non-discrimination in employment."[579]

Eine derartige Formulierung ließe keine Zweifel daran, dass Schiedsgerichte die international anerkannten Kernarbeitsrechte bei der Auslegung einzelner investitionsrechtlicher Standards beachten müssen. Dabei ist anzumerken, dass die Aufnahme von Menschen- und Kernarbeitsrechten in die Präambel einen relativ niedrigschwelligen Ansatz zur Kompatibilisierung des vertraglichen Investitionsschutzregimes mit dem Schutz der Menschenrechte darstellt, da keinerlei konkrete Verpflichtungen eingegangen werden müssen. Dennoch kann die Aufnahme aufgrund der Unbestimmtheit vieler investitionsrechtlicher Kernbegriffe große Wirkung entfalten. Wie die Einbeziehung menschenrechtlicher Belange in die Auslegung investitionsrechtlicher Behandlungsstandards erfolgen kann, soll am Beispiel des Enteignungstatbestandes im deutschen Mustervertrag skizziert werden. Die Grundzüge dieses Prüfungsprogramms sind jedoch nicht nur auf enteignungsrechtliche Fragen anwendbar, sondern können auch bei der Bewertung von Verstößen gegen Diskriminierungsverbote oder den Grundsatz der billigen und gerechten Behandlung herangezogen werden.

Nach Art. 4 des deutschen Mustervertrags dürfen geschützte Kapitalanlagen „nur zum allgemeinen Wohl und gegen Entschädigung direkt oder indirekt ent-

577 *Economic Partnership Agreement between the CARIFORUM States, of the one part, and the European Community and its Member States, of the other part*; abgeschlossen am 16.12.2007; abrufbar unter: http://trade.ec.europa.eu/doclib/docs/2008/february/tradoc_137971.pdf.
578 Von 1995 bis 1998 wurde im Rahmen der OECD über ein multilaterales Investitionsabkommen verhandelt, in dem nicht nur die verschiedenen Schutzstandards der bilateralen Investitionsabkommen vereinheitlicht, sondern auch weitergehende Investorenrechte wie beispielsweise Marktzugangsrechte verankert werden sollten. Die Verhandlungen scheiterten schließlich im Jahr 1998 an unüberwindbaren Differenzen zwischen den OECD-Mitgliedern in zahlreichen Detailfragen und aufgrund heftiger Proteste von Nichtregierungsorganisationen; vgl. dazu *Krajewski* (2009), Rn.572 ff.; *Sornarajah* (2010), S.257 ff.; *Seid* (2002), S.119 ff.
579 *OECD*, Draft MAI 1998, Präambel para.3; abgedruckt in: *Zia-Zarifi* in: Nieuwenhuys/Brus (2001), 101 (122).

eignet, verstaatlicht oder anderen Maßnahmen unterworfen werden, die in ihren Auswirkungen einer Enteignung oder Verstaatlichung gleichkommen." Der Vertrag weist einen umfassenden Enteignungstatbestand auf, der keinen Hinweis auf einen legitimen, entschädigungsfreien Regulierungsspielraum des Gaststaates enthält. Wie gesehen kann ein Schiedsgericht, das auf Grundlage des deutschen Mustervertrages über einen enteignungsrechtlichen Sachverhalt zu entscheiden hat, dennoch dem jeweiligen Gaststaat im Bereich der Umsetzung wirtschaftlicher Menschenrechte einen erweiterten Regelungsspielraum zugestehen. Wie bei jeder enteignungsrechtlichen Prüfung muss das Gericht dazu an erster Stelle prüfen, ob eine staatliche Maßnahme vorliegt, die von ihrer Eingriffsintensität her den Enteignungstatbestand des Art. 4 des Mustervertrags erfüllt. Soweit dies der Fall ist, muss das Schiedsgericht bei einem menschenrechtsrelevanten Sachverhalt in einem zweiten Schritt feststellen, ob die streitgegenständliche, direkt oder indirekt enteignende Maßnahme ein legitimes Regelungsziel verfolgt, also tatsächlich mit der originären Intention ergriffen wurde, eine bestehende, international anerkannte menschenrechtliche Pflicht zu erfüllen.[580] Maßnahmen, die in erster Linie aus protektionistischen oder diskriminierenden Gründen ergriffen werden, können nicht unter Berufung auf ihre positiven menschenrechtlichen „Nebenwirkungen" aus dem Anwendungsbereich der Enteignungsvorschriften herausgehalten werden. Entspricht die staatliche Maßnahme jedoch einer universell akzeptierten menschenrechtlichen Pflicht des beklagten Staates (z. B. eine Maßnahme zur Bekämpfung von Kinderarbeit oder gesundheitsgefährdender Arbeitsbedingungen), wird *prima facie* von der Legitimität des Regelungszweckes und somit nicht von einer entschädigungspflichtigen Enteignung auszugehen sein.[581]

---

580 *Suda* (2006), 73 (131); *Ceyssens/Sekler* (2006), S.43.
581 *Krajewski/Ceyssens* (2007), 180 (195); für umweltrechtliche Belange: *Wälde/Kolo* (2001), 811 (827/828); in gewisser Weise entspricht eine derartige Auslegung der Regelungstechnik im WTO-Recht, das in Art.3, 4 des SPS-Übereinkommens im Bereich gesundheitspolizeilicher und pflanzenschutzrechtlicher Maßnahmen auf internationale Standards zurückgreift, um im Spannungsverhältnis zwischen legitimer innerstaatlicher Regulierung und Vermeidung von Protektionismus die Rechtmäßigkeit einer handelsbeschränkenden Maßnahme zu bewerten. Art.3.2 SPS-Übereinkommen enthält insoweit eine Vermutung für die Rechtmäßigkeit gesundheitspolizeilicher und pflanzenschutzrechtlicher Maßnahmen, die einem international anerkannten Standard entsprechen. Gleiches gilt für das TBT-Abkommen im Bereich der technischen Handelshemmnisse; vgl. *Krajewski* (2009), Rn.359 ff.; *Nowrot* (2006), S.178 ff.

Die ergriffene Maßnahme und die damit verbundenen negativen Auswirkungen auf den Investor müssen zudem verhältnismäßig sein.[582] Sie müssen somit in einem angemessenen Verhältnis zum Zweck stehen, d. h. es darf insbesondere keine andere Maßnahme zur Verfügung stehen, die die Befolgung der menschenrechtlichen Verpflichtung ermöglicht und gleichzeitig die Anforderungen des Investitionsschutzabkommens erfüllt. Dabei steht der Regierung bzw. der Legislative des jeweiligen Landes ein Ermessensspielraum zu. Soweit ein Staat eine ILO-Konvention in nationales Recht umsetzt und dabei nicht von den internationalen normativen Vorgaben abweicht, wird man von der Verhältnismäßigkeit der nationalen Umsetzungsakte ausgehen müssen. Als problematisch können sich in diesem Zusammenhang Maßnahmen erweisen, die allgemein zum Schutz und zur Verwirklichung der wirtschaftlichen Menschenrechte des IPwirtR unternommen werden. Im Einzelfall wird es aufgrund der Abstraktheit des Paktes schwer nachzuweisen sein, dass eine konkrete Maßnahme unbedingt erforderlich war, um beispielsweise der Verpflichtung zur progressiven Verwirklichung des Rechts auf Arbeit aus Art. 6 IPwirtR nachzukommen. Auch hier bietet sich wiederum eine Vermutungsregel zulasten des Investors an.[583] Setzt eine Maßnahme eine menschenrechtliche Vorgabe um, so ist grundsätzlich von der Verhältnismäßigkeit der Maßnahme auszugehen. Der klagende Investor muss insofern die Verfügbarkeit weniger belastender, aber gleich effizienter Mittel darlegen. Als Maßstab für eine derartige Prüfung kann auf die Spruchpraxis des Ausschusses zum IPwirtR oder die konkretisierenden ILO-Konventionen zurückgegriffen werden. Die Abstraktheit der Regelungen des IPwirtR lässt sich jedenfalls nicht als Grund dafür anführen, dass eine Verhältnismäßigkeitsprüfung generell nicht erfolgen könne. Eine einzelfallbezogene Abwägung der widerstreitenden Interessen des Investitions- und des Menschenrechtsschutzes durch staatliche Organe und letztlich durch investitionsrechtliche Schiedsgerichte ist keineswegs unmöglich.

Liegen die genannten Voraussetzungen vor und wurden zudem im staatlichen Entscheidungs- und Gesetzgebungsprozess die Grundsätze der Gleichbehandlung, der Transparenz und des fairen Verfahrens beachtet, ist nicht ersichtlich,

---

582 Vgl. *Krajewski/Ceyssens* (2007), 180 (196); *Salacuse* (2010), S.313 ff.; *Krommendijk/Morijn* in: Dupuy u.a. (2009), 422 (432 ff.); *Hirsch* in: Muchlinski u.a. (2008), 154 (177); vgl. dazu die NAFTA-Entscheidung S.D. Myers/Canada, para.221: "(...) where a state can achieve its chosen level of environmental protection through a variety of equally effective and reasonable means, it is obliged to adopt the alternative that is most consistent with open trade. This corollary also is consistent with the language and the case law arising out of the WTO family of agreements".

583 Vgl. *Been/Beauvais* (2003), 30 (140).

warum nicht auch im Rahmen des Art. 4 des deutschen Mustervertrags Vermögenswerte ausländischer Investoren einer menschenrechtlich begründeten Allgemeinwohlbindung des Eigentums unterliegen sollten. Der ausländische Investor hat wie andere Wirtschaftsakteure das allgemeine Risiko sich ändernder regulatorischer Rahmenbedingungen zu tragen[584], insbesondere dann, wenn sich die Änderung auf Grundlage einer allgemein anerkannten menschenrechtlichen Verpflichtung vollzieht. Legt man den Enteignungstatbestand des deutschen Mustervertrages im beschriebenen Sinne aus, wird eine auf einer ILO-Konvention oder den Vorgaben des IPwirtR basierende Regulierungsmaßnahme im Regelfall nicht entschädigungspflichtig sein. Eine an diesen Maßstäben orientierte Auslegung würde allgemein die Investitionsschutzabkommen wieder auf ihre grundsätzliche Funktion zurückführen, ausländische Investoren gegen instabile politische Verhältnisse abzusichern und eine Behandlung nach rechtsstaatlichen Maßstäben zu gewährleisten. Es entspricht hingegen nicht dem Sinn und Zweck internationaler Investitionsabkommen, legitime staatliche Regulierung ausländischer Investoren zu beschränken.[585]

2. Einbeziehung in den Vertragstext

Die Untersuchung der Spruchpraxis hat gezeigt, dass investitionsrechtlichen Schiedsgerichten auch ohne ausdrückliche textliche Verankerung von menschenrechtlichen Belangen die Möglichkeit offensteht, menschenrechtliche Erwägungen bei der Auslegung investitionsrechtlicher Behandlungsstandards zu beachten. Da eine derartige Interpretation jedoch keineswegs als gesicherte Spruchpraxis gelten kann, liegt es nahe, dass die Vertragsstaaten internationaler Investitionsabkommen in Erfüllung ihrer menschenrechtlichen Verpflichtungen den Schiedsgerichten durch die textliche Fassung der Investitionsschutzabkommen

---

584 So hat bereits der StIGH im Jahr 1934 im *Oscar Chinn* Fall (U.K. v. Belgium, Judgment, 12 December 1934, PCIJ Ser. A/B, No. 63 (1934), 88) betont, dass „(…) favourable business conditions and goodwill are transient circumstances, subject to inevitable changes,"; ähnlich auch der Iran-US-Claims-Tribunal in *Starrett Housing Corp. v. Government of the Islamic Republic of Iran*, 4 Iran-US C.T.R. 122, 156 (Dec. 19, 1983): "(…) investors in Iran, like investors in all other countries, have to assume a risk that the country might experience strikes, lockouts, disturbances, changes of the economic and political system and even revolution. That any of these risks materialized does not necessarily mean that property rights affected by such events can be deemed to have been taken."; für allgemeine steuerliche Belastungen siehe *Feldman v. Mexico*, ICSID-Verfahren ARB/(AF)/99/1, Entscheidung vom 16.12.2002, para.105-132.
585 *Krajewski/Ceyssens* (2007), 180 (195).

genauere Handlungsanweisungen geben müssen. In den bestehenden Investitionsschutzverträgen finden sich bislang jedoch äußerst selten Regelungen, die investitionsfremden Belangen Geltung verschaffen, indem sie z. B. den Gaststaaten eine gewisse Flexibilität beim Umweltschutz oder zur progressiven Verwirklichung der wirtschaftlichen Menschenrechte zugestehen. Einige dahingehende Ansätze finden sich allerdings in neueren Investitionsschutzverträgen. Zudem hat das *International Institute for Sustainable Development* (IISD) im Jahre 2005 einen Muster-BIT[586] erarbeitet, der den entwicklungs- und menschenrechtlichen Implikationen internationaler Investitionsabkommen besondere Beachtung zukommen lässt. Das *International Institute for Sustainable Development* ist eine kanadische Nichtregierungsorganisation, die sich allgemein mit der Nachhaltigkeit internationaler Wirtschaftsbeziehungen und im Besonderen mit den sozialen und menschenrechtlichen Folgewirkungen internationaler Investitionstätigkeit beschäftigt. Wie im Folgenden auszuführen sein wird, beinhaltet der Mustervertrag des IISD investitionsschutzrechtliche Regelungen, die eine besondere Sensibilität gegenüber menschen- und kernarbeitsrechtlichen Belangen aufweisen. Primäres Ziel des IISD-Mustervertrages ist es, ein Gleichgewicht zwischen den Rechten und Pflichten der Investoren, der beteiligten Import- und Exportstaaten sowie der Entwicklungs- und Industriestaaten herzustellen. Der Muster-BIT soll den potentiellen Vertragspartnern als Vorlage bei Verhandlungen zukünftiger bi- und multilateraler Investitionsabkommen dienen. Dabei entfaltet die Vertragsvorlage für sich genommen noch keinerlei rechtliche Wirkungen. Völkerrechtlich verbindlich wird der Muster-BIT – wie die anderen nationalen Musterverträge auch – nur, wenn und soweit Staaten den Mustervertrag als völkerrechtlich verbindlich annehmen.

a. Begrenzung investitionsrechtlicher Behandlungsstandards

Eine bereits in die Vertragspraxis eingeflossene Regelungstechnik ist die ausdrückliche Klarstellung, dass investitionsrechtliche Standards Gaststaaten nicht in ihrer legitimen Regelungshoheit beschränken. Diese Ausnahmevorschriften stellen klar, dass bestimmte gemeinwohlbezogene Regelungen keine Verletzungen des bilateralen Investitionsschutzvertrages sind. Ein Beispiel dafür findet sich im US-amerikanischen Model-BIT. In Annex B, in dem die vertraglichen

---

586 *IISD Model International Agreement on Investment for Sustainable Development*; die im April 2006 überarbeitete Version sowie die übrigen Veröffentlichungen des IISD sind abrufbar unter www.iisd.org.

Enteignungsbestimmungen genauer definiert werden, wird in Abs. 4 zum Tatbestand der indirekten Enteignung ausgeführt:

"(a) The determination of whether an action or series of actions by a Party, in a specific fact situation, constitutes an indirect expropriation, requires a case-by-case, fact-based inquiry that considers, among other factors:

(i) the economic impact of the government action, although the fact that an action or series of actions by a Party has an adverse effect on the economic value of an investment, standing alone, does not establish that an indirect expropriation has occurred;

(ii) the extent to which the government action interferes with distinct, reasonable investment-backed expectations; and

(iii) the character of the government action.

(b) Except in rare circumstances, non-discriminatory regulatory actions by a Party that are designed and applied to protect legitimate public welfare objectives, such as public health, safety, and the environment, do not constitute indirect expropriations."[587]

Bei der enteignungsrechtlichen Bewertung einer Handlung sollen demnach nicht allein die wirtschaftlichen Folgewirkungen einer regulierenden Maßnahme ausschlaggebend sein (i), sondern der Gesamtcharakter einer staatlichen Handlung muss Beachtung finden (iii). Schon diese Formulierung ermöglicht die Eingliederung menschenrechtlicher Belange.[588] Noch deutlicher und konkreter ist die Formulierung in Abs. 4 lit.b). Nichtdiskriminierende Regulierungen, die Gemeinschaftsgüter wie Gesundheit, Sicherheit und Umwelt fördern, sollen im Regelfall nicht als Enteignungen qualifiziert werden. Nationale Vorschriften des Gaststaates zum Schutze der Gesundheit am Arbeitsplatz und sonstige arbeitsrelevante Menschenrechte lassen sich unter diese Ausnahmevorschrift subsumieren. Zugleich ist die Aufzählung der schützenswerten Güter nicht abschließend (*„welfare objectives, such as"*). Es ist daher von einer Auslegung auszugehen, nach der neben Maßnahmen zum Schutz der genannten Güter auch Maßnahmen

---

587 Eine nahezu gleichlautende Regelung findet sich im kanadischen Model-BIT aus dem Jahr 2004, Annex B 13 (1); eine in unserem Zusammenhang relevante Erweiterung enthält lit.c) des kanadischen Model-BIT, der im Grundsatz lit.b) des US-amerikanischen Model-BIT entspricht, im Detail jedoch genauer ist: "Except in rare circumstances, such as when a measure or series of measures are so severe in the light of their purpose that they cannot be reasonably viewed as having been adopted and applied in good faith, nondiscriminatory measures of a Party that are designed and applied to protect legitimate public welfare objectives, such as health, safety and the environment, do not constitute indirect expropriation."; ähnliche Klauseln enthalten die neueren US-Freihandelsabkommen; so z.B. Annex 10-B des Vertrages zwischen USA und Chile aus dem Jahr 2004: "Except in rare circumstances, nondiscriminatory regulatory actions by a Party that are designed and applied to protect legitimate public welfare objectives, such as public health, safety, and the environment, do not constitute indirect expropriations".
588 Vgl. *Fauchald* (2006), 3 (22).

zum Schutz der sonstigen international anerkannten Kernarbeitsrechte von der Entschädigungspflicht ausgenommen sind. Kernarbeitsrechte wie Gewerkschaftsfreiheit und Diskriminierungsverbote sind für alle Staaten verbindlich und daher als *legitimate public welfare objectives* zu qualifizieren. Durch einen vergleichbaren Annex ließe sich auch der Gehalt des Schutzstandards der fairen und billigen Behandlung genauer bezeichnen.

Einen ähnlichen Ansatz kennt das regionale Investitionsabkommen der Staaten des östlichen und südlichen Afrikas (*Common Market For Eastern And Southern Africa*, COMESA)[589], das im Mai 2007 beschlossen wurde. Darin heißt es in Art. 20 Abs. 8:

> "Consistent with the right of states to regulate and the customary international law principles on police powers, bona fide regulatory measures taken by a Member State that are designed and applied to protect or enhance legitimate public welfare objectives, such as public health, safety and the environment, shall not constitute an indirect expropriation under this Article."[590]

Nach dem Wortlaut handelt es sich bei der enteignungsrechtlichen Prüfung nach Art. 20 Abs. 8 um einen absoluten Standard. Soweit dessen Voraussetzungen vorliegen, erfolgt demnach keine Verhältnismäßigkeitsprüfung mehr. Diese Auslegung der Norm wird durch Art. 8 para. I des IISD-Musterentwurfes[591] unterstützt, der fast wörtlich Art. 20 Abs. 8 des *Agreement For The COMESA Common Investment Area* entspricht. Aufgrund der weitgehenden Identität des Wortlauts ist davon auszugehen, dass das *Agreement For The COMESA Common Investment Area* inhaltlich durch den zeitlich vorhergehenden IISD-Entwurf be-

---

589 Die internationale Organisation COMESA wurde 1994 als Nachfolgeorganisation der *Preferential Trade Area for Eastern and Southern Africa* (PTA) gegründet. Mitgliedsstaaten sind Ägypten, Äthiopien, Angola, Burundi, Dschibuti, Eritrea, Kenia, Komoren, DR Kongo, Libyen, Madagaskar, Malawi, Mauritius, Namibia, Ruanda, Sambia, Seychellen, Simbabwe, Sudan, Swaziland und Uganda. Hauptziel der Organisation ist die Schaffung einer Freihandelszone und eines gemeinsamen Marktes für die Länder des östlichen und südlichen Afrikas (weitere Informationen abrufbar unter www.comesa.int). Daneben soll der organisatorische Rahmen der COMESA auch für die Förderung ausländischer Direktinvestitionen sowohl innerhalb der Mitgliedsstaaten als auch aus Drittstaaten genützt werden. Hierfür wurde u.a. im Mai 2007 ein *Agreement For The COMESA Common Investment Area* (abrufbar unter www.comesa.int/investment) verabschiedet, das als Mustervertrag dienen soll; vgl. *Salacuse* (2010), S.99/100.
590 Art.20 Abs.8 *Agreement For The COMESA Common Investment Area*.
591 Art.8 (I) IISD-Musterentwurf: "Consistent with the right of states to regulate and the customary international law principles on police powers, *bona fide*, non-discriminatory regulatory measures taken by a Party that are designed and applied to protect or enhance legitimate public welfare objectives, such as public health, safety and the environment, do not constitute an indirect expropriation under this Article".

einflusst wurde. Zur Interpretation der Vorschrift des *Agreement For The CO-MESA Common Investment Area* liegt daher ein Rückgriff auf den Kommentar des IISD zum Musterentwurf nahe. Dieser Kommentar bestätigt die aufgrund des Wortlauts des COMESA-Abkommens vorgenommene Interpretation, dass es sich bei der enteignungsrechtlichen Prüfung nach dem Musterentwurf um einen absoluten Standard handelt.[592] Soweit eine Regelung *bona fide* ergeht und den sonstigen genannten Anforderungen entspricht, ist die Maßnahme nicht als indirekte Enteignung zu werten. Die Beweislast dafür, dass die Maßnahme keine legitime Regulierung darstellt, liegt beim Investor. Er muss darlegen, dass die Maßnahme entweder nicht *bona fide* ergangen oder der erstrebte Zweck nicht beachtenswert ist. Diese Regelungstechnik soll dazu führen, dass der Rechtssicherheit für den Gaststaat bei legitimer gemeinwohlbezogener Regulierung grundsätzlich ein höherer Stellenwert zugebilligt wird als der Eröffnung einer Klagemöglichkeit für den Investor.[593] Wenngleich die zukünftige Entwicklung abgewartet werden muss, hat das COMESA-Investitionsabkommen nach seinen normativen Grundlagen das Potential, ein menschenrechtssensibles Investitionsrechtsregime zu etablieren.

Schließlich sei noch auf den deutschen Mustervertrag verwiesen, der zu dem Grundsatz der Inländerbehandlung eine Protokollnotiz beinhaltet, die besagt, dass „(…) Maßnahmen, die aus Gründen der öffentlichen Sicherheit und Ordnung, der Volksgesundheit oder Sittlichkeit zu treffen sind, nicht als "weniger günstige" Behandlung gelten".[594] Solche Maßnahmen verstoßen danach nicht gegen den Grundsatz der Inländerbehandlung, selbst wenn sie inländische Kapitalanlagen günstiger als ausländische behandeln. Auch diese Vorschrift ist darauf angelegt, den autonomen Regelungsspielraum der Gaststaaten zu erhalten. Bisher sind noch keine schiedsgerichtlichen Entscheidungen bekannt geworden, in denen die Protokollnotiz relevant war. Ob unter die angeführten Motive auch die Kernarbeitsrechte gefasst werden können, ist daher offen. Es erscheint jedoch sehr naheliegend, beispielsweise bei der Interpretation des Begriffes der Volksgesundheit im Bereich des Arbeitslebens auf ILO-Konventionen oder entsprechende Ausführungen des Ausschusses zum IPwirtR zurückzugreifen.[595]

---

592 *Mann* u.a. (2006), S.18.
593 *Mann* u.a. (2006), S.18.
594 So z.B. im Investitionsschutzabkommen zwischen Deutschland und Georgien, BGBl. II 1998, S.576 ff., Protokoll, (3) zu Artikel 3(a), abrufbar unter http://www.disarb.de/de/53/bit/uebersicht-id0.
595 Auch der US-amerikanische Model-BIT enthält eine klarstellende Vorschrift zur Geltung des Inländerbehandlungsgrundsatzes in Zusammenhang mit *performance requirements*: Art.8 Abs.3 (c): "Provided that such measures are not applied in an arbitrary or unjustifi-

Der Überblick zeigt, dass die Begrenzung investitionsrechtlicher Standards für legitime staatliche Regulierungsbedürfnisse zum Teil bereits in die investitionsrechtliche Vertragspraxis eingeflossen ist, insgesamt jedoch ohne Zweifel noch den Ausnahmefall darstellt. Die große Mehrzahl der Investitionsschutzverträge enthält die üblichen, rein auf investitions- und wirtschaftsrelevante Schutzinteressen ausgerichteten Behandlungsstandards. Die vom Ausschuss zum IPwirtR aufgestellten menschenrechtlichen Verpflichtungen der Vertragsstaaten haben in den Investitionsschutzabkommen insofern (noch) nicht die erforderliche Beachtung gefunden. Neben der Tätigkeit der arbeits- und menschenrechtlichen Überwachungsorgane und dem wachsenden Druck einer kritischen Öffentlichkeit könnte ein anderes Phänomen jedoch zum vermehrten Auftreten von souveränitätserhaltenden Vorschriften beitragen. Denn aufgrund der steigenden Investitionsströme von Schwellenländern in entwickelte Industriestaaten werden immer häufiger auch Industriestaaten vor Schiedsgerichten aufgrund staatlicher Regulierungsmaßnahmen verklagt werden. Es liegt also zunehmend im eigenen Interesse der wirtschafts- und verhandlungsstarken Industriestaaten, bei Vertragsverhandlungen souveränitätserhaltende Klauseln in die Verträge mit einzubeziehen.[596]

b. Festlegung unmittelbarer Investorenpflichten

Ein anderer Weg, auf dem die Vertragsparteien effektiv menschenrechtliche Aspekte in Investitionsschutzabkommen integrieren können, kann in der Aufnahme unmittelbarer menschenrechtlicher Pflichten für Investoren in den Vertragstext bestehen. Aus völkerrechtlicher Sicht ist es keineswegs ausgeschlossen, dass Investitionsschutzabkommen auch Pflichten für das Verhalten des einzelnen Investors im Gaststaat begründen. So wie dem einzelnen durch völkerrechtliche Ver-

---

able manner, and provided that such measures do not constitute a disguised restriction on international trade or investment, paragraphs 1(b), (c), and (f), 2(a) and (b) (verschiedene Formen von *performance requirements*, Anm. d. Autors), shall not be construed to prevent a Party from adopting or maintaining measures, including environmental measures: (i) necessary to secure compliance with laws and regulations that are not inconsistent with this Treaty; (ii) necessary to protect human, animal, or plant life or health; or (iii) related to the conservation of living or non-living exhaustible natural resources." Auch hier ließe sich über die Interpretation der Ausnahmevorschriften (insbesondere der Vorschrift Art.8 (c) (ii)) die Integration der menschenrechtlichen Kernarbeitsrechte erreichen.

596 Vgl. *Sornarajah* (2010), S.222/223; *Dolzer* (2002), 64 (66).

träge unmittelbare Rechte eingeräumt werden können, können dem einzelnen grundsätzlich auch bestimmte völkerrechtliche Pflichten auferlegt werden. Allerdings kennt das Völkerrecht bislang nur wenige Beispiele, in denen Private als völkerrechtliche Pflichtensubjekte behandelt werden. So richtet sich traditioneller Weise das Verbot der Piraterie, des Sklavenhandels und der Sklaverei sowie das Verbot, Kriegsverbrechen und Völkermord zu begehen, auch an Individuen.[597] Noch nicht hinreichend geklärt ist, ob daneben auch andere menschenrechtliche Gewährleistungen auf gewohnheitsrechtlicher Basis Individuen verpflichten. Diskutiert wird eine völkerrechtliche Bindung von Individuen insbesondere für das Verbot der systematischen und willkürlichen Verfolgung und Ermordung von Bevölkerungsgruppen, das Verbot der Zwangsarbeit und der Folter sowie das Verbot der Vergewaltigung.[598]

Vor diesem Hintergrund scheint es keineswegs ausgeschlossen, transnationale Unternehmen in völkerrechtlichen Verträgen als Pflichtensubjekte zu behandeln. Soweit Private gewohnheitsrechtlich völkerrechtlichen Bindungen unterliegen, muss es erst recht möglich sein, völkervertragsrechtliche Pflichten zulasten Privater zu etablieren. Völkervertragsrechtlich fundierte Pflichten, die sich explizit auf transnationale Unternehmen beziehen, sind bislang allerdings nicht bekannt.[599] Es überrascht daher nicht, dass die Idee der menschenrechtlich fundierten Investorenpflichten in noch keinem Investitionsschutzvertrag umgesetzt wurde. Nach der vorherrschenden Konzeption, nach der es primärer Zweck von Investitionsschutzabkommen ist, den Investor vor politischen Instabilitäten im Gaststaat zu schützen, enthalten die Abkommen keinerlei eigenständige Verpflichtungen für Investoren, sie gestehen ihnen vielmehr einseitig materielle und prozedurale Rechte gegenüber dem Gaststaat zu. Unmittelbare Investorenpflichten ergeben sich allein aus dem innerstaatlichen Recht des Gaststaates.

Die Idee, dass Investoren nicht nur einseitig Rechte zugestanden werden, sondern diese Rechte auch korrelierende, neben den Verpflichtungen aus den nationalen Rechtsordnungen bestehende Pflichten umfassen, ist keineswegs neu, konnte sich aber bisher nicht durchsetzen. Viele investitions- und menschenrechtsrelevante *soft law*-Instrumente enthalten unmittelbare Verpflichtungen für den Investor. So zählen beispielsweise die *Norms on the Responsibilities of Transnational Corporations and Other Business Enterprises with Regard to*

---

597 *Schöbener u.a.* (2010), § 5 Rn.224; *Epping* in: Ipsen (2004), § 8 Rn.14.
598 Vgl. *Gaedtke* (2004), 241 (247 f.).
599 *Krajewski* (2009), Rn.61.

Human Rights[600] in Art. 2-19 vielfältige menschenrechtliche Verpflichtungen auf, deren unmittelbare Adressaten transnationale Unternehmen sind. Gleiches gilt für die *OECD-Guidelines for Multinational Enterprises.*[601] Diese Richtlinien und Verhaltenskodizes unterscheiden sich gegenüber den Investitionsschutzabkommen allerdings dadurch, dass sie völkerrechtlich nicht verbindlich sind.

Einen möglichen Weg zur Inkorporation verbindlicher völkerrechtlicher Investorenpflichten in bilaterale Investitionsabkommen zeigt der IISD-Musterentwurf auf. In seinem dritten Teil *Obligations and Duties of Investors and Investments* werden in Art. 14 unmittelbare Verhaltensanforderungen an Investoren formuliert:

> "(B) Investors and investments should uphold human rights in the workplace and in the state and community in which they are located. Investors shall not undertake or cause to be undertaken, acts that breach such human rights. Investors and investments shall not be complicit with, or assist in, the violation of the human rights by others in the host state, including by public authorities or during civil strife. The Parties shall, at their first meeting, adopt a list of international human rights and human rights instruments to assist investors in complying with this Provision.

> (C) Investors and investments shall act in accordance with core labour standards as required by the ILO Declaration on Fundamental Principles and Rights of Work, 1998.

> (D) Investors and investments shall not manage or operate the investments in a manner that circumvents international environmental, labour and human rights obligations to which the host state and/or home state are Parties."

Diese Vorschrift versucht, eine Balance zwischen den Schutzinteressen des Investors und den Erwartungen des Gaststaates an das Verhalten des Investors herzustellen. Der Entwurf statuiert in den verschiedenen Paragraphen des Art. 14 Verpflichtungen, die sich graduell voneinander unterscheiden, jedoch einen gemeinsamen Regelungszweck, nämlich die unmittelbare Verpflichtung der Investoren, verfolgen.[602] Im ersten Satz des Paragraphen (B) wird mit einer „weichen" Soll-Bestimmung die Beachtung der Menschenrechte in der Umgebung des Unternehmens gefordert. Die „härteren" Muss- oder Darf-nicht-Formulierungen in Satz 2 und 3 verlangen von den Investoren, dass sie weder direkt noch indirekt Menschenrechte verletzen. Die Pflicht zur Einhaltung der ILO-Kernarbeitsnormen in Paragraph (C) wird ebenfalls als harte Muss-Bestimmung eingefordert.

---

600 Abrufbar unter: http://daccess-ods.un.org/TMP/ 771022.5.html; dazu *Nowrot* (2003), S.1 ff.; *Weissbrodt/Kruger* (2003), (901) 901 ff.

601 Abrufbar unter www.oecd.org/dataoecd/56/36/19224228.pdf; die Guidelines werden gegenwärtig überarbeitet, vgl. dazu OECD, Terms of Reference for an Update of the OECD Guidelines for Multinational Enterprises, 4 May 2010, abrufbar unter: www.oecd.org /dataoecd/61/41/45124171.pdf.

602 *Fichtner* (2006), S.24.

Eine andere Zielrichtung hat hingegen Paragraph (D). Diese Regelung will sicherstellen, dass Investoren nicht systematisch nationale Menschen- und Arbeitsrechtsstandards umgehen, indem sie in andere Staaten mit niedrigeren Menschenrechtsstandards ausweichen.

Zusammen mit dem Durchsetzungs- und Sanktionsmechanismus des Art. 18 i.V.m. Art. 14 IISD-Entwurf[603] stellt der Vorschlag einen Mechanismus zur Integration von Investorenrechten in Investitionsschutzabkommen dar, der zur Stärkung der nationalen Arbeits- und Sozialstandards beitragen kann. Durch Bezugnahme auf die ILO-Kernarbeitsrechtsdeklaration wird ein objektiver Maßstab gewählt, der von beiden Vertragsparteien als gleichberechtigten Partnern akzeptiert werden kann und der durch die Tätigkeit der ILO-Organe über einen detaillierten Pflichtenkanon verfügt.

c. Stärkung der Regelungshoheit der Gaststaaten

Ein weiteres Element, das die Vertragsstaaten bei Abschluss internationaler Investitionsabkommen beachten müssen, ist die generelle Stärkung des Regelungswillens und der Regelungshoheit der Gaststaaten. Die Vertragsparteien müssen klarstellen, dass sie in keiner Weise die Regelungshoheit der Gaststaaten bei der Umsetzung menschenrechtlicher Verpflichtungen einengen oder verletzen. Ein erster Schritt in diese Richtung ist die Integration einer Verpflichtung zum Erhalt und zur Befolgung von nationalen Arbeitsstandards nach Vorbild des US-amerikanischen Muster-BITs. In dessen Art. 13[604] verpflichten sich die Ver-

---

603 Dazu sogleich unter Kapitel 3. B. III 3.
604 Article 13: Investment and Labor: "1. The Parties recognize that it is inappropriate to encourage investment by weakening or reducing the protections afforded in domestic labor laws. Accordingly, each Party shall strive to ensure that it does not waive or otherwise derogate from, or offer to waive or otherwise derogate from, such laws in a manner that weakens or reduces adherence to the internationally recognized labor rights referred to in paragraph 2 as an encouragement for the establishment, acquisition, expansion, or retention of an investment in its territory. If a Party considers that the other Party has offered such an encouragement, it may request consultations with the other Party and the two Parties shall consult with a view to avoiding any such encouragement.
2. For purposes of this Article, "labor laws" means each Party's statutes or regulations, or provisions thereof, that are directly related to the following internationally recognized labor rights: (a) the right of association; (b) the right to organize and bargain collectively; (c) a prohibition on the use of any form of forced or compulsory labor; (d) labor protections for children and young people, including a minimum age for the employment of children and the prohibition and elimination of the worst forms of child labor; and (e) ac-

tragsparteien, keine Maßnahmen zur Senkung oder Schwächung ihrer Sozial-
und Arbeitsgesetzgebung durchzuführen, die auf eine Steigerung der Attraktivität als Investitionsstandort abzielen. Kommt es zu Verstößen gegen diesen
Grundsatz, wird ein Konsultationsprozess eröffnet. In Art. 13 Abs. 2 der Regelung werden die Arbeitsstandards aufgezählt, die unter das Gebot des Abs. 1 fallen. Diese Gewährleistungen entsprechen den ILO-Kernarbeitsrechten. Auch
wenn es wohl primärer Zweck dieser Regelung ist, eine Senkung innerstaatlicher
Standards aus rein wettbewerblichen Gründen zu verhindern, kann diese Vorschrift dennoch einen ersten Ansatz zur Bestätigung und Stärkung der nationalen
Mindeststandards aufzeigen.[605] Die entscheidende Schwäche liegt jedoch in den
unzureichenden Durchsetzungs- und Sanktionsmechanismen. Durch den alleini-
gen Verweis auf einen Konsultationsprozess ist eine Durchsetzung mittels eines
Streitschlichtungsmechanismusses ausgeschlossen. Eine Konsultationsverpflich-
tung kann wohl für eine gewisse Öffentlichkeit sorgen, erscheint jedoch unter
rechtlichen Gesichtspunkten nicht als sonderlich effektiv.[606]

Eine umfangreichere Regelung hält der IISD-Musterentwurf in Art. 21 bereit:

"(B) Each Party shall ensure that its laws and regulations provide for high levels of labour
and human rights protection appropriate to its economic and social situation, and shall
strive to continue to improve these laws and regulations.

(D) All Parties shall ensure that their domestic law and policies are consistent with the
core labour requirements of the ILO Declaration on Fundamental Principles and Rights of
Work, 1998.

(E) All parties shall ensure that their laws, policies and actions are consistent with the international human rights agreements to which they are a Party and, at a minimum, as soon
as practicable with the list of human rights obligations and agreements to be adopted by
the first meeting of the Parties."

Hier werden zunächst Verpflichtungen beschrieben, die der Gaststaat bezüglich
der Umsetzung und Verwirklichung von Arbeits- und Menschenrechten auf nationaler Ebene hat. Dabei sei hervorgehoben, dass wiederum die ILO-
Kernarbeitsrechte als Referenzrahmen für die nationalstaatliche Rechtsordnung
dienen (vgl. Paragraph D). Daneben sollen die Vertragsstaaten sicherstellen, dass

---

ceptable conditions of work with respect to minimum wages, hours of work, and occupational safety and health".

605 Einen ähnlichen Ansatz kennt das NAFTA in Art.2: "Affirming full respect for each
Party´s constitution, and recognizing the right of each Party to establish its own domestic
labour standards, and to adopt to modify accordingly its labour laws and regulations, each
Party shall ensure its labour laws and regulations provide for high labour standards, consistent with high quality and productivity workplaces, and shall continue to strive to improve those standards in that light".

606 So auch *Ceyssens/Sekler* (2006), S.108.

ihre innerstaatlichen Rechtsordnungen den Verpflichtungen aus sonstigen Menschenrechtsverträgen wie beispielsweise dem IPwirtR entsprechen (vgl. Paragraph E).[607] Die Erfüllung dieser Verpflichtungen setzt zwingend die Möglichkeit der Umsetzung bzw. Verwirklichung der menschenrechtlichen Garantien mit legislativen und sonstigen Mitteln in den nationalen Rechtsordnungen voraus. Folgerichtig sichert Art. 25[608] des Musterentwurfes den Staaten den notwendigen Regelungsspielraum zu, der für die Erfüllung der menschenrechtlichen Verpflichtungen erforderlich ist. In Paragraph (B) des Art. 25 wird allgemein das Recht auf Regulierung (*"right to take regulatory measures"*) zur Verwirklichung sozialer und wirtschaftlicher Rechte bekräftigt. Gleichsam eine Spezialregelung für das Verhältnis zu anderen völkerrechtlichen (und somit auch menschenrechtlichen) Verträgen beinhaltet Paragraph (D). Nach dieser Regelung begründen nichtdiskriminierende *bona fide*-Regelungen keine Verletzung des Investitionsschutzabkommens, soweit der Gaststaat in Erfüllung einer anderen völkerrechtlichen Pflicht handelt.

Ein anderer Regelungstyp, der in mehreren Investitions- und Freihandelsabkommen verwendet wird, findet sich im Freihandelsabkommen zwischen der European Free Trade Association (EFTA) und Singapur. Eine Vorschrift unter der Überschrift *Domestic regulation* (Art. 43) lautet dabei:

> "Nothing in this Chapter shall be construed to prevent a Party from adopting, maintaining or enforcing any measure consistent with this Chapter that is in the public interest, such as measures to meet health, safety or environmental concerns."[609]

---

607 Diese Verpflichtung wird nochmals betont in Art.34 (C) IISD-Entwurf: "Relation to other international agreements: (C) The Parties hereby re-affirm their obligations under international environmental and human rights agreements to which they are a Party".

608 Art.25 IISD-Enwurf: "(B) In accordance with customary international law and other general principles of international law, host states have the right to take regulatory or other measures to ensure that development in their territory is consistent with the goals and principles of sustainable development, and with other social and economic policy objectives.
(C) Except where the rights of a host state are expressly stated as an exception to the obligations of this Agreement, the pursuit of these rights shall be understood as embodied within a balance of the rights and obligations of investors and investments and host states, as set out in this agreement, and consistent with other norms of customary international law.
(D) *Bona fide*, non-discriminatory, measures taken by a Party to comply with its international obligations under other treaties shall not constitute a breach of this Agreement".

609 Abrufbar unter: www.efta.int/content/legal-texts/third-country-relations/singapore/SG-FTA.pdf; ähnliche Formulierungen finden sich in einer Reihe von anderen Investitionsabkommen, so z.B. in Art.1114 (2) NAFTA: "Nothing in this chapter shall be construed to prevent a Party from adopting, maintaining or enforcing any measure otherwise

Zunächst scheint die Vorschrift aufgrund ihrer großzügigen Wortwahl (*"any measure that is in the public interest"*) dem Gaststaat einen weiten Regulierungsspielraum zuzugestehen, der ohne Weiteres auch arbeits- und menschenrechtsrelevante Regulierungen mit einschließt. Eine unscheinbare Einschränkung nennt die Vorschrift jedoch: Die Maßnahmen müssen den sonstigen Vorgaben des investitionsrelevanten Kapitels entsprechen (*"measures consistent with this chapter"*). Diese kurze Bedingung schränkt die praktische Rechtswirkung der Vorschrift gänzlich ein und verdreht sie gleichsam in ihr Gegenteil. Denn nach dieser Vorschrift kann staatliche Regulierung nur dann erfolgen, wenn sie in Übereinstimmung mit den investitionsrechtlichen Vertragsverpflichtungen des Vertragsstaates steht. Die ursprüngliche Intention, nämlich die Stärkung der staatlichen Regulierungshoheit, wird mit derartigen Klauseln demnach keineswegs erreicht.[610]

3. Einbeziehung im Rahmen des investitionsrechtlichen Schiedsverfahrens

Schließlich könnten die menschenrechtlichen Verpflichtungen im Rahmen des investitionsrechtlichen Schiedsverfahrens Beachtung finden. Zwei unterschiedliche Ansatzpunkte sollen dazu erörtert werden. Zum einen gibt es Urteile, in denen Schiedsgerichte ihre Zuständigkeit für Klagen von Investoren ablehnten, da sich diese nicht gemäß der Rechtsordnung des Gaststaates verhalten hatten. Übertragen auf den Untersuchungsgegenstand könnten Vertragsstaaten internationaler Investitionsabkommen Regelungen vereinbaren, nach denen die an sich zur Entscheidung berufenen Schiedsgerichte unzuständig werden, wenn Investoren gegen nationale oder internationale arbeits- oder menschenrechtliche Mindeststandards verstoßen. Diesem Gedanken soll sich der erste Teil dieses Abschnittes widmen. Zum anderen ließen sich menschenrechtliche Belange im Rahmen eines laufenden Schiedsverfahrens, beispielsweise in Form einer Gegenklage des beklagten Gaststaates, geltend machen. Auf diese Möglichkeit wird im zweiten Teil einzugehen sein.

Ein Beispiel für die Zuständigkeitslösung stellt die Entscheidung im ICSID-Verfahren *Inceysa v. El Salvador*[611] dar. Das Schiedsgericht hat seine Zuständig-

---

consistent with this Chapter that it considers appropriate to ensure that investment activity in its territory is undertaken in a manner sensitive to environmental concerns".
610 *Mann* (2008), S.19; *Alston* (2004), 457 (506).
611 *Inceysa Vallisoletana v. Republic of El Salvador*, ICSID-Verfahren No. ARB/03/26, Entscheidung vom 2.8. 2006.

keit in diesem Verfahren auf Grundlage des anwendbaren BIT mit der Begründung abgelehnt, dass der Investor die Investition nicht in Einklang mit der Rechtsordnung des Gaststaates El Salvador getätigt hatte, da der Zuschlag zu einem Konzessionsvertrag durch Täuschung öffentlicher Stellen von Seiten des Investors erschlichen worden war.[612] Nach Auffassung des Schiedsgerichts lag deshalb keine schutzwürdige Investition im Sinne des zugrundeliegenden BIT zwischen Spanien und El Salvador vor, die der Zuständigkeit des Schiedsgerichtes nach Art. 25 ICSID-Übereinkommen unterlegen hätte. Gestützt wurde eine derartige Auslegung auf die Vorschrift des BIT, nach der eine Investition nur dann durch den Vertrag geschützt ist, wenn sie *in accordance with the laws"* erfolgt.[613]

Obwohl nach der dargelegten Spruchpraxis wohl nur Verstöße im Zuge der Initiierung der Investition die Zuständigkeit ausschließen[614] und anfängliche Verletzungen im Bereich der Kernarbeitsrechte wohl nur schwerlich denkbar sind, ließen sich die Grundzüge einer derartigen Verknüpfung auf den Bereich der Menschenrechte übertragen.[615] Im Fall der Klage eines Investors könnte in einer relevanten Fallkonstellation im Rahmen der Zulässigkeit der Beschwerde geprüft werden, ob die national bzw. international fundierten Kernarbeitsrechte durch den Investor eingehalten wurden, und entsprechend der Rechtsschutz davon abhängig gemacht werden. Dies ließe sich teilweise bereits im Rahmen der bestehenden Investitionsschutzabkommen durch Auslegung der jeweiligen Schiedsvereinbarungen erreichen, zum Teil wäre dafür eine textliche Klarstellung in den Investitionsabkommen durch die Vertragsstaaten erforderlich. Dabei erscheint es angemessen, dem Investor nicht bei jedem geringfügigen Verstoß gegen nationale Regelungen den Weg zu investitionsrechtlichen Schiedsgerichten zu versperren. Eine derartige Auslegung widerspräche Sinn und Zweck des internationalen Investitionsschutzrechts, der gerade darin besteht, dem Investor ein außerhalb des nationalen Rechtssystems liegendes Schiedsverfahren zur Ver-

---

612 Inceysa/El Salvador, para.264; vgl. dazu auch *Borris/Hennecke* (2006), 49 (54/55); Peterson, Luke Eric, *Tribunal declines jurisdiction over fraudulently made investment in El Salvador*, in: Investment Treaty News (ITN), 19.12.2006, abrufbar unter www.iisd.org /investment/itnUH.

613 Inceysa/El Salvador, para.191-207; dieser Ansatz wurde bestätigt im ICSID-Verfahren ARB/00/4, *Fraport AG Frankfurt Airport Services Worldwide v. Republic of the Philippines*, Entscheidung vom 16.8.2007.

614 Vgl. Fraport/Philippines, Rn.345.

615 Dafür *Suda* (2006), 73 (156); *Liberti* in: Kahn/Wälde (2007), 791 (839); *Peterson/Gray* (2003), S.30; *Ceyssens/Feldt/Hörtreiter* (2005), S.29.

fügung zu stellen.[616] Lediglich schwerwiegende Verstöße gegen grundlegende Allgemeinwerte wie die Kernarbeitsrechte können den Ausschluss des Zugangs zur investitionsrechtlichen Schiedsgerichtsbarkeit rechtfertigen.

Zum Teil wird die Unzulässigkeit der Klage und somit der Totalverlust der materiellen Schutzrechte aus dem BIT als eine zu weitgehende Sanktion bei unternehmerischem Fehlverhalten erachtet.[617] Nicht die Ablehnung der Zulässigkeit sei die angemessene Reaktion, sondern die Beachtung des Fehlverhaltens des Investors innerhalb des schiedsgerichtlichen Verfahrens, beispielsweise durch das Instrument der Widerklage des Gaststaates.[618] Eine derartige Verteidigungsmöglichkeit für den beklagten Staat kennt die schiedsgerichtliche Spruchpraxis bereits. In der Entscheidung *Saluka Investments B.V. v. Czech Republic*[619] erkannte das Gericht auf Grundlage des niederländisch-tschechischen BIT und der nach diesem Vertrag anwendbaren UNCITRAL-Regeln (insbesondere Art. 19 Abs. 3 der UNCITRAL Arbitration Rules[620]) die grundsätzliche Möglichkeit einer Gegenklage durch den Gaststaat an, stellte zugleich aber hohe Hürden bezüglich deren Zulässigkeit auf.[621] Insbesondere muss sich die Gegenklage nach dieser Entscheidung auf eine Rechtsfrage beziehen, für die das befasste Gericht nach den entsprechenden Vorschriften des Investitionsschutzabkommens bzw. der berufenen Verfahrensregeln (UNCITRAL, ICSID etc.) zuständig ist.[622] Zudem muss eine enge tatsächliche und rechtliche Verbindung (*"close connection"*) zwischen der Klage des Investors und der Gegenklage des Gaststaates gegeben sein.[623]

---

616 *Sornarajah* (2010), S.276 ff.; vgl. dazu auch die Entscheidung im ICSID-Verfahren ARB/02/18, *Tokio Tokeles v. Ukraine*, Entscheidung vom 29.4.2004, para.86.

617 Vgl. *Borris/Hennecke* (2008), 49 (58).

618 Vgl. dazu auch den Ansatz von *Weiler* (2004), 429 (437 ff.), nach dem Individuen, die aufgrund einer Direktinvestition in ihren Menschenrechten verletzt worden sind, ein Klagerecht gegen den Investor eingeräumt werden soll.

619 UNCITRAL-Verfahren *Saluka Investments BV v. The Czech Republic* (Decision on Jurisdiction over the Czech Republic's Counterclaim), Entscheidung vom 7.5.2004.

620 Art. 19 Abs. 3 der UNCITRAL Arbitration Rules: "In his statement of defence, or at a later stage in the arbitral proceedings if the arbitral tribunal decides that the delay was justified under the circumstances, the respondent may make a counter-claim arising out of the same contract or rely on a claim arising out of the same contract for the purpose of a set-off."

621 Dazu ausführlich *Hoffmann* (2006), 317 (318 ff.).

622 Saluka/Czech Republic, para.57.

623 Saluka/Czech Republic, para.76: "The Tribunal is satisfied that those provisions (...) reflect a general principle as to the nature of the close connection which a counterclaim must have with the primary claim if a tribunal with jurisdiction over the primary claim is to have jurisdiction also over the counterclaim."

Weitgehend identische Voraussetzungen für die Erhebung einer Widerklage nennt Art. 46 ICSID-Übereinkommen:

„Sofern die Parteien nichts anderes vereinbaren, entscheidet das Gericht auf Antrag einer Partei über alle unmittelbar mit dem Streitgegenstand zusammenhängenden Zwischenanträge, Zusatzanträge oder Anträge nach Art der Widerklage, wenn sich die Zustimmung der Parteien auf diese Anträge erstreckt und sie außerdem in die Zuständigkeit des Zentrums fallen."

Nach dem ICSID bestehen demnach folgende Voraussetzungen für die Zulässigkeit einer Widerklage[624]: Zum einen muss der Streitgegenstand der Widerklage unmittelbar mit dem Streitgegenstand der Hauptklage zusammenhängen, zweitens muss sich die Zustimmung der Parteien zum schiedsgerichtlichen Verfahren auch auf die Erhebung einer Widerklage erstrecken und schließlich muss die Widerklage in die Zuständigkeit des ICSID fallen, insbesondere also eine unmittelbar mit einer Investition zusammenhängende Rechtsstreitigkeit i.S.d. Art. 25 ICSID-Übereinkommen darstellen.

Im Zusammenhang mit menschenrechtlich fundierten Widerklagen sind diese Voraussetzungen unter verschiedenen Gesichtspunkten problematisch. Die meisten Investitionsschutzabkommen enthalten in ihren Schiedsklauseln keine ausdrückliche Zuständigkeit der berufenen Schiedsgerichte für (Wider-)Klagen des Gaststaates, zum Teil werden diese sogar ausdrücklich ausgeschlossen.[625] Widerklagen des Gaststaates aufgrund menschen- und arbeitsrechtlicher Verstöße sind somit zu weiten Teilen nicht von den vertraglichen Schiedsvereinbarungen erfasst und daher unzulässig.[626] Zudem wird die erforderliche enge Verknüpfung zwischen Klage und Widerklage in den relevanten Fallkonstellationen häufig nicht vorliegen, da Verletzungen von Kernarbeitsrechten durch den Investor nicht in einem ausreichend engen rechtlichen und tatsächlichen Verhältnis zur

---

624 Vgl. dazu aus der ICSID-Spruchpraxis: *Klöckner Industrie-Anlagen GmbH and others v. United Republic of Cameroon and Société Camerounaise des Engrais,* ICSID-Verfahren ARB/81/2; *Amco Asia Corporation and others v. Republic of Indonesia* (Resubmitted Case: Decision on Jurisdiction), ICSID-Verfahren ARB/81/1, Entscheidung vom 10.5.1988.

625 So z.B. Art.1116-1117 NAFTA; weitere Nachweise bei *Veenstra-Kjos* in: Kahn/Wälde (2007), 597 (607 ff.).

626 Vgl. z.B. *Biloune and Marine Drive Complex Ltd. V. Ghana Investments Centre and the Government of Ghana,* Award on Jurisdiction and Liability, Entscheidung vom 27.10.1989, 95 ILR 184: "Moreover, contemporary international law recognizes that all individuals, regardless of their nationality, are entitled to fundamental human rights (…). Nevertheless, it does not follow that this Tribunal is competent to pass upon every type of departure from the minimum standard to which foreign nationals are entitled, or that this Tribunal is authorized to deal with allegations of violations of fundamental human rights".

Verletzung von investitionsrechtlichen Behandlungsstandards durch den Gaststaat stehen.[627]

Diese rechtlichen Hindernisse bei der Anwendung des Instruments der Widerklage spiegeln sich in der ICSID-Spruchpraxis wider. So erhob beispielsweise Indonesien als beklagter Gaststaat im Rahmen des ICSID-Verfahrens *Amco v. Indonesia*[628] eine Widerklage, in der Indonesien von dem Investor Amco Schadensersatz wegen Steuerhinterziehung verlangte. Im Rahmen der Zulässigkeit der Widerklage prüfte das Schiedsgericht, ob eine Schadensersatzforderung aufgrund von Steuerhinterziehung durch den Investor eine „unmittelbar mit einer Investition zusammenhängende Rechtsstreitigkeit" gemäß Art. 25 ICSID-Übereinkommen darstellt. Das Schiedsgericht kam dabei zu dem Ergebnis, dass es sich bei der Verpflichtung, Steuern zu zahlen, um eine allgemeine Pflicht gegenüber dem Gaststaat handele.[629] Davon abzugrenzen seien Verpflichtungen, die ganz spezifisch durch die Vornahme der Investition selbst entstünden, beispielsweise Verpflichtungen im Rahmen von Investor-Staat-Verträgen. Nur letztere würden einen ausreichend engen Zusammenhang im Sinne des Art. 25 ICSID-Übereinkommen aufweisen. Unter Zugrundelegung dieser Abgrenzung wird man die Einhaltung von Kernarbeitsrechten durch den Investor unter die allgemein zu beachtenden, d. h. nicht unter Art. 25 ICSID-Übereinkommen fallenden Verpflichtungen des Investors subsumieren müssen. Denn jedes Unternehmen – unabhängig, ob aufgrund ausländischer Direktinvestitionen entstanden oder nicht – ist dazu verpflichtet, die kernarbeitsrechtlichen Regelungen im Gaststaat zu beachten. Dies stellt keine spezifische Anforderung an Unternehmen dar, die auf Grundlage von ausländischen Direktinvestitionen entstanden sind. Insoweit wird man keinen Unterschied zwischen der Beachtung der Kernarbeitsrechte und der ordnungsgemäßen Begleichung der Steuerschuld durch Unternehmen machen können. Bei Widerklagen aufgrund von Verstößen gegen Kernarbeitsrechte ist die Zuständigkeit des ICSID gemäß Art. 25 ICSID-Übereinkommen daher in der Regel nicht eröffnet. Im Ergebnis wird man Schadensersatzansprüche gegen Unternehmen wegen Arbeitsrechtsverletzungen somit in der nationalen Rechtsordnung des Gaststaates verfolgen müssen.

Vom menschenschutzrechtlichen Standpunkt aus könnte jedoch die Möglichkeit einer Widerklage, in der u. a. arbeits- und menschenrechtliche Verstöße ge-

---

627 Zu dieser Voraussetzung: *Schreuer* (2009), Art.46 Rn.72 ff.
628 ICSID-Verfahren ARB/81/1, *Amco Asia Corporation and others v. Republic of Indonesia*, Resubmitted Case: Decision on Jurisdiction, Entscheidung vom 10.5.1988; zum Verfahren siehe auch *Schreuer* (2009), Art.46 Rn.91.
629 Amco/Indonesia, para.122 ff.

gen nationale oder völkerrechtliche Schutznormen vorgebracht werden können, ein wirkungsvolles Instrument zur Umsetzung der menschenrechtlichen Verpflichtungen der Vertragsstaaten darstellen. Wie gesehen besteht diese Möglichkeit aufgrund der völkervertraglichen Schiedsvereinbarungen *de lege lata* jedoch nur in sehr beschränktem Umfang. Veränderungen in den Investitionsabkommen wären daher nötig. Vorbild für eine Regelung könnte wiederum der IISD-Entwurf sein, nach dem der Gaststaat dauerhafte Verstöße gegen Arbeits- und Menschenrechte durch den Investor im streitigen Verfahren in Form einer Widerklage vorbringen kann.[630] Die Ausübung der Investorenrechte wird so unmittelbar mit der Einhaltung der Kernarbeitsnormen verknüpft. Einen ähnlichen Ansatz, der nicht auf die internationalen Standards, sondern auf die nationalen (Umsetzungs-)Akte abstellt und somit das aktuelle Verständnis der Verpflichtung von Privaten besser widerspiegelt, enthält der *Investment Agreement for the COMESA Common Investment Area,* Art. 28.9:

> "A Member State against whom a claim is brought by a COMESA investor under this Article may assert as a defence, counterclaim, right of set off or other similar claim, that the COMESA investor bringing the claim has not fulfilled its obligations under this Agreement, including the obligations to comply with all applicable domestic measures or that it has not taken all reasonable steps to mitigate possible damages."

4. Einbeziehung im Rahmen künftiger EU-Investitionsabkommen

Noch ist unklar, ob und gegebenenfalls mit welchem Inhalt die EU auf Grundlage des Vertrages von Lissabon in Zukunft eigenständige Investitionsschutzabkommen mit Drittstaaten abschließen wird. In der im Juli 2010 veröffentlichten Mitteilung „Auf dem Weg zu einer umfassenden Auslandsinvestitionspolitik" hat die EU-Kommission dargelegt, dass die EU kurzfristig wohl keine eigenständigen Investitionsabkommen abschließen wird. Lediglich im Rahmen der Verhandlungen über Freihandelsabkommen sollen investitionsrelevante Schutzstan-

---

630 Art.18 Relation of this Part to dispute settlement: "(D) Where a persistent failure to comply with Articles 14 or 15 is raised by a host state defendant or an intervener in a dispute settlement proceeding under this Agreement, the tribunal hearing such a dispute shall consider whether this breach, if proven, is materially relevant to the issues before it, and if so, what mitigating or off-setting effects this may have on the merits of a claim or on any damages award in the event of such award.
(E) A host state may initiate a counterclaim before any tribunal established pursuant to this Agreement for damages resulting from an alleged breach of the Agreement".

dards soweit möglich einbezogen werden.[631] Inwieweit in einer längerfristigen Perspektive eigenständige EU-Investitionsschutzabkommen vereinbart werden, die an die Stelle der bisherigen mitgliedsstaatlichen Abkommen treten, ist noch offen. Die EU-Kommission erklärt in der genannten Mitteilung lediglich, potentielle zukünftige EU-Investitionsschutzverträge in erster Linie mit Ländern oder Wirtschaftsräumen verhandeln zu wollen, die eine hinreichend große Wirtschaftskraft aufweisen und somit für die gesamte EU von wirtschaftlicher Bedeutung sein können. Unabhängig von diesen Fragen steht allerdings fest, dass potentielle zukünftige EU-Investitionsabkommen in gleichem Maße den kernarbeitsrechtlichen Bindungen unterliegen wie bi- und multilaterale Investitionsabkommen zwischen Nationalstaaten. Auch wenn die EU nicht Mitglied des IPwirtR ist, unterliegt sie als eigenständiges Völkerrechtssubjekt ohne Einschränkungen den gewohnheitsrechtlich fundierten menschenrechtlichen Verpflichtungen.[632] Im Folgenden soll daher untersucht werden, ob die sich abzeichnende europäische Auslandsinvestitionspolitik diesen Bindungen in erforderlichem Maße gerecht wird. Erschwert wird diese Untersuchung durch den Umstand, dass Gestalt und Inhalt zukünftiger EU-Investitionsabkommen zum jetzigen Zeitpunkt nur in Umrissen erkennbar sind. Erste Hinweise auf die inhaltliche Ausgestaltung möglicher Investitionsabkommen hat die EU-Kommission allerdings in der bereits genannten Mitteilung „Auf dem Weg zu einer umfassenden Auslandsinvestitionspolitik" gegeben. Thematisch sind die Ausführungen auf bilaterale Investitionsschutzverträge mit Drittstaaten beschränkt, insbesondere bilaterale Investitionsschutzabkommen zwischen EU-Staaten werden nicht behandelt.

In Bezug auf das materielle Investitionsschutzrecht bekennt sich die EU-Kommission in der Mitteilung zu einem hohen Schutzniveau im Hinblick auf die maßgeblichen investitionsrechtlichen Behandlungsstandards sowie den Enteignungsschutz.[633] Zukünftige EU-Investitionsschutzabkommen und die darin nie-

---

631 Mitteilung der EU-Kommission „Auf dem Weg zu einer umfassenden europäischen Auslandsinvestitionspolitik" (KOM(2010)343 endg. v. 7.7.2010), S.7.

632 Vgl. *Herdegen* (2010), § 5 Rn.1 f.; *Schermers/Blokker* (2003), § 1579; *Tomuschat* (2001), 134/135; *Seidl-Hohenveldern/Loibl* (2000), Rn.1512; *Amerasinghe* (2005), S.400/401; auch der EuGH hatte bereits für die EG die Bindungswirkung von Völkergewohnheitsrecht anerkannt: *A. Racke GmbH & Co v. Hauptzollamt Mainz* (EuGH, C-162/96), para.45: „Die Gemeinschaft muß ihre Befugnisse nach dem Urteil vom 24. November 1992 in der Rechtssache C-286/90 (Poulsen und Diva Navigation, Slg. 1992, I-6019, Rn. 9) unter Beachtung des Völkerrechts ausüben. Sie muß daher die Regeln des Völkergewohnheitsrechts beachten, (…)".

633 Mitteilung der EU-Kommission „Auf dem Weg zu einer umfassenden europäischen Auslandsinvestitionspolitik" (KOM(2010)343 endg. v. 7.7.2010), S.8.

dergelegten materiellen Schutzstandards werden sich daher wohl nicht grundlegend von den Investitionsabkommen der Mitgliedsstaaten mit Drittstaaten unterscheiden. Zu beachten ist jedoch, dass die zukünftige EU-Auslandsinvestitionspolitik als Teil der Gemeinsamen Handelspolitik in das auswärtige Handeln der Union eingebunden ist, vgl. Art. 205 AEUV i.V.m. Art. 21 EUV. Diese primärrechtliche Einbindung hat Folgewirkungen, die für den vorliegenden Zusammenhang von erheblicher Bedeutung sein können.

Die Regelung des Art. 205 AEUV, die den Teil über das auswärtige Handeln der Union und die Gemeinsame Handelspolitik einleitet, bestimmt, dass „das Handeln der Union auf internationaler Ebene im Rahmen dieses Teils von den Grundsätzen bestimmt (wird) (…), die in Titel V Kapitel 1 des Vertrags über die Europäische Union niedergelegt sind". Der in Titel V Kapitel 1 des EU-Vertrages inhaltlich maßgebende Art. 21 EUV lautet auszugsweise:

> „(1) Die Union lässt sich bei ihrem Handeln auf internationaler Ebene von den Grundsätzen leiten, die für ihre eigene Entstehung, Entwicklung und Erweiterung maßgebend waren und denen sie auch weltweit zu stärkerer Geltung verhelfen will: Demokratie, Rechtsstaatlichkeit, die universelle Gültigkeit und Unteilbarkeit der Menschenrechte und Grundfreiheiten, die Achtung der Menschenwürde, der Grundsatz der Gleichheit und der Grundsatz der Solidarität sowie die Achtung der Grundsätze der Charta der Vereinten Nationen und des Völkerrechts. (…)

> (2) Die Union legt die gemeinsame Politik sowie Maßnahmen fest, führt diese durch und setzt sich für ein hohes Maß an Zusammenarbeit auf allen Gebieten der internationalen Beziehungen ein, um (…)

> b) Demokratie, Rechtsstaatlichkeit, die Menschenrechte und die Grundsätze des Völkerrechts zu festigen und zu fördern; (…)

> d) die nachhaltige Entwicklung in Bezug auf Wirtschaft, Gesellschaft und Umwelt in den Entwicklungsländern zu fördern mit dem vorrangigen Ziel, die Armut zu beseitigen; (…)

> (3) Die Union wahrt bei der Ausarbeitung und Umsetzung ihres auswärtigen Handelns in den verschiedenen unter diesen Titel und den Fünften Teil des Vertrags über die Arbeitsweise der Europäischen Union fallenden Bereichen sowie der externen Aspekte der übrigen Politikbereiche die in den Absätzen 1 und 2 genannten Grundsätze und Ziele.

> Die Union achtet auf die Kohärenz zwischen den einzelnen Bereichen ihres auswärtigen Handelns sowie zwischen diesen und ihren übrigen Politikbereichen. Der Rat und die Kommission, die vom Hohen Vertreter der Union für Außen- und Sicherheitspolitik unterstützt werden, stellen diese Kohärenz sicher und arbeiten zu diesem Zweck zusammen."

Nach Art. 21 Abs. 3 S.1 EUV i.V.m. Art. 205 AEUV ist die EU demnach verpflichtet, bei der Ausarbeitung und Umsetzung der Gemeinsamen Handelspolitik (einschließlich der Auslandsinvestitionspolitik) Umweltschutz, nachhaltige Entwicklung sowie die universelle Geltung und Unteilbarkeit der Menschenrechte zu wahren. Die Einbeziehung sogenannter „weicher" Themen wie Umweltschutz und nachhaltige Entwicklung in das auswärtige Handeln der EU, insbesondere auch die Einbeziehung menschenrechtlicher Gesichtspunkte in die Auslandsinvestitionspolitik ist somit primärrechtlich vorgeschrieben.[634] Den Verweis des Art. 205 AEUV auf Art. 21 EUV nimmt die Kommissionsmitteilung auf, indem sie die Kohärenz der Auslandsinvestitionspolitik mit den übrigen Politikfeldern der EU fordert und auf die *OECD Guidelines for Multinational Enterprises* verweist:

> "Investment agreements should be consistent with the other policies of the Union and its Member States, including policies on the protection of the environment, decent work, health and safety at work, consumer protection (…). Investment policy will continue to allow the Union, and the Member States to adopt and enforce measures necessary to pursue public policy objectives.
>
> A common investment policy should also be guided by the principles and objectives of the Union´s external action more generally, including the promotion of the rule of law, human rights and sustainable development (Article 205 TFEU and Article 21 TEU). In this respect, the OECD Guidelines for Multinational Enterprises, which are currently being updated, are an important instrument to help balance the rights and responsibilities of investors."[635]

Auf Grundlage des Art. 205 AEUV i.V.m. Art. 21 EUV geht die Kommissionsmitteilung somit davon aus, dass menschenrechtliche Elemente bei der Konzeption einer umfassenden EU-Auslandsinvestitionspolitik zu beachten sind. Die zukünftigen Investitionsabkommen sollen insbesondere in Übereinstimmung mit den von der Union und den Mitgliedsstaaten betriebenen Anstrengungen für gesunde und sichere Arbeitsverhältnisse stehen. Die Mitteilung weist zudem darauf hin, dass zukünftige EU-Investitionsabkommen klare Formulierungen für die Abgrenzung zwischen entschädigungspflichtigen Enteignungen und legitimer staatlicher Regulierung finden sollen.

In Anbetracht der vielfältigen Auswirkungen, die die primärrechtliche Verpflichtung zur Beachtung außerwirtschaftlicher, insbesondere menschenrechtlicher Gesichtspunkte haben kann, ist es bedauerlich, dass die Kommission keine weitergehenden konkretisierenden Ausführungen zu diesem Themenbereich macht. Die zitierten Erklärungen lassen jedoch darauf schließen, dass in der Kommission zumindest eine gewisse Sensibilität für die Menschenrechtsrelevanz internationaler Investitionstätigkeit existiert. Andererseits verweist die Mitteilung als einzige Konkretisierung der abstrakten Kohärenzverpflichtung der Art. 21 EUV, Art. 205 AEUV auf die OECD Guidelines for Multinational Enterprises. Die Guidelines stellen – wie bereits an anderer Stelle ausgeführt – ein rechtlich unverbindliches Instrument aus dem Bereich des *soft law* dar.

---

634 *Tietje* (2010), 647 (649).
635 Mitteilung der EU-Kommission „Auf dem Weg zu einer umfassenden europäischen Auslandsinvestitionspolitik" (KOM(2010)343 endg. v. 7.7.2010), S.9.

Im Ergebnis wird die weitere konzeptionelle Entwicklung der Auslandsinvestitionspolitik der EU abzuwarten sein. Die Kommission selbst betont, dass es sich dabei um einen evolutiven Prozess handelt, dessen Verlauf offen ist.[636] Durch den Verweis des Art. 205 AEUV auf Art. 21 EUV ist jedoch zumindest eine normative Grundlage im Primärrecht für die Einführung kernarbeitsrechtlicher Regelungen in künftige EU-Investitionsabkommen geschaffen worden. Ob und wie sich diese primärrechtliche Verankerung in künftigen Investitionsabkommen widerspiegeln wird, bleibt abzuwarten. Der Hinweis auf die OECD-Leitsätze lässt vermuten, dass die Kommission wohl einen Ansatz verfolgt, der auf unternehmerische Selbstverpflichtungen und unverbindliche *soft law*-Instrumente setzen wird.

IV. Rechtsfolgen der Menschenrechtswidrigkeit internationaler
   Investitionsabkommen

Wie sich aus den vorstehenden Ausführungen ergibt, finden in einer Vielzahl von internationalen Investitionsabkommen kernarbeitsrechtliche Verpflichtungen nicht im erforderlichen Maße Berücksichtigung. Diese Abkommen verstoßen somit gegen vertraglich bzw. gewohnheitsrechtlich fundierte menschenrechtliche Pflichten der Vertragspartner. Weder der IPwirtR noch die verschiedenen ILO-Konventionen enthalten spezielle Regelungen über die Rechtsfolgen von Vertragsverletzungen. Auch die Allgemeinen und Abschließenden Bemerkungen des Ausschusses zum IPwirtR geben insoweit keinen Aufschluss, da der Ausschuss zum IPwirtR im Rahmen des von ihm verfolgten konstruktiven Dialogs mit den Mitgliedsstaaten in Hinblick auf mögliche Vertragsverletzungen sehr zurückhaltend formuliert. Wenn ein paktwidriges Verhalten eines Mitgliedsstaates naheliegt, benutzt der Ausschuss weiche Formulierungen wie *"the Committee is concerned about"*[637], *"the Committee notes with regret"*[638] etc.
   Aufgrund des Fehlens spezifischer Vorschriften finden somit die allgemeinen Regeln der völkerrechtlichen Staatenverantwortlichkeit Anwendung auf die Verletzung von völkervertraglichen und gewohnheitsrechtlichen Kernarbeitsrech-

---

636 Vorschlag der EU-Kommission für eine Verordnung des Europäischen Parlaments und des Rates zur Einführung einer Übergangsregelung für bilaterale Investitionsabkommen zwischen Mitgliedsstaaten und Drittstaaten (KOM(2010)344 endg. v. 7.7.2010), S.2.
637 So z.B. in para.16 der Abschließenden Bemerkungen zum Länderbericht Aserbaidschans vom 14.12.2004 (UN Doc E/C.12/1/Add.104).
638 So z.B. in para.15 der Abschließenden Bemerkungen zum Länderbericht Albaniens vom 24.12.2006 (UN Doc E/C.12/ALB/CO/1).

ten.[639] Die allgemeinen Regeln der völkerrechtlichen Staatenverantwortlichkeit haben im Jahr 2001 eine inhaltliche Fixierung in Gestalt der *Draft Articles on Responsibilitiy of States for Internationally Wrongful Acts*[640] der *International Law Commission* gefunden, die von der UN-Generalversammlung in Form einer unverbindlichen Resolution[641] angenommen wurde. Diese *Draft Articles* spiegeln daher nur insoweit bindendes Völkerrecht wider, als sie bestehendes Völkergewohnheitsrecht kodifizieren. Für den vorliegenden Zusammenhang relevant sind die Regelungen zu den tatbestandlichen Voraussetzungen eines Völkerrechtsverstoßes (Art. 2 ff. *Draft Articles*) sowie die Regelungen zu den unmittelbaren Rechtsfolgen eines Völkerrechtsverstoßes (Art. 28-39 *Draft Articles*). Diese Regelungen der *Draft Articles* sind nach allgemeiner Auffassung Teil des verbindlichen Völkergewohnheitsrechts.[642]

Art. 1 der *Draft Articles on Responsibilitiy of States for Internationally Wrongful Acts* legt fest, dass völkerrechtswidriges Verhalten eines Staates die völkerrechtliche Verantwortlichkeit dieses Staates begründet. Art. 2 definiert die Elemente völkerrechtswidrigen Handelns eines Staates wie folgt:

> „Ein völkerrechtswidriges Handeln eines Staates liegt vor, wenn ein Verhalten bestehend aus einer Handlung oder Unterlassung: a) dem Staat nach dem Völkerrecht zurechenbar ist und b) eine Verletzung einer völkerrechtlichen Verpflichtung des Staates begründet."

Das völkerrechtliche Delikt setzt somit eine zurechenbare Völkerrechtsverletzung eines Staates voraus. Der tatbestandsmäßige Anknüpfungspunkt für das menschenrechts- und somit völkerrechtswidrige Verhalten der Staaten liegt im Fall der internationalen Investitionsabkommen im Unterlassen der Einbeziehung menschenrechtlicher Elemente in den Vertragstext. Dieses Unterlassen ist dem jeweiligen Vertragsstaat ohne Weiteres zurechenbar im Sinne des Art. 2 lit.a), Art. 4 der *Draft Articles*.

---

639 Vgl. *Jägers* (2002), S.145; *Meron* (1989), S.229 ff.; zur Anwendbarkeit der Regeln der Staatenverantwortlichkeit auf gewohnheitsrechtliche sowie menschenrechtliche Verpflichtungen vgl. auch den Kommentar der *International Law Commission* zu den *Draft Articles on Responsibilitiy of States for Internationally Wrongful Acts*, § 12 para.3, § 28 para.3, § 33 para.3; abgedruckt in: Yearbook of the International Law Commission, 2001, vol. II, Part Two.

640 Die *Draft Articles on Responsibilitiy of States for Internationally Wrongful Acts* sind zusammen mit einem Kommentar der *International Law Commission* abgedruckt in: Yearbook of the International Law Commission, 2001, vol. II, Part Two (deutsche Übersetzung in: Sartorius II, Internationale Verträge – Europarecht).

641 Resolution der UN-Generalversammlung vom 12.12.2001 (A/RES/56/83).

642 *Stein/von Buttlar* (2009), Rn.1107 ff., 1157 ff.; *Schröder* in: Graf Vitzthum (2010), 7.Abschnitt Rn.8 ff., 31 ff.

Die zweite Voraussetzung der völkerrechtlichen Verantwortlichkeit, die Völkerrechtsverletzung, findet ihre Konkretisierung in Art. 12 der *Draft Articles on Responsibilitiy of States for Internationally Wrongful Acts*:

> „Eine Verletzung einer völkerrechtlichen Verpflichtung durch einen Staat liegt vor, wenn ein Handeln dieses Staates nicht im Einklang steht mit dem, was durch die Verpflichtung, ungeachtet deren Art und Ursprungs, von ihm verlangt wird."

Wie bereits ausgeführt, sind Vertragsstaaten internationaler Investitionsabkommen dazu verpflichtet, menschenrechtlichen Belangen angemessene Beachtung in dem jeweiligen Vertragstext zukommen zu lassen.[643] Durch den Abschluss eines internationalen Investitionsabkommens ohne jegliche menschenrechtliche Bezüge verstößt ein Staat gegen das ihm obliegende menschenrechtliche Pflichtenprogramm. Welche Rechtsfolgen knüpft das Recht der Staatenverantwortlichkeit nun an einen derartigen Völkerrechtsverstoß?

Nach Art. 30 der *Draft Articles on Responsibilitiy of States for Internationally Wrongful Acts* ist der deliktisch handelnde Staat dazu verpflichtet, den rechtswidrigen Zustand zu beenden und einen rechtmäßigen Zustand herzustellen:

> „Der für die völkerrechtswidrige Handlung verantwortliche Staat ist verpflichtet, a) die Handlung, falls sie andauert, zu beenden; (…)"

„Handlung" im Sinne dieser Vorschrift umfasst nach der oben zitierten Regelung des Art. 2 sowohl Tun wie auch Unterlassen.[644] Aus der Tatbestandsmäßigkeit des Unterlassens folgt, dass der pflichtwidrig unterlassende Staat den von ihm verursachten rechtswidrigen Zustand beseitigen muss.[645] Im Fall menschenrechtswidriger internationaler Investitionsabkommen steht dem deliktisch unterlassenden Staat zur Herstellung eines menschenrechtskonformen Zustandes die Möglichkeit offen, über Nachverhandlungen mit dem Vertragspartner Änderungen des Vertragstextes zu erreichen. So können beispielsweise über Nachverhandlungen Regelungen zum Schutz des legitimen staatlichen Regulierungsbedürfnisses eingeführt werden. Hierbei ist die Besonderheit zu beachten, dass aufgrund der gewohnheitsrechtlichen Geltung der kernarbeitsrechtlichen Verpflichtungen beide Vertragspartner des Investitionsabkommens zur Beendigung des menschenrechtswidrigen Zustandes verpflichtet sind. Falls Nachverhandlungen zu keinem positiven Ergebnis führen, wird man in letzter Konsequenz fordern müssen, dass das jeweilige internationale Investitionsabkommen gekündigt wird.

---

643 Zur Herleitung dieser Pflicht vgl. Kapitel 3. A. III. 3. a.
644 Kommentar der International Law Commission zu den *Draft Articles on Responsibilitiy of States for Internationally Wrongful Acts,* § 30 para.2; abgedruckt in: Yearbook of the International Law Commission, 2001, vol. II, Part Two.
645 *Stein/von Buttlar* (2009), Rn.1157.

Die Möglichkeit zur Kündigung sehen Investitionsabkommen regelmäßig vor, so z.B. Art. 13 Abs. 2 des deutschen Mustervertrages.[646]

Eine derartige Pflichtenstruktur infolge eines Rechtsverstoßes bei Abschluss eines Investitionsabkommens stellt dabei keineswegs eine Besonderheit von Menschenrechtsverstößen dar. Anpassungs- und Kündigungspflichten bestehen beispielsweise auch im EU-Recht für gemeinschaftsrechtswidrige Investitionsabkommen der Mitgliedsstaaten. Soweit ein Investitionsabkommen eines EU-Mitgliedsstaates mit einem Drittstaat gegen materielles Unionsrecht verstößt, obliegt dem EU-Mitgliedsstaat eine Pflicht zur gemeinschaftsrechtskonformen Anpassung.[647] Wenn eine derartige vertragliche Anpassung nicht zustande kommt, sollen die Mitgliedsstaaten letztlich auch zur Kündigung des BIT mit dem Drittstaat verpflichtet sein, wenn nur auf diesem Weg ein europarechtskonformer Zustand hergestellt werden kann.[648]

V. Zusammenfassung

Die Untersuchung hat gezeigt, dass sowohl bei Abschluss als auch bei Durchführung von Investitionsschutzabkommen deutliche Spannungen zwischen investitions- und menschenrechtlichen Belangen auftreten können. Ein aktuelles Problem stellt dabei die Tendenz zur extensiven Auslegung investitionsrechtlicher Schutzstandards dar, die zur Einschränkung der nationalstaatlichen Regulierungshoheit führen kann. Den Vertragsparteien internationaler Investitionsabkommen stehen jedoch verschiedene Instrumente und Handlungsoptionen zur Verfügung, mit deren Hilfe sie den menschenrechtlich fundierten Verpflichtungen im Rahmen von Investitionsabkommen nachkommen können.

---

646 Art.13 Abs.2 des deutschen Mustervertrages: „Dieser Vertrag tritt am ersten Tag des zweiten Monats nach Austausch der Ratifikationsurkunden in Kraft. Er bleibt zehn Jahre lang in Kraft; nach deren Ablauf verlängert sich die Geltungsdauer auf unbegrenzte Zeit, sofern nicht einer der beiden Vertragsstaaten den Vertrag mit einer Frist von zwölf Monaten vor Ablauf schriftlich auf diplomatischem Weg kündigt. Nach Ablauf von zehn Jahren kann der Vertrag jederzeit mit einer Frist von zwölf Monaten gekündigt werden."

647 Vgl. dazu die Entscheidungen des EuGH in den Rechtssachen *C-205/06* (Kommission/Österreich), Slg. 2009, S. I-1301, und *C-249/06* (Kommission/Schweden), Slg. 2009, S.I-1335, sowie die Entscheidung in der Rechtssache *C-118/07* (Kommission/Finnland), Slg. 2009, I-0000. In diesen Entscheidungen stellte der Gerichtshof fest, dass bestimmte Klauseln bilateraler Investitionsschutzabkommen Österreichs, Schwedens und Finnlands mit Drittstaaten gegen Gemeinschaftsrecht verstoßen.

648 Vgl. *Johannsen* (2009), S.23; *Terhechte* (2010), 517 (524/525).

In den Stadien und Teilbereichen des Investitionsvorganges, die keine Menschenrechtsrelevanz besitzen, ist es aus menschenrechtlicher Sicht unbedenklich, dass die investitionsrechtlichen Schutzinstrumente den Investor vor politischen Risiken und deren negativen wirtschaftlichen Folgen abschirmen und somit – soweit möglich[649] – zu einem positiven Investitionsklima beitragen. Soweit jedoch völkerrechtliche Verpflichtungen in Bezug auf wirtschaftliche Menschenrechte bestehen und deren Umsetzung durch das Investitionsabkommen gefährdet werden, müssen die Vertragsparteien dafür Sorge tragen, dass dem jeweiligen Gaststaat durch den Einsatz der oben beschriebenen Instrumente der zur Um- und Durchsetzung erforderliche legislative und exekutive Handlungsspielraum erhalten bleibt. Hinsichtlich des Schutz- und Rechtssicherheitsbedürfnisses des Investors bestehen insofern keine durchgreifenden Bedenken, wenn als Referenzrahmen für die nationalstaatlichen Regelungen die Kernarbeitskonventionen der ILO und die durch die Spruchpraxis des Ausschusses konkretisierten Gewährleistungen des IPwirtR herangezogen werden. Schutzwürdiges Vertrauen in eine Rechtsordnung, die nicht den Mindeststandards der ILO-Kernkonventionen und des IPwirtR entspricht, kann der Investor nicht für sich in Anspruch nehmen und daher auch keine Entschädigung für menschenrechtsrelevante Umsetzungsakte des Gaststaates beanspruchen. Erlassen Gaststaaten in einem fairen Verfahren nichtdiskriminierende und verhältnismäßige Vorschriften im Bereich des Menschenrechtsschutzes, muss der Gaststaat daher keine Entschädigung leisten.

Ein erster, niedrigschwelliger Schritt der vertragsschließenden Staaten zur Unterstützung einer derartigen Auslegung investitionsrechtlicher Behandlungsstandards liegt in der Aufnahme menschenrechtlicher Belange in die Erwägungsgründe der Präambel. Zugleich ließen sich durch die Begrenzung investitionsrechtlicher Standards, die Einbeziehung von Investorenpflichten und die explizite Stärkung der Regelungshoheit der Gaststaaten weitere Handlungsoptionen für die Vertragsparteien identifizieren, die zur Kompatibilisierung der untersuchten Rechtsbereiche beitragen können. Bisher liegt der Schwerpunkt dabei auf der inhaltlichen Begrenzung investitionsrechtlicher Behandlungsstandards, beispielsweise durch die ausdrückliche Begrenzung von entschädigungspflichtigen Enteignungstatbeständen in Investitionsschutzabkommen.

Es ließ sich so ein umfangreiches Bündel von Handlungsoptionen aufzeigen, mit denen Staaten ihre menschenrechtlichen Verpflichtungen bei Abschluss und Durchführung von Investitionsschutzabkommen erfüllen können. Diese Handlungsoptionen sind daneben auch auf die potentiellen EU-Investitionsabkommen

---

649 Zu den Zweifeln an der investitionsfördernden Wirkung von Investitionsabkommen siehe *Salacuse/Sullivan* (2005), 67 (79).

anwendbar, die langfristig Teil der EU-Auslandsinvestitionspolitik werden können. Zum völkerrechtlichen *status quo* ist jedoch festzuhalten, dass von einer allgemeinen Praxis, menschenrechtliche Elemente in Investitionsschutzabkommen zu integrieren, auf Grundlage der aktuellen Vertragspraxis nicht die Rede sein kann. Vielmehr entspricht die große Mehrzahl der existierenden Investitionsschutzabkommen nicht den Anforderungen der Spruchpraxis des Ausschusses zu IPwirtR. Dies gilt insbesondere auch für den deutschen Mustervertrag, der weder in der Präambel noch bei den einzelnen Behandlungsstandards explizit menschen- und kernarbeitsrechtliche Elemente enthält. Menschenrechtswidrige Investitionsabkommen sind nach den Regeln der Staatenverantwortlichkeit den menschenrechtlichen Vorgaben entsprechend auszugestalten oder, soweit keine Verständigung mit dem Vertragspartner möglich ist, in letzter Konsequenz zu kündigen.

C. Investitionsgarantien und wirtschaftliche Menschenrechte

Neben Investitionsschutzabkommen stellen Investitionsgarantien[650] ein weiteres zentrales Instrument der Exportstaaten zur Förderung von ausländischen Direktinvestitionen dar. Die Vergabeverfahren eröffnen den versichernden Institutionen auf die Gestaltung und Durchführung der unterstützten Investitionen Einflussmöglichkeiten, die für die Umsetzung der menschenrechtlichen Verpflichtungen nutzbar gemacht werden können. Zwar können die fördernden Institutionen den Investoren nicht unmittelbar vorschreiben, wie ein bestimmtes Investitionsvorhaben betrieben und im Einzelnen ausgestaltet werden soll, den Garantieagenturen steht jedoch die Möglichkeit offen, menschenrechtlich relevante Inhalte zur Bedingung für den Erhalt von Versicherungsschutz zu machen. Wenn ein Investor seine Direktinvestition durch eine Garantieagentur versichern lassen will, muss er sich zwangsläufig mit diesen Gesichtspunkten des Projekts auseinandersetzen. Inwieweit Exportstaaten bzw. internationale Garantiegeber wie die

---

650 Für Verträge, durch die politische Risiken einer Auslandsinvestition gegen eine Prämie auf einen anderen übertragen werden, gibt es keine einheitliche Terminologie. Es werden sowohl der Begriff der Garantie als auch der Versicherung verwendet, vgl. *Rindler* (1999), S.10/11. In einem streng technischen Sinn werden den beiden Begriffen teilweise unterschiedliche Bedeutungen zugemessen. Eine Garantie soll nur dann vorliegen, wenn der volle Wert der Investition gedeckt wird, eine Versicherung dagegen, wenn der Investor einen Selbstbehalt zu tragen hat. Da es im vorliegenden Zusammenhang auf diese Unterschiede nicht ankommen wird, werden die Begriffe Versicherung und Garantie sowie die aus ihnen abgeleiteten Wortbildungen und Zusammensetzungen synonym verwendet.

MIGA im Rahmen ihrer Förderungstätigkeit menschenrechtliche Belange zur Erfüllung ihrer völkerrechtlichen Verpflichtungen in die Bewertung der Förderungswürdigkeit eines Projektes einbeziehen, soll im folgenden Kapitel untersucht werden.

I. Vergabeverfahren und die Umsetzung von menschenrechtlichen Verpflichtungen

Die Vergabe einer staatlichen Investitionsgarantie stellt einen Hoheitsakt dar, der allen relevanten menschenrechtlichen Bindungen des fördernden Staates unterliegt.[651] Staatliche Investitionsgarantien dürfen daher keine Vorhaben fördern, die zu Menschenrechtsverletzungen beitragen oder diese ermöglichen. Aber auch wenn Investitionsförderung durch eine selbstständige internationale Organisation wie z. B. die MIGA erfolgt, müssen die beteiligten Staaten im jeweils möglichen Umfang sicherstellen, dass die allgemein geltenden menschenrechtlichen Mindeststandards auch in diesem Forum eingehalten werden.[652] Die Kohärenz zu den völkerrechtlichen Verpflichtungen der Mitgliedsstaaten muss auch im Rahmen des Abstimmungsverhaltens innerhalb internationaler Organisationen gewahrt bleiben. Durch die Delegation einer Aufgabe an eine zwischenstaatliche Entität können sich die Mitgliedsstaaten nicht ihren menschenrechtlichen Bindungen entziehen.[653]

---

651 Für die deutschen Bundesgarantien gilt, dass die Entscheidung des Interministeriellen Ausschusses über einen Garantieantrag einen Verwaltungsakt im Rahmen einer zweistufigen Subventionsgewährung darstellt, vgl. *Siebelt* (1994), 2860 (2863); *Simma/Kahn* (1998), 1009 (1027); für andere nationale Vergabesysteme siehe *Meron* (1976), S.39 ff.
652 Dazu bereits Kapitel 3. A. III. 2. d.
653 *Ghazi* (2005), S.99; vgl. dazu auch das Verhältnis der Europäischen Union zum Vertragssystem der Europäischen Menschenrechtskonvention nach Maßgabe des Vertrages von Maastricht: EGMR, Urteil vom 18.2.1999, *Waite and Kennedy*, RJD 1999-I (EuGRZ 1999, S.207) para.67: "The Court is of the opinion that where States establish international organisations in order to pursue or strengthen their cooperation in certain fields of activities, and where they attribute to these organisations certain competences and accord them immunities, there may be implications as to the protection of fundamental rights. It would be incompatible with the purpose and object of the Convention, however, if the Contracting States were thereby absolved from their responsibility under the Convention in relation to the field of activity covered by such attribution."; vgl. auch EGMR, Urteil vom 18.2.1999, *Matthews* RJD 1999-I (EuGRZ 1999, 200) para.33: "The United Kingdom, together with all the other parties to the Maastricht Treaty, is responsible ratione materiae under Article 1 of the Convention and, in particular, under Article 3 of Protocol No. 1, for the consequences of that Treaty (Vertrag von Maastricht, Anm. d. Autors)".

Verfahrensmäßig verlaufen die Vergabeprüfungen sowohl bei nationalen als auch bei internationalen Förderungsinstitutionen im Grundsatz ähnlich. Es lassen sich in einem groben Schema drei verschiedene Stufen im Vergabeprozess unterscheiden: Das Vergabeverfahren wird durch einen Antrag des Investors in Gang gesetzt, in dem alle relevanten Informationen über das geplante Investitionsvorhaben enthalten sein müssen. Im folgenden Schritt wird durch die zuständige Vergabestelle die Förderungswürdigkeit des Vorhabens geprüft und die Entscheidung über die Garantievergabe getroffen. Wird eine Garantie gewährt, muss der Investor in der dritten Phase regelmäßig der versichernden Institution Bericht über den Verlauf des Projekts erstatten. Die menschenrechtlichen Bindungen der garantierenden Institution können maßgebliche Auswirkungen sowohl auf die Vergabeentscheidung als auch auf die nachfolgende Begleitung eines Investitionsprojekts haben. In Entsprechung zu diesen theoretischen Vorgaben lassen sich in letzter Zeit verstärkt Bemühungen der staatlichen und internationalen Garantiegeber beobachten, umwelt- und menschenrechtliche Belange in das Vergabeverfahren mit einzubeziehen. In welchem Maße diese Bemühungen bereits in den nationalen und internationalen Vergabeverfahren ihren Niederschlag gefunden haben, soll im Folgenden eingehend analysiert werden.

II. Menschenrechtliche Belange in den Vergabeverfahren nationaler und internationaler Garantiegeber

Nationale und internationale Förderungsinstitutionen können unterschiedlichen völkerrechtlichen Verpflichtungen unterliegen. Um die Besonderheiten der jeweiligen Förderinstrumente in Hinblick auf deren menschenrechtliche Implikationen analysieren zu können, sollen die verschiedenen Förderinstanzen getrennt voneinander untersucht werden. Den Anfang werden die nationalen Vergabeverfahren machen.

1. Nationale Investitionsgarantien

Naturgemäß verfügen die kapitalexportierenden Industriestaaten über die umfassendsten und meistgenutzten nationalen Investitionsgarantiesysteme.[654] Beispielhaft für diese Gruppe sollen die Garantieprogramme der USA, Englands, Japans

---

654 Einen Überblick über die verschiedenen Garantiesysteme gibt *Banz* (1988), S.121 ff.

und Deutschlands untersucht werden. Zunehmend greifen aber auch Schwellenländer zum Instrument der Investitionsförderung durch Garantieprogramme. Staaten wie Indien, Korea, China, Südafrika und Brasilien beschränken sich nicht mehr darauf, ein attraktives Investitionsklima im eigenen Land zu schaffen, sondern unterstützen verstärkt eigene Staatsangehörige und staatszugehörige Unternehmen in ihren Investitionsbemühungen im Ausland.[655]

Die Vergabeverfahren der nationalen Garantiegeber gleichen sich darin, dass der wirtschaftlichen Validität eines vorgeschlagenen Projekts bei der Bewertung der Förderungswürdigkeit zentrale Bedeutung zukommt. Während daneben jedoch die Prüfung von umwelt-, sozial- und menschenrechtlichen Auswirkungen eines Projekts auf die eine oder andere Weise Eingang in die Vergabevoraussetzungen von fast allen (westlichen) Industriestaaten gefunden hat, lassen sich derartige Tendenzen bei den Schwellenstaaten nicht erkennen. Soweit in diesen Staaten überhaupt Informationen über Ziele und Zwecke der Versicherungsleistungen bereitgestellt werden, steht dabei allein die wirtschaftspolitische Zielsetzung der Investitionsförderung im Vordergrund. Ausgearbeitete Umwelt-, Sozial- und Menschenrechtsstandards finden sich bei keiner der hier untersuchten Förderungsinstitutionen von Schwellenstaaten. Aus diesem Grund werden die Investitionsgarantieagenturen der Industriestaaten bzw. deren Vergabesysteme unter den hier relevanten Gesichtspunkten untersucht werden können, da nur diese über Richtlinien bzw. Prinzipien zur Sicherstellung von Allgemeinwohlbelangen im Rahmen des Garantievergabeprozesses verfügen.

a. US-amerikanische Investitionsgarantien der *Overseas Private Investment Corporation* (OPIC)

Im Rahmen der Vergabe von Investitionsgarantien durch die US-amerikanische OPIC werden die vorgeschlagenen Projekte gemäß der gesetzlichen Grundlage des *Foreign Assistance Act* unter den Gesichtspunkten Umwelt, Arbeits- und Menschenrechte und ökonomische Validität auf ihre Förderungswürdigkeit hin

---

655 In Indien wird die Aufgabe der Garantievergabe von der *Export Credit Guarantee Corporation of India Ltd.* ausgeführt (Informationen abrufbar unter www.ecgc.in), in Korea von der *Korea Export Insurance Corporation* (www.keic.or.kr), in China von der *China Exim Bank* (www.eximbank.gov.cn), in Südafrika von der *Export Credit Insurance Corporation of South Africa* (www.dti.gov.za/thedti/ecic.htm) und in Brasilien u.a. von der *Seguradora Brasileira de Crédito à Exportacao S.A.* (www.sbce.com.br/us/index.asp).

überprüft.[656] Schwerpunkt der Überprüfung bilden nach Section 231 des *Foreign Assistance Act* die wirtschaftliche Validität, also die wirtschaftlichen Auswirkungen des Investitionsvorhabens sowohl in den USA als auch im Gaststaat. Als zusätzliche Voraussetzung (sog. *Additional Requirements*[657]) werden zudem Arbeits- und Menschenrechte berücksichtigt.

Für die Bewertung der arbeits- und menschenrechtlichen Auswirkungen eines Investitionsvorhabens ist das *Office of Investment Policy* (OIP) zuständig. Das OIP prüft im Rahmen der Entscheidung über die Förderungswürdigkeit eines Projekts zum einen, ob der Gaststaat des geplanten Investitionsvorhabens über Vorschriften zum Schutz von internationalen Arbeitsrechten verfügt oder zumindest Ansätze der Errichtung von Schutzsystemen erkennbar sind.[658] Zum anderen setzt die Förderungswürdigkeit eines Projekts voraus, dass auf Grundlage der vom Investor zur Verfügung gestellten Informationen davon ausgegangen werden kann, dass die von dem Projekt zu erwartenden Auswirkungen mit den international anerkannten Arbeitsrechten (*"internationally recognized workers rights"*) vereinbar sind.[659] Die nach dem *Foreign Assistance Act* zu beachtenden Arbeitsrechte entsprechen weitgehend den ILO-Kernarbeitsrechten (Vereinigungsfreiheit, Gewerkschaftsfreiheit und das Recht auf Kollektivverhandlungen, Zwangsarbeitsverbot, Beachtung eines Mindestbeschäftigungsalters; nicht ausdrücklich genannt ist das Diskriminierungsverbot in der Arbeit). Zusätzlich sollen innerhalb des Projekts annehmbare Arbeitsbedingungen bezüglich Mindestlohn, Arbeitszeit und Sicherheit am Arbeitsplatz sichergestellt werden. Um diese Ziele mit einer gewissen rechtlichen Verbindlichkeit zu versehen, muss jeder zwischen Garantienehmer und OPIC abgeschlossene Garantievertrag folgende Klausel enthalten:

"The investor agrees not to take actions to prevent employees of the foreign enterprise from lawfully exercising their right of association and their right to organize and bargain collectively. The investor further agrees to observe applicable laws relating to a minimum age for employment of children, acceptable conditions of work with respect to minimum

---

656 Section 231 Foreign Assistance Act; vgl. auch das Environmental and Social Policy Statement vom 15.10.2010 (abrufbar unter www.opic.gov/sites/default/files/consolidated _esps.pdf).
657 So lautet die amtliche Überschrift der Section 231 Foreign Assistance Act.
658 Section 231A (a) (1) Satz 1 Foreign Assistance Act.
659 Damit folgt das OIP den Vorgaben der Section 231A des Foreign Assistance Act: "The Corporation may insure, reinsure, guarantee, or finance a project only if the country in which the project is to be undertaken is taking steps to adopt and implement laws that extend internationally recognized worker rights, as defined in section 507(4) of the Trade Act of 1974, to workers in that country (including any designated zone in that country)".

wages, hours of work and occupational health and safety, and not to use forced labor. The investor is not responsible under this paragraph for the actions of a foreign government."[660]

Bei der Vergabe und Abwicklung der amerikanischen Garantien müssen also aufgrund der gesetzlichen Vorgaben die international anerkannten Arbeitsrechte Beachtung finden. Positiv zu bewerten ist dabei, dass bei der Vergabe einer Garantie standardmäßig die oben zitierte Klausel mit in den Garantievertrag aufgenommen wird und auf dieser Grundlage Verstöße gegen arbeitsrechtsrechtliche Bestimmungen als Vertragsverletzungen qualifiziert werden können. Unklar ist jedoch, ob sich die Klausel auf die nationalen arbeitsrechtlichen Standards des Gaststaates bezieht oder auf die in Section 231A (a) (1) Satz 1 *Foreign Assistance Act* genannten international anerkannten Arbeitsrechte. Die Formulierung der Vertragsklausel deutet zunächst darauf hin, dass die nationale Rechtsordnung des Gaststaates Bezugspunkt des einzuhaltenden Mindeststandards ist. Die Vereinigungs- und Gewerkschaftsrechte des ersten Satzes sollen durch den Investor geachtet werden, solange sie gesetzesgemäß (*"lawfully"*) ausgeübt werden. Inwieweit diese Rechte gesetzesgemäß ausgeübt werden, wird sich in erster Linie nach dem nationalen Recht des Gaststaates richten. Auch im zweiten Satz scheint die nationale Rechtsordnung des Gaststaates der Bezugspunkt für die arbeits- und menschenrechtlichen Mindeststandards zu sein. Investoren sollen die für Kinderarbeit, angemessene Arbeitsbedingungen etc. anwendbaren Vorschriften beachten (*"observe applicable laws relating to"*). Anwendbar sind sicherlich die nationalen Gesetze des Gaststaates. Fraglich ist jedoch, wie die Formulierungen der Klausel zu verstehen sind, wenn der Gaststaat über keine bzw. über keine ausreichenden arbeits- und menschenrechtlichen Schutzvorschriften verfügt. In diesen Fällen wird man die Klausel des *Foreign Assistance Act* so auslegen müssen, dass internationale Schutzstandards anwendbar sind. Dies folgt aus der Tatsache, dass Section 231A (a) (1) Satz 1 des *Foreign Assistance Act* vorschreibt, dass Investitionsgarantien nur dann vergeben werden dürfen, wenn der potentielle Gaststaat über ein normatives Schutzsystem für die *international anerkannten Arbeitsrechte* verfügt. Es würde Sinn und Zweck der Vorschrift widersprechen, wenn sich demgegenüber die in nach Section 231A (a) (1) Satz 2 zu inkorporierende Vertragsklausel nur auf die nationalen Vorschriften des Gaststaates beziehen würde, die möglicherweise nicht den international anerkannten Schutzstandards entsprechen. Section 231A (a) (1) Satz 1 will durch den Bezug auf die *international anerkannten Arbeitsrechte* genau diese ausschließliche Ausrichtung auf die potentiell unzureichende nationale Rechtsordnung des Gast-

---

660   Section 231A (a) (1) Foreign Assistance Act.

staates ausschließen. Aus dem systematischen Zusammenhang zwischen Section 231A (a) (1) Satz 1 und Satz 2 folgt daher, dass der Investor im Fall des Fehlens ausreichender nationaler Standards die internationalen kernarbeitsrechtlichen Schutzstandards beachten muss.

Die Inkorporation der Klausel in den Garantievertrag führt dazu, dass ein Verstoß des Investors gegen nationales Arbeitsrecht des Gaststaates bzw. gegen die international anerkannten Arbeitsrechte zugleich ein Verstoß gegen den Garantievertrag darstellt und demnach die Mechanismen bei Vertragsverstößen genutzt werden können. Allerdings fehlt in den gesetzlichen Vorgaben des *Foreign Assistance Act* die Beschreibung einer spezifischen Rechtsfolge für den Fall der Garantievertragsverletzung im Bereich der Arbeitsrechte.[661] Wie die Förderungspraxis der OPIC aber zeigt, können Verstöße des Gaststaates gegen international anerkannte Arbeitsrechte zu einer Suspendierung der Förderungstätigkeit führen. So wurde im Jahr 1987 beispielsweise die Förderung für Investitionen aus den USA in die Zentralafrikanische Republik, nach Chile, China, Nicaragua, Paraguay und Rumänien wegen der Verletzung von Menschen- bzw. Kernarbeitsrechten in diesen Staaten suspendiert.[662]

Einen Schwachpunkt im Sinne einer effektiven Einbeziehung menschenrechtlicher Wertungen in das Vergabesystem stellt die Regelung in Section 231A (a) (3) *Foreign Assistance Act*[663] dar. Danach kann eine Investitionsgarantie trotz Verstoßes gegen die in Absatz 1 aufgezählten Arbeitsrechte vergeben werden, wenn der Präsident der USA dies aus Gründen des nationalen wirtschaftlichen Interesses für erforderlich hält. Diese Vorschrift irritiert insofern, als im Zweifelsfall ganz offen die nationalen politischen und wirtschaftlichen Interessen über den Schutz der Menschenrechte gestellt werden. Der *Foreign Assistance Act* scheint demnach von einer Art Hierarchie der Beachtlichkeit auszugehen. Soweit wichtige nationale Wirtschaftsinteressen betroffen sind, treten die menschenrechtlichen Aspekte eines Vorhabens in den Hintergrund. Dieses Verständnis des Verhältnisses zwischen wirtschaftlichen Interessen und menschenrechtlichen Schutzgütern ist mit den universellen menschenrechtlichen Verpflichtungen nicht in Einklang zu bringen. Soweit Menschenrechte durch Investitionstätigkeiten im Ausland verletzt werden bzw. von diesen eine konkrete Gefahr von Men-

---

661 Zu den Folgen der Verletzung von Umweltstandards vgl. Section 237 (m) des Foreign Assistance Act.

662 Vgl. Overseas Private Investment Corporation, 1989 Report, S.13/14.

663 231A (3) Foreign Assistance Act: WAIVER.-Paragraph (1) shall not prohibit the Corporation from providing any insurance, reinsurance, guaranty, or financing with respect to a country if the President determines that such activities by the Corporation would be in the national economic interests of the United States.

schenrechtsverletzungen ausgeht, ist eine staatliche Beteiligung durch Garantie-vergabe aufgrund der völkerrechtlichen Verpflichtungen zu versagen. Das muss auch in den Fällen gelten, in denen das nationale wirtschaftliche Interesse für eine Unterstützung der Direktinvestition spricht.

Kommt es schließlich auf Grundlage der Prüfung der Förderungswürdigkeit zur Vergabe einer Investitionsgarantie und zum Abschluss eines Garantievertrages zwischen dem Investor und OPIC, werden die arbeitsrechtlichen Folgewirkungen des Projekts auf Grundlage der vertraglichen Verpflichtungen regelmäßigen Überprüfungen unterzogen. Diese Analysen umfassen einen Landesbericht, der sich in allgemeiner Weise mit den arbeitsrechtlichen Gegebenheiten und den Arbeitsbedingungen im Gaststaat auseinandersetzt. Daneben gibt es einen projektspezifischen Bericht, der die Arbeitsbedingungen innerhalb des jeweiligen Investitionsprojekts einer Überprüfung unterzieht.[664] Zudem wurde ein *Office of Accountability* eingerichtet, bei dem Beschwerden über negative Auswirkungen einzelner geförderter Projekte eingereicht werden können.[665]

b. Britische Investitionsgarantien des *Export Credits Guarantee Department* (ECGD)

Nach dem aus dem Jahr 1991 stammenden *Export and Investment Guarantee Act*[666] ist in Großbritannien das ECGD die für die Vergabe von Export- und Investitionsgarantien zuständige Behörde. Die gesetzliche Grundlage des *Export and Investment Guarantee Act* selbst enthält keinerlei Hinweise auf die verpflichtende Berücksichtigung von menschen- oder arbeitsrechtlichen Belangen bei der Vergabe von Export- und Investitionsgarantien. Im Jahr 2000 hat sich das ECGD jedoch sogenannte *Business Principles*[667] gegeben, nach denen neben der finanziellen Risikobewertung Sachbereiche wie nachhaltige Entwicklung und Menschenrechte Bedeutung für den Entscheidungsprozess der Behörde haben sollen. Wie diese Sachbereiche konkret in die Prüfung der Förderungswürdigkeit zu integrieren sind, beschreiben die im Jahr 2004 erarbeiteten Vorschriften des

---

664 Vgl. dazu www.opic.gov/doingbusiness/investment/workersrights/index.asp.
665 Vgl. dazu www.opic.gov/doingbusiness/accountability/index.asp.
666 Export and Investment Guarantees Act 1991 (c. 67).
667 *ECGD's Business Principles*, 2000, abrufbar unter: www.ecgd.gov.uk/ecgdbusprinciples .pdf.

Case Impact Analysis Process.[668] Danach beachtet das ECGD bei der Prüfung der Förderungswürdigkeit eines Projekts nicht nur dessen wirtschaftliche Erfolgsaussichten und finanzielle Risiken, sondern die Qualität des Projekts im Ganzen, einschließlich der ökologischen, sozialen und menschenrechtlichen Auswirkungen:

"In processing applications for ECGD support, it is ECGD's policy to ensure that: all cases supported by ECGD are compatible with its Statement of Business Principles; and all decisions on ECGD support have taken into account Government policies on the environment, sustainable development, and human rights."[669]

Um diesem Anspruch gerecht zu werden, führt die Behörde bei jedem Antrag auf Förderung ein anfängliches *Screening*-Verfahren durch, um die potentiellen Gefahren des Projekts identifizieren zu können. Dabei finden die sozialen Auswirkungen des Projekts Beachtung, wobei nach der Terminologie des *Case Impact Analysis Process* beispielsweise auch die kernarbeitsrechtlich verbotene Kinder- und Zwangsarbeit unter die negativen *sozialen* Auswirkungen eines Projekts fällt.[670] Soweit zur Bewertung bestimmter Investitionsvorhaben besondere Expertise erforderlich ist, soll das ECGD andere Behörden hinzuziehen. Auf Grundlage dieser umfassenden Analyse eines jeden Vorhabens ergeht die Entscheidung, ob eine Investitionsgarantie vergeben wird. Dazu wird das Projekt je nach zu erwartenden Auswirkungen in die Kategorien A, B und C eingeteilt, wobei diejenigen Projekte, die keine oder minimale Auswirkungen auf soziale und menschenrechtliche Belange haben (Kategorie C), keine weitere Überprüfung in dieser Hinsicht zu erwarten haben.[671] Anders gestaltet sich jedoch das Verfahren bei Projekten der anderen beiden Kategorien:

"Cases that have been categorised as having High or Medium potential impacts due to the social issues involved are expected to comply in all material respects with the relevant international policies, whether of the World Bank Group or other. When a High or Medium potential impact project is found to be deficient on grounds relating to social issues the

---

668 *Export Credits Guarantee Department, Business Principles Unit* (2004): Case Impact Analysis Process (im Folgenden: *ECGD* (2004), Case Impact Analysis Process; abrufbar unter www.ecgd.gov.uk/ecgd_case_impactanalysis_process_-_may_2004-3.pdf).
669 *ECGD* (2004), Case Impact Analysis Process, para. 1.1.
670 *ECGD* (2004), Case Impact Analysis Process, para. 5.11: "Social impacts. The approach to social and human rights impacts is similar to that used for environmental impact analysis. Impacts during the construction, operating and decommissioning phases are considered. The issues considered include: Involuntary resettlement, Compulsory land acquisition, Impact of imported workforces, Job losses among local people, Damage to sites of cultural, historic or scientific interest, Impact on minority or vulnerable groups, Child or bonded labour, Use of armed security guards".
671 *ECGD* (2004), Case Impact Analysis Process, para.6.1. ff. und Annex B.

project developer has two options: (i) to improve the project by bringing it into line with relevant international standards, or (ii) to recognise that the BPU (Business Principles Unit) is likely to find the project to be unacceptable."[672]

In den Vorschriften des *Case Impact Analysis Process* wird eine ganze Reihe möglicher Maßstäbe für die Überprüfung der sozialen und menschenrechtlichen Auswirkungen eines Investitionsprojektes genannt. Dabei fällt auf, dass in erster Linie internationale Standards bzw. Richtlinien als Maßstab für die Vergabeentscheidung herangezogen werden.[673] Die vorgeschlagenen Projekte sollen an den Richtlinien der Weltbank[674] und den verschiedenen Übereinkommen und Standards der relevanten UN-Organisationen gemessen werden. Insbesondere soll es nach dem *Case Impact Analysis Process* bei der Vergabeentscheidung darauf ankommen, welche der sechs grundlegenden UN-Menschenrechtsverträge[675] und acht ILO-Kernarbeitskonventionen der Gaststaat ratifiziert hat.[676] Auf Grundlage der internationalen Verpflichtungen des Gaststaates soll der Prüfungsmaßstab gebildet werden, dem ein Projekt entsprechen muss. Aber auch die nationalen britischen und EU-Standards[677] sowie die *OECD Guidelines for Multinational Enterprises*[678] können für die Bewertung des Investitionsprojekts herangezogen werden.

672 *ECGD* (2004), Case Impact Analysis Process, para.9.11.
673 *ECGD* (2004), Case Impact Analysis Process, para.2.5.: "The method used by ECGD to determine the acceptability of the impacts of a project is to compare them with the relevant international standards."; para.2.7.: "Projects that comply with the relevant international standards will normally be considered acceptable on environmental and social grounds, (…)".
674 Darunter sind insbesondere die umwelt- und menschenrechtlichen Standards der MIGA und der *International Finance Corporation* (IFC) zu verstehen, vgl. dazu unten Kapitel 3. C. II. 2.
675 Darunter fallen gemäß *ECGD* (2004), Case Impact Analysis Process, para.5.18. der IPwirtR, der IPbürgR, das Internationale Übereinkommen zur Beseitigung jeder Form von Rassendiskriminierung (BGBl. 1969 II S.962), das Übereinkommen zur Beseitigung jeder Form der Diskriminierung der Frau (BGBl. 1985 II S.648); das Übereinkommen gegen Folter und andere grausame, unmenschliche oder erniedrigende Behandlung oder Strafe (BGBl. 1990 II S.246); Übereinkommen über die Rechte des Kindes (BGBl. 1992 II S.122).
676 *ECGD* (2004), Case Impact Analysis Process, para.5.18: „The BPU (Business Principle Unit, Anm. d. Autors) will check which of the six core UN Human Rights treaties and eight International Labour Organisation fundamental conventions the host country has ratified in order to identify those with which the project should comply".
677 *ECGD* (2004), Case Impact Analysis Process, para.5.5.: "Compliance with UK standards (Question 2). The BPU commonly uses the fact that the goods/services could be sold in the UK without modification as a proxy for compliance with UK and EU standards".
678 *ECGD* (2004), Case Impact Analysis Process, para.10.3.: "The UK Government encourages all multinational companies to adopt the recommendations on responsible business

Interessant für die oben aus dem IPwirtR entwickelten grenzüberschreitenden Unterlassungspflichten ist Paragraph 5.13 des *Case Impact Analysis Process*:

> "International conventions. ECGD investigates whether support for overseas projects might breach any international obligations or policies of the UK government and consults other government departments, as appropriate."[679]

Das EGCD prüft demnach, ob Großbritannien durch die Förderung eines Projekts gegen seine internationalen Verpflichtungen verstößt. Versteht man diese Vorschrift in dem Sinne, dass auch menschenrechtliche Verpflichtungen aus dem IPwirtR und dem Völkergewohnheitsrecht zu den hier angesprochenen *"international obligations"* Großbritanniens gehören, lässt sich dieser Paragraph als Indiz der Anerkennung internationaler und somit auch menschenrechtlicher (Unterlassens-)Verpflichtungen verstehen, die sich auf Sachverhalte außerhalb des Territoriums Großbritanniens beziehen. Dabei entspricht es ohne Weiteres dem Wortlaut, auch menschenrechtliche Verpflichtungen unter *"international obligations"* zu subsumieren. Die Formulierung des oben zitierten Paragraphen legt es somit nahe, dass Großbritannien menschenrechtliche Verpflichtungen anerkennt, die sich auf die Auswirkungen der Garantievergabe im Ausland beziehen.

Soweit ein vorgeschlagenes Projekt nach Prüfung durch das ECGD nicht mit den internationalen Standards übereinstimmt, stehen dem Antragssteller zwei Optionen offen. Entweder er passt das Projekt an die relevanten internationalen Standards an oder der Antrag auf Förderung wird abgelehnt. Falls sich der Antragsteller zur Einhaltung bzw. Erreichung bestimmter Standards verpflichtet, werden diese in den Garantievertrag aufgenommen und einem Überprüfungsverfahren unterworfen.[680] Kommt der Investor den vereinbarten Anforderungen nicht nach, stehen der EGCD eine Reihe von Sanktionsinstrumenten offen:

> "There are various mechanisms for enforcement including: the obligation to inform ECGD within an agreed period of any event that constitutes non-compliance; the presentation of an agreed corrective action plan (CAP) within an agreed period; a continuing obligation to report on the progress of a CAP, and the ability to call a default under the financing arrangements where a CAP is not implemented or does not bring the project back into compliance. Failure to achieve any of the actions within the agreed periods may also constitute a default under the financing arrangements."[681]

conduct contained in the "OECD Guidelines for Multinational Enterprises"; para.14: "ECGD's internal procedures will check on the consistency of the operations of its customers (both in the UK and overseas) with these recommendations, and in particular those relating to the environment, employment, combating bribery and transparency".

679 *ECGD* (2004), Case Impact Analysis Process, para.5.13.
680 *ECGD* (2004), Case Impact Analysis Process, para.2.9.
681 *ECGD* (2004), Case Impact Analysis Process, para.11.3.

c. Japanische Investitionsgarantien der *Nippon Export and Investment Insurance* (NEXI)

Auch das japanische Export- und Investitionsgarantieprogramm NEXI beachtet die umweltrelevanten und sozialen Auswirkungen einer vorgeschlagenen Investition bei der Entscheidung über die Förderungswürdigkeit eines Projekts. Zu diesem Zweck wurden im Jahr 2001 Richtlinien für die Vergabe von Handels- und Investitionsgarantien entwickelt (die sog. *Guidelines on Environmental and Social Considerations in Trade Insurance*[682]), die in den darauffolgenden Jahren regelmäßig überarbeitet wurden, zuletzt im Juli 2009. Auch nach den NEXI-Richtlinien werden die vorgeschlagenen Projekte auf Grundlage eines *Screening*-Verfahrens in drei Kategorien eingeteilt, je nachdem, welche Auswirkungen auf die Umwelt und die sozialen Verhältnisse im Zielgebiet des Projekts zu erwarten sind.[683] Bei der Kategorisierung und der nachfolgenden Vergabeentscheidung spielen die untersuchungsrelevanten Kernarbeitsrechte jedoch keine zentrale Rolle. Anders als es der Titel der *Guidelines on Environmental and Social Considerations in Trade Insurance* vermuten lässt, zählen soziale und arbeitsbezogene Menschenrechte nicht zum standardmäßig vorgegebenen Prüfungsprogramm der NEXI. Es werden in erster Linie nicht die klassischen arbeits- und sozialrechtlichen Garantien mit in die Vergabeentscheidung einbezogen, sondern im Vordergrund stehen Sachbereiche wie Zwangsumsiedlungen, der Verlust archäologischer, historischer oder kultureller Werte und der Schutz indigener Bevölkerungsgruppen im Gaststaat, also Gewährleistungen, die tendenziell mit den negativen Umweltauswirkungen einer Investitionsmaßnahme zusammenhängen.[684] Zugleich ist es aber nicht gänzlich ausgeschlossen, internationale Standards im Bereich der wirtschaftlichen Menschenrechte zu beachten, da NEXI bei der Kategorisierung von Investitionsvorhaben neben den niedergelegten Standards auch sonstige international anerkannte Standards berücksichtigt.[685] Ausdrücklich hingewiesen wird dabei auf die Standards der Weltbank[686], die anders als die *Guide-*

---

682 *Nippon Export and Investment Insurance* (2009): Guidelines on Environmental and Social Considerations in Trade Insurance (im Folgenden *NEXI* (2009), Guidelines; abrufbar unter http://nexi.go.jp/e/pdf/ins_kankyou_gl-e.pdf).
683 Ausführlich dazu *NEXI* (2009), Guidelines, S.2 ff.
684 Vgl. *NEXI* (2009), Guidelines, S.4; dazu auch Exhibit 1 der Guidelines: Environmental and Social Considerations Required of Covered Projects.
685 *NEXI* (2009), Guidelines, S.5.
686 Darunter sind insbesondere die umwelt- und menschenrechtlichen Standards der MIGA und der *International Finance Corporation* (IFC) zu verstehen, vgl. dazu unten Kapitel 3. C. II. 2.

lines on Environmental and Social Considerations in Trade Insurance auch kernarbeitsrechtliche Schutzgüter achten. Sind im Rahmen eines Investitionsvorhabens erhebliche negative Auswirkungen auf die Kernarbeitsrechte zu erwarten, wird daher auch die NEXI diese Auswirkungen auf Grundlage der *Guidelines* in ihre Entscheidung mit einbeziehen können. Verpflichtend ist die Prüfung der Kernarbeitsrechte im Rahmen des Vergabeverfahrens gleichwohl nicht.

Die *Guidelines* der NEXI sehen explizit einen Sanktionsmechanismus für den Fall eines Fehlverhaltens des Investors vor. Nach Art. 5 (3) der *Guidelines* kann die Garantie gekündigt werden bzw. NEXI von der Garantie zurücktreten, wenn der Investor entweder im Rahmen des anfänglichen Vergabeverfahrens oder bei seinen späteren Berichtspflichten relevante Informationen über ökologische oder soziale Folgewirkungen des Projekts zurückgehalten bzw. falsche Informationen weitergegeben hat. Zudem ist nach dieser Vorschrift eine Rücknahme der Garantie möglich, wenn der Investor gegen die ihm im Garantievertrag aufgegebenen Verhaltensregeln zur Vermeidung bzw. Minderung der negativen menschenrechtlichen Auswirkungen verstößt.

d. Deutsche Investitionsgarantien im Rahmen der *Bundesgarantien für Kapitalanlagen im Ausland*

Das zentrale bundesdeutsche Förderungsinstrument[687] sind die sogenannten Bundesgarantien für Kapitalanlagen im Ausland, deren Vergabe nach den sogenannten *Allgemeinen Bedingungen*[688] erfolgt. Kommt es zu einem Vertragsschluss mit einem Investor, werden die *Allgemeinen Bedingungen* in den Garantievertrag einbezogen.[689] Um eine Garantie zu erhalten, muss das abzusichernde Investitionsprojekt in der Gesamtschau förderungswürdig sein.[690] Bei seiner Entscheidung über die Förderungswürdigkeit des Projektes berücksichtigt der für die Vergabe zuständige Interministerielle Ausschuss (IMA) die Auswirkungen der Kapitalanlage auf das Anlageland, die sich aus der Investition ergebenden

---

687 Diese besondere Bedeutung zeigt sich an dem Zahlenmaterial, das für die Jahre 2008 und 2009 vorliegt: Volumen (Höchstbeträge) der übernommenen Deckungen im Jahr 2008: 6,59 Mrd. Euro; im Jahr 2009: 3,01 Mrd. Euro; Anzahl der neu registrierten Anträge im Jahr 2008: 199, im Jahr 2009: 166; Anzahl der geförderten Projekte im Jahr 2008: 72, im Jahr 2009: 76; Zahlen nach *Bundesministerium für Wirtschaft und Technologie/PricewaterhouseCoopers* (2010), S.22.
688 Abrufbar unter www.agaportal.de.
689 § 12 der Allgemeinen Bedingungen.
690 § 2 b) der Allgemeinen Bedingungen.

Rückwirkungen auf Deutschland sowie die Frage, ob ausreichender Rechtsschutz für die Kapitalanlage im Gastland besteht. Daneben werden auch umweltbezogene Faktoren berücksichtigt. Seit dem Jahr 2001 richtet sich die Prüfung der Umweltauswirkungen nach dem *Merkblatt Umwelt*[691]. Die danach durchzuführende Prüfung der Umweltverträglichkeit umfasst Schritte bei der Vorbereitung der Entscheidung (sog. *Screening*) über die Prüfung des Antrages (sog. *Review*) bis hin zur nachträglichen Beobachtung und Überprüfung geförderter Investitionsvorhaben (sog. *Monitoring*).

Im Gegensatz zur detaillierten Prüfung von Umweltrisiken ist die Einbeziehung von menschen- oder arbeitsrechtlichen Belangen nicht ausdrücklich vorgesehen. Möglich erscheint die Einbeziehung derartiger Belange jedoch an verschiedenen Punkten im Rahmen der Prüfung der Förderungswürdigkeit nach § 2 b) der *Allgemeinen Bedingungen*. So beachtet der Interministerielle Ausschuss bei dieser Prüfung die Auswirkungen der Kapitalanlage auf das Anlageland. Über diese Klausel könnten zu erwartende negative Auswirkungen auf die Kernarbeitsrechte im Gaststaat Beachtung finden. Nach dem *Merkblatt zur Übernahme von Bundesgarantien für Direktinvestitionen im Ausland* soll für die Bewertung der Auswirkungen auf das Anlageland, jedoch in erster Linie der Beitrag des Projekts für die wirtschaftliche Entwicklung des Landes entscheidend sein.[692] Nach Auskunft des Bundesministeriums für Wirtschaft und Technologie werden vom Bund aber auch Auswirkungen der Projekte auf Menschenrechte und Arbeitnehmer im Anlageland berücksichtigt. Hierzu werden insbesondere Informationen der bei Investitionen in politisch und wirtschaftlich problematischen Staaten bzw. bei größeren Projekten im Regelfall eingeschalteten deutschen Auslandsvertretung (Botschaften bzw. Generalkonsulate) eingeholt. Über diese Informationsquellen sollen mittelbar auch Informationen über Aktivitäten und Standpunkte von Nichtregierungsorganisationen einfließen.

Unternehmen, die eine Absicherung ihrer Auslandsinvestition gegen politische Risiken durch eine Garantie des Bundes wünschen, werden darüber hinaus im Antragsformular auf die OECD-Leitsätze für multinationale Unternehmen hingewiesen. In den Leitsätzen wird unter anderem allgemein geregelt, dass investierende Unternehmen die Menschenrechte der von ihrer Tätigkeit betroffenen Personengruppen sowie die Humankapitalbildung fördern sollen, letzteres namentlich durch Schaffung von Beschäftigungsmöglichkeiten und Erleichte-

---

691 „Merkblatt Umwelt" vom Juni 2001; abrufbar unter: www.agaportal.de/pdf/dia_ufk/info/dia_merkblatt_umwelt.pdf.
692 Merkblatt zur Übernahme von Bundesgarantien für Direktinvestitionen im Ausland vom Juli 2006, S.2.

rung von Aus- und Weiterbildung ihrer Arbeitnehmer. Darüber hinaus werden in Abschnitt IV der OECD-Leitsätze der Bereich Beschäftigung und die Beziehungen zwischen den Sozialpartnern detailliert geregelt (z. B. Respektierung des Rechts der Arbeitnehmer, sich durch Arbeitnehmerorganisationen vertreten zu lassen, Beseitigung von Zwangs- und Kinderarbeit). Das Antragsformular weist darauf hin, dass die Unternehmen die Leitsätze überall dort, wo sie ihre Geschäftstätigkeit ausüben, unter Berücksichtigung der besonderen Gegebenheiten des jeweiligen Gastlandes beachten sollen. Zur Überwachung haben die Teilnehmerstaaten nationale Kontaktstellen eingerichtet, deren Aufgabe darin besteht, die Umsetzung der Leitsätze zu fördern, Anfragen zu beantworten sowie mit den beteiligten Parteien alle Fragen zu erörtern, die unter die Leitsätze fallen, um so zu einer Lösung der auf diesem Gebiet möglicherweise auftretenden Probleme beizutragen.

Auch das deutsche Vergabeverfahren bietet somit Ansatzpunkte zur Beachtung menschenrechtlicher Belange bei der Garantievergabe. Dies geschieht jedoch im Gegensatz zu den oben beschriebenen Vergabeverfahren nicht auf Grundlage eines formalen, in den Vergabebedingungen festgelegten Prüfungsverlaufes, sondern orientiert sich an problematischen Einzelfällen. Die Überwachung geförderter Projekte erfolgt durch die entsprechenden OECD-Strukturen, eine selbstständige Begleitung der Projekte zur Überwachung des menschenrechtsrelevanten Verhaltens der geförderten Unternehmen durch das Bundesministerium für Wirtschaft und Technologie existiert nicht.

Da die Vergabebedingungen ansonsten keinerlei Referenz an internationale Standards enthalten, können nur die nationale Rechtsordnung des Gaststaates, insbesondere dessen arbeitsrechtliche Schutzvorschriften als Bezugspunkt dienen. Nach Art. 13 Abs. 1 der *Allgemeinen Bedingungen* hat der Garantienehmer

> „(…) die für Kapitalanlagen im Ausland vom Bund und vom Anlageland erlassenen Vorschriften zu beachten, die für Kapitalanlagen notwendigen Genehmigungen einzuholen sowie die in Genehmigungen des Anlagelandes und in Vereinbarungen mit dem Anlageland enthaltenen Bedingungen, Auflagen und Verpflichtungen zu erfüllen."

Es liegt nahe, dass unter „die für Kapitalanlagen im Ausland (…) vom Anlageland erlassenen Vorschriften" auch die nationalen arbeitsrechtlichen Schutzvorschriften fallen. Denn vom Anlageland für Kapitalanlagen erlassene Vorschriften sind regelmäßig solche Vorschriften, die das wirtschaftliche Aktivwerden des Investors im Gaststaat regeln. Dazu gehören typischerweise die nationalen arbeitsrechtlichen Vorschriften. Der Garantievertrag inkorporiert somit die allgemein bestehende Verpflichtung des Investors zur Befolgung der nationalen arbeitsrechtlichen Schutzvorschriften. Verstößt ein Investor gegen diese Verpflichtung, sind die Regeln des Art. 15 der *Allgemeinen Bedingungen* anwendbar, die

die Folgen von Vertragsverletzungen regeln. Insbesondere scheint dann der Anwendungsbereich des Kündigungsrechts nach Art. 15 Abs. 9 eröffnet zu sein:

> „Der Bund ist berechtigt, die Garantie mit sofortiger Wirkung zu kündigen:
>
> a) bei grober Verletzung der Vertragspflichten durch den Garantienehmer,
>
> b) aus wichtigem Grunde, der in der Person des Garantienehmers liegt."

Die Verletzung grundlegender arbeits- und menschenrechtlicher Verpflichtungen im Gaststaat ließe sich sowohl unter lit.a) (als grobe Verletzung der Verpflichtung zur Einhaltung der nationalen Vorschriften des Anlagestaates) wie auch unter lit.b) (als wichtigen in der Person des Garantienehmers liegenden Grund, der die Förderungswürdigkeit ausschließt) subsumieren.

Im Ergebnis ist somit für das deutsche Vergabeverfahren festzuhalten, dass für die Umweltauswirkungen der zu unterstützenden Investitionsvorhaben inzwischen ein äußerst detailliertes Prüfungsverfahren existiert, die menschenrechtlichen Kernarbeitsrechte jedoch keinen in den Verfahrensvorschriften niedergelegten Platz bei der Entscheidungsfindung über die Vergabe einer Investitionsgarantie haben. Nach Angaben des Bundesministeriums für Wirtschaft und Technologie werden dennoch auf dem beschriebenen „informellen" Weg die menschenrechtsrelevanten Auswirkungen von Großprojekten (v.a. in als problematisch eingestuften Staaten) geprüft. Daneben können im Rahmen der Verpflichtung zur Einhaltung der nationalen Rechtsordnung des Gaststaates je nach Ausgestaltung der Rechtsordnung des jeweiligen Anlagestaates arbeits- und menschenrechtliche Aspekte relevant werden. Verstößt ein gefördertes Projekt gegen grundlegende Kernarbeitsrechte, liegt die Annahme einer Kündigungsmöglichkeit nach § 15 Abs. 9 der *Allgemeinen Bedingungen* nahe.

e. Bewertung der nationalen Vergabeverfahren

In den letzten Jahren ist bei vielen staatlichen Garantiegebern das Bewusstsein für die Relevanz von arbeits- und menschenrechtlichen Belangen im Vergabeverfahren spürbar gewachsen. Sichtbares Zeichen für die zunehmende Bedeutung sozialer und menschenrechtlicher Belange sind die Überarbeitungen bereits bestehender und die Erarbeitung neuer Richtlinien und Kodizes zu Umwelt- und Sozialstandards.[693] Waren es zuvor meist nur ökologische Aspekte, die als All-

---

693 Vgl. dazu auch das neue kanadische Vergabeverfahren; Informationen abrufbar unter: www.edc.ca/english/docs/news/2008/mediaroom_14502.htm.

gemeinwohlbelange im Vergabeverfahren Beachtung fanden[694], gehören heutzutage regelmäßig die Auswirkungen der Investitionsprojekte auf die Kernarbeitsrechte im Gaststaat zum Prüfungsprogramm der nationalen Vergabebehörden der Industriestaaten. Dabei fällt auf, dass nationale Vergabesysteme häufig auf die Standards der Weltbank bzw. der MIGA verweisen, denen somit eine gewisse Leitbildfunktion zukommt. Beachtenswert aus deutscher Perspektive ist, dass im Rahmen des bundesdeutschen Garantieprogramms keine standardmäßige, ausdrücklich in den Vergabebedingungen vorgesehene Überprüfung der menschenrechtlichen Auswirkungen vorgenommen wird. Lediglich bei Investitionsvorhaben in „vorbelasteten" Zielstaaten und bei Großprojekten findet eine länderspezifische Prüfung der Schutzstandards und der zu erwartenden menschenrechtsrelevanten Auswirkungen statt. Vor dem Hintergrund der menschenrechtlichen Vorgaben ist festzuhalten, dass diese fakultative Prüfung nicht den menschenrechtlichen Verpflichtungen entspricht. Insofern ist die unmittelbare Aufnahme von menschenrechtsrelevanten Bedingungen in die normativen Grundlagen des Prüfungsverfahrens erforderlich. Gleiches gilt für das Vergabeverfahren des japanischen Garantiesystems. Auch hier fehlt es an einer obligatorischen Überprüfung der menschen- und kernarbeitsrechtlichen Folgewirkungen der unterstützten Investitionstätigkeit.

Hinsichtlich der untersuchten Vergabesysteme ist aus menschenrechtlicher Perspektive negativ zu bewerten, dass im Rahmen der Entscheidung über die Förderungswürdigkeit menschenrechtliche Bedenken zum Teil durch andere, insbesondere wirtschaftliche Erwägungen verdrängt werden können. Section 231A (a) (3) des *Foreign Assistance Act* kodifiziert ausdrücklich den Fall des überwiegenden nationalen wirtschaftlichen Interesses. Die darin zum Ausdruck kommende Höherwertigkeit des nationalen wirtschaftlichen Interesses gegenüber den Menschenrechten ist nicht mit dem Verständnis der Menschenrechte als Grundwerten der internationalen Gemeinschaft vereinbar und verstößt gegen die menschenrechtlichen Verpflichtungen der USA. Im Übrigen enthält das US-amerikanische Vergabeverfahren jedoch Regelungen, die die menschenrechtlichen Vorgaben effektiv umsetzen. Insbesondere ist dabei die verpflichtende Aufnahme einer menschenrechtsschützenden Klausel in den Garantievertrag hervorzuheben.

---

694 Gleiches gilt für den Bereich der Exportkredite; auch dort haben die ökologischen Aspekte größere Aufmerksamkeit gefunden als soziale und menschenrechtliche; vgl. die von der OECD erarbeiteten *Recommendation on Common Approaches on Environment and Officially Supported Export Credits,* abrufbar unter www.oecd.org.

Auch hinsichtlich des britischen Vergabesystems lässt sich festhalten, dass es die sozial- und menschenrechtlichen Verpflichtungen in sehr umfassender Weise in die Bewertung eines vorgeschlagenen Projekts aufnimmt und dazu weitgehend auf internationale Standards zurückgreift. Negativ fällt lediglich die Unbestimmtheit des Maßstabes auf. Ohne klare Präzisierung werden internationale Standards wie die ILO-Kernkonventionen, europäische Standards, nationale britische Standards sowie schließlich bestimmte unternehmerische Selbstverpflichtungen[695] für anwendbar erklärt. Im Sinne der Vorhersehbarkeit für den Investor wäre hier eine genauere Darstellung der einzuhaltenden Standards wünschenswert.

2. Die Multilaterale Investitionsgarantieagentur (MIGA) der Weltbank

Die menschenrechtlich verpflichteten Staaten müssen auch als Mitgliedsstaaten der MIGA bei ihren Vergabeentscheidungen die menschenrechtlichen Implikationen, die das geförderte Investitionsprojekt im Gaststaat mit sich bringen kann, beachten. Inwieweit neben den Verpflichtungen der Mitgliedsstaaten die MIGA selbst als internationale Organisation Adressatin von menschenrechtlichen Verpflichtungen ist, soll im Folgenden geprüft werden. Sodann wird sich die Untersuchung der Frage zuwenden, ob die MIGA bzw. ihre Mitgliedsstaaten den bestehenden Verpflichtungen nachkommen. Dazu wird zum einen das MIGA-Übereinkommen untersucht, zum anderen ist die von der MIGA seit dem Jahr 2007 im Rahmen der Garantievergabe verfolgte Strategie des *Environmental and Social Impact Assessment* einer kritischen Analyse zu unterziehen.

a. Die MIGA als Adressatin von menschenrechtlichen Pflichten

Ohne jeden Zweifel können sich internationale Organisationen wie die MIGA als Völkerrechtssubjekte im Rahmen völkerrechtlicher Verträge innerhalb ihres Kompetenzrahmens völkerrechtlichen Pflichten unterwerfen.[696] Die MIGA ist jedoch nicht Vertragspartei in einem der hier relevanten menschenrechtlichen

---

695 *ECGD* (2004), Case Impact Analysis Process, para.5.19.
696 *Amerasinghe* (2005), S.68; *Schermers/Blokker* (2003), § 1577; vgl. dazu auch Art.6 des - bislang allerdings nicht in Kraft getretenen - Wiener Übereinkommens über das Recht der Verträge zwischen Staaten und Internationalen Organisationen oder zwischen Internationalen Organisationen (WVKIO) vom 21.3.1986, BGBl. 1990 II, S.1414.

Verträge.[697] Allein aus den menschenrechtlichen Verpflichtungen einer großen Zahl der Mitgliedsstaaten[698] ergeben sich aufgrund der selbstständigen Völkerrechtspersönlichkeit keine unmittelbaren völkerrechtlichen Verpflichtungen der MIGA. Dies entspricht dem völkerrechtlichen Grundsatz, dass vertragliche Pflichten nur durch Mitwirkung des Verpflichteten entstehen, Dritte also nur durch Zustimmung verpflichtet werden können.[699] Dennoch lassen sich drei Ansatzpunkte identifizieren, die im Falle der MIGA zu unmittelbaren menschenrechtlichen Verpflichtungen führen können und die im Folgenden kurz dargestellt werden sollen.

Bindung durch Völkergewohnheitsrecht

So könnte die MIGA als Völkerrechtssubjekt an Völkergewohnheitsrecht und somit an die gewohnheitsrechtlich geltenden Kernarbeitsrechte gebunden sein. Die Bindung internationaler Organisationen an universelles Völkerrecht und folglich an gewohnheitsrechtlich geltende Menschenrechte wurde in der Literatur zum Teil abgelehnt.[700] Begründet wurde diese Ansicht in erster Linie mit der Genese gewohnheitsrechtlicher Normen. Diese entstehen aufgrund der Praxis und Rechtsüberzeugung von Staaten. Da internationale Organisationen nach dem Verständnis des klassischen Völkerrechts in keinem Stadium unmittelbar an dem Entstehungsprozess gewohnheitsrechtlicher Normen beteiligt sind und daher auf deren Inhalt keinen bestimmenden Einfluss haben, können sie nach dieser Ansicht auch nicht durch diese Normen rechtlich gebunden werden. Zwischenzeitlich hat sich jedoch die Ansicht durchgesetzt, dass internationale Organisationen – wie die übrigen Völkerrechtssubjekte – an allgemeines Völkergewohnheitsrecht gebunden sind.[701] Ihr mitwirkender Einfluss auf die Herausbildung der für die Entstehung von Völkergewohnheitsrecht erforderlichen *opinio iuris* ist heute

---

697 Da die meisten menschenrechtlichen Verträge nur Staaten als Vertragsparteien zulassen, kann die MIGA nicht Vertragspartei werden. Zudem liegt der Beitritt der MIGA zu menschenrechtlichen Verträgen nicht innerhalb des von den Mitgliedern zugestandenen Kompetenzbereichs.

698 Vgl. dazu die Zahlen in *Ghazi* (2005), S.136/137; nach diesen Berechnungen vereinigten im Jahr 2005 die Mitgliedsstaaten des IPwirtR 76,17 % der Stimmen bei den Wahlen in den MIGA-Gremien.

699 Vgl. dazu Art.35 WVK bzw. WVKIO.

700 Vgl. *Schermers/Blokker* (2003), § 1572 ff.; *Ghazi* (2005), S.133.

701 Siehe z.B. *Schermers/Blokker* (2003), § 1579: "International custom will apply as much to international organizations as it does to states."; vgl. auch *Tomuschat* (2001), 134/135; *Seidl-Hohenveldern/Loibl* (2000), Rn.1512; *Amerasinghe* (2005), S.400/401.

allgemein anerkannt.[702] Bestätigt wurde die grundsätzliche Bindungswirkung gewohnheitsrechtlicher Normen für internationale Organisationen durch den IGH in seiner Entscheidung *Egypt vs. WHO*:

> "(…) international organisations are bound by any obligations incumbent upon them under general rules of international law."[703]

Internationale Organisationen unterstehen somit dem allgemeinen, für alle ihre Mitgliedsstaaten geltenden Völkergewohnheitsrecht, auch wenn dieses in Verträgen Niederschlag gefunden hat, denen die jeweilige internationale Organisation selbst nicht beigetreten ist bzw. gar nicht beitreten kann. Der Umfang der konkreten Verpflichtungen einer bestimmten internationalen Organisation richtet sich nach den im Gründungsvertrag niedergelegten Aufgaben und Kompetenzen.[704]

Die MIGA wird nach ihrem völkerrechtlichen Gründungsvertrag in einem Bereich tätig, in dem wirtschaftliche Menschenrechte besondere Relevanz haben. Folglich muss die MIGA die völkergewohnheitsrechtlich geltenden Kernarbeitsrechte in ihren Förderungsaktivitäten beachten.[705] Wie das staatliche gewohnheitsrechtliche Pflichtenprogramm ist die Verpflichtung der MIGA in erster Linie als negative Pflicht zu verstehen, also als Unterlassungspflicht.[706] Im Ergebnis darf die MIGA also keinerlei Investitionsprojekte durch die Übernahme von Garantien fördern, wenn konkrete Hinweise darauf hindeuten, dass durch ihre Mitwirkung mittelbar oder unmittelbar gewohnheitsrechtlich geltende Menschenrechte verletzt werden.

Bindung aufgrund der Stellung in der UN-Familie

Ein weiterer Ansatzpunkt für unmittelbare menschenrechtliche Verpflichtungen der MIGA könnte aus ihrer Beziehung zur UN-Familie folgen. Für UN-Sonderorganisationen, in erster Linie für die Weltbank und den Internationalen Währungsfond werden zum Teil völkerrechtliche Verpflichtungen aus deren be-

---

702 Vgl. m.w.N. *Amerasinghe* (2005), 186 ff.; speziell zur Mitwirkung der UN-Sonderorganisationen bei der Herausbildung von Völkergewohnheitsrecht: *Klein* in: EPIL (2000), 1172 (1187/1188).

703 IGH, *Interpretation of the Agreement of 25 March 1951 between the WHO and Egypt*, Advisory Opinion ICJ Reports, 1980, S.89/90.

704 Vgl. *Ghazi* (2005), S.99.

705 *Ghazi* (2005), S.134; eine parallele völkergewohnheitsrechtliche Pflicht zur Durchführung einer Umweltverträglichkeitsprüfung nimmt *Elgeti* (2002), S.238 ff. an.

706 Vgl. *Skogly* (2001), S.145.

sonderen Beziehungen[707] zur UN-Hauptorganisation hergeleitet.[708] Nach dieser Auffassung dürfen UN-Sonderorganisationen bei ihren Förderungsaktivitäten nicht den grundsätzlichen Ziel- und Wertvorstellungen der UN-Charta entgegenwirken, zu denen zweifellos auch der Schutz und die Verwirklichung der wirtschaftlichen Menschenrechte zu zählen sind (vgl. nur die Präambel der UN-Charta, Art. 1 Nr.3, Art. 55 lit.c) UNC). Ansonsten kämen die Sonderorganisationen nicht ihrer in Art. 57 UNC umschriebenen Funktion nach, nämlich in Zusammenarbeit mit den Vereinten Nationen Aufgaben im Bereich der Wirtschaft, des Sozialwesens, der Kultur usw. zu erfüllen und somit die wirtschaftlichen, sozialen und menschenrechtlichen Zielsetzungen des Art. 55 UNC zu erreichen.

Ist diese Auffassung aufgrund der bewusst distanzierten Stellung[709] der UN-Sonderorganisationen gegenüber der UN-Hauptorganisation schon umstritten[710], wird man eine derartige rechtliche Bindung der MIGA jedenfalls schon deshalb ablehnen müssen, da sie selbst keine UN-Sonderorganisation ist. Die Agentur wurde lediglich im Rahmen der Weltbankgruppe gegründet, ist von dieser jedoch sowohl rechtlich als auch finanziell unabhängig[711] und verfügt über keinerlei eigenständige rechtliche Verbindungen zur UN-Hauptorganisation. Dieser Ansatz kann daher im Fall der MIGA zu keinen menschenrechtlichen Verpflichtungen führen.

Übertragung der mitgliedschaftlichen Bindungen auf die MIGA

Schließlich ließe sich die Bindung der MIGA unmittelbar aus den gewohnheits- oder vertragsrechtlichen menschenrechtlichen Bindungen der Mitgliedsstaaten ableiten. Vorbild könnte hierbei die früher im Verhältnis der EMRK zur Europä-

---

707 Die UN-Sonderorganisationen werden nach Art.57 UNC mit den Vereinten Nationen durch sog. Beziehungsabkommen (*relationship agreements*) in Verbindung gebracht, die der Wirtschafts- und Sozialrat gemäß Art.63 UNC abschließt und die der Genehmigung der Generalversammlung bedürfen; diese zwischen den einzelnen Sonderorganisationen inhaltlich durchaus variierenden Abkommen bestimmen maßgeblich das Verhältnis der Sonderorganisationen zur UN-Hauptorganisation; allgemein dazu *Meng* in: Simma (2002), Art.57 Rn.1 ff.

708 *Skogly* (2001), S.108/109; *Darrow* (2003), S.129.

709 Um die Sonderorganisationen von politischem Einfluss frei zu halten, wurde ganz bewusst auf eine Hierarchisierung der Haupt- und Sonderorganisationen verzichtet. Die UN stellen also nicht das Oberhaupt der UN-Familie dar, deren allgemeine Zielsetzungen und völkerrechtliche Bindungen automatisch auf die Sonderorganisationen übertragen werden; *Klein* in: Graf Vitzthum (2010), 4.Abschnitt Rn.234.

710 Vgl. *Ciorciari* (2000), 331 (360).

711 *Ebenroth/Karl* (1989), Rn.39; *Rindler* (1999), S.63.

ischen Gemeinschaft diskutierte Hypothekentheorie sein, nach der die Gemeinschaft in die völkerrechtlichen Pflichtenstellungen ihrer Mitgliedsstaaten als Vertragsstaaten der EMRK einrücken sollte.[712] Zum Teil wird eine derartige Übertragung mitgliedsstaatlicher Bindungen auf die jeweilige internationale Organisation befürwortet und auf das allgemeine Völkerrecht ausgeweitet.[713] Auch bestimmte Aussagen des Ausschusses zum IPwirtR lassen sich in dieser Weise interpretieren:

> "The international financial institutions, notably the International Monetary Fund (IMF) and the World Bank, should pay greater attention to the protection of the right to food in their lending policies and credit agreements and in international measures to deal with the debt crisis. Care should be taken, in line with the Committee's General Comment No. 2, paragraph 9, in any structural adjustment programme to ensure that the right to food is protected."[714]

Der Ausschuss richtet in diesem *General Comment* unmittelbare Erwartungen an die internationalen Finanzorganisationen. So wie die zurückhaltende Formulierung (*"should pay greater attention"*) jedoch bereits deutlich macht, handelt es sich bei den dargelegten Beachtungspflichten der Weltbank nach Ansicht des Ausschusses wohl nicht um vollwertige völkerrechtliche Verpflichtungen. Auch im Europarecht konnte sich die Hypothekentheorie nicht durchsetzen. Letztlich scheitert die Übertragung der mitgliedsstaatlichen Verpflichtung im Falle der MIGA schon daran, dass nicht alle MIGA-Mitgliedsstaaten auch Mitgliedsstaaten des IPwirtR sind. So ließe sich lediglich auf die gewohnheitsrechtlichen Pflichten der Mitgliedsstaaten der MIGA zurückgreifen. Wie bereits oben gesehen, ist die MIGA aber unabhängig von den mitgliedsstaatlichen Verpflichtungen an universell geltendes Völkergewohnheitsrecht gebunden.

Ergebnis

Als Ergebnis lässt sich festhalten, dass die MIGA als selbstständiges Völkerrechtssubjekt an die gewohnheitsrechtlich geltenden wirtschaftlichen Menschenrechte gebunden ist. Sonstige Begründungsversuche finden keinen Rückhalt im geltenden Völkerrecht. Konkret ergibt sich aus den Bindungen der MIGA die

---

712 Vgl. m.w.N. *Szczekalla* in: Heselhaus/Nowak (2006), § 2 III Rn.22; *Grabenwarther* (2008), § 4 Rn. 5 ff.
713 Vgl. *Kälin/Künzli (2008)*, S.99 ff.; *Schermers/Blokker* (2003), § 1577; *Künnemann* in: Coomans/Künnemann (2004), 201 (215/216); im Ergebnis so auch *Bradlow/Grossman* (1995), 411 (427).
714 UN Committee on Economic, Social and Cultural Rights; General Comment No.12 para.41.

(Unterlassungs-)Pflicht, bei der Vergabe von Investitionsgarantien die Auswirkungen des vorgeschlagenen Projekts auf die gewohnheitsrechtlich fundierten wirtschaftlichen Menschenrechte der betroffenen Personengruppen im Gaststaat zu beachten.[715] In welcher Weise die MIGA dieser Verpflichtung nachkommt, wird nun anhand ihrer normativen Grundlagen und ihrer praktischen Förderungstätigkeit untersucht werden.

b. Das MIGA-Übereinkommen

Der Text des MIGA-Übereinkommens aus dem Jahr 1985 enthält keinen ausdrücklichen Verweis auf die Einbeziehung von menschenrechtlichen Belangen bei der Bestimmung der Förderungswürdigkeit eines Investitionsprojekts oder bei der Abwicklung eines Garantiefalls. Dennoch lassen sich im Vertragstext Ansatzpunkte finden, die die Beachtung und Einbeziehung investitionsfremder Erwägungen ermöglichen. Eine Vorschrift, über die menschenrechtliche Belange bei der Bestimmung der Förderungswürdigkeit einer Investition einbezogen werden können, ist Art. 12 (d) des MIGA-Übereinkommens. Art. 12 (d) (i) besagt, dass die MIGA nur solche Investitionen fördern soll, die wirtschaftlich solide sind und einen Beitrag zur Entwicklung des Landes leisten. Der von der MIGA autorisierte Kommentar zur Konvention versteht unter „Entwicklung" nicht nur wirtschaftlichen, sondern auch sozialen Fortschritt, der zudem mit den nationalen Entwicklungszielen übereinstimmen soll.[716] Hier besteht interpretatorischer Spielraum für eine Integration von menschen- und kernarbeitsrechtlichen Erwägungen in den Vergabeprozess. Einen ganz ähnlichen Prüfungspunkt enthält die Vorschrift des Art. 12 (d) (iii). Danach prüft die Agentur im Rahmen der Vergabeentscheidung, ob das zu fördernde Projekt mit den Entwicklungszie-

---

715 So auch *Skogly* (2001), S.153 für die parallele Frage der Menschenrechtsbindung im Rahmen der Kreditvergabe durch die Weltbank.

716 Commentary on the Convention Establishing the Multilateral Investment Guarantee Agency (Annex I zum MIGA-Übereinkommen, abgedruckt bei *Ebenroth/Karl* (1989), S.345 ff.), III para.21: "It should satisfy itself that the investment concerned will contribute to the economic and social development of the host country, (...), and be consistent with the country´s declared development objectives."; vgl. dazu auch die Operational Regulations of the Multilateral Investment Guarantee Agency Agency (Annex II zum MIGA-Übereinkommen, abgedruckt bei *Ebenroth/Karl* (1989), S.364 ff.), § 3.06: "In determining whether an Investment Project will contribute to the development of the Host Country, the Underwriting Authority shall have regard to such factors as (...) the effects of the Investment Project on the social infrastructure and environment of the Host Country".

len und -prioritäten des Gaststaates übereinstimmt. Soweit ein Staat die ILO-Kernkonventionen und den IPwirtR ratifiziert hat, gehören die darin niedergelegten Gewährleistungen zu den nach außen kundgetanen Entwicklungszielen des Gaststaates und müssen daher bei der Förderungswürdigkeit eines Investitionsprojekts beachtet werden.[717]

Nach Art. 12 (d) (ii) des MIGA-Übereinkommens muss sich die Agentur bei der Vergabe einer Garantie vergewissern, dass die Investition mit „den Gesetzen und sonstigen Vorschriften" des Gastlandes übereinstimmt. Im Rahmen dieses Artikels sind alle Vorschriften zu beachten, die dem Investor Verhaltenspflichten auferlegen. Hierzu zählen vor allem die nationalen Investitionsgesetze sowie alle sonstigen Bestimmungen, die eine Beeinflussung des Wirtschaftslebens bezwecken (z. B. Arbeits- und Steuerrecht, Umwelt- und Verbraucherschutz).[718] Unter „Gesetze und sonstige Vorschriften" lassen sich somit auch das nationale Arbeitsrecht und die Garantien der ILO-Kernarbeitskonventionen und des IPwirtR subsumieren, soweit der betreffende Gaststaat diese völkerrechtlichen Verträge ratifiziert und die einzelnen Gewährleistungen in der innerstaatlichen Rechtsordnung mit Geltung versehen hat.

Neben der Berücksichtigung im Rahmen der Vergabeentscheidung können wirtschaftliche Menschenrechte auch bei der Bewertung eines Garantiefalls Beachtung finden. In diesem Bereich können Spannungen mit dem Regulierungsspielraum der Gaststaaten entstehen. Besonders relevant ist in diesem Zusammenhang der Enteignungstatbestand, den das MIGA-Übereinkommen in Art.11 (a) (ii) definiert:

> „Enteignungen und ähnliche Maßnahmen: jede der Gastregierung zurechenbare Gesetzgebungs- oder Verwaltungsmaßnahme oder -unterlassung, die bewirkt, dass dem Garantienehmer das Eigentum an seiner Investition oder seine Kontrolle darüber beziehungsweise ein erheblicher Nutzen aus seiner Investition entzogen wird; ausgenommen sind allgemein anwendbare, nicht diskriminierende Maßnahmen, welche die Regierungen üblicherweise zur Regelung der Wirtschaftstätigkeit in ihrem Hoheitsgebiet treffen;"

Liegen die dort genannten Voraussetzungen vor, entschädigt die MIGA den Investor und versucht, die durch Subrogation auf sie übergegangenen Rechte und Ansprüche des Investors gegenüber dem Gaststaat geltend zu machen.[719] Ob der

---

717 Vgl. *Ghazi* (2005), S.73.
718 *Ebenroth/Karl* (1989), Rn.238.
719 Art.18 (a) MIGA; zum Verfahren bei Enteignungen vgl. *Schöber* (1994), S.169; das MIGA-Übereinkommen sieht den Übergang von Rechten oder Ansprüchen des Investors gegenüber dem Gaststaat auf die MIGA vor, wenn die Agentur dessen Entschädigungsansprüche bezahlt oder einer Bezahlung zustimmt. Diese Subrogation wird von allen Mitgliedsstaaten anerkannt und ist ihnen gegenüber daher wirksam (Art.18 (b) MIGA).

Entschädigungsfall eingetreten ist, ob also beispielsweise eine Enteignung vorliegt, richtet sich im Verhältnis zwischen Agentur und Investor nach dem Garantievertrag zwischen dem Investor und der MIGA bzw. nach den darin einbezogenen allgemeinen Vorschriften des MIGA-Übereinkommens. Je weiter die Enteignungsklausel im MIGA-Übereinkommen ist, desto eher wird die MIGA den Investor entschädigen und desto eher wird die MIGA Druck auf den Gaststaat zur Kompensation des Schadens und zur Rücknahme der enteignenden Handlung ausüben. Der von der MIGA ausgeübte Druck kann potentiell auch Maßnahmen betreffen, die unter menschenrechtlichen Gesichtspunkten notwendig sind. Dabei kann die MIGA bei der Durchsetzung des Regressanspruches durch ihre Verbindungen zu den übrigen Institutionen der Weltbankgruppe ungleich größeren Druck auf die Gaststaaten aufbauen als einzelne nationale Garantiegeber. Für den Fall entschädigungsloser Enteignungen soll beispielsweise die Möglichkeit bestehen, dass die Weltbank- und IMF-Subskriptionen des Mitgliedes als Pfand einbehalten werden und bzw. oder es keine weiteren Weltbank- und IMF-Kredite mehr erhält.[720] Zudem besteht nach Art. 52 MIGA-Übereinkommen im Fall des Vertragsbruches die Möglichkeit, die MIGA-Mitgliedschaft des betreffenden Mitgliedsstaates zu suspendieren und diesen somit von der zukünftigen Garantievergabe auszuschließen.

Die regulierungsbeschränkende Wirkung wird jedoch dadurch abgeschwächt, dass im zweiten Halbsatz der Enteignungsdefinition in Art. 11 (a) (ii) MIGA-Übereinkommen der Regelungsspielraum der Gaststaaten Beachtung findet. In Anlehnung an die bereits beschriebene *Police Power*-Doktrin ist es dem Gaststaat möglich, entschädigungslos nichtdiskriminierende Regelungen zu erlassen, die das wirtschaftliche Leben auf seinem Territorium regeln und auf alle Wirtschaftsteilnehmer gleichermaßen angewendet werden. Genauso wie im Rahmen der Investitionsschutzabkommen lassen sich hier menschen- und arbeitsrechtsrelevante Regelungen unter diese Einschränkung des Enteignungstatbestandes subsumieren. Dies bestätigen auch die *Operational Regulations of the Multilateral Investment Guarantee Agency*[721], eine Art Kommentierung zur praktischen Handhabe des MIGA-Übereinkommens, die als Beispiel für Entschädigungsfreiheit ausdrücklich auf Regulierung im Bereich der Arbeitsrechte verweist. [722]

Der Investor seinerseits wird im Garantievertrag verpflichtet, seine Rechte und Ansprüche im Garantiefall auf die MIGA zu übertragen.

720 Vgl. *Ebenroth/Karl* (1989), Rn.796; *Schöber* (1994), S.158 ff.

721 Annex II zum MIGA-Übereinkommen, abgedruckt bei *Ebenroth/Karl* (1989), S.364 ff.

722 Operational Regulations of the Multilateral Investment Guarantee, para.1.36: "In accordance with Article 11 (a) (ii) of the Convention, coverage shall not be provided against non-discriminatory measures of general application which governments normally take in

In diesem Zusammenhang ist auch die Regelung des Art. 15 MIGA von Bedeutung, nach der die Agentur einen Garantievertrag mit dem Investor erst abschließen kann, wenn der Gaststaat die Gewährung der Garantie durch die Agentur genehmigt hat. In dieser Genehmigung kann das Gastland seine Zustimmung auf bestimmte Investitionstypen, -risiken, -beträge, -investoren und Mitgliedsstaaten beschränken. Dem Gaststaat steht die Entscheidung darüber zu, ob und in welchem Ausmaß die MIGA eingeschaltet wird und in welchem Umfang er sich den rechtlichen Konsequenzen aus dem Abschluss eines Garantievertrages unterwirft.[723] Die Genehmigung bezieht sich insbesondere auch auf die Tatbestände, die einen Versicherungsfall auslösen. Dem Gaststaat steht somit die Möglichkeit offen, die Genehmigung zu verweigern, wenn ihm die Enteignungsdefinition in einem Garantievertrag zu weitgehend erscheint und er sich daher in seiner Regelungshoheit zu stark beschränkt sieht. Art. 15 MIGA-Übereinkommen kann somit als ein Instrument angesehen werden, das der nationalen Souveränität und Regelungshoheit der Gaststaaten große Bedeutung zumisst und sie schützt.

Zusammenfassend lässt sich sagen, dass sich im MIGA-Übereinkommen Ansatzpunkte identifizieren lassen, die sowohl bei der Garantievergabe als auch bei der Bewertung der Entschädigungspflicht der MIGA die Beachtung menschen- und arbeitsrechtsrelevanter Belange ermöglichen. Dabei handelt es sich jedoch lediglich um potentielle Anknüpfungspunkte, die einer menschenrechtssensiblen Auslegung grundsätzlich offenstehen, diese jedoch keineswegs zwingend vorsehen. Da die MIGA sich der entwicklungspolitischen und menschenrechtlichen Dimension ihrer Versicherungstätigkeit bewusst ist[724], verfolgt sie seit Oktober 2007 die neue Strategie des *Environmental and Social Impact Assessment*, mit der sie ihren umwelt- und menschenrechtlichen[725] Verpflichtungen in effektiver Weise nachkommen will. Diese neuen Strategien und Prinzipien, die bislang noch keinen Niederschlag im MIGA-Übereinkommen selbst gefunden haben, sollen im folgenden Abschnitt dargestellt und kritisch analysiert werden.

---

the public interest for the purpose of regulating economic activity in their territories, such as the bona fide imposition of taxes, tariffs and price controls and other economic regulations as well as *environmental and labor legislation and measures for the maintenance of public safety.*" (Hervorhebungen d. d. Autor).

723 *Ebenroth/Karl* (1989), Rn.296.
724 Siehe *MIGA* (2007), Policy on Social and Environmental Sustainability, para.7 ff.
725 Zwar spricht die MIGA von einem Social Impact Assessment, in der Substanz handelt es sich bei den von ihr untersuchten Rechten aber um die menschenrechtlich fundierten Kernarbeitsrechte. Daher wird im Folgenden nicht von sozialen Rechten, sondern wie bereits in den sonstigen Teilen der Untersuchung von wirtschaftlichen Menschenrechten bzw. Kernarbeitsrechten die Rede sein.

c. Das Environmental and Social Impact Assessment

Nach der Strategie des *Environmental and Social Impact Assessment* sollen bei der Prüfung der Förderungswürdigkeit eines Vorhabens die umwelt- und menschenrechtlichen Auswirkungen des abzusichernden Investitionsprojekts in allen Stadien des Investitionsvorganges geprüft und bewertet werden. Sowohl bei der anfänglichen Entscheidung über die Gewährung einer Investitionsgarantie als auch während der späteren Durchführung des Projekts soll durch die Zusammenarbeit zwischen dem Investor und der MIGA die Einhaltung gewisser Verhaltensstandards (sog. *Performance Standards on Social & Environmental Sustainability*[726]) sichergestellt werden.[727]

Die *Performance Standards* stellen als Anhänge zu den *Operational Regulations* Sekundärrecht der MIGA dar. Unter Sekundärrecht internationaler Organisationen versteht man allgemein die Rechtsregeln, die von der jeweiligen internationalen Organisation selbst erlassen werden.[728] Die Rechtsqualität von Sekundärrecht internationaler Organisationen ist umstritten.[729] Zum Teil wird die Völkerrechtsqualität des Sekundärrechts verneint und es als eigenes Rechtssystem bzw. Recht *sui generis* qualifiziert.[730] Nach dieser Auffassung unterscheidet sich das Sekundärrecht als internes Organisationsrecht strukturell – insbesondere bezüglich der Rechtssetzungsmechanismen – so erheblich vom Völkerrecht, dass es diesem nicht mehr zugerechnet werden könne. Zum Teil wird das interne Recht einer internationalen Organisation aufgrund seiner Ableitung aus dem völkerrechtlichen Gründungsvertrag jedoch als Völkerrecht angesehen.[731] Dies soll insbesondere für Sekundärrecht gelten, das – ausgehend von den Ermächtigungen des Primärrechts – über dieses in der Weise hinausgeht, dass es die Ziele und

---

726 Die Performance Standards sind abrufbar unter www.miga.org; die Performance Standards werden ergänzt durch sog. Guidance Notes der International Finance Corporation (IFC); diese Guidance Notes sind Erläuterungen zu den einzelnen Performance Standards, die von der MIGA und der IFC zusammen erarbeitet wurden.

727 *MIGA* (2007), Policy on Social and Environmental Sustainability, para.1: "The Multilateral Investment Guarantee Agency (MIGA) strives for positive development outcomes in the private sector projects for which it provides guarantee support. An important component of positive development outcomes is the social and environmental sustainability of projects, which MIGA expects to achieve by applying a comprehensive set of social and environmental performance standards".

728 Vgl. *Seidl-Hohenveldern/Loibl* (2000), Rn.1502/1522.

729 Vgl. *Klein* in: Graf Vitzthum (2010), 4.Abschnitt Rn.114 ff.; *Amerasinghe* (2005), S.160 ff.; *Schermers/Blokker* (2003), § 1196.

730 *Schermers/Blokker* (2003), § 1196.

731 *Epping* in: Ipsen (2004), § 31 Rn.46.

Regelungen des Primärrechts konkretisiert, sich also nicht in der Ausgestaltung der internen Organisation erschöpft.

Bei der Bestimmung der Rechtsnatur der *Operational Regulations* und der dazugehörigen Anhänge ist zu beachten, dass diese die Ausführungsbestimmungen zur MIGA-Konvention selbst bilden. Sie beeinflussen die Garantievergabe in entscheidendem Maße, indem sie die Vorschriften der MIGA-Konvention konkretisieren. Die *Operational Regulations* enthalten demnach Normen, die unmittelbar der Erfüllung der Funktionen der MIGA dienen und in einem äußerst engen Zusammenhang mit dem völkerrechtlichen Gründungsvertrag stehen. Sie sind nicht nur nach innen gerichtetes Organisationsrecht, sondern in erster Linie Recht mit Außenwirkung.[732] Demnach muss man davon ausgehen, dass die *Operational Regulations* und deren Anhänge nicht nur reines Innenrecht der MIGA darstellen, sondern nach außen wirkendes Völkerrecht. Das bedeutet allerdings nicht, dass sie *allgemeines* Völkerrecht sind. Vielmehr handelt es sich um sogenanntes *partikuläres* Völkerrecht, das in vollem Umfang nur die Mitgliedsstaaten der MIGA und die MIGA selbst bindet.[733] Wie noch darzustellen sein wird, entfalten die *Performance Standards* in unserem Zusammenhang ihre wichtigste Wirkung allerdings nicht als partikuläres Völkerrecht, sondern als Bestandteil der Garantieverträge zwischen der MIGA und dem jeweiligen Investor.

Die von der MIGA angewandten und vom Investor zu beachtenden Standards erstrecken sich von allgemeinen Vorgaben zur Einrichtung von Überwachungs- und Berichtssystemen (*Performance Standard 1*) über Verhaltensanforderungen bezüglich Biodiversität und Nachhaltigkeit im Ressourcenmanagement (*Performance Standard 6*) bis hin zu Besonderheiten im Umgang mit indigenen Bevölkerungsgruppen (*Performance Standard 7*). Die Standards werden bei der Prüfung der Förderungswürdigkeit eines Investitionsprojekts neben sonstigen Kriterien (wie z. B. den politische Risiken des Investitionsvorhabens oder dem Beitrag zur wirtschaftlichen Entwicklung des Gaststaates) mit in die Abwägung des Für und Wider der Garantievergabe eingestellt.[734] Dabei soll den *Performance Standards* ein so großes Gewicht zukommen, dass von der MIGA keine Investitionsprojekte gefördert werden, bei denen nicht erwartet werden kann, dass sie den *Performance Standards* über einen angemessenen Zeitraum ("*a reasonable period of time*") entsprechen.[735] Um bei der Bewertung eines Investitionsvorhabens unter umwelt- und sozialrechtlichen Gesichtspunkten einem einheitlichen

---

732 Vgl. *Elgeti* (2002), S.49.
733 *Seidl-Hohenveldern/Loibl* (2000), Rn.1504.
734 *MIGA* (2007), Policy on Social and Environmental Sustainability, para.17.
735 *MIGA* (2007), Policy on Social and Environmental Sustainability, para.18.

System folgen zu können, wird im *Assessment*-Verfahren auf Grundlage aller relevanten Informationen die bereits bekannte Dreiteilung hinsichtlich der zu erwartenden Auswirkungen vorgenommen.[736]

Beispielhaft für die entscheidungsvorbereitende Bewertung eines Vorhabens auf Grundlage der *Performance Standards* (hier des *Performance Standards 2* zu den Arbeitsbedingungen) sollen die Ausführungen der MIGA zu einem Infrastrukturprojekt der Firma *Serra da Mesa Transmissora de Energia Ltda.* in Brasilien aus dem Jahr 2008 wiedergegeben werden:

"PS2: Labor and Working Conditions

Labor law of Brazil incorporates the core principles of ILO. The investor, Cobra Instalaciones y Servicios, in SMTE (the project enterprise) has constructed and is operating several transmission lines in Brazil and complies with the local labor law. The project enterprise is committed to apply working conditions, working relations, grievance mechanisms and safety procedures consistent with the requirements of PS2. The project enterprise also ensures that relevant requirements of Performance Standard 2 are/were applied to all non-employee (contracted) workers. Around 35 employees are required for operation and maintenance of the transmission line, and around 1,800 direct and 500 indirect employees were hired during the construction phase.

Ministério de Trabalho (Ministry of Labor), through the Secretariat of Labor Inspection and the departments of Labor Control and of Worker Health and Safety, is charged with guiding, controlling and supervising the activities connected with labor and occupational health and safety. The project is also controlled by the individual states and the regional labor authorities ("Delegacias")."[737]

Wenn die MIGA aufgrund der bereitgestellten Informationen und der eigenen Bewertungen ein Projekt für förderungswürdig hält und eine Garantie erteilt, dienen die *Performance Standards* als Verhaltensrichtlinien für den Investor und zugleich als weitere Bewertungsgrundlage für die Überwachungsorgane der

---

736 *MIGA* (2007), Policy on Social and Environmental Sustainability, para.19. "Category A Projects: Projects with potential significant adverse social or environmental impacts that are diverse, irreversible or unprecedented, Category B Projects: Projects with potential limited adverse social or environmental impacts that are few in number, generally site-specific, largely reversible and readily addressed through mitigation measures, Category C Projects: Projects with minimal or no adverse social or environmental impacts, including certain financial intermediary (FI) projects with minimal or no adverse risks." Daneben gibt es noch die Kategorie FI Projects für sog. *financial intermediaries.* Mithilfe dieser zwischengeschalteten nationalen Finanzorganisationen sollen auch diejenigen Unternehmen Investitionsgarantien in Anspruch nehmen können, die nicht den Anforderungen der MIGA-Vergabepolitik entsprechen, vgl. dazu *MIGA* (2007), Policy on Social and Environmental Sustainability, para.28/29.

737 Environmental and Social Review, Summary SMTE 500 KV TRANSMISSION LINE, S.4; abrufbar unter www.miga.org/policies.

MIGA. Für Investitionsvorhaben der Kategorie B und A wird ein individuelles Maßnahmenprogramm, ein sog. *Action Plan*[738], für den jeweiligen Investor zusammengestellt, das einen Teil des Garantievertrages bildet. Soweit ein Investor im zwischen ihm und der MIGA geschlossenen Garantievertrag zu Maßnahmen im Rahmen des *Environmental and Social Impact Assessment* verpflichtet ist, muss er regelmäßig an die MIGA Bericht erstatten.[739] Zudem können Organe der MIGA die geförderten Projekte, die in umwelt- oder sozialrechtlicher Hinsicht als sensibel eingestuft wurden, inspizieren und die Einhaltung der *Performance Standards* vor Ort überwachen. Hat ein Vorhaben hingegen keinerlei negative Auswirkungen (Kategorie C), werden keine weiteren Maßnahmen im Rahmen des *Environmental and Social Impact Assessment* ergriffen.

Inhaltlich umfassen die *Performance Standards* wie gesehen eine große Bandbreite von Themen. Von besonderem Interesse für den Untersuchungsgegenstand ist der *Performance Standard 2*, der sich mit Arbeitsbedingungen (*Labor and Working Conditions*) befasst. Schon die Einleitung zu diesem *Performance Standard* macht deutlich, dass die vom Investor zu beachtenden Standards zu gewichtigen Teilen den ILO-Kernarbeitskonventionen entnommen sind:

> "The requirements set out in this Performance Standard have been in part guided by a number of international conventions negotiated through the International Labour Organization (ILO) and the United Nations (UN)."[740]

Bezüglich der zu erreichenden Arbeits- und Beschäftigungsbedingungen im Investitionsvorhaben erkennt der *Performance Standard* grundsätzlich die Freiheit der beteiligten Sozialpartner an, jene in einem dafür vorgesehenen Verfahren selbst auszuhandeln, falls die Rechtsordnung des Gaststaats ein derartiges Verfahren vorsieht und das Ergebnis der Verhandlungen dem nationalen Mindeststandard oder den MIGA-Standards, je nachdem, welcher höher ist, entspricht.[741] Soweit derartige Vereinbarungen zwischen Unternehmen und Arbeitnehmervereinigungen im Einzelfall nicht existieren oder nach dem Recht des Gaststaates nicht möglich sind, sollen die Investoren von sich aus den Beschäftigten angemessene Arbeitsbedingungen anbieten, die zumindest den nationalen Gesetzen entsprechen.[742] Investoren sollen zudem gewerkschaftliche Betätigung der Ar-

---

738 *MIGA* (2007), Performance Standards on Social and Environmental Sustainability, Performance standard 1, para.16.
739 *MIGA* (2007), Policy on Social and Environmental Sustainability, para.27.
740 *MIGA* (2007), Performance Standards on Social and Environmental Sustainability, Performance Standard 2, para.2.
741 Vgl. dazu die Guidance Note 2, Labor and Working Conditions, G.16.
742 *MIGA* (2007), Performance Standards on Social and Environmental Sustainability, Performance Standard 2, para.8/16.

beitnehmer nicht behindern, selbst dann nicht, wenn die Gewerkschaftsfreiheit in dem Gaststaat nicht unter besonderem Schutz steht. Soweit die nationale Rechtsordnung des Gaststaates gewerkschaftliche Arbeit Restriktionen unterwirft oder gänzlich untersagt, sollen die Investoren ihrer Belegschaft alternative Wege eröffnen, auf denen diese ihre Forderungen artikulieren kann. Arbeiter sollen zudem nicht für ihr gewerkschaftliches Engagement benachteiligt werden, vielmehr soll der Investor in einen gegenseitigen Austausch mit den Gewerkschaften bzw. mit der gewerkschaftlich organisierten Belegschaft treten.[743]

Von der MIGA geförderte Investoren dürfen weiterhin keine diskriminierenden Praktiken bei ihren wirtschaftlichen Aktivitäten anwenden.[744] Insbesondere bei Einstellungsverfahren und in Fragen der Entlohnung dürfen keine ungerechtfertigten Ungleichbehandlungen zur Unternehmenspraxis gehören. Soweit nationale Antidiskriminierungsvorschriften existieren, müssen diese angewendet werden. Sind nationale Vorschriften unzureichend oder gar nicht vorhanden, sollen sich die Investoren an internationalen Abkommen wie der *UN Convention on the Elimination of All Forms of Racial Discrimination* (CERD) orientieren.[745] Schließlich dürfen weder Kinder- noch Zwangsarbeit bei MIGA-geförderten Investitionsvorhaben vorkommen.[746] Investoren müssen hinsichtlich dieser beiden Verbote auch ihre Zulieferbetriebe in gewissem Maße überprüfen, insbesondere

---

743 *MIGA* (2007), Performance Standards on Social and Environmental Sustainability, Performance Standard 2, para.9/10; ausführlich dazu auch die Guidance Notes 2, Labor and Working Conditions, para.18 ff.

744 *MIGA* (2007), Performance Standards on Social and Environmental Sustainability, Performance Standard 2, para.11; ausführlich dazu auch die Guidance Notes 2, Labor and Working Conditions, para.26 ff.

745 Guidance Note 2, Labor and Working Conditions, para.G 28.

746 *MIGA* (2007), Performance Standards on Social and Environmental Sustainability, Performance Standard 2, para.14. "The client will not employ children in a manner that is economically exploitative, or is likely to be hazardous or to interfere with the child's education, or to be harmful to the child's health or physical, mental, spiritual, moral, or social development. Where national laws have provisions for the employment of minors, the client will follow those laws applicable to the client. Children below the age of 18 years will not be employed in dangerous work."; para.15: "The client will not employ forced labor, which consists of any work or service not voluntarily performed that is exacted from an individual under threat of force or penalty. This covers any kind of involuntary or compulsory labor, such as indentured labor, bonded labor or similar labor-contracting arrangements."; in der Guidance Note 2, para.48 zu Performance Standard 2 und in MIGA's Operational Regulations, para.3.08 wird festgelegt, dass Investitionsprojekte, die Zwangsarbeit ausnützen oder wissentlich von Zwangsarbeit profitieren, nicht förderungswürdig sind.

wenn eine spezifische Industriesparte oder ein geographischer Bereich für Kinder- oder Zwangsarbeit bekannt sind.[747]

Die *Performance Standards* werden nach dem MIGA-Mustergarantievertrag[748] (dem sog. *Contract of Guarantee for Equity Investment*) als Annex 3 Bestandteil des zwischen dem Investor und der MIGA geschlossenen Garantievertrages. In Art.12.2 des Mustergarantievertrags verpflichtet sich der Investor, die nationalen Regelungen des Gaststaates zum Schutz der Kernarbeitsrechte zu beachten und die wirtschaftliche Tätigkeit gemäß den *Performance Standards* zu entfalten:

"The Guarantee Holder shall, and shall cause the Project Enterprise to:

(a) comply with and abide by all laws and regulations of the Host Country in implementing the Investment Project, including environmental laws and regulations and those that protect core labor standards;

(b) operate the Investment Project in compliance with the requirements of the Performance Standards and Environmental Guidelines;"

Für den Fall, dass der Investor diesen Verpflichtungen nicht nachkommt, sieht der Mustergarantievertrag in Art. 13.7 vor:

"MIGA shall have the right to terminate the Contract, without any further obligation, effective on the date of MIGA's Notice of Termination, if at any time as reasonably determined by MIGA, the Guarantee Holder or the Project Enterprise, as applicable, is:

(a) in material violation of the laws and regulations of the Host Country with respect to the Guaranteed Investment or the Investment Project;

(b) in material violation of the Performance Standards and Environmental Guidelines in connection with the Investment Project;"

---

747 *MIGA* (2007), Performance Standards on Social and Environmental Sustainability, Performance Standard 2, para.18. "The adverse impacts associated with supply chains will be considered where low labor cost is a factor in the competitiveness of the item supplied. The client will inquire about and address child labor and forced labor in its supply chain, consistent with paragraphs 14 and 15 above." Dazu auch *Guidance Note 2, Labor and Working Conditions*, para.70: "With regard to child labor and forced labor as defined in Performance Standard 2, the client should exercise due diligence in its supply chain to avoid benefit or financial gain from these practices. Clients should make particular effort and engage in additional diligence when such practices are prevalent or known to exist within certain stages of the supply chain, in specific industries or in geographic areas. Financial gain from child labor is a specific risk when the cost of labor is a factor in the competitiveness of the client's goods or services. Clients should utilize their influence to the fullest extent to eradicate child labor and forced labor in their supply chain".

748 Die aktuelle fünfte Version des Contract of Guarantee for Equity Investment vom 01.10.2007 ist abrufbar unter: www.miga.org/documents/disclosure/Contract%20of%20 Guarantee%20for%20Equity%20Investments.pdf.

Der Mustergarantievertrag der MIGA verfügt somit für die Einhaltung der *Performance Standards* über ein erhebliches Sanktionspotential, bei dessen Anwendung menschenrechtsrelevantes Fehlverhalten zu erheblichen finanziellen Nachteilen für den Investor führen kann.

d. Der Compliance Advisor/Ombudsmann

Schließlich sei noch die Einrichtung des *Compliance Advisor/Ombudsmann* (im Folgenden CAO) erwähnt. Der CAO ist eine gemeinsame Einrichtung der MIGA und der *International Financial Corporation* (IFC), die betroffenen Individuen und Kommunen die Möglichkeit bieten soll, ihre menschen- und umweltrechtsbezogenen Beschwerden zu einem von der MIGA oder der IFC geförderten Projekt vor einer unabhängigen Instanz vorbringen zu können.[749] Dabei agiert der CAO zum einen in der Rolle eines klassischen Ombudsmanns, indem er auf Beschwerden antworten und diese nach einem flexiblen und lösungsorientierten Ansatz behandeln soll. Beschwerden beim CAO müssen sich auf eine Verletzung der Umwelt- oder Sozialstandards der MIGA oder der IFC durch MIGA oder IFC selbst stützen. Der Ombudsmann kann Ratschläge zur Abhilfe der vorgebrachten Missstände geben, er hat aber keinerlei Vollstreckungsbefugnis. In einer zweiten Funktion soll der CAO das Sozial- und Umweltverhalten des Investors überwachen und die Einhaltung der Vorschriften, Richtlinien und Verfahren sicherstellen. Dazu kann der CAO sogenannte *Compliance Audits* durchführen. Schließlich soll der CAO unabhängigen Rat für den Präsidenten und das Personal von MIGA oder IFC bereitstellen.

e. Bewertung

Ohne Zweifel wird auch zukünftig der wirtschaftlichen Validität eines Vorhabens entscheidende Bedeutung bei der Garantievergabe durch die MIGA zukommen. Ein Projekt wird nie allein deshalb gefördert werden können, weil es positive Auswirkungen auf die Menschenrechte und die Umwelt im Zielstaat

---

749 Vgl. *MIGA* (2007), Policy on Social and Environmental Sustainability, para.32 ff.; zur Arbeitsweise des CAO siehe die für seine Tätigkeiten aufgestellten Operational Guidelines, abrufbar unter www.cao-ombudsmann.org; der CAO gibt zudem Jahresreporte heraus, in denen die Aktivitäten beschrieben werden; auch diese sind unter www.cao-ombudsmann.org abrufbar.

zeitigt. Eine derartige Ausrichtung der MIGA würde wohl sehr schnell zu deren wirtschaftlicher und finanzieller Auszehrung führen. Es ist jedoch die begründete Vermutung erlaubt, dass die MIGA aufgrund des *Environmental and Social Impact Assessment* zumindest keine Projekte fördern wird, deren ökologische und menschenrechtliche Folgewirkungen offensichtlich negativ sind. Der menschenrechtssensible Umgang der MIGA mit Garantiegesuchen ist dabei nicht nur aus völkerrechtlichen Erwägungen heraus geboten, sondern auch deshalb angezeigt, weil die MIGA als Teil der Weltbankgruppe durch die Garantievergabe dem Vorhaben den Stempel der international anerkannten Förderungswürdigkeit verleiht.[750] Erkennt die MIGA die umwelt- und menschenrechtliche Dimension der Investitionsvergabe an und setzt diesbezüglich richtungsweisende Standards in ihren Vergabebedingungen, so kann dies positive Auswirkungen auf die beteiligten Regierungen, sonstige Versicherer und die beteiligten Unternehmen haben.

Hinsichtlich der normativen Grundlagen, die zur Überprüfung der menschenrechtsrelevanten Auswirkungen von unterstützten Vorhaben entwickelt wurden, lässt sich festhalten, dass das Verfahren nach dem *Environmental and Social Impact Assessment* die Anforderungen des Ausschusses zum IPwirtR weitgehend erfüllt. Die umfangreichen *Performance Standards*, die zudem durch die *Guidance Notes* der Financial Corporation ergänzt werden, ergeben ein detailliertes Anforderungsprofil an den Investor und zugleich ein umfangreiches Prüfungsprogramm für die MIGA. Unklar ist lediglich die Gewichtung der umwelt- und sozialrechtlichen Belange gegenüber der wirtschaftlichen Validität eines vorgeschlagenen Investitionsprojekts, wenn die negativen Auswirkungen niedriger bis mittlerer Intensität sind. Betrachtet man isoliert die rechtlichen Grundlagen, so wird man den wirtschaftlichen Erwägungen einen gewissen Vorrang einräumen müssen, da diese im völkerrechtlichen Gründungsdokument, dem MIGA-Übereinkommen, niedergelegt sind[751], die Vorschriften des *Environmental and Social Impact Assessment* lediglich im Sekundärrecht. Nimmt man hingegen allein die Vorschriften des *Environmental and Social Impact Assessment* als Maßstab, sprechen die deutlichen Formulierungen zugunsten des Schutzes von wirtschaftlichen Menschenrechten für eine weitgehende und mitentscheidende Bedeutung dieser Vorschriften für die Garantievergabe. Vor dem Hintergrund der menschenrechtlichen Verpflichtungen ist daher eine Klarstellung der Wertigkeit menschenrechtlicher Elemente im Vergabeverfahren erforderlich. Ein Verweis im völkerrechtlichen Primärtext auf die Normen des *Impact Assessment* würde

---

750 *Lawson-Remer* (2006), 393 (425).
751 Vgl. Art.12 lit.d) MIGA-Übereinkommen.

diese Funktion erfüllen. Das würde dem besonderen Stellenwert, der den Kernarbeitsrechten im internationalen Normgefüge zukommt, entsprechen.

Positiv ist der hohe Stellenwert, den die MIGA der Transparenz ihrer Entscheidungen zugesteht. Projekte, die der Kategorie C zugeordnet sind, werden 60 Tage vor der Vergabeentscheidung dokumentiert und die Informationen darüber der Öffentlichkeit zugänglich gemacht. Bei Kategorie-B-Projekten sollen die Informationen regelmäßig 30 Tage zuvor veröffentlicht werden.[752] Vorbildcharakter kann weiterhin die Integration der menschenrechtlichen Standards in den Mustergarantievertrag haben. Die direkte Verknüpfung der Einhaltung der *Performance Standards* mit der fristlosen Kündigungsmöglichkeit durch die MIGA stellt ein erhebliches Drohpotential zulasten des Investors dar.

3. Investitionsgarantien der Europäischen Investitionsbank (EIB)

Die EIB verfügt über eine ganze Reihe verschiedener Finanzinstrumente, mit denen sie ihrer Aufgabe nachkommt, die Ziele der Europäischen Union durch die langfristige Finanzierung tragfähiger Investitionen zu fördern.[753] Im vorliegenden Zusammenhang interessieren vor allem die Investitionsgarantien, die die EIB zur Förderung von Investitionsprojekten im außereuropäischen Raum, insbesondere in den Ländern Afrikas, des karibischen Raums und des Pazifischen Ozeans (sog. AKP-Staaten), zur Verfügung stellt. Bei diesen Förderungsaktivitäten sind menschenrechtliche Implikationen sehr viel wahrscheinlicher als bei den Unterstützungsaktivitäten der EIB im innereuropäischen Raum.

a. Menschenrechtliche Bindungen der EIB

Die EIB verfügt über eigenständige Völkerrechtssubjektivität gegenüber Drittstaaten.[754] Als Völkerrechtssubjekt unterliegt die EIB wie die MIGA den allgemeinen völkergewohnheitsrechtlichen Bindungen und muss demnach bei der Garantievergabe die Auswirkungen der geförderten Investitionen auf die gewohnheitsrechtlich fundierten wirtschaftlichen Menschenrechte beachten.[755] Unab-

---

752 Informationen zur Transparenz der MIGA-Entscheidungen unter www.miga.org/policies.
753 Für Informationen zu Aufgaben und Zielen der EIB: www.eib.org.
754 *Oppermann* (1999), Rn.432.
755 Inwieweit die EIB daneben europarechtlich fundierten Menschenrechtsbindungen unterliegt (dazu *Streinz* (2010), Rn.402), soll hier nicht weiter thematisiert werden, da der

hängig davon bestehen parallel dazu die menschenrechtlichen Verpflichtungen der einzelnen Mitgliedsstaaten. Inwieweit die EIB bzw. ihre Mitgliedsstaaten diesen Anforderungen nachkommen, soll im Folgenden geprüft werden.

b. Menschenrechte im Vergabeverfahren der EIB

Das Vergabeverfahren der EIB folgt dem bekannten Dreischritt: Informationsbeschaffung und -aufbereitung durch den Investor (hier als *pre-appraisal* bezeichnet), die Beurteilung der Förderungswürdigkeit durch die EIB (sog. *appraisal*) und die Begleitung des Projekts nach der Garantievergabe (sog. *monitoring*). Wie die bereits dargestellten nationalstaatlichen Garantiegeber beachtet die EIB bei der Bewertung der Förderungswürdigkeit eines Projekts neben den relevanten wirtschaftlichen Rahmendaten die potentiellen ökologischen und menschenrechtlichen Auswirkungen der vorgeschlagenen Projekte. Grundlage für die Einbeziehung ökologischer und menschenrechtlicher Belange ist das *Environmental and Social Practices Handbook*[756], das die internen Prozesse und Verfahren der Bank zur Gewährleistung der genannten Allgemeinwohlbelange beschreibt. Daneben gibt es ein Grundsatzpapier zu den Umwelt- und Sozialprinzipien der EIB[757] aus dem Jahr 2009, das als Ergänzung zum *Environmental and Social Practices Handbook* dienen soll. Das Grundsatzpapier gibt einen Überblick über die Anforderungen an Projekte, an deren Finanzierung sich die Bank beteiligt, und erläutert die Verantwortung und Zuständigkeiten der EIB und des Garantienehmers. In diesen Dokumenten wird deutlich, dass sich die EIB nicht als eine Finanzinstitution versteht, die ausschließlich wirtschaftliche und finanzielle Ziele verfolgt, sondern zugleich die „Schaffung eines Zusatznutzens" beabsichtigt, indem sie die ökologische und soziale Qualität aller von ihr finanzierten Projekte verbessert.[758]

Um diesen Zusatznutzen für die Gaststaaten sicherzustellen, wird im Garantievergabeverfahren für Projekte außerhalb der EU geprüft, ob durch die Unterstützung eines Investitionsprojekts ein Verstoß gegen international anerkannte

---

Schwerpunkt der Untersuchung auf den universellen menschenrechtlichen Verpflichtungen liegt.

756 *EIB* (2007), Environmental and Social Practices Handbook, abrufbar unter: www.eib.org /attachments/environmental_and_social_practices_handbook.pdf.

757 Die Umwelt- und Sozialprinzipien und -standards der EIB, abrufbar unter: www.eib.org /attachments/strategies.

758 Die Umwelt- und Sozialprinzipien und -standards der EIB, Vorwort, para.3.

Menschenrechte oder die Kernarbeitsrechte begünstigt oder gefördert wird.[759] Nach dem *Environmental and Social Practices Handbook* ist dabei zwischen solchen sozialen bzw. sonstigen allgemeinwohlbezogenen Belangen zu unterscheiden, die in jedem Vergabeverfahren überprüft werden, und solchen, die nur bei besonderem Anlass zu prüfen sind. Menschenrechtliche Mindeststandards und Kernarbeitsrechte gehören zu den Gewährleistungen, die bei jeder Vergabeprüfung zu beachten sind.[760] Für die in jedem Fall zu beachtenden Mindeststandards sind die ILO-Kernarbeitsnormen der primäre normative Bezugspunkt.[761]

Ergibt die Prüfung eines Vorhabens, dass negative soziale und menschenrechtliche Auswirkungen zu erwarten sind, finanziert die EIB das Projekt nur, wenn die potentiell negativen Auswirkungen deutlich gemindert, kompensiert oder ausgeglichen werden.[762] Die EIB finanziert nach eigenen Angaben „keine

---

759 *EIB* (2007), Environmental and Social Practices Handbook, para.74 und para.142.

760 *EIB* (2007), Environmental and Social Practices Handbook, para.102: "There are certain social 'safeguard' issues that are essential to deal with, to mitigate adverse impacts. Additionally there are minimum standards that might need to be tracked and reported on, and there are recommended procedures that promote positive outcomes. (...) While agreement about what key social issues to screen varies, they are generally seen to cover: (...) 2. Core labour standards, and worker health and safety;" vgl. auch *EIB* (2007), Environmental and Social Practices Handbook, Annex 12, Social Assessment Guidance Notes, Taking Social Issues into Account in Projects Outside the EU, S.104: "It is essential to include specific social safeguard policies and minimum human rights standards to be addressed and for appropriate action to be taken to mitigate potential adverse impacts. Some system for reporting on mitigation progress should be written into the loan agreement".

761 *EIB* (2007), Environmental and Social Practices Handbook, Annex 12, Social Assessment Guidance Notes, Taking Social Issues into Account in Projects Outside the EU, S.119: "Labour issues should be assessed for all projects financed by the EIB outside the EU. The main aim of the Bank is to ensure the application of the Core Labour standards of the International Labour Organisation (ILO). Where labour associated risks to the project are expected or appear to be significant, a labour assessment should be carried out and where necessary, appropriate mitigation and monitoring requirements agreed and implemented".

762 Die Umwelt- und Sozialprinzipien und –standards der EIB, Rn.2; vgl. dazu auch das *EIB* (2007), Environmental and Social Practices Handbook, Rn.142: "In countries outside the EU the Bank also aims to ensure that investments support and respect international conventions on human rights and that it is not complicit in human rights abuses. This is particularly relevant in situations where the legal and administrative environment may be weak and in potential conflict zones."; vgl. auch *EIB* (2007), Environmental and Social Practices Handbook, Annex 12, Social Assessment Guidance Notes, Taking Social Issues into Account in Projects Outside the EU, S.119: "Labour issues should be assessed for all projects financed by the EIB outside the EU. The main aim of the Bank is to ensure the application of the Core Labour standards of the International Labour Organisation (ILO). Where labour associated risks to the project are expected or appear to be significant, a la-

Projekte, die zu Menschenrechtsverletzungen führen."[763] Projektträger sollen überprüfbare Programme und Verfahren entwickeln und umsetzen, um sicherzustellen, dass die Kernarbeitsnormen der ILO eingehalten bzw. in einem frühen Stadium der Projektdurchführung erreicht werden. Zudem ist der Projektträger dafür verantwortlich, dass Normen zu Sicherheit und Gesundheit am Arbeitsplatz der international anerkannten Praxis entsprechen und eingehalten werden.[764] Die EIB macht deutlich, dass in der Gesamtabwägung über die Vergabe einer Garantie grundlegenden arbeits- und menschenrechtlichen Belangen ein derart großes Gewicht zukommt, dass die Vergabe daran scheitern kann:

> "The EIB will not finance projects that employ, use or benefit from harmful child labour, that use or knowingly benefit from forced labour, and that do not comply with national law on worker representation and organisation. EIB recognises the difficult challenges associated with getting rid of all forms of discrimination but looks to promoters to embrace the challenges and pursue equal opportunity policies."[765]

Alle Pflichten des Projektträgers bezüglich der Erfüllung umweltbezogener und sozialer Anforderungen der EIB für ein Projekt, dessen Finanzierung durch die EIB genehmigt wurde, werden im Finanzierungsvertrag zwischen der EIB und dem Projektträger festgehalten und von der Bank gemäß einem zwischen ihr und dem Projektträger vereinbarten Berichtsplan überwacht. Im Fall einer Vertragsverletzung sind rechtzeitige Korrekturmaßnahmen durch den Projektträger in Abstimmung mit der Bank erforderlich. Sollte der Projektträger keine angemessenen Maßnahmen ergreifen, kann dies finanzielle Konsequenzen nach sich ziehen, z. B. die Einforderung von ausstehenden Finanzierungsmitteln.[766]

Schließlich sei noch darauf hingewiesen, dass die EIB zunehmend nicht nur die menschenrechtliche Unterlassenskomponente als wichtiges Element des Vergabeverfahrens anerkennt, sondern auch um die aktive Verbesserung der sozial- und menschenrechtlichen Verhältnisse in den Zielgebieten der unterstützten Investitionen bemüht ist:

---

bour assessment should be carried out and where necessary, appropriate mitigation and monitoring requirements agreed and implemented".

763 Die Umwelt- und Sozialprinzipien und –standards der EIB, Grundsätze, para.6.
764 Die Umwelt- und Sozialprinzipien und –standards der EIB, Grundsätze, para.54.
765 *EIB* (2007), Environmental and Social Practices Handbook, Annex 12, Social Assessment Guidance Notes, Taking Social Issues into Account in Projects Outside the EU, S.119.
766 Die Umwelt- und Sozialprinzipien und –standards der EIB, Grundsätze, para.9.

"Attention has moved from mitigating adverse impacts and the establishment of minimally acceptable standards to promoting positive social outcomes as integral aspects of project development."[767]

"EIB's concern is not just to meet minimum compliance standards but also to encourage the pursuit of positive social outcomes."[768]

Im Ergebnis kann somit festgehalten werden, dass die EIB um einen umfassenden Ansatz bei der Einbeziehung von menschenrechtlichen Belangen in den Vergabeprozess bemüht ist. Sowohl der Schutz als auch die progressive Verwirklichung der wirtschaftlichen Menschenrechte sollen durch das wertorientierte Vergabeverfahren sichergestellt werden. Hier nimmt die EIB eine Vorreiterrolle ein. Ein Blick in die Vergabevoraussetzungen anderer regionaler Investitionsförderinstitutionen wie beispielsweise der *Inter-Arab Investment Guarantee Corporation* lässt erkennen, dass sich in diesen Institutionen die Notwendigkeit einer menschenrechtssensiblen Garantievergabe nicht oder nur unzureichend durchgesetzt hat und diese somit keineswegs flächendeckend erfolgt.

III. Rechtsfolgen der Menschenrechtswidrigkeit von Vergabeverfahren

Schließlich ist die Frage zu klären, welche Rechtsfolge mit der Menschenrechtswidrigkeit eines Garantievergabesystems verbunden ist. Wie in Kapitel 3. A. herausgearbeitet, stellt die völlige Nichtbeachtung kernarbeitsrechtlicher Gesichtspunkte bei der Vergabe von Investitionsgarantien durch einen Staat einen Verstoß gegen vertrags- und gewohnheitsrechtliche Regeln des Menschenrechtsschutzes dar. Eine derartige Vergabepraxis ist somit als Verletzung einer völkerrechtlichen Verpflichtung im Sinne des Art. 12 der *Draft Articles on Responsibilitiy of States for Internationally Wrongful Acts*[769] zu werten. Gleiches gilt für die völkerrechtliche Verantwortlichkeit internationaler Organisationen wie der MIGA und der EIB. Wenngleich sich deren Verantwortlichkeit nicht aus den ausschließlich auf Staaten anwendbare *Draft Articles on Responsibilitiy of States for Internationally Wrongful Acts* ableiten lässt (vgl. Art. 57 der *Draft Articles*), sind internationale Organisationen dennoch nach allgemeinen völkerrechtlichen

---

767 *EIB* (2007), Environmental and Social Practices Handbook, Annex 12, Social Assessment Guidance Notes, Taking Social Issues into Account in Projects Outside the EU, S.100.
768 *EIB* (2007), Environmental and Social Practices Handbook, Annex 12, Social Assessment Guidance Notes, Taking Social Issues into Account in Projects Outside the EU, S.107.
769 Vgl. zu dieser Regelung Kapitel 3. B. IV.

Grundsätzen regelmäßig primär für eigene Völkerrechtsverstöße verantwortlich.[770]

Nach Art. 30 der *Draft Articles on Responsibilitiy of States for Internationally Wrongful Acts* ist der deliktisch handelnde Staat – wie nach gewohnheitsrechtlichen Grundsätzen die deliktisch handelnde internationale Organisation – dazu verpflichtet, den rechtswidrigen Zustand zu beenden und einen rechtmäßigen Zustand herzustellen.[771] Im Fall der Vergabesysteme kann diese Verpflichtung durch die Integration von menschenrechtlichen Elementen in die Prüf- und Vergabeverfahren erfüllt werden. Bei der konkreten Umsetzung dieser Verpflichtung stehen den Staaten und internationalen Organisationen verschiedene Optionen offen. So könnte beispielsweise ein Weg für das deutsche Vergabeverfahren darin bestehen, neben dem beschriebenen „Merkblatt Umwelt" ein „Merkblatt Menschenrechte" als verpflichtenden Bestandteil in das Vergabeverfahren zu integrieren. Hinsichtlich bereits erteilter Garantien ist eine kritische Prüfung möglicher Verletzungen der Kernarbeitsnormen in den geförderten Projekten geboten. Soweit Verstöße im Rahmen von Investitionstätigkeiten festgestellt werden, ist der Garantiegeber verpflichtet, auf die Beendigung des Verstoßes und seine Wiedergutmachung hinzuwirken. Für den Fall, dass diese Bemühungen nicht erfolgreich sind, ist die Investitionsgarantie in letzter Konsequenz durch den Garantiegeber zu kündigen.

IV. Zusammenfassende Bewertung der Vergabeverfahren

Bis zum heutigen Tage findet sich in der Debatte um die Eingliederung von ökologischen und menschenrechtlichen Wertungen in die Aktivitäten nationaler und internationaler Finanzinstitutionen eine Argumentationslinie, die den Nutzen derartiger Bemühungen grundsätzlich in Frage stellt.[772] Durch die Einbeziehung gemeinwohlbezogener Erwägungen in die an sich allein von wirtschaftlichen Denkmustern dominierte Garantie- und Darlehensvergabe würden lediglich zusätzliche Hürden für Investitionsströme in Entwicklungsländer aufgebaut, die letztlich diese Länder in ihrer sozioökonomischen Entwicklung behinderten. Dagegen ist für den Untersuchungsgegenstand freilich einzuwenden, dass Investitionen, die mittelbar oder unmittelbar gegen universell anerkannte Kernarbeits-

---

770 Vgl. dazu *Schweisfurth* (2006), 7. Kapitel Rn.3; *Klein/Schmahl* in: Graf Vitzthum (2010), 4. Abschnitt Rn.101 ff.; *Stein/von Buttlar* (2009), Rn.388.
771 Vgl. nur *Stein/von Buttlar* (2009), Rn.1157.
772 Vgl. m.w.N. *Darrow* (2003), S.206/207.

rechte verstoßen bzw. diese gefährden, wohl keinen positiven Beitrag zur Entwicklung eines Gaststaates – verstanden als umfassender wirtschaftlicher, sozialer und politischer Prozess[773] – leisten können. Diese Einsicht hat sich in den letzten Jahren bei einigen nationalen und internationalen Garantiegebern durchgesetzt. Sichtbares Zeichen dieser Erkenntnis sind die oben dargestellten Grundsätze, Guidelines etc. Es ist allerdings festzuhalten, dass nur eine kleine Gruppe von Industriestaaten und einige internationale Garantiegeber menschenrechtsrelevante Gesichtspunkte in ihre Vergabeverfahren eingegliedert haben. So stellte auch der *Special Representative of the Secretary-General on Human Rights and Transnational Corporations and Other Business Enterprises* auf Grundlage einer von ihm durchgeführten Umfrage fest:

"(...) very few (states) explicitly consider human rights criteria in their export credit and investment promotion policies or in bilateral trade and investment treaties, points at which government policies and global business operations most closely intersect."[774]

In den Staaten bzw. in den internationalen Organisationen, in denen eine wertgebundene Garantievergabe stattfindet, hat sich eine doppelte Dreiteilung durchgesetzt. Zum einen wird das Vergabeverfahren von fast allen Vergabeinstitutionen in drei Stadien unterteilt, auch wenn im Einzelnen die Bezeichnungen der einzelnen Stadien variieren. Bezeichnet das britische Vergabeverfahren die verschiedenen Stufen beispielsweise als *Screening, Review, Monitoring,* so heißen sie bei der EIB *Pre-appraisal, Appraisal, Monitoring.* Wie gesehen können menschenrechtliche Wertungen in allen Verfahrensstadien eine Rolle spielen. Als Bewertungsgrundlage für eine systematische Vergabepraxis wird dabei wiederum auf eine Dreiteilung zurückgegriffen. Die vorgeschlagenen Projekte werden je nach der Intensität der zu erwartenden Auswirkungen in die Kategorien A, B und C eingeteilt. Von dieser Einteilung hängt die Entscheidung über die Förderungswürdigkeit bzw. hängen die vom Investor vorzunehmenden Maßnahmen zur Erlangung der Förderungswürdigkeit ab. Häufig dienen die Weltbankstandards, also die im Rahmen der MIGA und der IFC erarbeiteten Standards und die ILO-Kernarbeitsrechte als Maßstab für diese Kategorisierungen.

Eine endgültige Bewertung der Effektivität der Prüfungsverfahren im Bereich der wirtschaftlichen Menschenrechte fällt schwer, da die begutachteten Vergabeverfahren erst seit relativ kurzer Zeit in der dargestellten Form existieren. Dennoch scheint der grundsätzlich kooperative Ansatz der meisten Vergabeverfahren

---

773 So definiert in der Präambel der Declaration of the Right to Development vom 4.12.1986, G.A. Res. 41/128 U.N. GAOR, 41st Sess., at 3 (Annex; U.N. Doc. A/Res/41/128Annex (1987)); vgl. auch *Diez de Velasco* (2007), S.728/729.
774 *United Nations* (2007): Business and Human Rights, S.7.

sinnvoll. Die primäre Verantwortlichkeit für die potentiell negativen Auswirkungen eines Investitionsprojekts liegt danach beim Antragsteller, also dem Investor. Zeichnen sich aufgrund seiner Angaben im Rahmen des *Screening*-Verfahrens negative investitionsbedingte Auswirkungen ab, versuchen die Vergabeinstitutionen, in Zusammenarbeit mit dem Investor Maßnahmen zu erarbeiten, die diese schädigenden Auswirkungen ausschließen bzw. diesen entgegenwirken. Mit diesem Ansatz können im Idealfall zwei Zielstellungen der Wirtschafts- und Entwicklungspolitik erreicht werden. Zum einen können Investitionsprojekte in Staaten unterstützt werden, die aufgrund der Risikostruktur und der zu erwartenden negativen Auswirkungen im Gaststaat sonst möglicherweise nicht realisiert werden könnten. Andererseits lässt sich auf diesem Wege ein Zusatznutzen für die wirtschaftliche und soziale Entwicklung im Gaststaat generieren, indem der Schutz und die progressive Verwirklichung der wirtschaftlichen Menschenrechte gefördert werden. Diese Ziele können freilich nicht durch die Garantieagenturen allein erreicht werden, vielmehr sind die Verantwortlichkeiten und Möglichkeiten der Garantiegeber nur ein Teil in einem umfassenden System verschiedener Akteure. Die Einflussmöglichkeiten der Garantiegeber sind jedoch relativ groß, da sie dem Investor im Gegenzug zu seinen menschenrechtlichen Anstrengungen eine Gegenleistung, nämlich die Garantieübernahme anzubieten haben. Zugleich eröffnet diese gegenseitige Beziehung dem Garantiegeber die Möglichkeit, während der gesamten Laufzeit des Projekts die menschenrechtlichen Auswirkungen beobachten und gegebenenfalls sanktionieren zu können.

Mit dieser Einflussmöglichkeit korrespondiert nach der Spruchpraxis des Ausschusses zum IPwirtR die Pflicht des garantievergebenden Staates, menschenrechtsrelevante Erwägungen in die jeweiligen normativen Grundlagen der Garantievergabe aufzunehmen. Für den nationalen Bereich ergibt sich diese Forderung aus der Spruchpraxis des Ausschusses zum IPwirtR, der in seinen *General Comments* regelmäßig legislative Maßnahmen als erforderlich für die Erfüllung der menschenrechtlichen Verpflichtungen beschreibt.[775] Für das deutsche Vergabeverfahren lässt sich daraus die Verpflichtung ableiten, die bislang einzelfallspezifisch durchgeführte Prüfung der arbeits- und menschenrechtsrelevanten Folgewirkungen geförderter Projekte als verpflichtenden Prüfungspunkt in die *Allgemeinen Bedingungen* der Garantievergabe zu integrieren. Diese Überlegungen lassen sich auf die Gründungsverträge der internationalen Vergabeinstitutionen übertragen. Auch hier führt die Aufnahme in die primäre völkerrechtliche Rechtsquelle zu einer Bestätigung und Verstärkung der Kernarbeitsrechte.

---

775   UN Committee on Economic, Social and Cultural Rights, General Comment No.3 para.3; No.5 para.16; No.15 para.44 (b).

Schließlich sollten sich die Vergabeinstitutionen an bestimmten Transparenzstandards orientieren. Ähnlich wie die MIGA und das britische ECGD[776] sollten die Vergabeinstitutionen über alle sensiblen Projekte, die sich im Vergabeprozess befinden, eine Zusammenfassung und die von den beteiligten Parteien vorgebrachten Argumente für und gegen eine Garantievergabe veröffentlichen. Auf diese Weise können sich mögliche Betroffene und Nichtregierungsorganisationen frühzeitig über Projekte informieren und sich in das Vergabeverfahren einbringen. Zu kritisieren bleibt daher, dass nicht in allen Vergabeverfahren die Einbeziehung der betroffenen Zielregionen vorgesehen ist. Vor allem bei Kategorie-A–Projekten, also Projekten, bei denen schwerwiegende negative ökologische und soziale Auswirkungen zu befürchten sind, ist eine stärkere Einbeziehung der betroffenen Bevölkerungsgruppen erforderlich.

So wie die Prüfung der Kernarbeitsrechte im Rahmen der Garantievergabe zum menschenrechtlichen Pflichtenkanon gehört, müssen die Exportstaaten auch für die begleitende Überwachung der von den unterstützten Projekten ausgehenden Auswirkungen sorgen. Positiv ist insofern zu bemerken, dass einige Vergabeverfahren über unabhängige Beschwerdeinstanzen verfügen, bei denen von den Auswirkungen eines unterstützten Investitionsvorhabens betroffene Personen ihre Anliegen vorbringen können, so z. B. das *Office of Accountability* des OPIC oder der CAO im Rahmen der MIGA. Um die Investoren wirkungsvoll zu einem menschenrechtsadäquaten Verhalten anzuhalten, inkorporieren einige der geprüften Vergabesysteme die zu beachtenden Kernarbeitsrechte in die Garantieverträge. Soweit diese Regelung mit einer Sanktionsmöglichkeit, beispielsweise der fristlosen Kündigung verbunden wird, stellt dies ein wirkungsvolles Instrument des Exportstaates zur Erfüllung seiner menschenrechtlichen Verpflichtungen dar.

Im Ergebnis lassen sich daher als Strukturmerkmale eines menschenrechtsadäquaten Garantievergabesystems, das den Verpflichtungen aus dem IPwirtR entspricht, folgende Elemente festhalten: Die normativen Grundlagen des Vergabeverfahrens müssen die Kernarbeitsrechte als Teil des Prüfungsprogramms enthalten. Dabei soll in erster Linie auf bestehende nationale Regelungen des Gaststaates Bezug genommen werden, zugleich aber für den Fall des Nichtbestehens bzw. des Bestehens eines unzureichenden nationalen Schutzsystems die Anwendbarkeit internationaler Standards (v.a. der ILO-Konventionen und des IPwirtR) festgelegt werden. Kommt es nach der Überprüfung des Investitionsvorhabens auf dieser Grundlage zum Abschluss eines Garantievertrages, muss

---

776 *ECGD* (2004), Case Impact Analysis Process, para.8.

dieser als Vertragspflicht des Investors die Einhaltung der Kernarbeitsrechte beinhalten und Sanktionsmechanismen für den Fall von deren Verletzung der Kernarbeitsrechte vorsehen. Schließlich ist die überwachende Begleitung des geförderten Projekts durch die Vergabestelle erforderlich.

D. Zusammenfassung

Es konnte nachgewiesen werden, dass nach geltendem menschenrechtlichen Völkervertrags- und -gewohnheitsrecht Bindungen bestehen, die Staaten und internationale Organisationen wie die MIGA zur menschenrechtssensiblen Ausgestaltung bestimmter grenzüberschreitender Sachverhalte verpflichten. Hinsichtlich des internationalen Investitionsrechts hat dies unmittelbare Folgen für den Bereich der Investitionsgarantien und der internationalen Investitionsabkommen. Die Staaten, insbesondere die kapitalexportierenden Industrie- und Schwellenstaaten, sind dazu verpflichtet, die vorgenannten Investitionsschutz- und -förderungsinstrumente so auszugestalten, dass die unterstützten Investitionsvorhaben nicht in negativer Weise die Kernarbeitsrechte der im Gaststaat betroffenen Personen beeinträchtigen bzw. den Schutz und die progressive Verwirklichung der Menschenrechte nicht behindern.

Die Untersuchung der investitionsrechtlichen Vertragspraxis ergab, dass einige Staaten, wenngleich nur eine kleine Minderheit, menschenrechtsrelevanten Belangen bei der Verhandlung und dem Abschluss von Investitionsabkommen die erforderliche Beachtung zukommen lassen. Diese Staaten haben arbeits- und menschenrechtsrelevante Belange in die Präambeln ihrer Model-BITs aufgenommen oder investitionsrechtliche Behandlungsstandards bestimmten menschenrechtsrelevanten Beschränkungen unterworfen. Die große Mehrzahl der Staaten hingegen lässt keine Anzeichen einer wertgebundenen, menschenrechtssensiblen Vertragspraxis erkennen.

Auch die Untersuchung der Menschenrechtssensibilität von Vergabeverfahren nationaler und internationaler Garantiegeber ergab ein zweigespaltenes Bild. Eine Gruppe der Vergabestaaten und -institutionen bezieht menschenrechtsrelevante Voraussetzungen in das Prüfungsprogramm ein (so vor allem manche Vergabeagenturen westlicher Industriestaaten, die MIGA und die EIB), im Rahmen anderer Vergabeverfahren spielen derartige Erwägungen jedoch keine Rolle (so vor allem bei den Vergabeagenturen der Entwicklungs- und Schwellenstaaten).

Eine völkerrechtliche *Pflicht* zur Ausübung extraterritorialer Jurisdiktion zum Schutz wirtschaftlicher Menschenrechte konnte weder dem Vertrags- noch dem

Gewohnheitsrecht entnommen werden. Heimatstaaten transnationaler Unternehmen sind demnach nicht verpflichtet, auf gesetzgeberischem Weg auf das menschenrechtsrelevante Verhalten von staatszugehörigen Unternehmen im Ausland bzw. deren ausländischen Tochtergesellschaften einzuwirken.

Kapitel 4: Die Regulierung unternehmerischen Verhaltens im Ausland durch den Exportstaat

In diesem Teil der Untersuchung soll dargestellt werden, mit welchen Mitteln Exportstaaten internationaler Investitionen – unabhängig von menschenrechtlichen Verpflichtungen – das Verhalten von Unternehmen im Ausland regeln können. Zu prüfen wird sein, inwieweit Heimatstaaten schadensersatz- oder strafrechtliche Vorschriften in ihre nationalen Rechtsordnungen für Fallkonstellationen aufnehmen können, in denen staatszugehörige transnationale Unternehmen Menschenrechtsverletzungen in Gaststaaten begehen. Andererseits werden auch Konstellationen zu analysieren sein, in denen der nationale Normgeber im Rahmen einer Auslandsregelung tätig wird und dabei menschen- und arbeitsrechtliche Mindestanforderungen an das Verhalten transnationaler Unternehmen im Ausland formuliert.

Neben diesen „harten" Regulierungsarten stehen den Heimatstaaten freilich flexiblere Formen der menschenrechtsfördernden Beeinflussung unternehmerischen Verhaltens offen, insbesondere können sie Anreize für eine menschenrechtssensible Unternehmensführung bieten. Ein Beispiel einer derartigen Anreizstruktur sind verbesserte Chancen im Rahmen von öffentlichen Vergabeverfahren.[777] Diese Verhaltenslenkung durch Begünstigung ist unter hoheitsrechtlichen Gesichtspunkten nicht weiter problematisch, da jeder Heimatstaat diese Maßnahmen aufgrund seiner Gebietshoheit auf seinem Territorium durchführen kann. Insofern werden diese Regulierungsformen keine vertiefende Beachtung finden.

Eine mit der Ausübung extraterritorialer Jurisdiktion[778] in Zusammenhang stehende Frage ist zudem die nach der Anwendbarkeit nationaler Normen in Sachverhalten mit Auslandsbezug. So kann für den Untersuchungsgegenstand beispielsweise die Frage von Interesse sein, inwieweit das bestehende deutsche Schadensersatzrecht bei der Abwicklung eines menschenrechtsrelevanten Sach-

---

777 Vgl. dazu die EG Richtlinien 2004/17/EG und 2004/18/EG, nach denen ILO-Standards bei der Vergabe öffentlicher Aufträge Beachtung finden können; Erwägungsgrund 44 zur Richtlinie 2004/17/EG des Europäischen Parlaments und des Rates vom 31. März 2004 (ABl. L 134/1) und Erwägungsgrund 33 zur Richtlinie 2004/18/EG des Europäischen Parlaments und des Rates vom 31. März 2004 (ABl. L.134/114).
778 Zur Begriffsklärung siehe Kapitel 1. D.

verhalts im Ausland durch deutsche Gerichte Beachtung finden kann. Die Beantwortung dieser und vergleichbarer Fragestellungen richtet sich allerdings nicht nach Völkerrecht, sondern nach den Regeln des internationalen Privatrechts und wird daher im Rahmen dieser Untersuchung keine vertiefende Beachtung finden.

Als Ausgangspunkt für die Bestimmung von Inhalt und Grenzen extraterritorialer Jurisdiktion im Bereich des internationalen Investitionsrechts kann (noch immer) das Lotus-Urteil des StIGH aus dem Jahr 1927 dienen.[779] In dieser grundsätzlichen, auch die heute noch geltende Völkerrechtslage[780] widerspiegelnde Entscheidung hat der Ständige Internationale Gerichtshof (StIGH) zum Ausdruck gebracht, dass die Regelungsbefugnis eines Staates sich grundsätzlich nicht auf die Grenzen seiner Gebietshoheit beschränkt:

> "It does not, however, follow that international law prohibits a state from exercising jurisdiction in its own territory, in respect of any case which relates to acts which have taken place abroad, and in which it cannot rely on some permissive rule of international law. Such a view would only be tenable if international law contained a general prohibition to states to extend the application of their laws and the jurisdiction of their courts to persons, property and acts outside their territory, and if, as an exception to that general prohibition, it allowed States to do so in certain specific cases. But this is certainly not the case under international law as it stands at present. Far from laying down a general prohibition to the effect that States may not extend the application of their laws and the jurisdiction of their courts to persons, property or acts outside their territory, it leaves them in this respect a wide measure of discretion which is only limited in certain cases by prohibitive rules; as regards other cases, every State remains free to adopt the principles which it regards as best and most suitable."[781]

Das Völkerrecht lässt es also grundsätzlich zu, dass Staaten Sachverhalte mit Auslandsbezug regeln. Die Ausübung der staatlichen Jurisdiktionsgewalt steht nur in jenen Bereichen unter dem Vorbehalt des Nachweises eines Kompetenztitels, in denen das Völkerrecht der Jurisdiktionsausübung Grenzen setzt. Solche

---

779 Permanent Court of International Justice, *Lotus Case* (France v. Turkey), PCIJ Ser. A, Vol.2, No.10, 1927, S.5 ff.; in diesem Fall ging es um die Folgen einer Schiffskollision zwischen dem französischen Dampfer *Lotus* und dem türkischen Dampfer *Bos Kourt*, in der u. a. der türkische Dampfer gesunken war. Bei Ankunft der *Lotus* in der Türkei wurde der für die Kollision verantwortliche Offizier festgenommen und durch ein türkisches Gericht verurteilt. Frankreich legte hiergegen diplomatischen Protest ein und trug vor, dass die Ausübung der Jurisdiktionsgewalt durch die Türkei völkerrechtswidrig gewesen sei, da allein der Flaggenstaat Frankreich zur Jurisdiktion über die Mannschaften seiner Schiffe befugt sei.

780 Vgl. *Epping/Gloria* in: Ipsen (2004), § 23 Rn.86; *Schmalenbach* (2001), 57 (73); *Meng* (1984), 675 (737 ff.) m.w.N.; das Urteil ist aber auch auf mitunter heftige Ablehnung gestoßen, vgl. statt vieler *Meessen* (1975), S.74 ff., *Schwarze* (1994), S.13 ff.

781 *Lotus Case* (France v. Turkey), S.18.

Grenzen bestehen beispielsweise darin, dass ein Staat im Hoheitsgebiet eines anderen Staates keine Hoheitsakte vornehmen darf. Ob und inwieweit diese Grundsätze für die Regelung von Sachverhalten mit Auslandsbezug auf das internationale Investitionsrecht und den Menschenrechtsschutz übertragbar sind, soll im Folgenden eingehend untersucht werden. Dazu werden zunächst die besonderen hoheitsrechtlichen Bedingungen und Möglichkeiten der Regulierung im Bereich des internationalen Investitionsrechts dargestellt. Im Anschluss sollen die Grundzüge extraterritorialer Jurisdiktion nachgezeichnet und soll der Versuch unternommen werden, die anerkannten Anknüpfungsprinzipien für eine grenzüberschreitende Regulierung auf Direktinvestitionen und deren menschenrechtskonforme Ausgestaltung anzuwenden bzw. zu übertragen.

A. Regulierungsrelevante Besonderheiten internationaler Investitionstätigkeit

Extraterritoriale Jurisdiktion in den Bereichen des Investitionsrechts und des Menschenrechtsschutzes muss die spezifischen Bedingungen der beiden Rechtsgebiete beachten. Insbesondere zwei Vorfragen sind hierfür zu klären: Inwieweit stellt die zum Teil sehr komplexe rechtliche Struktur transnationaler Unternehmen die Staaten vor neue regulative Herausforderungen (dazu unter I.)? Welche Arten von Eingriffs- und Regulierungsmöglichkeiten stehen den Staaten im Bereich des grenzüberschreitenden, menschenrechtsrelevanten Investitionsrechts offen (dazu unter II.)?

I. Die Struktur des transnationalen Unternehmens als Regulierungshindernis

Die Zulässigkeit der Regulierung unternehmerischen Verhaltens im Rahmen internationaler Investitionstätigkeit hängt in starkem Maße davon ab, welche rechtliche Ausgestaltung die wirtschaftlichen Aktivitäten transnationaler Unternehmen im Gaststaat erfahren. Ein transnationales Unternehmen kann direkt durch eine rechtlich nicht verselbstständigte Filiale oder Zweigniederlassung auf dem ausländischen Markt präsent sein.[782] In dieser Konstellation ist das personale Band der ausländischen Filiale zum Heimatstaat relativ eng, so dass eine Regulierungsmöglichkeit näher liegt als in einer Situation, in der das investierende Unternehmen ein rechtlich unabhängiges Tochterunternehmen nach dem Recht

---

782 Vgl. *Habersack* (2006), § 5 Rn.52.

des Gaststaates gründet, das nach ausländischem Recht geführt wird und an dem der Mutterkonzern eine Mehrheitsbeteiligung hält oder über das er ähnliche Kontrollbefugnisse besitzt. Schließlich kann ein Unternehmen auf einem ausländischen Markt aktiv sein, indem es vertragliche Verbindungen zu einem Geschäftspartner im Gaststaat unterhält, der seine Produkte in Form eines Alleinvertriebsrechts oder in Form einer Ausschließlichkeit mit Vorgaben durch das Exportunternehmen vertreibt oder in sonstiger Weise für das transnationale Unternehmen tätig wird.[783] In dieser Konstellation besteht zwar keine formale Investitionsbeziehung, jedoch können die Einflussmöglichkeiten des ausländischen Partners genau so intensiv sein wie im Rahmen der oben beschriebenen gesellschaftsrechtlichen Abhängigkeitsverhältnisse.

Für die tatsächliche wirtschaftliche Tätigkeit auf dem ausländischen Markt mag der Unterschied zwischen den dargestellten Modellen nicht allzu groß sein, für die Bewertung der völkerrechtlichen Zulässigkeit der Ausübung von Hoheitsgewalt ist die rechtliche Ausgestaltung jedoch von zentraler Bedeutung. Die Vielgestaltigkeit der unterschiedlichen rechtlichen Ausgestaltungsmöglichkeiten und das grenzüberschreitende Element des Investitionsvorganges stellen die traditionelle Jurisdiktionsdogmatik vor vielfältige Herausforderungen.[784] Inwiefern Regulierung und Kontrolle in dieser transnationalen Perspektive denkbar sind, soll im nächsten Abschnitt aufgezeigt werden.

II. Formen transnationaler Regulierung unternehmerischer Tätigkeit

Heimatstaaten von transnationalen Unternehmen stehen im Grundsatz zwei Anknüpfungspunkte offen, das Verhalten solcher Unternehmen ihrer Staatszugehörigkeit bzw. von deren Tochterunternehmen menschenrechtsfördernd zu regulieren. Zum einen können die Heimatstaaten ihre Einflussmöglichkeiten auf den Mutterkonzern der eigenen Staatszugehörigkeit dazu nutzen, auf das Verhalten der Tochterunternehmen Einfluss zu nehmen (sog. *parent-based approach*[785]). Die Leitungs- und Kontrollmacht des Mutterkonzerns dient demnach als Anknüpfungspunkt, jenem bei der Ausübung der Leitungs- und Kontrollrechte Pflichten im Hinblick auf das Verhalten des Tochterunternehmens aufzugeben. Diesem Ansatz folgend können Mutterkonzernen beispielsweise Informations-

---

783 *Muchlinski* (2007), S.52 ff.; *Emmerich/Habersack* (2008), S.185 ff.
784 Vgl. *Deva* (2004), 37 (39); *Tietje* in: Tietje (2009), § 1 Rn. 117/118; *Stephans* (2002), 45 (54).
785 *Zerk* (2006), S.105/108.

pflichten für die Beachtung gewisser arbeitsrechtlicher Mindestanforderungen in ihren Tochterunternehmen auferlegt werden. Darauf aufbauend können echte Kontrollpflichten zulasten des Mutterkonzerns etabliert werden. Anknüpfungspunkt wäre hierbei die personale bzw. territoriale Jurisdiktionsgewalt über das nationale Mutterunternehmen.

Neben diesen Regelungen, die ihren Ansatzpunkt bei der Verpflichtung der Mutterkonzerne haben, ist extraterritoriale Jurisdiktion aber auch in dem Sinne vorstellbar, dass Staaten Gesetze erlassen, die unternehmerisches Verhalten im Ausland zum Gegenstand haben und dortiges Fehlverhalten der selbstständigen oder unselbstständigen Tochterunternehmen unmittelbar strafrechtlich oder zivilrechtlich sanktionieren (sog. *foreign direct liability* oder *foreign prescriptive regulation*[786]). Inwiefern diese theoretischen Regelungsmuster völkerrechtlich zulässig sind, wird im Verlauf dieses Kapitels kritisch zu prüfen sein. Um eine derartige Prüfung durchführen zu können, sollen im Folgenden die allgemeinen Grundzüge der Ausübung extraterritorialer Jurisdiktion mit Blick auf den Untersuchungsgegenstand dargestellt werden.

B. Grundzüge extraterritorialer Jurisdiktion

In Anlehnung an den englischen Sprachgebrauch (*jurisdiction*) hat sich in der internationalrechtlichen Literatur der Begriff der Jurisdiktion für die Umschreibung staatlicher Hoheitsgewalt etabliert. Dabei versteht man unter Jurisdiktion allgemein die Befugnis eines Staates, einen bestimmten Sachverhalt seiner hoheitlichen Rechts- und Regelungsmacht zu unterwerfen.[787] Jurisdiktion stellt einen Oberbegriff dar, unter dem unterschiedliche Formen der Hoheitsausübung zusammengefasst werden. Daher sollen zunächst die verwendeten Begrifflichkeiten klargestellt werden. Hierzu bietet es sich an, auf das im Jahr 1987 vom *American Law Institute*[788] veröffentlichte *Restatement (Third) of the Law, Fo-*

---

786 *Zerk* (2006), S.107.
787 Vgl. *Meng* (1994), S.1; *Schwarze* (1994), S.13.
788 Das American Law Institute ist eine private Vereinigung, deren Veröffentlichungen keinerlei „formalen Rang" oder „offizielle Geltung" beanspruchen. Obwohl es sich bei den Restatements daher nicht um offizielle, bindende Rechtsquellen handelt, haben sie dennoch aufgrund der Autorität des American Law Institutes großen Einluss auf die Etablierung und Weiterentwicklung völkerrechtlicher Regeln, vgl. *Wallace* (2002), S.670/671. Die in den Restatements niedergelegten Prinzipien spiegeln dabei nicht ausschließlich die US-amerikanische Staatenpraxis wider, sondern werden erarbeitet, „to express the law as it would be pronounced by a disinterested tribunal, whether of the United States or some

reign Relations of the United States Rückgriff zu nehmen, das eine äußerst umfassende Darstellung des Problemkreises der extraterritorialen Hoheitsausübung enthält.[789] Die Orientierung an der Terminologie des *Restatement* rechtfertigt sich nicht nur aufgrund der überaus systematischen Aufbereitung des Problembereichs, sondern auch durch die Bedeutung, die dem *Restatement* trotz des Fehlens eines formalen völkerrechtlichen Ranges in Wissenschaft und Praxis zukommt.[790]

Das *Restatement* unterteilt extraterritoriale Hoheitsausübung in drei Jurisdiktionskategorien: präskriptive Jurisdiktion (sog. *jurisdiction to prescribe*), adjudikative Jurisdiktion (sog. *jurisdiction to adjudicate*) und vollstreckende Jurisdiktion (sog. *jurisdiction to enforce*).[791] Präskriptive Jurisdiktion ist danach „the authority of a state to make its law applicable to persons or activities." Adjudikative Jurisdiktion wird definiert als „authority of a state to subject particular persons or things to its judicial process." Unter der vollstreckenden Jurisdiktion versteht das *Restatement* schließlich die „authority of a state to use the resources of government to induce or compel compliance with its law." Frei übersetzt lässt sich somit unter der *jurisdiction to prescribe* die Rechtszuständigkeit eines Staates, unter *jurisdiction to adjudicate* die Verfahrens- oder Gerichtszuständigkeit staatlicher Behörden und unter *jurisdiction to enforce* schließlich die Vollstreckungszuständigkeit eines Staates verstehen.[792]

Wie bereits oben angemerkt entspricht es der ganz überwiegenden Auffassung, dass die (präskriptive und adjudikative) Regelungsbefugnis eines Staates grundsätzlich nicht auf das jeweilige Staatsgebiet beschränkt ist, das Völkerrecht vielmehr die Einbeziehung von Auslandselementen in nationalstaatliche Rege-

---

other national state or an international tribunal." Insbesondere das *Restatement (Third)* hat in der (auch nicht US-amerikanischen) völkerrechtlichen Literatur große Beachtung gefunden, vgl. für den deutschen Rechtskreis *Ziegenhain* (1992), S. 10/11; *Schwarze* (1994), S.20; *Epping/Gloria* in: Ipsen (2004), § 23 Rn.90; *Bertele* (1998), S.131; *Meng* (1989), 156 (156 ff.).

789 *American Law Institute* (1987), § 401 ff.
790 In nahezu allen völkerrechtlichen Lehrbüchern wird im Rahmen der Besprechung des Bereiches der Jurisdiktionsabgrenzung das Restatement herangezogen, vgl. nur *Shaw (2008)*, S.645; *Epping/Gloria* in: Ipsen (2004), § 23 Rn.90; *Herdegen* (2009), § 2 Rn.70 ff.; *Tietje* in: Tietje (2009), § 1 Rn.117.
791 *American Law Institute* (1987), Introductory Note vor § 401; diese Unterscheidung nehmen auch vor: *Cassese* (2005), S.49 ff.; *Oxmann* in: EPIL (1997), 55 (55); *Lorenz* (2005), S.80; zum Teil wird auch eine zweistufige Unterteilung in *jurisdiction to prescribe* und *jurisdiction to enforce* vorgeschlagen, vgl. *Verdross/Simma* § 1019; *Mann* (1984), 19 (34); hier wird der Unterteilung des *Restatement* gefolgt, die eine genauere Ausdifferenzierung der verschiedenen Dimensionen der Hoheitsausübung ermöglicht.
792 *Ziegenhain* (1992), S.12.

lungen zulässt. Die Staaten bedürfen dazu keiner speziellen völkerrechtlichen Ermächtigung, vielmehr ging der Ständige Internationale Gerichtshof im Lotus-Urteil von der allgemeinen souveränen Handlungsfreiheit der Staaten aus. Den Staaten ist ein weiter Ermessensspielraum eingeräumt, ob und wie weit sie die Anwendung ihrer Gesetze und die Zuständigkeit ihrer Gerichte auf Personen und Sachverhalte erstrecken, die sich außerhalb ihres Territoriums befinden bzw. ereignen. Bei der Ausübung seiner jurisdiktionellen Möglichkeiten unterliegt der Staat jedoch den allgemeinen Begrenzungen, die das Völkerrecht der Ausdehnung staatlicher Rechtssetzungsbefugnis vorgibt, insbesondere also dem in Art. 2 UNC kodifizierten Recht der territorialen Souveränität der anderen Staaten und dem sich daraus ableitenden Interventionsverbot.[793] Diese Einschränkung ist auch für die nationalen Regelungsbefugnisse im internationalen Investitionsrecht von ausschlaggebender Bedeutung. Denn ordnet ein Staat ein bestimmtes Verhalten von Wirtschaftssubjekten auf dem Territorium eines anderen Staates an oder verbietet er es und droht er mit Zwangsmaßnahmen zur Durchsetzung, die zwar im Inland vorgenommen werden, aber doch den Willen und das Verhalten im Ausland beeinflussen sollen, berührt er zweifellos den Schutzbereich des Prinzips der souveränen Staatengleichheit und des Interventionsverbots.[794] Die Regelungsansprüche des Heimatstaates auf der einen und des Gaststaates auf der anderen Seite können so in Konflikt geraten.

Zur Begrenzung derartiger Jurisdiktionskonflikte hat das Völkerrecht verschiedene gewohnheitsrechtliche Prinzipien entwickelt, die den Staaten – soweit keine völkervertraglichen Sonderregelungen bestehen[795] – einen Maßstab bieten, in welchen Grenzen sie in völkerrechtlich zulässiger Weise zum Instrument der

---

793 Diese Feststellungen, die darauf hinauslaufen, dass die Staaten in Abwesenheit von ausdrücklichen völkerrechtlichen Schranken befugt sind, Hoheitsakte unabhängig von einer Beziehung zu ihrem Staatsgebiet zu erlassen, wurde sowohl in den Minderheitsvoten zum Urteil selbst als auch in der völkerrechtlichen Literatur teilweise heftig angegriffen, vgl. *Schwarze* (1994), S.17; *Bertele* (1998), S.56 ff. Eine Vertiefung des Streits erscheint im Hinblick auf das Problem der Jurisdiktionsausübung allerdings heute nicht mehr erforderlich, da es mittlerweile zum allgemein anerkannten völkerrechtlichen Standard gehört, dass Staaten, wenngleich in ihrer Hoheitsausübung grundsätzlich frei, ohne einen Anknüpfungspunkt extraterritoriale Hoheitsausübung nicht möglich ist. Diese Beschränkung ist mit zunehmender Verdichtung des Netzes allgemeiner Grundsätze des Völkerrechts, insbesondere unter der Charta der Vereinten Nationen, so allgemein geworden, dass man sich schwerlich einen Bereich vorstellen kann, auf dem noch die uneingeschränkte Vermutung zugunsten der Freiheit der Staaten bestehen könnte, vgl. *Meng* (1984), 675 (738 ff.); *Schwarze* (1994), S.17/18.
794 *Meng* (1984), 675 (748).
795 Dazu *Meng* (1994), S.326/327.

extraterritorialen Jurisdiktion greifen können.[796] Gemeinsam ist diesen Prinzipien, dass sie zwischen dem normierenden Staat und dem von ihm normierten Auslandssachverhalt eine „echte"[797], „sinnvolle"[798] oder „hinreichend sachgerechte"[799] Verbindung (sog. *genuine link/connection*[800]) voraussetzen. Das Völkerrecht verlangt demnach, dass eine Gesetzesnorm, die einen Auslandssachverhalt regelt, zugleich einen Inlandssachverhalt betrifft, mit dem jener substantiell und hinreichend verknüpft ist.[801] Unter welchen Voraussetzungen eine echte oder hinreichend substantielle Inlandsbeziehung angenommen werden kann, ist allerdings umstritten. Weitgehende Einigkeit besteht allenfalls darüber, dass ein anerkannter Anknüpfungspunkt vorhanden sein muss und sich dessen Zulässigkeit allein nach völkerrechtlichen Kriterien bestimmt.[802] Fehlt es einer extraterritorialen Regelung an einer sinnvollen Anknüpfung, verstößt die Regelung gegen das völkerrechtliche Interventionsverbot.[803]

Für die menschenrechtssensible Ausgestaltung von internationalen Investitionen durch den Exportstaat gibt es bislang weder völkervertragsrechtliche Spezialregelungen noch eine spezifische Staatenpraxis, die für diesen Bereich Klarheit hinsichtlich der jurisdiktionellen Möglichkeiten der Exportstaaten schaffen könnte. Daher ist auf die allgemeinen Prinzipien zur Abgrenzung der Jurisdiktionssphären zurückzugreifen, die teilweise allgemein akzeptiert, teilweise aber auch problematisch sind, entweder weil sie nicht durchgängig anerkannt oder uneinheitlich angewendet werden oder weil sie sich mit einem anderen Abgrenzungskriterium überschneiden und so zu konkurrierenden Zuständigkeitsansprüchen verschiedener Staaten führen können.[804] Allgemein anerkannte Anknüpfungspunkte zur Begründung von Hoheitsgewalt sind u. a. das Territorialitäts- und Flaggenprinzip, das aktive und passive Personalitätsprinzip, das Schutzprinzip

---

796 Zu den verschiedenen Ansätzen der Jurisdiktionslehren vgl. *Bertele* (1998), S.115 ff.
797 So *Epping/Gloria* in: Ipsen (2004) § 23 Rn.88.
798 *Großfeld* (1986), S.30; *Tietje* in: Tietje (2009), § 1 Rn. 121.
799 BVerfGE 63, 343 (369).
800 *Shaw* (2008), S.660.
801 *Epping/Gloria* in: Ipsen (2004), § 23 Rn.88.
802 *Meng* (1984), 675 (741); so auch BVerfGE 63, 343 (369): „Für die Auferlegung von Abgaben gegen einen im Ausland lebenden Ausländer, die an einen Sachverhalt anknüpft, der ganz oder teilweise im Ausland verwirklicht worden ist, bedarf es, soll er nicht eine völkerrechtswidrige Einmischung in den Hoheitsbereich eines fremden Staates sein, hinreichender sachgerechter Anknüpfungsmomente für die Abgabenerhebung in dem Staat, der die Abgaben erhebt (...). Diese Anknüpfungsmomente und ihre Sachnähe müssen von Völkerrechts wegen einem Mindestmaß an Einsichtigkeit genügen".
803 *Epping/Gloria* in: Ipsen (2004) § 23 Rn.91; *Schmalenbach* (2001), 57 (73).
804 *Stein/von Buttlar* (2009), Rn.609.

und das Universalitätsprinzip.[805] Die genannten Anknüpfungspunkte sind dabei lediglich als Mindestvoraussetzung zu verstehen, nicht aber als Mittel, um Jurisdiktion eindeutig zu verteilen. Wo die Grenze zwischen zulässiger Hoheitsausübung und Verletzung des Interventionsverbotes verläuft, lässt sich nicht schematisch beschreiben, sondern ist vielmehr anhand einer Einzelfallabwägung festzustellen. Es ist daher erforderlich, die für den Untersuchungsgegenstand als relevant qualifizierten einzelnen Jurisdiktionsmaßnahmen danach zu untersuchen, inwieweit sie sich auf ein anerkanntes Anknüpfungskriterium stützen können und das Interventionsverbot beachten.[806]

C. Präskriptive Jurisdiktion

Die für den Untersuchungsbereich besonders relevanten Anknüpfungsprinzipien (Territorialitätsprinzip, aktives Personalitätsprinzip, Universalitätsprinzip) werden nun dahingehend untersucht, inwieweit sie als Anknüpfungspunkte für präskriptive menschenrechtliche Regulierung von internationalen Investitionen dienen können.

I. Territorialitätsprinzip

Als Gebiets- oder Territorialgewalt bezeichnet man die grundsätzlich ausschließliche Zuständigkeit eines Staates zum Erlass von Hoheitsakten auf dem von ihm beherrschten Territorium.[807] Auf wirtschaftliche Sachverhalte übertragen bedeutet dies, dass jeder Unternehmensteil eines transnationalen Unternehmens der Hoheitsgewalt des Staates unterliegt, in dem er sich niedergelassen hat und wirtschaftlich tätig wird.[808] Das Mutterunternehmen unterliegt somit regelmäßig der territorialen Hoheitsgewalt seines Heimatstaates, das ausländische Tochterunternehmen der Gebietshoheit des Gaststaates. Da sich die Rechtssysteme des Heimat- und Gaststaates vielfach nicht „decken", können sich daraus zum Teil erhebliche Probleme ergeben.

---

805 *Brownlie* (2008), S.299 ff.; *Stein/von Buttlar* (2009), Rn.610.
806 *Meng* (1997), 269 (291); vgl. auch *Barcelona Traction* (Belgium v. Spain), 3 (42): "(…) such tests as have been applied are of a relative nature, and sometimes links with one state have had to be weighed against those with another".
807 *Epping/Gloria* in: Ipsen (2004), § 23 Rn.66, § 24 Rn.1; *Meng* (1994), S.500 ff.
808 *Mann* (1984), 19 (56); *Schmalenbach* (2001), 57 (73).

1. Regulierung von Investitionsgarantien

Kein hoheitsrechtliches Problem stellt vor diesem Hintergrund die menschenrechtssensible Regulierung nationaler Vergabevoraussetzungen für Investitionsgarantien dar. Ob und unter welchen Voraussetzungen eine Garantie erteilt wird, ist ein rein nationaler Vorgang: Eine nationale Behörde entscheidet über die Vergabe einer Garantie gegenüber einem Unternehmen, das der Gebietshoheit des Garantiestaates unterliegt. Terminologisch lässt sich bei der Regulierung der Vergabevoraussetzungen von Investitionsgarantien daher nicht von extraterritorialer Jurisdiktion im oben beschriebenen Sinne sprechen, da die davon ausgehende Regelungswirkung im Ausland bloß faktischer, nicht aber rechtlicher Natur ist. Bloß faktische Auswirkungen fallen aber nicht unter die Kategorie der extraterritorialen Jurisdiktion.[809] Ein unzulässiger Eingriff in die inneren Angelegenheiten eines anderen Staates liegt somit nicht vor. Wenn Verletzungen von Menschenrechten durch das beantragende Unternehmen im Gastland bereits bekannt oder zu erwarten sind, können Investitionsgarantien unter hoheitsrechtlichen Gesichtspunkten ohne Weiteres verwehrt werden.

2. Regulierung der Muttergesellschaft

Unter hoheitsrechtlichen Gesichtspunkten sehr viel komplexer ist die Frage, inwieweit der Territorialstaat eines Mutterunternehmens diesem Vorschriften machen darf, die sich auf das Verhalten des Unternehmens bzw. anderer Unternehmensteile im Ausland beziehen. So könnten die Heimatstaaten beispielsweise Informationspflichten zulasten des Mutterkonzerns über die menschenrechtliche Situation in den ausländischen Tochterunternehmen statuieren oder Mindeststandards hinsichtlich der arbeitsrechtlichen Bedingungen in den ausländischen Tochterunternehmen vorschreiben. Problematisch an diesem sogenannten *parent-based approach* erscheint, dass der Wirkungsbereich derartiger Verpflichtungen sehr weit in den Zuständigkeitsbereich des Gaststaates hineinreichen und daher in Konflikt mit dem völkerrechtlichen Interventionsverbot geraten kann. Regelt der Heimatstaat bestimmte Informations- und Kontrollpflichten des Mutterkonzerns hinsichtlich des Verhaltens der ausländischen Tochter und sichert diese möglicherweise durch Schadensersatzvorschriften ab, liegt der Vornahmeort der gesetzlich vorgeschriebenen Handlung zwar im Inland, der Sachver-

---

809 Vgl. *Meng* (1994), S.77; *Rossi* (2007), 115 (121).

halt, über den berichtet bzw. Kontrolle ausgeübt werden soll, hingegen ausschließlich im Ausland bzw. innerhalb des territorialen Jurisdiktionsbereiches des Gaststaates. Letztlich verdeckt der territoriale Anknüpfungspunkt das eigentliche Regelungsziel des nationalen Gesetzgebers: Es soll das Verhalten des ausländischen Tochterunternehmens unter Zuhilfenahme des Mutterkonzerns bzw. des gesellschaftsrechtlichen Beherrschungsverhältnisses kontrolliert und reguliert werden. Fraglich ist daher, ob derartige gesetzliche Regelungen zulässigerweise allein auf das Territorialprinzip gestützt werden können.

Gegen eine derart weite Auslegung des Territorialitätsprinzips lässt sich einwenden, dass es dem Exportstaat von Direktinvestitionen sehr weitreichende Einflussmöglichkeiten auf die wirtschaftspolitischen Handlungsspielräume des Importstaates eröffnen würde.[810] Über das gesellschaftsrechtliche Beherrschungsverhältnis des Mutterkonzerns gegenüber dem ausländischen Tochterunternehmen hätte der Heimatstaat die Möglichkeit, indirekt Standards für die ausländischen Unternehmen zu etablieren und über den Zugriff auf das Mutterunternehmen auch durchzusetzen. Dieses „Hineinregieren" könnte einen Verstoß gegen das Recht eines jeden Staates, seine wirtschaftliche Entwicklung selbst bestimmen zu dürfen, darstellen.[811] Es können Kollisionen mit gesellschafts- und wirtschaftspolitischen Wertungen im anderen Staat entstehen. Das Territorialitätsprinzip würde überdehnt, wenn es zur Begründung von Maßnahmen herangezogen würde, die zwar anlässlich eines territorial im Exportstaat angesiedelten Teilabschnitts eines Sachverhalts, aber mit Zielrichtung auf einen vollständig im Ausland belegenen Vorgang erfolgen.[812]

Nach anderer Ansicht kommt der Gebietsansässigkeit des Mutterkonzerns so große Bedeutung zu, dass die Territorialhoheit als völkerrechtlich zulässiger Anknüpfungspunkt für die Regelung von grenzüberschreitenden Entscheidungs- und Kontrollbefugnissen des herrschenden Mutterkonzerns angesehen wird.[813] Die Struktur des transnationalen Unternehmens lege es geradezu nahe, den konkreten Normbefehl an das herrschende Mutterunternehmen zu richten, da sich hier das gesellschaftsrechtliche Machtzentrum befinde und die relevanten Entscheidungen getroffen würden. Der Territorialstaat habe demnach eine umfas-

---

810 *Böttger* (2002), S.236 ff.

811 Vgl. den dritten Grundsatz der Friendly Relations Declaration (Anhang zur Resolution der UN-Generalversammlung Nr.2625 (XXV) vom 24.10.1970): „Jeder Staat hat ein unveräußerliches Recht, sein politisches, wirtschaftliches, soziales und kulturelles System ohne irgendeine Form der Einmischung von seiten eines anderen Staates zu wählen".

812 So *Böttger* (2002), S.237.

813 Vgl. *Schmalenbach* (2001), 57 (75); *Sacerdoti* (1997), 261 (373); *Gramlich* (1984), S.482/483.

sende Regelungsbefugnis, die auch den Erlass von Vorschriften einschließe, die Wirkungen im Ausland zur Folge haben könnten.

An beiden Ansichten ist zu kritisieren, dass sie generelle Aussagen zur Zulässigkeit extraterritorialer Regelungen nach dem *parent-based approach* treffen wollen. Nach dem in der vorliegenden Untersuchung vertretenen Ansatz wird man jedoch einzelfallgerecht differenzieren müssen: Stellt die über das Mutterunternehmen etablierte Regulierung einen derartigen Eingriff in die inneren Angelegenheiten des Gaststaates dar, dass von einer völkerrechtlich unzulässigen Intervention die Rede sein kann?[814] Die Beantwortung dieser Frage hängt entscheidend davon ab, in welchem Bereich und mit welchem Ziel eine Regulierungsmaßnahme vorgenommen wird und mit welcher Intensität sie sich auf die inneren Angelegenheiten des Gaststaates auswirkt. Unbestritten ist eine Regelung dann als völkerrechtswidrig zu qualifizieren, wenn sie die ausländische Tochtergesellschaft zu einem gesetzeswidrigen Verhalten im Gaststaat anhält:

> "International law, so it may be suggested, does not allow pressure to be brought upon a domestic corporation, the parent, in order to compel a foreign corporation, the subsidiary, to act on a foreign country in a manner unlawful under its own law."[815]

Auf dieser Grundlage wird man festhalten müssen, dass die Auferlegung reiner Informationspflichten des Mutterkonzerns gegenüber seinem Heimatstaat, was die Einhaltung menschenrechtlicher Mindeststandards angeht, das Souveränitätsinteresse des Gaststaates nicht in einem Maße berührt, dass der Grad einer unzulässigen Intervention erreicht wäre. Eine Kollision der Informationspflicht mit Normen des Gaststaates wird regelmäßig nicht vorliegen. Es kann in diesem Fall nicht von einer völkerrechtswidrigen Intervention die Rede sein, da ja nur über tatsächliche Geschehnisse berichtet wird und die Regelung nicht darauf ausgerichtet ist, unmittelbar auf eine unternehmerische Entscheidung der ausländischen Tochtergesellschaft Einfluss auszuüben. Die für die Annahme einer Intervention erforderliche Zwangswirkung liegt somit nicht vor.[816] Die Territorialgewalt ist für diesen Bereich ausreichende Jurisdiktionsgrundlage.[817]

Für eine solche völkerrechtliche Bewertung spricht auch die legislative Praxis der EU. Eine Reihe von Richtlinien[818] des Rates verlangt von Unternehmen mit

---

814 Vgl. *Sacerdoti* (1997), 261 (373 ff.).
815 *Mann* (1984), 19 (59).
816 Vgl. *Schweisfurth* (2006), 9.Kap. Rn.262.
817 So auch *Schmalenbach* (2001), 57 (75); *Zerk* (2006), S.108/113.
818 Z.B. Richtlinie 98/78/EG des Europäischen Parlaments und des Rates vom 27.Oktober 1998 über die zusätzliche Beaufsichtigung der einer Versicherungsgruppe angehörenden Versicherungsunternehmen, ABl. EG 1998 Nr. L 330/1 ff.; Richtlinie 92/30/EWG des

Sitz in einem EU-Mitgliedsstaat die Erstellung konsolidierter Abschlüsse und Lageberichte über die wirtschaftlichen Verhältnisse der verbundenen Unternehmen mit Sitz im Ausland.[819] Soweit demnach Informationspflichten über die wirtschaftliche und insbesondere finanzielle Situation des Tochterunternehmens keinerlei völkerrechtlichen Bedenken ausgesetzt sind, liegt die Vermutung nahe, dass dasselbe auch für die Einhaltung arbeitsrechtlicher Mindeststandards gilt. Daneben kann auch die Politik europäischer Staaten gegenüber dem südafrikanischen Apartheid-Regime in den 70er Jahren als Beispiel für extraterritoriale Informationspflichten angeführt werden. So waren beispielsweise britische Unternehmen, die über Mehrheitsbeteiligungen an südafrikanischen Unternehmen verfügten, dazu verpflichtet, jährlich über die Situation der Diskriminierungspraxis und über die dagegen unternommenen Schritte zu berichten.[820]

Rechtlich verbindliche Kontrollpflichten der Mutterunternehmen, die durch straf-, zivil- oder verwaltungsrechtliche Sanktionsmechanismen im Heimatstaat durchgesetzt werden können, haben demgegenüber weit schwerwiegendere Auswirkungen auf die unabhängige Ausgestaltung der wirtschaftlichen Verhältnisse des Tochterunternehmens und somit auf die Souveränität des Gaststaates. Soweit das Mutterunternehmen in dem Tochterunternehmen aufgrund der Regulierung durch den Heimatstaat Standards durchsetzt, die den Werte- und Rechtsvorstellungen des Gaststaates widersprechen, liegt die Annahme einer verbotenen Intervention nahe.[821] Denn dann setzt der Heimatstaat gleichsam im Wege des „Privatvollzuges" durch das Mutterunternehmen seine eigenen Wert- und Rechtsvorstellungen auf dem fremden Territorium um.

Das Problem der Achtung der souveränen Entscheidungsgewalt des Gaststaates tritt jedoch nur dann in voller Schärfe hervor, wenn die Regelungen, die durch das private Mutterunternehmen durchgesetzt werden, in Konflikt mit den nationalen Regelungen des Gaststaates treten. Dies kann beispielsweise im Bereich des nationalen und internationalen Wirtschaftsrechts der Fall sein, da Staaten auf diesem Feld durchaus aufgrund unternehmens- und wirtschaftskultureller Verschiedenartigkeiten divergierende Interessen verfolgen. So läge eine völkerrechtswidrige Intervention vor, wenn der Heimatstaat das herrschende Mutterunternehmen unter Androhung von Sanktionen dazu verpflichtet, in den ausländi-

---

Rates vom 6.April 1992 über die Beaufsichtigung von Kreditinstituten auf konsolidierter Basis, ABl. EG 1992 Nr. L 110/52 ff.

819 Auch nach deutschem Konzernrecht sind ausländische Tochtergesellschaften dazu verpflichtet, die zur Vorlage des Konzernabschlusses erforderlichen Informationen an die Konzernobergesellschaft weiterzuleiten, vgl. § 294 III HGB.

820 *Zerk* (2006), S.162; zum deutschen Südafrika-Kodex siehe *v. Bülow* (1979), 600 (600 ff.).

821 Vgl. *Großfeld* (1986), S.12.

schen unabhängigen Unternehmen die Einrichtung von Betriebsräten vorzu-schreiben, obwohl der Gaststaat dies ohne Verletzung seiner völkerrechtlichen Pflichten gesetzlich untersagt.[822] Im Bereich des Menschenrechtsschutzes sind die divergierenden Interessen der beteiligten Staaten jedoch anders zu gewichten. Die hier relevanten Menschenrechte gelten auf gewohnheitsrechtlicher Basis, so dass es der Pflicht und dem Interesse aller Staaten entspricht, den menschen-rechtlichen Verpflichtungen nachzukommen. Im menschenrechtlichen Bereich dient die Ausübung von Hoheitsgewalt mit Auslandsbezug daher nicht partikula-ren einzelstaatlichen Interessen, die in Ausgleich zu konkurrierenden Jurisdikti-onsbedürfnissen anderer Staaten gebracht werden müssen, sondern der Verwirk-lichung übereinstimmender Werte der gesamten Staatengemeinschaft. Erforder-lich ist daher keine strikte Abgrenzung der Jurisdiktionssphären anhand vorge-gebener Kriterien, die eine relevante Inlandsbeziehung darlegen, vielmehr kön-nen auch entferntere Anknüpfungspunkte zur Jurisdiktionsbegründung ausrei-chen. Die Zulässigkeit extraterritorialer Regelungen im Untersuchungsbereich muss demnach daran gemessen werden, inwieweit sie der Durchsetzung interna-tional anerkannter Menschenrechte dient. Soweit extraterritoriale Jurisdiktion auf den Schutz allgemein anerkannter menschenrechtlicher Mindeststandards zielt, sind die Anforderungen an die „sinnvolle Anknüpfung" reduziert, da eine strikte Abgrenzung der Jurisdiktionssphären nicht erforderlich ist.[823] Soweit die Hei-matstaaten demnach Kontrollpflichten zulasten der Mutterkonzerne aufstellen, die die Verwirklichung der universell akzeptierten wirtschaftlichen Menschen-rechte in den ausländischen Tochterunternehmen betreffen, ergeben sich hin-sichtlich dieses Regulierungsmodells unter hoheitsrechtlichen Gesichtspunkten keine Bedenken.[824] Die Gaststaaten können sich nicht darauf berufen, durch die Umsetzung universell anerkannter Menschenrechte in ihrer Souveränität be-schränkt zu werden oder verletzt zu sein, da für diesen Bereich keine souveräne Unabhängigkeit mehr besteht.[825]

3. Regulierung der Tochtergesellschaften

Für die unmittelbare Regulierung bzw. Sanktionierung des Verhaltens eines Tochterunternehmens im Ausland kann die Gebietshoheit keinen verwertbaren

---

822 Beispiel nach *Schmalenbach* (2001), 57 (76).
823 Vgl. *Meng* (1994), S.545 ff.
824 Vgl. *Weschka* (2006), 625 (630/631); *Mann* (1984), 19 (60).
825 Vgl. dazu oben Kapitel 3. A. II.

Anknüpfungsgegenstand darstellen. Die bloße Tatsache, dass der Mutterkonzern auf dem Territorium des potentiell regulierenden Staates liegt, reicht insofern nicht.

II. Aktives Personalitätsprinzip

Das aktive Personalitätsprinzip als zweites allgemein anerkanntes Prinzip knüpft für die Begründung von Hoheitsgewalt an die Staatsangehörigkeit natürlicher Personen sowie an die Staatszugehörigkeit juristischer Personen an. Personalhoheit bezeichnet dabei eine bestimmte Form der Herrschaftsgewalt eines Staates, nämlich die rechtliche Befugnis, die unterstehenden natürlichen und juristischen Personen einseitig kraft hoheitlicher Überlegenheit zu verpflichten und zu berechtigen.[826] Das aktive Personalitätsprinzip stellt den Inlandsbezug zum regelnden Staat über den Regelungsadressaten her, d. h. der Staat kann über seine Staatsan- bzw. -zugehörigen unter Berufung auf seine Personalhoheit jederzeit Hoheitsgewalt ausüben. Der Personalhoheit des Heimatstaates bleiben die Staatsan- und -zugehörigen auch dann unterworfen, wenn sie sich im Ausland aufhalten und als Beschäftigte im Unternehmen agieren bzw. für das Unternehmen im Ausland handeln.[827] Entscheidender Anknüpfungspunkt zur Begründung von Personalhoheit für juristische Personen ist deren Staatszugehörigkeit.

1. Staatszugehörigkeit transnationaler Unternehmen

Trotz der eminenten Bedeutung der Staatszugehörigkeit juristischer Personen hat sich im Völkerrecht bisher noch kein allgemein akzeptiertes Konzept zur Bestimmung der Nationalität juristischer Personen entwickelt. Auch die verschiedenen Investitionsschutzabkommen unterscheiden sich in diesem Punkt.[828] Die Problematik der Zuordnung juristischer Personen zu einem Heimatstaat hat durch das zunehmende Auftreten transnationaler Unternehmen noch an Bedeutung gewonnen. Diese komplex strukturierten wirtschaftlichen Einheiten bestehen in der Regel aus einem Mutterunternehmen und zahlreichen, in verschiedenen Staaten errichteten und operierenden Tochtergesellschaften, die mehrheitlich rechtlich verselbstständigt, zum Teil aber auch als unselbstständige Niederlas-

---

826 *Epping/Gloria* in: Ipsen (2004), § 24 Rn.1; *Stein/von Buttlar* (2009), Rn.617.
827 *Meng* (1994), S.508.
828 Vgl. *Dolzer/Stephans* (1995), S.34 ff.

sungen geführt werden. Trotz dieser staatsübergreifenden Struktur der transnationalen Unternehmen obliegt die Festlegung der Anknüpfungsmerkmale der Staatszugehörigkeit noch immer allein den Nationalstaaten.[829] Das Völkerrecht bestimmt lediglich, welche Anknüpfungskriterien internationale Anerkennung finden. Allgemein anerkannt sind insofern die Gründungs- und die Sitztheorie.[830] Höchst umstritten ist hingegen die sogenannte Kontroll- oder Einflusstheorie.[831]

a. Inkorporationstheorie

Nach der den angloamerikanischen Rechtskreis dominierenden Gründungs- oder Inkorporationstheorie wird die jeweilige juristische Person als demjenigen Staat zugehörig betrachtet, nach dessen Recht sie gegründet worden ist.[832] Soweit also ein transnationales Unternehmen im Ausland nach ausländischem Recht ein Tochterunternehmen gründet, besitzt dieses eine andere Staatszugehörigkeit als das Mutterunternehmen. Soweit im Rahmen der Investitionstätigkeit kein rechtlich selbstständiges Tochterunternehmen gegründet wird, behält die ausländische Niederlassung die Nationalität des Mutterkonzerns. Es entspricht jedoch der internationalen Praxis, dass die investierenden transnationalen Unternehmen im Rahmen transnationaler Investitionstätigkeit rechtlich verselbstständigte Tochterunternehmen gründen, die ihren tatsächlichen Verwaltungssitz im Gaststaat haben und daher die Staatsangehörigkeit des Gaststaates annehmen.[833] Dies erfolgt im Wesentlichen aus folgenden Gründen: Zum einen verlangen die Gaststaaten häufig die Gründung einer nationalen Tochtergesellschaft, um so die Personalhoheit über die wirtschaftlichen Aktivitäten des Unternehmens zu erlangen.[834] Teilen die „ausländischen" Tochtergesellschaften die Nationalität der anderen staatszugehörigen Unternehmen, ist der Gaststaat nur zur Gleichbehandlung verpflichtet. Einer möglichen Privilegierung der Tochtergesellschaften der

829 *Acconci* (2004), 139 (139); *Epping/Gloria* in: Ipsen (2004), § 24 Rn.21.

830 So führt beispielsweise der IGH in *Barcelona Traction* (Belgium v. Spain), 3 (42) aus: "The traditional rule attributes the right of diplomatic protection of a corporate entity to the State under the laws it is incorporated and in whose territory it has its registered office. These two criteria have been confirmed by long practice and by numerous international instruments"; dazu auch *Seidl-Hohenveldern* (1999), S.55/56.

831 Dazu ausführlich Kapitel 4. C. II. 1. c.

832 *Epping/Gloria* in: Ipsen (2004), § 24 Rn.22; vgl. auch *American Law Institute* (1987), § 213: "For purposes of international law, a corporation has the nationality of the state under the laws of which the corporation is organized".

833 *Schreuer* in: Weiss/Denters/de Waart (1998), 497 (498).

834 *Kokkini-Iatridou/de Waart* (1983), 87 (91/92).

transnationalen Unternehmen aufgrund völkerrechtlicher Bestimmungen kann der Gaststaat so entgegenwirken.[835] Andererseits liegt die Neugründung auch im Interesse der Mutterkonzerne, da sich die Tochterunternehmen auf diesem Wege dem Regulierungszugriff der Heimatstaaten entziehen und den wirtschaftlichen, rechtlichen und kulturellen Rahmenbedingungen des Gastlandes besser anpassen können. Zudem führt die rechtliche Verselbstständigung zu einer Haftungsbegrenzung auf das Vermögen der Tochtergesellschaft.

Transnationale Unternehmen setzen sich daher nach der Inkorporationslehre in der Regel aus einer Vielzahl von Unternehmen unterschiedlicher Staatszugehörigkeit zusammen. Diese rechtliche Diversifikation erschwert den Heimatstaaten der Mutterkonzerne den direkten regulativen Durchgriff auf die Tochterunternehmen erheblich, da durch die rechtliche Verselbstständigung die personale Verbundenheit aufgelöst ist.

b. Sitztheorie

In den kontinentaleuropäischen Staaten wird zumeist an das Recht des Geschäftssitzes (*siège social*) angeknüpft.[836] Der Geschäftssitz ist nach deutschem Verständnis der effektive Verwaltungssitz, d. h. derjenige Ort, an dem die grundlegenden unternehmenspolitischen Entscheidungen in Geschäftsführungsakte des *day-to-day*-Managements umgesetzt werden. So entspricht es der ständigen Rechtsprechung des Bundesgerichtshofes, der den tatsächlichen Geschäfts- und Verwaltungssitz als den Ort definiert, an dem „die grundlegenden Entscheidungen der Unternehmensleitung effektiv in laufende Geschäftsführungsakte umgesetzt werden."[837] Bei transnationalen Unternehmen kann der Geschäfts- und Verwaltungssitz der ausländischen Unternehmensteile je nach Ausgestaltung des internen Organisationsgefüges demnach im Heimatstaat des Unternehmens oder im Gaststaat liegen. Stellt sich eine Niederlassung als eine bloße Außenstelle des Stammhauses im Ausland dar, die über kein eigenes, unabhängiges Management

---

835 In Anlehnung an die sog. Calvo-Doktrin werden derartige ausländische Tochterunternehmen auch als „Calvo-Gesellschaften" bezeichnet; vgl. *Seidl-Hohenveldern* (1999), S.57.

836 Vgl. nur *Epping/Gloria* in: Ipsen (2004), § 24 Rn.23; auch der deutsche Mustervertrag orientiert sich an der Sitztheorie. Nach Art.1 Abs.3 lit.a) bezeichnet der Begriff „Investor" jede juristische Person, Handelsgesellschaft und sonstige Gesellschaft oder Vereinigung mit oder ohne Rechtspersönlichkeit, die ihren Sitz im Hoheitsgebiet der Bundesrepublik Deutschland hat.

837 Vgl. nur BGHZ 25, 134 (144); 97, 269 (271).

verfügt und unter der unmittelbaren Aufsicht und Leitung der Zentrale steht, wird man annehmen müssen, dass deren effektiver Verwaltungssitz im Heimatstaat des Mutterunternehmens liegt. Dieser kann nach dem Personalitätsprinzip tätig werden.

Zum Teil wird aufgrund der Organisations- und Leitungsstruktur des transnationalen Unternehmens dafür plädiert, den Geschäftssitz und somit die Staatszugehörigkeit für alle Teile eines in mehreren Staaten präsenten Unternehmens einheitlich an dem Sitz zu verorten, an dem die zentralen strategischen Entscheidungen getroffen werden, also in der Regel an dem Sitz der Konzernmutter im Heimatstaat.[838] Diese Auffassung kann jedoch in einer solch generellen Art keine völkerrechtliche Geltung beanspruchen, da sie zum einen der Sache nach die gleichen Kriterien wie die höchst umstrittene Kontrolltheorie[839] anwendet und daher einer speziellen Rechtfertigung bedarf. Zum anderen nimmt diese Ansicht keine Rücksicht auf die einzelfallabhängigen Weisungs- und Entscheidungsstrukturen innerhalb der verschieden strukturierten transnationalen Unternehmen. In der Regel werden die Entscheidungen über die laufenden Geschäftstätigkeiten in den einzelnen Tochterunternehmen getroffen. Dort, wo die Hauptverwaltung des Tochterunternehmens ihren Standort hat, wird, solange die Tochter eine eigenständige juristische Person ist, eigener Wille, wenn auch unter Einfluss der Muttergesellschaft, gebildet.[840] Mehrheitlich entwickeln die Tochterunternehmen trotz der koordinierenden Aufsicht des Mutterkonzerns selbstständige Planungs-, Entscheidungs- und Kontrollsysteme, die sich an den wirtschaftlichen und rechtlichen Gegebenheiten des Gaststaates orientieren, und verfügen somit – innerhalb der globalen Konzernstrategie – über ein gewisses Maß an autonomer Entscheidungsbefugnis gegenüber dem Mutterkonzern.

Auch nach der Sitztheorie ist das transnationale Unternehmen daher in der Regel durch die Vielzahl seiner Tochterunternehmen mit verschiedenen Staatszugehörigkeiten gekennzeichnet. Es ergeben sich die gleichen regulativen Problemstellungen wie im Rahmen der Inkorporationstheorie: durch Verlagerung von Unternehmensteilen ins Ausland können sich die transnationalen Unternehmen der präskriptiven Hoheitsgewalt ihrer Heimatstaaten weitgehend entziehen.

---

838 Vgl. *Weschka* (2006), 625 (630).
839 Vgl. dazu unten ausführlich Kapitel 4. C. II. 1. c.
840 *Kegel/Schurig* (2004), S.576.

c. Kontrolltheorie

Nach der Kontrolltheorie soll sich die Personalhoheit eines Staates auf gebiets-fremde ausländische Unternehmen erstrecken, wenn diese Unternehmen sich im mehrheitlichen Besitz bzw. unter Kontrolle eigener Staatsangehöriger befinden (Stimmenmehrheit bzw. Kapitalmehrheit; Beherrschungsverträge).[841] Anknüp-fungspunkt zur Bestimmung der Staatszugehörigkeit ist demnach die kapitalmä-ßige Beteiligung des investierenden Unternehmens am kapitalempfangenden Un-ternehmen bzw. die hieraus resultierende unternehmerische Tätigkeit der Organe der Muttergesellschaft in Bezug auf die Aktivitäten der in Beteiligung stehenden Tochtergesellschaft.[842] Inwieweit das Kriterium der Kontrolle als allgemeingül-tiger Anknüpfungspunkt anzuerkennen ist, ist sowohl zwischen den Staaten als auch im völkerrechtlichen Schrifttum höchst umstritten. Auf Grundlage des *Bar-celona Traction*-Urteils des IGH[843] aus dem Jahr 1970 wird die Kontrolle als Anknüpfungskriterium teilweise grundsätzlich abgelehnt[844], zum Teil aber auch als gleichberechtigte Begründung zur Hoheitsgewalt akzeptiert.[845]

Gerade für den Menschenrechtsschutz im wirtschaftlichen Bereich könnte die Kontrolltheorie einen bedeutenden Beitrag leisten. Denn diese könnte dem Ex-

---

841 *Großfeld* (1986), S.113 ff.; *Dolzer* in: Graf Vitzthum (2010), 6.Abschnitt Rn.54; *Schma-lenbach* (2001), 57 (74); das Kriterium der Kontrolle hat auch Eingang gefunden in eine Reihe von bilateralen Investitionsabkommen, dazu *Dolzer/Stephans* (1995), S.38 ff.

842 Zum Teil wird das Kriterium der Kontrolle als eigenständiges Anknüpfungskriterium zur Ausübung von Hoheitsgewalt genannt (so z.B. *Großfeld* (1986), S.113 ff.), zum Teil aber auch als Kriterium zur Bestimmung der Staatszugehörigkeit eines transnationalen Unter-nehmens und somit als Anknüpfungspunkt innerhalb des Personalitätsprinzips genutzt (*Fatouros* in: EPIL (1997), 495 (496); *Meng* (1994), S.474 ff.). In den grundlegenden Fragen zur Zulässigkeit des Kriteriums unterscheiden sich die beiden Auffassungen nicht. Hier wird der wohl mehrheitlich vertretenen Auffassung gefolgt, die die Kontrolltheorie zur Ausweitung des Personalitätsprinzips heranzieht.

843 Im *Barcelona Traction*-Fall hatte sich der IGH auf Klage Belgiens gegen Spanien mit in-solvenzrechtlichen Maßnahmen gegen eine in Spanien tätige Aktiengesellschaft zu befas-sen. Die Gesellschaft war nach kanadischem Recht gegründet worden, die Aktienmehr-heit lag jedoch in den Händen belgischer Staatsangehöriger. Der IGH sprach in seinem Urteil Belgien das Recht zum diplomatischen Schutz zugunsten der belgischen Aktionäre ab. Aufgrund der rechtlichen Verselbstständigung der Gesellschaft könne ohne besondere Umstände (wie beispielsweise die Handlungsunfähigkeit der Gesellschaft) die bloße Kontrolle durch belgische Aktionäre völkerrechtlichen Schutz durch deren Heimatstaat nicht begründen; vgl. *Mann* (1984), 19 (74 ff.); *Herdegen* (2009), § 3 Rn.62; *Briggs* (1971), 327 (329 ff.).

844 *Schmalenbach* (2001), 57 (75); *Schwarze* (1994), S.37.

845 *Brownlie* (2008), S.420; *Seidl-Hohenveldern* (1987), S.27; das Kontrollkriterium wird auch in internationalen Verträgen (vgl. UNCLOS 1982 Art.153 Abs.2 lit. b)) und natio-nalstaatlichen Gesetzen (§ 5 Nr.7 3.Alt. StGB) verwendet.

portstaat Handlungsspielräume eröffnen, unter bestimmten Voraussetzungen menschenrechtsbezogene Regelungen auf Unternehmen anzuwenden, die aufgrund ihres Personalstatuts die Staatszugehörigkeit des Importstaates besitzen, aber von Unternehmen des Exportstaates wirtschaftlich abhängig sind und beherrscht werden und insofern seiner Kontrolle unterliegen.[846] Dem Exportstaat bliebe auf diesem Wege zumindest ein Teil seiner Regelungsgewalt über solche Unternehmen und deren ausländische Töchter erhalten, die gerade zur Absenkung arbeits- und sozialrechtlicher Standards ihre Produktionsstätten ins Ausland verlagern und dabei in Gefahr geraten, dem völkerrechtlich garantierten Schutz von Menschenrechten nicht mehr die notwendige Sorgfalt zu schenken. Die Stärke der Kontrolltheorie ist daher darin zu sehen, dass sie die wirtschaftlichen Realitäten besser abbildet als die Sitz- oder Gründungstheorie.[847] Sie zieht die Konsequenz daraus, dass die zentrale Kontrolle und Leitung der Konzernmutter kennzeichnend ist für transnationale Unternehmen. So kann mit der Kontrolltheorie vor allem verhindert werden, dass sich Unternehmen durch Inkorporierung im Ausland und Wahl einer ausländischen Rechtsform dem nationalen Recht des Exportstaates entziehen können.[848]

Gegen die Kontrolltheorie wird vorgebracht, dass sich bei deren Gültigkeit mit jedem Gesellschafterwechsel auch die Staatszugehörigkeit des Unternehmens verändern könnte und so ihre Zuordnung erheblichen Unsicherheiten ausgesetzt wäre.[849] Weiterhin gestalte sich die Bestimmung der Staatszugehörigkeit von Unternehmen nach der Kontrolltheorie aufgrund der komplexen Strukturen transnationaler Unternehmen auch unter praktischen Gesichtspunkten schwierig. So werde die Einflussnahme häufig nicht direkt, sondern unter Zwischenschaltung weiterer Gesellschaften ausgeübt und an dem investierenden Unternehmen seien möglicherweise seinerseits andere Unternehmen beteiligt.[850] Soweit sich unter diesen Vorzeichen überhaupt eine Konzernmutter ausmachen lasse, würde sich deren Staatszugehörigkeit bei konsequenter Anwendung der Kontrolltheorie auf den gesamten Konzern übertragen. Dem Heimatstaat stünden nach dem aktiven Personalitätsprinzip somit sehr weitreichende Regulierungsmöglichkeiten auch für bestimmte Sachverhalte offen, die an sich der nationalen Regelungsautonomie des Gaststaates der Tochterunternehmen unterlägen. Den kapitalexportierenden Staaten würde die Möglichkeit eingeräumt, ihre eigenen arbeits- und

---

846 *De Schutter* (2006), S.30; *Böttger* (2002), S.256.
847 *Seidl-Hohenveldern* (1999), S.55.
848 *Meng* (1984), 675 (754).
849 *Stein/von Buttlar* (2009), Rn.571.
850 *Böttger* (2002), S.257; *Seidl-Hohenveldern* (1999), S.55.

sozialrechtlichen Vorstellungen über die Regulierung der verschiedenen Unternehmensteile ins Ausland zu exportieren. Die privaten Investoren würden gleichsam zur Durchsetzung der arbeits- und sozialrechtlichen Vorstellungen des Exportstaates missbraucht.[851] Eine derart weite Ausdehnung der Eingriffs- und Regulierungsmöglichkeiten für die kapitalexportierenden Industriestaaten sei daher unter rechtspolitischen Gesichtspunkten abzulehnen.

Auch die Rechtsprechung des IGH im *Barcelona Traction*-Fall und in nachfolgenden Entscheidungen[852] zur Ausübung diplomatischen Schutzes dient dieser Auffassung als Argument dafür, dass die Staatsan- und -zugehörigkeit der kon- trollierenden natürlichen und juristischen Personen im Regelfall als ein unzulässiger Anknüpfungspunkt für die Ausübung staatlicher Herrschaftsmacht angesehen werden müsse. Die rechtliche Stellung des Unternehmens sei danach generell zu unterscheiden von der Stellung der Anteilseigner:

> "(...) international law has to recognize the corporate entity as an institution created by States in a domain essentially within their domestic jurisdiction. Separated from the company by numerous barriers, the shareholder cannot be identified with it. The concept and structure of the company are founded on and determined by a firm distinction between the separate entity of the company and that of the shareholders, each with a distinct set of rights."[853]

Nur der Nationalstaat des Unternehmens kann nach dieser Auffassung diplomatischen Schutz ausüben (sog. *nationality rule*[854]). Die Nationalität der Anteilseigner soll in diesem Zusammenhang irrelevant sein.[855] Diese Formulierungen des Gerichts führen nach Ansicht der Gegner der Kontrolltheorie dazu, dass die Nationalität von Anteilseignern generell keine Relevanz für die Rechtsstellung des Unternehmens haben könne. Daneben sollen die Proteste vieler Staaten gegen die von den USA unter Berufung auf die Kontrolltheorie erlassenen Embargogesetze[856] belegen, dass die Regulierung ausländischer Tochterunternehmen unter

---

851 *Großfeld* (1986), S.73 spricht von „hoheitlicher Staatstätigkeit in verkappter, privatrechtlicher Form".

852 Erst jüngst dazu: IGH, *Ahmadou Sadio Diallo* (Republic of Guinea v. Democratic Republic of the Congo), Preliminary Objections, Urteil vom 24. Mai 2007, para.76-95.

853 *Barcelona Traction* (Belgium v. Spain), 3 (34).

854 Vgl. nur *Schweisfurth* (2006), 3.Kapitel Rn.88.

855 Vgl. dazu bereits IGH, *The Mavrommatis Palestine Concessions*, Serie A, 1924, No.2, 7 (12).

856 Ein Beispiel für die Anwendung der Kontrolltheorie im Rahmen von Embargogesetzen bietet der Fall des Erdgas-Röhren-Embargos, das die USA im Dezember 1981 auf Grundlage des Export Administration Act gegen die UdSSR verhängten. Mit Hilfe des Embargos sollten die UdSSR daran gehindert werden, eine Gaspipeline zu bauen. Das Gesetz bezog sich zum einen auf Güter, die in den USA hergestellt und für den Bau der Pipeline in der UdSSR bestimmt waren. Zum anderen sollte das Gesetz auch außerhalb der USA

Bezugnahme auf die Staatszugehörigkeit des herrschenden Mutterunternehmens im allgemeinen Völkerrecht nicht konsensfähig und daher völkerrechtswidrig sei.[857]

2. Zusammenfassung

Dem aktiven Personalitätsprinzip traditioneller Ausprägung kann eine gewisse Bedeutung für die extraterritorialen Regelungsbefugnisse der Exportstaaten internationaler Investitionen zukommen. Soweit dem Exportstaat zugehörige Unternehmen selbst unmittelbar im Importstaat tätig werden (beispielsweise durch unselbstständige Tochtergesellschaften), stehen dem Exportstaat weite Regelungsspielräume offen. Den praktisch wichtigsten Bereich der Unternehmensneugründungen im Rahmen von internationalen Investitionen deckt das Personalitätsprinzip im traditionellen Sinne jedoch nicht ab. So kann sich ein transnationales Unternehmen allein durch die Wahl des Gründungsortes oder des tatsächlichen Verwaltungssitzes einer Tochtergesellschaft die Hoheitsgewalt aussuchen, der es das Tochterunternehmen in personaler Hinsicht unterstellen will. Der Heimatstaat gehört aufgrund dieses Vorgehens häufig nicht mehr zum Kreis der regelungsbefugten Staaten, die Gründung und der tatsächliche Sitz des Tochterunternehmens im Importstaat schneiden den personalen Bezug zum Heimatstaat ab.[858] Fraglich ist, ob dieser Befund so uneingeschränkt auch für das internationale Investitionsrecht und den Menschenrechtsschutz gelten kann. Soll sich ein Unternehmen die rechtlichen Rahmenbedingungen seiner wirtschaftlichen Tätigkeit frei aussuchen können? Schon das *Restatement* bringt Zweifel an der Zulässigkeit eines derartigen "Regulation shopping" an:

> "(...) a host state cannot, by requiring a foreign-owned enterprise to incorporate under its laws, deprive the state of the parent corporation of all authority over the enterprise. The

---

auf "United States Persons" angewendet werden. Als "United States Persons" wurden u.a. Gesellschaften der Hoheitsgewalt der USA unterstellt, deren Inhaber natürliche Personen waren, die der personalen Hoheitsgewalt der USA unterstanden oder die von einer US-amerikanischen Gesellschaft beherrscht waren. Nach scharfen Protesten einer Reihe von Staaten und der EG gegen ein derart weit verstandenes Personalitätsprinzip wurde das Gesetz im November 1982 wieder aufgehoben; vgl. dazu *Meng* (1997), 269 (277 ff.).

857 So auch *Mann* (1984), 19 (57/60); *Schmalenbach* (2001), 57 (74); *Meng* (1997), 269 (298) hingegen spricht von einer völkerrechtlichen Grauzone, in der Hoheitsausübung weder ausdrücklich verboten, noch ausdrücklich erlaubt ist.

858 *Mann* (1984), 19 (57).

enterprise itself cannot by incorporating in a foreign state, escape all regulatory authority of the state of the parent corporation."[859]

Aufgrund der Schwächen der traditionellen Anknüpfungspunkte ist es erforderlich, die bisherige Herangehensweise vor dem Hintergrund der sich verändernden weltwirtschaftlichen Bedingungen zu überdenken. Für das internationale Investitionsrecht erscheint insbesondere die Kontrolltheorie prüfenswerte Ansätze bereitzuhalten.

III. Die Kontrolltheorie im Spannungsverhältnis zwischen internationalem Investitionsrecht und Menschenrechtsschutz

Zweifel an der generellen Ablehnung des Kontrollkriteriums erscheinen schon deshalb naheliegend, als sich in den untersuchungsrelevanten Teilgebieten des Völkerrechts Entwicklungen identifizieren lassen, die die von der wohl herrschenden Ansicht vertretene grundsätzliche Ablehnung der Kontrolltheorie in Frage stellen. Daneben sind auch Zweifel angebracht, ob der Hinweis auf die IGH-Rechtsprechung zum diplomatischen Schutz für die Jurisdiktionsfrage im Hinblick auf den Untersuchungsgegenstand überhaupt von Bedeutung sein kann. Im Folgenden soll daher der Versuch unternommen werden, Zulässigkeit und Anwendungsmöglichkeiten der Kontrolltheorie im Spannungsverhältnis zwischen Menschenrechtsschutz und internationalem Investitionsrecht zu belegen. In diesem Zusammenhang ist anzumerken, dass die Anwendung der Kontrolltheorie im Bereich des Menschenrechtsschutzes die Grundidee des Personalitätsprinzips in besonders schlüssiger Weise realisieren könnte. Denn über das Institut der Personalhoheit soll der Heimatstaat sicherstellen können, dass seine Staatsan- und -zugehörigen sich auch im Ausland nicht entgegen fundamentalen Wertvorstellungen des Heimatstaates verhalten.[860] Genau dieses Regelungsziel könnten die Exportstaaten bei der Regulierung des Verhaltens ihrer transnationalen Unternehmen verfolgen und durchsetzen. Soweit ein Unternehmen demnach durch Anwendung der Kontrolltheorie im Ausland die Nationalität des Heimatstaates behält, kann dieser dem Unternehmen auch für sein Verhalten im Ausland regulative Vorgaben machen, die bei Nichtbeachtung rechtsrelevante Wirkungen nach sich ziehen.

---

859   *American Law Institute (1987),* § 414 comment b).
860   *Satzger* (2010), S.40.

1. Bedeutung der IGH-Rechtsprechung zum diplomatischen Schutz

Die Zweifel hinsichtlich der Übertragbarkeit der Grundsätze der *Barcelona Traction*-Entscheidung auf das internationale Investitionsrecht und den Menschenrechtsschutz rühren in grundsätzlicher Hinsicht daher, dass diese Entscheidung des IGH sich nur auf den speziellen Bereich des diplomatischen Schutzes bezog, insofern also fraglich ist, ob aus diesem Urteil allgemeingültige Aussagen für das gesamte Völkerrecht und für den speziellen Teilbereich des Investitionsrechts und des Menschenrechtsschutzes gezogen werden können.[861] Der IGH betont im *Barcelona Traction*-Urteil an verschiedenen Stellen, dass sich die von ihm aufgestellten Grundsätze ausschließlich auf den Bereich des diplomatischen Schutzes beziehen und auch nur die auf diesem Gebiet herrschenden zwischenstaatlichen Interessengegensätze in einen sachgerechten Ausgleich gebracht werden.[862] Wenn in diesem Prüfungsrahmen für die völkerrechtliche Befugnis zur Ausübung des diplomatischen Schutzes das Kontrollkriterium nicht als ausreichende Verbindung anerkannt wird, muss dies nicht zwangsläufig für andere Bereiche des Völkerrechts gelten. In diesem Zusammenhang ist auch das Urteil des IGH vom 24. Mai 2007 in der Sache *Ahmadou Sadio Diallo*[863] zu beachten, in dem das Gericht zwar grundsätzlich an der im *Barcelona Traction*-Fall begründeten Trennung zwischen juristischer Person und deren Anteilseignern festhält, zugleich aber deutlich macht, dass das Urteil nur für den Bereich der völkerge-

861 Zweifelnd insofern auch *Schwarze* (1994), S.35 ff.; *Metzger* (1971), S.532-543; *Sacerdoti* in: Dinstein (1989), 699 (700 ff.).
862 *Barcelona Traction* (Belgium v. Spain), 3 (33): "In seeking to determine the law applicable to this case, the Court has to bear in mind the continuous evolution of international law. *Diplomatic protection deals with a very sensitive area of international relations*, since the interest of a foreign State in the protection of its nationals confronts the rights of the territorial sovereign, a fact of which the general law on the subject has had to take cognizance in order to prevent abuses and friction." (Hervorhebungen d. d. Autor); siehe auch *Barcelona Traction* (Belgium v. Spain) 3 (40) und 3 (37); entsprechend finden sich in investitionsrechtlichen Schiedsurteilen Formulierungen, die die Besonderheiten des internationalen Investitionsrechts gegenüber dem diplomatischen Schutz betonen; so z.B. in *Siemens v. Argentinien*, ICSID-Verfahren ARB/22/8, Entscheidung über Zuständigkeit vom 3.8.2004, para.141: "The issues before this tribunal concern not diplomatic protection under customary international law but the rights of investors, including shareholders, as determined by the Treaty".
863 IGH, *Ahmadou Sadio Diallo* (Republic of Guinea v. Democratic Republic of the Congo), Preliminary Objections, Urteil vom 24.5.2007; zum Verfahren ausführlich *Vermeer-Künzli* (2007a), 941 (945 ff.).

wohnheitsrechtlichen Regeln des diplomatischen Schutzes Geltung bean-sprucht.[864]

Gegen eine Übertragung der für den diplomatischen Schutz anerkannten Grundsätze auf den Bereich der staatlichen Jurisdiktion spricht, dass über die Anerkennung eines jeden Anknüpfungspunktes und somit auch der Kontrolltheorie jeweils in Bezug auf den spezifischen Sinn und Zweck des in Rede stehenden völkerrechtlichen Instituts entschieden werden muss.[865] Dabei ist festzuhalten, dass das Institut des diplomatischen Schutzes in tatsächlicher Hinsicht zwar vor allem dem Schutz der Rechtsgüter des Individuums dient, die völkerrechtlich erhebliche Rechtsverletzung aber in den Rechten des Heimatstaates verortet wird. Der Staat macht durch die Ausübung des diplomatischen Schutzes sein eigenes Recht geltend.[866] Demgegenüber dient die in unserem Zusammenhang relevante grenzüberschreitende Etablierung von arbeitsrechtlichen Mindeststandards der Durchsetzung eines universellen menschenrechtlich fundierten Zieles, auf das sich die gesamte Staatengemeinschaft verständigt hat. Schon der IGH hat in seiner *Barcelona Traction*-Entscheidung anerkannt, dass im Bereich des Menschenrechtsschutzes nicht die gleichen Kriterien für die Ausübung von Hoheitsgewalt gelten wie im Bereich des diplomatischen Schutzes:

> "In particular, an essential distinction should be drawn between the obligations of a State towards the international community as a whole, and those arising vis-à-vis another State in the field of diplomatic protection. By their very nature the former are the concern of all States. In view of the importance of the rights involved, all States can be held to have a legal interest in their protection; they are obligations *erga omnes*.
>
> Such obligations derive (…) from the principles and rules *concerning the basic rights of the human person, including protection from slavery and racial discrimination*. Some of

---

864 Ebda. para.76: "The Court will now consider the question of the admissibility of Guinea's Application as it *relates to the exercise of diplomatic protection* with respect to Mr. Diallo „by substitution" for Africom-Zaire and Africontainers-Zaire and in defence of their rights."; para.90: "The fact invoked by Guinea that various international agreements, such as agreements for the promotion and protection of foreign investments and the Washington Convention, have established special legal régimes governing investment protection, or that provisions in this regard are commonly included in contracts entered into directly between States and foreign investors, is not sufficient to show that there has been a change in the *customary rules of diplomatic protection*." (Hervorhebungen d. d. Autor).

865 *Meng* (1994), S.545 ff.

866 *Case of the Mavrommatis Palestine Concessions*, PCIJ Ser. A, No.2 (1924), 12: "By taking up the case of one of its subjects and by resorting to diplomatic action or international judicial proceedings on his behalf, a State is in reality asserting its own rights - its rights to ensure, in the person of its subjects, respect for the rules of international law"; ausführlich dazu auch *Vermeer-Künzli* (2007b), 37 (38 ff.).

the corresponding rights of protection have entered into the body of general international law (…); others are conferred by international instruments of a universal or quasi-universal character."[867]

Der IGH differenziert zwischen völkerrechtlichen Pflichten, die gegenüber dem einzelnen Staat, und solchen, die gegenüber der internationalen Gemeinschaft als Ganzes bestehen. Zu den *erga omnes*-Verpflichtungen zählt der IGH das Verbot der Aggression, des Völkermords, der Sklaverei und Rassendiskriminierung sowie die Achtung fundamentaler Rechte des Menschen. *Erga omnes*-Verpflichtungen sind dadurch charakterisiert, dass alle Staaten an ihrer Beachtung und Durchsetzung ein rechtliches Interesse haben. Wie oben bereits festgestellt gehören die hier untersuchten Kernarbeitsrechte zum Kreis der universell akzeptierten gewohnheitsrechtlich geltenden Menschenrechte und könnten somit auch zu den fundamentalen Rechten des Menschen im Sinne der *Barcelona Traction*-Entscheidung gezählt werden. Auch die Erfüllung der Kernarbeitsrechte liegt aufgrund von deren universeller Geltung im gemeinsamen rechtlichen Interesse der Staatengemeinschaft und der sie konstituierenden Staaten. Die Kategorie der universellen völkergewohnheitsrechtlichen Menschenrechte ist daher im untersuchungsrelevanten Bereich deckungsgleich mit der Kategorie der *erga omnes* geltenden Menschenrechte.[868] Dies hat nach dem *Barcelona Traction*-Urteil zur Folge, dass die Bewertung der Zulässigkeit staatlicher Akte im Bereich des Menschenrechtsschutzes sich entscheidend von der Zulässigkeit der Ausübung diplomatischen Schutzes unterscheidet. In der rein bilateralen Konstellation wird vom Instrument des diplomatischen Schutzes zur Durchsetzung einzelstaatlicher Interessen Gebrauch gemacht, im anderen Fall kann die Anwendung der Kontrolltheorie zur Verbesserung des Menschenrechtsschutzes und somit einem universellen Anliegen dienen. Diese unterschiedliche Ausgangs- und Interessenlage führt dazu, dass die Jurisdiktionsausübung unter dem Gesichtspunkt der wirtschaftlichen Kontrolle nicht von vornherein mit dem Hinweis auf die Praxis des diplomatischen Schutzes verneint werden kann. Der menschenrechtliche Aspekt muss auch nach der Rechtsprechung des IGH Beachtung bei der Abgrenzung der Jurisdiktionssphären finden.

Wenn man jedoch – entgegen der hier vertretenen Auffassung – die Grundsätze der Ausübung diplomatischen Schutzes auf die präskriptive Jurisdiktionsge-

---

867 *Barcelona Traction* (Belgium v. Spain), 3 (32).
868 Vgl. *Kokott* (1998), 71 (88); *Künzli* (2001), S.64 ff., *Bryde* (1994), 165 (169); vgl. dazu auch das *Restatement of the Law (Third), American Law Institute* (1987), § 702 (2): "Any State may pursue international remedies against any other State for a violation of the customary international law of human right".

walt überträgt, ist zu beachten, dass bereits der IGH in der *Barcelona Traction*-Entscheidung Ausnahmen von der Regel, nach der der Heimatstaat der Anteilseigner nicht zum schutzbefugten Kreis gehört, zugelassen hat. Diese sollen insbesondere dann einschlägig sein, wenn der Staat, dessen Verantwortlichkeit gerügt wird, derjenige ist, nach dessen Recht das verletzte Unternehmen errichtet wurde:

> "It is quite true that it has been maintained that, for reasons of equity, a State should be able, in certain cases, to take up the protection of its nationals, shareholders in a company which has been the victim of a violation of international law. Thus a theory has been developed to the effect that the State of the shareholders has a right of diplomatic protection when the State whose responsibility is invoked is the national State of the company. Whatever the validity of this theory may be, it is certainly not applicable to the present case, since Spain is not the national State of Barcelona Traction."[869]

Wie bereits dargelegt entspricht es internationaler Praxis, dass transnationale Unternehmen zum Teil aus eigenem Antrieb, zum Teil unter Einfluss des Gaststaates eigenständige Tochterunternehmen im Ausland gründen. Somit spiegeln die Voraussetzungen der zitierten Ausnahme im Grundsatz die internationale Investitionssituation wider. Der IGH hat es in der oben zitierten Stelle jedoch ausdrücklich offengelassen, ob diese Regel *de lege lata* völkerrechtliche Geltung beansprucht oder nur eine mögliche Entwicklungslinie des Rechts auf diplomatischen Schutz darstellt. Eine Weiterentwicklung hat dieser Gedanke in den im Jahr 2006 von der *International Law Commission* (ILC) verabschiedeten *Draft Articles on Diplomatic Protection*[870] erfahren. Deren Art. 11 (b) lautet:

---

869 *Barcelona Traction* (Belgium v. Spain), 3 (48); vgl. dazu auch die Ausführung in der separate opinion von Richter *Fitzmaurice* im *Barcelona Traction*-Fall, para.16/17: „It is said for instance that this type of intervention on behalf of foreign shareholders ought only be permissible where the company itself is also essentially foreign as to its management and control, and the nature of the interests it covers, and where its local nationality did not result from voluntary incorporation locally, but was imposed on it by the government of the country or by a provision of its local law as a condition of operating there, or of receiving concession. In such cases, it is said, the company's nationality is an artificial one that does not correspond with the underlying realities, and for this reason (but for this reason only) the local government should not be able to avail itself of the obstacle of its nationality which it has designedly insisted on interposing between itself and those realities - possibly for the express purpose of preventing foreign intervention. Where however the local nationality was deliberately assumed by the company as a matter of choice, then, so it is said, there is no reason for making any such departure from the basic rule of the company screen. It is doubtless true that it is in the case of such "enforced" local nationality that situations leading to foreign shareholders in the company invoking the intervention of their government are most liable to arise".

870 Interational Law Commission, Draft Articles on Diplomatic Protection, 2006, abrufbar unter www.untreaty.un.org

"A State of nationality of shareholders in a corporation shall not be entitled to exercise diplomatic protection in respect of such shareholders in the case of an injury to the corporation unless: (…)

(b) the corporation had, at the date of injury, the nationality of the state alleged to be responsible for causing the injury, and incorporation in that State was required by it as a precondition for doing business there."

Die ILC hat sich bei der Ausarbeitung dieser Vorschrift ausdrücklich auf die oben genannte Passage des *Barcelona Traction*-Urteils gestützt.[871] Der völkerrechtliche Status der *Draft Articles on Diplomatic Protection* ist bis zur endgültigen Ratifikation eines entsprechenden völkerrechtlichen Vertrages unklar.[872] Dennoch kann den Regeln allein aufgrund der Tatsache, dass sie von der ILC erarbeitet wurden, bereits eine gewisse Autorität zugebilligt werden. Auch der IGH hat sich im Urteil *Ahmadou Sadio Diallo* ausführlich mit dieser Vorschrift beschäftigt, wobei er die völkergewohnheitsrechtliche Geltung der *Draft Articles on Diplomatic Protection* aufgrund fehlender Entscheidungsrelevanz aber nicht abschließend beurteilte.[873]

Inhaltlich präzisiert Art. 11 der *Draft Articles on Diplomatic Protection* die oben beschriebene Ausnahme des *Barcelona Traction*-Urteils. Soweit der Gaststaat einen ausländischen Investor dazu veranlasst, eine selbstständige Tochtergesellschaft zu gründen, soll dies nicht das Recht des Heimatstaates auf Ausübung diplomatischen Schutzes zugunsten des investierenden Anteilseigners bzw. Unternehmens beseitigen. In der sehr investitionsrelevanten Konstellation, in der ein transnationales Unternehmen durch den Gaststaat zur Gründung einer ausländischen Tochtergesellschaft „gezwungen" wird, soll nach den *Draft Articles on Diplomatic Protection* also die strenge Nationalitätsregel des diplomatischen Schutzes durchbrochen werden und der Heimatstaat der Anteilseigner zur Ausübung diplomatischen Schutzes berechtigt sein. Die Kodifikationsarbeit der ILC unterstützt somit die Annahme, dass die strikte Trennung zwischen Unternehmen und Anteilseignern für den Bereich des diplomatischen Schutzes einer weitreichenden Einschränkung unterworfen ist, der Heimatstaat der Anteilseigner also für diese diplomatischen Schutz ausüben kann.

---

871 International Law Commission, Draft Articles on Diplomatic Protection with Commentaries, 2006, para.10.
872 *Vermeer-Künzli* (2007b), 37 (37/38) ist der Meinung, dass die Draft Arcticles on Diplomatic Protection „codify existing customary international law on the protection of nationals abroad by means of diplomatic protection."; die Rechtsverbindlichkeit verneinend *Perkams* in: Reinisch/Knahr (2008), 93 (100).
873 *Ahmadou Sadio Diallo,* para.91 ff.

Als Ergebnis dieser Darstellung lässt sich festhalten, dass die für die Ausübung diplomatischen Schutzes aufgestellten Grundsätze nicht auf den untersuchungsrelevanten Bereich der präskriptiven Jurisdiktion übertragbar sind. Im Übrigen hat die Untersuchung der Rechtsprechung des IGH gezeigt, dass auch im Bereich des diplomatischen Schutzes die strikte Nationalitätenregel nicht durchgehend angewendet werden kann, diese vielmehr im untersuchungsrelevanten Bereich vielfältige Durchbrechungen kennt. Die in der Rechtsprechung des IGH entwickelten Grundsätze zur Ausübung diplomatischen Schutzes können demnach nicht zur Begründung der Unanwendbarkeit der Kontrolltheorie im Bereich des internationalen Investitionsrechts und des Menschenrechtsschutzes herangezogen werden.

2. Kontrolltheorie und internationales Investitionsrecht

Das Kriterium der Kontrolle diente und dient im Wirtschaftsvölkerrecht mehr als in sonstigen Teilbereichen des Völkerrechts als wichtiger Anknüpfungspunkt für die Zuordnung eines Unternehmens bzw. Unternehmensteils in den rechtlichen Einflussbereich eines Staates. So wurde die Kontrolltheorie schon während des Ersten und Zweiten Weltkrieges angewandt, um die inländischen Tochterunternehmen der großen Konzerne der gegnerischen Staaten wirksam enteignen zu können.[874] Allein die unternehmerische Kontrolle durch ein Unternehmen aus dem Feindstaat reichte aus, um die im Inland inkorporierten und dort effektiv verwalteten Tochterunternehmen als ausländisch zu qualifizieren. Die Berufung auf die Kontrolltheorie im Rahmen von handelskriegerischen Auseinandersetzungen haben vor allem die USA bis in die Gegenwart praktiziert.[875] Aber auch außerhalb des sogenannten Feindhandelsrechts hat die Kontrolltheorie im internationalen Wirtschaftsrecht und insbesondere im internationalen Investitionsrecht weitreichende Akzeptanz erfahren. Diese Tatsache spiegelt sich auch in der Rechtsprechung des IGH wider. In den bereits oben erwähnten Entscheidungen *Barcelona Traction* und *Ahmadou Sadio Diallo* zog der Gerichtshof im Rahmen der Überprüfung der gewohnheitsrechtlichen Geltung der Kontrolltheorie im Bereich des diplomatischen Schutzes insbesondere Verträge des internationalen In-

---

874 Sog. Feindhandelsrecht, vgl. *Großfeld* (1986), S.114 ff.
875 Vgl. *Muchlinski* (2007), S.129 ff.; *Clapham* in: Kamminga/Zia-Zarifi (2000), 139 (185/186).

vestitionsrechts heran.[876] Als Hauptmerkmale sollen im Folgenden die Bedeutung des Kontrollkriteriums in bilateralen Investitionsabkommen und im Streitschlichtungsverfahren des *International Center for the Settlement of Investment Disputes* (ICSID) beschrieben werden.

a. Das Kontrollkriterium in internationalen Investitionsabkommen

Bilaterale Investitionsabkommen nehmen in unterschiedlicher Weise auf das Kontrollkriterium Bezug.[877] So gibt es BITs, die die Staatszugehörigkeit von Unternehmen für den Anwendungsbereich des Vertrages außer nach den traditionellen Anknüpfungspunkten Sitz und Inkorporation ausdrücklich nach der Staatszugehörigkeit der das Unternehmen kontrollierenden Personen bestimmen.[878] Andere BITs kennen auch das Kontrollkriterium, wenngleich es nicht ausdrücklich zur Definition der Staatszugehörigkeit von Unternehmen verwendet wird. So ergibt sich aus dem US-amerikanischen Model-BIT[879] aus dem Jahr 2004 im Zusammenwirken mehrerer Vertragsbestimmungen, das auch dieser die Kontrolle als Zuordnungskriterium anerkennt.[880] Der deutsche Mustervertrag aus dem Jahr

---

876 *Ahmadou Sadio Diallo,* para.90: "The fact invoked by Guinea that various international agreements, such as agreements for the promotion and protection of foreign investments and the Washington Convention, have established special legal régimes governing investment protection, or that provisions in this regard are commonly included in contracts entered into directly between States and foreign investors, is not sufficient to show that there has been a change in the customary rules of diplomatic protection."; *Barcelona Traction* (Belgium v. Spain), 3 (47/48): "Considering the important developments of the last half-century, the growth of foreign investments and the expansion of the international activities of corporations, in particular of holding companies, which are often multinational, and considering the way in which the economic interests of States have proliferated, it may at first sight appear surprising that the evolution of law has not gone further and that no generally accepted rules in the matter have crystallized on the international plane".

877 Vgl. *Dolzer/Stevens* (1995), S.38 ff.; *Sornarajah* (2010), S.199/200 ff.

878 Dies entspricht beispielsweise der schweizerischen Vertragspraxis, vgl. z.B. Art.1 Abs.1 lit.c) des Investitionsabkommens zwischen der Schweiz und Costa Rica, abgedruckt in: Investment Treaties, International Center for Settlement of Investment Disputes; weitere Nachweise bei *Acconci* (2004) 139 (151/152).

879 Abrufbar unter: www.ustr.gov/assets/Trade_Sectors/Investment/Model_BIT/asset_upload _file847_6897.pdf.

880 In Art.1 definiert der US-Model-BIT: "enterprise of a party means an enterprise constituted or organized under the law of a Party, and a branch located in the territory of a Party and carrying out business activities there." Diese Formulierung enthält keinen Hinweis auf die Kontrolltheorie. Im Zusammenspiel mit der Definition des Begriffs der Investition wird jedoch klar, dass auch hier das Kontrollkriterium den Anwendungsbereich

2005 greift zur Bestimmung der Staatszugehörigkeit deutscher Unternehmen lediglich auf die Sitztheorie zurück (vgl. Art. 1 Nr.3 (a)). Der Kontrollgedanke kommt jedoch in Art. 3 Abs. 1 des Mustervertrages im Rahmen der Inländerbehandlung und des Meistbegünstigungsprinzips zum Tragen:

> „Jeder Vertragsstaat behandelt Kapitalanlagen in seinem Hoheitsgebiet, die im Eigentum oder *unter dem Einfluss von Investoren* des anderen Vertragsstaats stehen, nicht weniger günstig als Kapitalanlagen der eigenen Investoren oder Investoren dritter Staaten." (Hervorhebungen d. d. Autor)

Obwohl eine vergleichbare Formulierung bei den übrigen Behandlungsstandards des Mustervertrages fehlt, wendet die internationale Schiedsgerichtspraxis das Kontrollkriterium der Sache nach auch bei anderen Behandlungsstandards der Investitionsschutzabkommen mit deutscher Beteiligung an.[881] Die Ausweitung des Anwendungsbereiches der Abkommen stützt sich auf eine weite Interpretation des Investitionsbegriffes, nach der sich ausländische Investoren auch dann auf das Investitionsabkommen berufen können, wenn die eigentliche Investition von einer inländischen Tochtergesellschaft durchgeführt wird (sog. indirekte Investition[882]). So lehnte beispielsweise das Schiedsgericht im Fall *Siemens /Argentinien*[883] – hier trat nur die deutsche Siemens AG als Klägerin auf, obwohl der streitgegenständliche Vertrag von einer argentinischen Tochtergesellschaft geschlossen worden war – die Einwände Argentiniens gegen die Anwendbarkeit des deutsch-argentinischen Investitionsschutzvertrages ab und befand, dass aufgrund der breiten Investitionsdefinition auch die deutsche Siemens AG als kontrollierender Anteilseigner auf Grundlage des Investitionsschutzvertrages Klage erheben könne.[884] Die Erstreckung der Schutzwirkung bilateraler Investitionsschutzverträge aufgrund des Kontrollkriteriums soll sogar für nur indirekte Beteiligungen gelten, d. h. für gesellschaftsrechtliche Konstruktionen, in denen der

---

des BIT erweitert: "investment means every asset that an investor owns or controls, directly or indirectly, that has the characteristics of an investment, including such characteristics as the commitment of capital or other resources, the expectation of gain or profit, or the assumption of risk." Danach sind von dem Vertrag auch solche Investitionen gedeckt, die von einem Mutterkonzern in Form einer Firmenneugründung im Ausland getätigt werden. In derartigen Fällen stützt sich die Anwendung des BITs nicht auf die Staatszugehörigkeit der ausländischen Tochter, sondern auf die „Nationalität des kontrollierenden Interesses"; vgl. *Muchlinski* (2007), S.679/680; *De Schutter* (2006), S.32.

881 Vgl. dazu *Krajewski/Ceyssens* (2007), 180 (190).

882 Zu diesem Begriff *Krajewski* (2009), Rn.598; *Sacerdoti* (1997), 261 (319/320).

883 *Siemens/Argentinien*, ICSID Verfahren ARB/22/8, Entscheidung über Zuständigkeit vom 3.8.2004.

884 Siemens/Argentinien, para.135 ff.

Mutterkonzern über mehrere Beteiligungsstufen einer Tochtergesellschaft im Gaststaat nur indirekt ein Unternehmen in einem Drittstaat kontrolliert.[885]

Auch die multilateralen Verträge im Bereich des internationalen Investitionsrechts greifen das Kontrollkriterium auf. Das MIGA-Übereinkommen[886] beispielsweise zieht in Art. 13 a) ii) neben der Inkorporations- und Sitztheorie die Kontrolltheorie zur Bestimmung der berücksichtigungsfähigen Investoren heran.[887]

Neben der bereits besprochenen *Barcelona Traction*-Entscheidung hat sich der IGH im *ELSI*-Urteil[888] mit investitionsrechtsrelevanten Fragen der ausländischen Kontrolle von Unternehmen auseinandergesetzt. In diesem Urteil hatte das Gericht einen investitionsrechtlichen Streit auf Grundlage eines Freundschafts-, Schifffahrts- und Handelsvertrages[889] zwischen Italien und den USA zu entscheiden. Das Gericht gestand den USA das Recht zur Ausübung diplomatischen Schutzes zu, obwohl die betreffende Gesellschaft nach italienischem Recht gegründet worden war, in Italien ihren Verwaltungssitz hatte und lediglich von amerikanischen Aktionären beherrscht wurde. Nach den Maßstäben der *Barcelona Traction*-Entscheidung wäre den USA die Berechtigung zur Ausübung diplomatischen Schutzes wohl zu verwehren gewesen, da die traditionellen Anknüpfungspunkte zur Ausübung diplomatischen Schutzes nicht vorlagen.[890] Auch der zugrundeliegende Freundschafts-, Schifffahrts- und Handelsvertrag erklärt nicht ausdrücklich die Kontrolltheorie für anwendbar, legt jedoch an einzelnen Stellen einen umfassenden Schutz von Aktionären im Fall von im Vertragsstaat gegrün-

---

885 So konnte sich im Fall *Waste Management/Mexico*, ICSID Verfahren ARB (AF)/00/3, Entscheidung vom 30.4.2004, para.80-85, ein US-amerikanischer Investor, der am mexikanischen Tochterunternehmen nur mittelbar über eine auf den Cayman Inseln ansässige Briefkastenfirma beteiligt war, erfolgreich auf das nur für Mexiko, Kanada und die USA geltende NAFTA-Abkommen berufen; zu den verschiedenen Konstellationen indirekter Investitionen siehe *Görs* (2005), S.197 ff.

886 Übereinkommen zur Errichtung der Multilateralen Investitions-Garantie-Agentur, BGBl. 1987 II S.454; auch das NAFTA kennt im Rahmen des Streitschlichtungssystems das Zuordnungskriterium der Kontrolle (vgl. Art. 117 NAFTA).

887 Art.13 a) ii) MIGA-Übereinkommen: „Jede natürliche Person und jede juristische Person kann als Empfänger einer Garantie der Agentur berücksichtigt werden, (…) sofern die juristische Person in einem Mitglied gegründet ist und dort ihren Hauptsitz hat oder sofern ihre Kapitalmehrheit einem oder mehreren Mitgliedern oder deren Staatsangehörigen gehört; (…)".

888 IGH, *Case concerning the Elletronica Sicula s.p.A. (ELSI)*, Urteil vom 10.7.1989, ICJ Reports 1989, S.15 ff.; zum Sachverhalt siehe *Mann* (1992), 92 (92 ff.).

889 Diese bilateralen Verträge wurden ab Ende des 18. Jahrhunderts abgeschlossen und gelten als Vorläufer der modernen Investitionsabkommen, vgl. *Krajewski* (2009), Rn.547.

890 Vgl. dazu die Separate Opinion von Judge Oda, ICJ Reports 1989, S.83 ff.

deten juristischen Personen fest.[891] Auf dieser Grundlage entschied das Gericht für den konkreten Sachverhalt, dass die USA diplomatischen Schutz zugunsten von ELSI bzw. ihren Aktionären ausüben konnten, womit der Sache nach die Kontrolltheorie angewandt wurde. Aufgrund der Ausführungen des Gerichts ist jedoch zu vermuten, dass die Entscheidung in den zentralen Passagen auf der Auslegung des zugrundeliegenden Freundschafts-, Schifffahrts- und Handelsvertrages basierte.[892] Das Urteil kann daher nicht als generelle Abkehr von den Grundsätzen der *Barcelona Traction*-Rechtsprechung angesehen werden[893], dennoch zeigt sich an dieser Entscheidung wiederum die besondere Relevanz der Kontrolltheorie in investitionsrechtlichen Sachverhalten.

Multilaterale investitionsrelevante Verträge und BITs greifen demnach in unterschiedlicher Art und Weise auf das Kontrollkriterium zurück. Zum Teil wird explizit die Staatszugehörigkeit unter Beachtung der unternehmerischen Einflussverhältnisse geregelt, zum Teil werden nur gewisse Standards Unternehmen zugänglich gemacht, unabhängig von der tatsächlichen Staatszugehörigkeit. Andere Verträge wiederum erwähnen das Kontrollkriterium überhaupt nicht. Aus dieser vielfältigen Vertragspraxis lässt sich daher zwar kein gemeinsamer Standard ableiten, dennoch gibt sie dahingehend Aufschluss, dass das Kontrollkriterium im internationalen Investitionsschutzrecht bedeutend mehr Anerkennung gefunden hat als in sonstigen Bereichen des Völkerrechts. Der Schutz durch den BIT bzw. den Heimatstaat der Anteilseigner umfasst aufgrund der Regelungen in den BITs in vielen Fällen solche Unternehmen, die nach dem Recht des Gaststaates gegründet worden sind und dort ihren tatsächlichen Sitz haben. Die Einbeziehung des Kontrollkriteriums gilt bislang jedoch nur in den vertraglich vereinbarten Fällen. Eine völkergewohnheitsrechtliche Geltung des Kontrollkriteriums ist aufgrund der uneinheitlichen Staatenpraxis noch nicht erkennbar.[894]

b. Art. 25 Abs. 2 (b) ICSID-Übereinkommen

Neben der internationalen Vertragspraxis gibt das ICSID-Übereinkommen Hinweise auf die Anerkennung und Ausformung des Kontrollkriteriums im internationalen Investitionsrecht. So enthält Art. 25 Abs. 2 (b) ICSID-Übereinkommen

---

891 ELSI-Case, S.38 para.68; dazu *Dolzer* (1992), 137 (139).
892 ELSI-Case, S.38 para.68 ff.
893 *Mann* (1992), 92 (97/98).
894 So auch *Muchlinski* (2007), S.680; *Sornarajah* (2010), S.200; *Clapham* in: Kamminga/Zia-Zarifi (2000), 139 (188).

eine spezielle Vorschrift zur Bestimmung der Nationalität eines Unternehmens im Rahmen eines ICSID-Verfahrens. Falls der Investor, der klagen will, aufgrund seines Gründungsortes oder seines effektiven Verwaltungssitzes die gleiche Staatszugehörigkeit wie der beklagte (Gast-)Staat hat, kann das Unternehmen im Rahmen des Verfahrens dennoch als ein ausländisches und somit klagebefugtes Unternehmen behandelt werden, wenn es aus dem Ausland kontrolliert wird und eine Vereinbarung hinsichtlich der Staatszugehörigkeit zwischen Heimat- und Gaststaat vorliegt. Das ICSID-Übereinkommen geht somit zwar grundsätzlich von den beiden traditionellen Kriterien Inkorporation und *siège social* aus, erweitert jedoch die Handlungsspielräume der beteiligten Staaten, indem diese das Kontrollkriterium zur Bestimmung der Nationalität vertraglich vereinbaren können.[895]

Nach der Spruchpraxis der Schiedsgerichte sind die Anforderungen an die Vereinbarung im Sinne des Art. 25 Abs. 2 ICSID-Übereinkommen relativ gering.[896] So ist zum einen anerkannt, dass die Vereinbarung nicht ausdrücklich erfolgen muss, es reicht vielmehr aus, wenn eine Regierung das formal staatszugehörige Unternehmen faktisch als ein fremdes behandelt.[897] Zum anderen soll eine Vereinbarung immer dann vorliegen, wenn in einem Investor-Staat-Vertrag eine ICSID-Schiedsvereinbarung enthalten ist.[898] Auch indirekte Kontrolle, d. h. die Zwischenschaltung von Unternehmensstufen ausländischer Staatszugehörigkeit, wurde von verschiedenen Schiedsgerichten als Kontrolle i.S.d. Art. 25 Abs. 2 ICSID-Übereinkommen anerkannt.[899] Das Kriterium der Kontrolle findet demnach bei der Bestimmung der Staatszugehörigkeit eines Unternehmens bzw. Unternehmensteils im ICSID-Verfahren zwar nicht automatisch Anwendung, die Schwelle zur Annahme von kontrollabhängiger Staatszugehörigkeit ist jedoch relativ gering.

Die Zuordnung von Staatszugehörigkeit nach den Kontrollverhältnissen wird im Rahmen der Investitionsabkommen und des ICSID somit nur dann vorgenommen und akzeptiert, wenn eine vertragliche Grundlage dafür besteht. Möglicherweise verstärken jedoch neue Tendenzen im Menschenrechtsschutz die sich abzeichnende Akzeptanz der Kontrolltheorie im internationalen Investitionsrecht

---

895 Vgl. *Schreuer* (2009), Art.25 Rn.760 ff.
896 Eine Übersicht über die ICSID-Rechtsprechung zu Art.25 Abs.2 ICSID-Übereinkommen gibt *Acconci* (2004), 139 (157 ff.).
897 *Schreuer* in: Weiss/Denters/de Waart (1998), 497 (501).
898 *Dolzer/Schreuer* (2008), S.53.
899 *Schreuer* (2009), Art.25 Rn.840 ff.

und können somit zu einer anderen rechtlichen Bewertung für den Untersuchungsgegenstand führen.

3. Kontrolltheorie und Menschenrechtsschutz

Die traditionelle Jurisdiktionsabgrenzung im Völkerrecht geht von der Prämisse aus, dass bei der Ausbalancierung der unterschiedlichen Jurisdiktionssphären nationalstaatliche Regulierungsbedürfnisse und -interessen gegeneinander abzugrenzen und abzuwägen sind, die sich in mehr oder weniger starkem Maße widersprechen. So nehmen Staaten beispielsweise im Wettbewerbsrecht sehr weitgehende Jurisdiktionsgewalt in Anspruch, um wettbewerbswidrige Absprachen, die im Ausland vorgenommen werden und ihre wettbewerblichen Auswirkungen auch im In- bzw. Heimatland zeitigen, sanktionieren zu können und so ihren nationalen Wirtschaftsraum vor diesen Wettbewerbsbeschränkungen zu schützen.[900] Eine derartige unmittelbare Regulierung von Auslandssachverhalten kann in Konflikt mit den wirtschaftspolitischen Interessen des Staates geraten, in dem die Absprache getroffen wurde. In diesen Konstellationen ist eine adäquate Abgrenzung der Jurisdiktionsbereiche zum Schutz der staatlichen Souveränität erforderlich. Je größer jedoch der internationale Konsens über den Gegenstand, die Erforderlichkeit und die Form der extraterritorialen Regelung ist, desto unwahrscheinlicher ist die Verletzung der Souveränität des Staates, auf den der Anwendungsbereich einer ausländischen Norm erweitert wird. Für den Bereich der menschenrechtlichen Mindeststandards ist das Konfliktpotential aufgrund der allgemeinen Akzeptanz der untersuchungsrelevanten menschenrechtlichen Arbeitsstandards daher als sehr gering einzuschätzen.[901] Ein offener Konflikt von sich widersprechenden Normen zum Schutz der grundlegenden menschenrechtlichen Arbeitsmindeststandards wird nicht oder nur in Extremfällen auftreten können, da nahezu alle Staaten zum Schutz dieser Rechte in gleicher Weise verpflichtet sind. Solange die Kontrolltheorie dafür genützt wird, internationale Solidarwerte durchzusetzen, treten die durch das Interventionsverbot bestehenden Hindernisse daher in den Hintergrund.[902]

---

900 Vgl. dazu *Schwarze* (1994), S.43 ff.
901 *Zerk* (2006), S.195.
902 Vgl. *Schwarze* (1994), S.38; *Zerk* (2006), S.136 ff.

In diese Richtung deuten auch Ausführungen, die in einem von der britischen Regierung in Auftrag gegebenen Bericht[903] über die Zulässigkeit extraterritorialer Jurisdiktion zu finden sind. Nach dieser Untersuchung soll die Zulässigkeit extraterritorialer Hoheitsausübung durch bestimmte wirtschaftliche und rechtliche Faktoren beeinflusst werden. Zu den Faktoren, die die Zulässigkeit extraterritorialer Hoheitsausübung indizieren, gehören die folgenden Umstände:

> "(...) where there is international consensus that certain conduct is reprehensible and that concerted action is needed involving the taking of international jurisdiction (...) where the vulnerability of the victim makes it particularly important to be able to tackle instances of the offence (...) where there is danger that such offences would not otherwise be justiciable."[904]

Bei der Jurisdiktionsabgrenzung im Bereich der Menschenrechte kommt es also in erster Linie auf die Intention und das legitime Ziel der staatlichen Maßnahme an.[905] Nicht so sehr die im klassischen Jurisdiktionsverständnis abzuwägenden Staatsinteressen stehen im Vordergrund, sondern der Schutz des Individuums. Die traditionellen Kriterien zur Abgrenzung von Jurisdiktionsbereichen sind daher nur eingeschränkt aussagekräftig.[906]

Soweit extraterritoriale Jurisdiktion lediglich zur Durchsetzung allgemeiner Menschenrechtsstandards angewandt wird, ist auch das Argument der imperialistischen Durchsetzung der eigenen Wirtschafts- und Gesellschaftsvorstellungen der großen kapitalexportierenden Staaten weitgehend entkräftet. Denn zur Um- und Durchsetzung menschenrechtlicher Mindeststandards sind alle Staaten völkerrechtlich verpflichtet, zudem ist der Kanon der auf diese Weise durchsetzungsfähigen Rechtspositionen inhaltlich begrenzt. Freilich müssen Missbrauchsmöglichkeiten, mit denen die Industriestaaten ihre wirtschafts- und sozialpolitischen Vorstellungen im Schatten extraterritorialer menschenrechtlicher Standards zu verbreiten suchen, verhindert werden.

4. Kontrolltheorie und Territorialitätsprinzip

Es spricht somit einiges dafür, dass Heimatstaaten transnationaler Unternehmen im Bereich des Menschenrechtsschutzes grundsätzlich über einen direkten regu-

---

903 *Home Office*, Review of Extraterritorial Jurisdiction, Steering Committee Report, Juli 1996.
904 *Ebda.* Para.2.21.; zitiert nach *Zerk* (2006), S.139.
905 Vgl. *Zerk* (2006), S.135 ff.
906 So auch *Skogly* (2006), S.45.

lativen Durchgriff auf selbstständige, nach dem Recht des Gaststaates gegründete und von Staatsan- und -zugehörigen kontrollierte Tochterunternehmen verfügen. Nehmen die Heimatstaaten diese Regelungsmöglichkeit wahr, müssen sie die Territorialhoheit und die sich daraus ergebenden Regelungsinteressen und -bedürfnisse der Gaststaaten der Tochterunternehmen respektieren. Denn die Regulierung des Tochterunternehmens durch den Heimatstaat des Mutterunternehmens kann in Konkurrenz zur Territorialhoheit des Gaststaates treten. Auch wenn für den Untersuchungsgegenstand in materieller Hinsicht keine direkt miteinander kollidierenden Regelungen zu erwarten sind, müssen gleichwohl die konkurrierenden Regelungsbedürfnisse und -ansprüche in ein ausgeglichenes Verhältnis gesetzt werden. Daher wird man dem Staat, in dem die Menschenrechtsverletzung geschehen ist, zur weitestmöglichen Aufrechterhaltung seiner souveränen Regelungsmöglichkeiten vor dem Hintergrund des Interventionsverbots ein „Erstzugriffsrecht" zur Abhilfe zugestehen müssen.[907] Denn primär richten sich die völkerrechtlichen Menschenrechtsverbürgungen an die jeweiligen Territorialstaaten. Diese haben nicht nur die Pflicht, sondern auch das Recht, den Menschenrechtsschutz im eigenen Land nach den eigenen Vorstellungen effektiv zu organisieren. Ein sofortiges Einschreiten eines anderen Staates im Falle unternehmerischer Menschenrechtsverletzungen wird man als Verletzung der inneren Souveränität des Gaststaates qualifizieren müssen. Extraterritorial wirkende Gesetze der Heimatstaaten müssen daher so ausgestaltet sein, dass sie die „Erstzuständigkeit" der Gaststaaten respektieren und nur als subsidiäre Rechtsdurchsetzungsinstanz bereitstehen.[908]

Vorbild für eine derartige Regelungstechnik könnte der im Völkerstrafrecht entwickelte Grundsatz der Komplementarität sein, der das Verhältnis des Internationalen Strafgerichtshofes zu den nationalen Gerichten kennzeichnet.[909] Danach darf der IStGH seine Gerichtsbarkeit selbst bei schwersten Verbrechen grundsätzlich nicht ausüben, wenn ein nationales Strafverfahren stattfindet bzw. stattgefunden hat. Dieser Grundsatz hat zwei entscheidende Ausnahmen: Trotz des Vorrangs des nationalen Strafverfahrens darf der IStGH seine Gerichtsbarkeit ausüben, wenn der betroffene Staat nicht willens oder nicht in der Lage ist, die Ermittlungen oder die Strafverfolgung ernsthaft durchzuführen (Art. 17 IStGH-Statut). Zwar regelt dieser Grundsatz unmittelbar nur das Verhältnis zwischen IStGH und den Mitgliedsstaaten des Statuts. Übertragen auf das Investitionsrecht ließe sich aber aus dem völkerstrafrechtlichen Grundsatz folgern, dass

---

907 Ähnlich auch *Bryde* (1994), 165 (176); *Higgins* (1989), 1 (5); *Meng* (1984), 673 (773).
908 Vgl. *Deva* (2004), 37 (49); *Skogly* (2006), S.46.
909 Zum Grundsatz der Komplementarität *Werle* (2007), Rn.226 ff.; *Satzger* (2010), S.253 ff.

im zwischenstaatlichen Verhältnis die Heimatstaaten der Rechtsverletzer sich auf den Erlass subsidiär anwendbarer Gesetze beschränken sollten, um die staatliche Souveränität der Gaststaaten im investitionsrelevanten Bereich möglichst weitgehend zu respektieren bzw. zu schonen. Nur wenn die Gaststaaten nicht willens oder dazu in der Lage sind, transnationale Unternehmen zu verfolgen, sollten die Heimatstaaten aktiv werden.

Diese Überlegungen decken sich mit den im Rahmen der Diskussion um die Zulässigkeit der „humanitären Intervention" bzw. um den Bestand einer korrespondierenden Schutzverantwortlichkeit der internationalen Gemeinschaft angeführten Erwägungen.[910] Souveränität wird darin zunehmend eine Verantwortungskomponente zugeschrieben, nach der es primäre Pflicht und Aufgabe des Territorialstaates ist, grundlegende Rechte seiner Bürger, insbesondere deren Menschenrechte, zu schützen. Kommt der Staat dieser Verantwortung nicht nach, wird die Schutzverantwortung der internationalen Gemeinschaft, für den vorliegenden Zusammenhang in erster Linie die Verantwortung des Export- bzw. Heimatstaates aktiviert.

5. Methoden und Maßstäbe zur Feststellung unternehmerischer Kontrolle

Zentraler Begriff der hier entwickelten Methode zur Bestimmung der Jurisdiktionssphären ist der der unternehmerischen Kontrolle des Mutterunternehmens gegenüber den Tochterunternehmen. Um handhabbare Ergebnisse erreichen zu können, ist die Konkretisierung dieses Begriffes erforderlich, da eine international anerkannte Definition in diesem Zusammenhang nicht besteht. Auch ein Blick in die investitionsrechtliche Spruchpraxis zu Art. 25 Abs. 2 (b) ICSID-Übereinkommen[911] schafft keine endgültige Klarheit, da darin lediglich die äußersten Grenzen des Kontrollbegriffes definiert werden, ansonsten auf eine einzelfallabhängige Betrachtungsweise verwiesen wird. So z. B. in der ICSID-Entscheidung *Vacuum Salt vs. Ghana*:

> "The Tribunal notes, and itself confirms, that „foreign control" within the meaning of the second clause of Article 25(2)(b) does not require, or imply, any particular percentage of share ownership. Each case arising under that clause must be viewed in its own particular context, on the basis of all of the facts and circumstances. There is no „formula". It stands to reason, of course, that 100 percent ownership almost certainly would result in foreign

---

910 Vgl. dazu *Luck* (2008), 51 (53 ff.), *Stahn* (2007), 99 (102 ff.); siehe auch den Bericht The Responsibility to Protect der International Commission on Intervention and State Sovereignty, abrufbar unter: www.iciss.ca/menu-en.asp.

911 Zu dieser Vorschrift bereits Kapitel 4. C. III. 2. b.

control, by whatever standard, and that a total absence of foreign shareholding would virtually preclude the existence of such control. How much is „enough", however, cannot be determined abstractly."[912]

Die Bewertung von Kontrollverhältnissen nach Art. 25 Abs. 2 (b) ICSID-Übereinkommen ist demnach ein komplexer Vorgang, der sich an den Kriterien Anteilshöhe, Stimmrechtsverteilung und Managementstrukturen orientiert.[913] Eine Zusammenschau der ICSID-Spruchpraxis mit anderen völkerrechtlichen Quellen macht deutlich, dass regelmäßig zwei Konstellationen zur Annahme effektiver Kontrolle zwischen Unternehmen führen[914]: Zum einen kann eine direkte Beteiligung an einem Unternehmen Kontroll- und Leitungsbefugnisse des sich beteiligenden Unternehmens begründen. Zum anderen sind vertragliche Vereinbarungen denkbar, in denen sich ein Unternehmen unabhängig von anteilsmäßiger Partizipation Einfluss- und Zugriffsmöglichkeiten auf Leitung und Geschäftsführung eines anderen Unternehmens zusichern lässt.

Den Gedanken der Kontrolle durch Beteiligung an einem anderen Unternehmen zog das Schiedsgericht im ICSID-Verfahren *LETCO v. Liberia* heran. Bei der Prüfung der Kontrollverhältnisse an dem Unternehmen LETCO formulierte das Schiedsgericht:

> "The evidence provided by LETCO clearly indicates that it was under French control at the time the Concession Agreement was signed. This control is not only a result of the fact that LETCO`s capital stock was 100% owned by French nationals (…), it also results from what appears to be effective control by French nationals; effective control in the sense that, apart from French shareholdings, French nationals dominated the company decision-making structure."[915]

Auch das bereits vorgestellte *Restatement of the Law (Third)*[916] nimmt zur Konkretisierung des völkerrechtlichen Kontrollbegriffs Bezug auf unternehmerische Beteiligungsverhältnisse. In § 414 Comment e) wird der Begriff der Kontrolle im Rahmen der Kontrolltheorie im folgenden Sinne definiert:

> "A corporation is presumed to control another corporation if (i) it owns a majority of the voting shares of that corporation; (ii) it owns a substantial bloc of the voting shares of that corporation and no other person, or group of persons acting in concert, owns a bloc of comparable size; or (iii) it is the principal creditor of the other corporation and exercises

---

912 *Vacuum Salt Products Ltd. v. Ghana*, ICSID-Verfahren ARB/92/1, Entscheidung vom 16.2.1994, para.43.
913 *Dolzer/Schreuer* (2008), S.54; *Schreuer* (2009), Art.25 Rn.850 ff.
914 Vgl. *Wallace* (2002), S.161 ff.
915 *LETCO vs. Liberia* (Decision on Jurisdiction), ICSID-Verfahren ARB/83/2, Entscheidung vom 24.10.1984.
916 Vgl. dazu Kapitel 4. B.

significant decisionmaking authority over its affairs. The presumption of control, however, is rebuttal."

Das Restatement stellt also eine Vermutungsregel auf: Soweit ein Unternehmen aufgrund einer Mehrheitsbeteiligung, einer substantiellen Minderheitsbeteiligung oder aufgrund eines Gläubiger-Schuldner-Verhältnisses auf ein anderes Unternehmen entscheidenden Einfluss ausüben kann, wird eine Kontrollbeziehung vermutet, die jedoch im Einzelfall widerlegt werden kann. Das Merkmal der Kontrolle wird demnach anhand einer einzelfallorientierten Analyse der Beteiligungsstrukturen bewertet, wobei bestimmte Strukturen das Vorliegen einer Kontrollbeziehung indizieren. Diese Systematik deckt sich weitgehend mit der Vorgehensweise des ICSID-Schiedsgerichts in der zitierten LETCO-Entscheidung. Das Schiedsgericht bezieht sich darin zunächst auf die Beteiligungsstruktur des Unternehmens und sichert das gefundene Ergebnis sodann mit den tatsächlichen Entscheidungsstrukturen innerhalb des Unternehmens ab, lehnt somit implizit eine Widerlegung der aufgrund der Beteiligungsverhältnisse bestehenden Kontrollvermutung ab.

Das Restatement weist zudem mit dem Hinweis auf Gläubiger-Schuldner-Verhältnisse auf die zweite Fallgruppe hin, die zur Annahme von Kontrollbeziehungen führen kann. Kontrolle über die Unternehmensführung kann demnach bestehen, wenn ohne direkte Anteilsbeteiligung an dem Unternehmen einer dritten Person aufgrund sonstiger rechtlicher Vereinbarungen Einflussmöglichkeiten auf die zentrale Unternehmensleitung eingeräumt wird. Kontrolle wird in diesen Fällen nicht durch Beteiligung an einem Unternehmen selbst erlangt, sondern durch vertragliche Sonderbeziehungen. So kann beispielsweise durch einen internationalen Beherrschungsvertrag ein Weisungsrecht des einen Vertragspartners hinsichtlich der zentralen Leitungsfunktionen des anderen Vertragspartners begründet werden.[917]

Auch die investitionsschutzrechtlichen Regelungen des Energiecharta-Vertrages[918] aus dem Jahr 1998 geben Hinweise darauf, dass unternehmerische Kontrolle ohne direkte Beteiligung ausgeübt werden kann. Zwar wählt Art. 26 Abs. 7 Energiecharta-Vertrag, der die Staatszugehörigkeit von Unternehmen im Rahmen von Investitionsstreitigkeiten regelt, als Zuordnungskriterium nur den

---

917 Vgl. *Emmerich/Habersack* (2008), S.188.
918 Der Energiecharta-Vertrag (abrufbar unter www.encharter.org) ist ein völkerrechtlicher Vertrag, der nach dem Ende des Kalten Kriegs die Integration der Energiesektoren der Nachfolgestaaten der Sowjetunion und Osteuropas in die europäischen und globalen Märkte herbeiführen sollte. Der Vertrag trat im April 1998 in Kraft, wobei die Russische Föderation den Vertrag noch nicht ratifiziert hat. Das Vertragswerk enthält in Teil III und Teil V Regelungen zum Investitionsschutz.

unbestimmten Begriff der Kontrolle. Allerdings wird diese Formulierung durch eine Interpretationserklärung konkretisiert, die zeitgleich mit dem Energiecharta-Vertrag von den Mitgliedsstaaten angenommen wurde. Darin heißt es:

> "For greater clarity as to whether an Investment made in the Area of one Contracting Party is controlled, directly or indirectly, by an Investor of any other Contracting Party, control of an Investment means control in fact, determined after an examination of the actual circumstances in each situation. In any such examination, all relevant factors should be considered, including the Investor´s (a) financial interest, including equity interest, in the Investment; (b) ability to exercise substantial influence over the management and operation of the Investment; and (c) ability to exercise substantial influence over the selection of members of the board of directors or any other managing body."[919]

Kontrolle im Sinne des Energiecharta-Vertrages ist demnach als effektive, tatsächliche Kontrollausübung zu verstehen. Die Unterpunkte lit.b) und lit.c) machen deutlich, dass die Möglichkeit des Investors, auf die Unternehmensführung selbst bzw. auf die Besetzung der Leitungsebene des Unternehmens Einfluss zu nehmen, entscheidend für die Feststellung von Kontrollbeziehungen sein kann. Diese Einflussmöglichkeiten werden in der Regel aufgrund von Beteiligungen bestehen, können jedoch auch durch vertragliche Sonderbeziehungen und Weisungsrechte zwischen zwei oder mehreren Unternehmen begründet werden.

Es lassen sich demnach im völkerrechtlichen Investitionsschutzrecht Maßstäbe finden, die zur Konkretisierung des Begriffs der Kontrolle herangezogen werden können. Kontrollmöglichkeiten aufgrund von Mehrheitsbeteiligungen dürften allgemein akzeptiert sein und das Vorliegen einer Kontrollbeziehung im Sinne der oben entwickelten Kontrolltheorie indizieren. Gleiches muss für Minderheitsbeteiligungen gelten, die dem Anteilseigner einen entscheidenden Einfluss auf die Leitung und Geschäftsführung des Unternehmens einräumen. Schließlich können vertragliche Vereinbarungen auf internationaler Ebene einen derartigen Einfluss ermöglichen, der extraterritoriale Jurisdiktion auf Grundlage der Kontrolltheorie gerechtfertigt erscheinen lässt. Auf Schwierigkeiten können diese Definitionsansätze jedoch in solchen Konstellationen stoßen, in denen Unternehmen nicht unmittelbar, sondern über verschiedene Beteiligungsstufen Einfluss und Kontrolle auf ein Tochterunternehmen im Ausland ausüben (sog. indirekte Investitionen).[920] Gegner der Kontrolltheorie führen häufig die äußerst komplizierten unternehmensrechtlichen Konstruktionen transnationaler Unternehmensgruppen als Argument gegen die praktische Umsetzbarkeit der Kontrolltheorie an.[921]

---

919 "Understanding with respect to Article 1 (6)", abgedruckt in: 34 ILM 375 (1995).
920 *Schöbener u.a.* (2010), § 18 Rn.178.
921 Vgl. *Böttger* (2002), S.257; *Seidl-Hohenveldern* (1999), S.55.

Im Rahmen des Art. 25 Abs. 2 (b) ICSID-Übereinkommen hatten bereits verschiedene Schiedsgerichte über die Frage zu entscheiden, welche Unternehmenseinheit im Rahmen vielschichtiger Beteiligungsstrukturen Kontrolle über eine ausländische Unternehmenstochter ausübt.[922] Zum Teil wurde die „letzte" Unternehmenseinheit vor dem fraglichen Tochterunternehmen als kontrollierend bezeichnet[923], zum Teil wurde auf „entferntere" Unternehmenseinheiten abgestellt[924]. Die schiedsgerichtliche Spruchpraxis hat demnach bislang keine einheitliche Auslegung gefunden, vielmehr scheint es primäres Ziel mancher Entscheidungen zu sein, mit einer gewissen Flexibilität möglichst weitreichende Jurisdiktionskompetenzen zugunsten des ICSID zu ermöglichen.

Im vorliegenden Zusammenhang erscheint eine Klärung der Kontrollbeziehungen im Rahmen indirekter Beteiligungen über eine abstrakte Festlegung auf die „nächste" oder „entferntere" kontrollierende Einheit wenig sinnvoll. Derartige Lösungen mögen bei der Bestimmung von Zuständigkeiten in schiedsgerichtlichen Verfahren zulässig sein, zur Begründung von präskriptiven Jurisdiktionsbefugnissen können sie hingegen wenig beitragen, da sie aufgrund ihrer Allgemeinheit keine Aussage über das Vorliegen des erforderlichen Inlandsbezuges erlauben. Sachgerechter in diesem Bereich sind materielle Gesichtspunkte, also inhaltliche Kriterien, die Kontrolle unabhängig von zwischengeschalteten Unternehmenseinheiten nach tatsächlicher wirtschaftlicher Verbundenheit zu einem bestimmten Staat bzw. zu einem bestimmten staatszugehörigen Unternehmen indizieren. Diese Auffassung hat auch in der schiedsgerichtlichen Spruchpraxis zu Art. 25 Abs. 2 (b) ICSID-Übereinkommen in letzter Zeit zunehmend Befürworter gefunden. So prüften die Schiedsgerichte in den ICSID-Verfahren *TSA Spectrum de Argentina v. Argentine Republic*[925]*, Société Ouest Africaine des Bétons*

---

922 Einen Überblick über die Praxis der Schiedsgerichte gibt *Schreuer* (2009), Art.25 Rn.840 ff.; vgl. dazu auch *Schreuer* in: Weiss/Denters/de Waart (1998), 497 (507 ff.).

923 *Amco Asia Corporation and others v. Indonesia* (Decision on Jurisdiction), ICSID-Verfahren ARB/81/1, Entscheidung vom 25.9.1983, para.14 (iii); *Autopista Concesionada de Venezuela, C.A. v. Bolivarian Republic of Venezuela* (Decision on Jurisdiction), ICSID-Verfahren ARB/00/5, Entscheidung vom 27.9.2001, paras.110 ff.

924 *TSA Spectrum de Argentina v. Argentine Republic*, ICSID-Verfahren ARB/05/5, Entscheidung vom 19.12.2008; *Société Ouest Africaine des Bétons Industriels (SOABI) v. Senegal*, ICSID-Verfahren ARB/82/1, Entscheidung vom 1.8.1984; *African Holding Company of America and Société Africaine de Construction au Congo S.A.R.L. v. Republic of Congo*, ICSID-Verfahren ARB/05/21, Entscheidung vom 29.7.2008.

925 *TSA Spectrum de Argentina v. Argentine Republic*, ICSID-Verfahren ARB/05/5, Entscheidung vom 19.12.2008, paras.133 ff.

Industriels (SOABI) v. Senegal[926], *African Holding Company of America and Société Africaine de Construction au Congo S.A.R.L. v. Republic of Congo*[927] im Rahmen des Art. 25 Abs. 2 (b) ICSID-Übereinkommen ausführlich die tatsächlichen Kontrollverhältnisse der beteiligten Investoren. Entscheidend für die Feststellung der „Nationalität der Kontrolle" ist nach den Schiedsgerichten in den genannten Verfahren nicht eine formale Betrachtungsweise. Vielmehr sahen sich die Schiedsgerichte dazu veranlasst, den Ursprung der tatsächlichen, effektiven Kontrollausübung aufzuspüren. Zur Begründung dieses Vorgehens führt das Schiedsgericht im Verfahren *TSA Spectrum de Argentina v. Argentine Republic* aus:

> "It would not be consistent with the text, if the Tribunal, when establishing whether there is foreign control, would be directed to pierce the veil of the corporate entity national of the host state and to stop short at the second layer it meets, rather than pursuing its objective identification of foreign control up to its real source, using the same criterion with which it started."[928]

Zudem ist es nach Ansicht des Schiedsgerichts nicht sachgerecht, einem Investor, dessen Heimatstaat nicht Mitglied des ICSID ist, die Möglichkeit zu bieten, durch Gründung einer „kontrollierenden" Briefkastenfirma in einem ICSID-Mitgliedsstaat die Zuständigkeit des ICSID zu erschleichen.[929]

Vereinzelt argumentieren dagegen andere Schiedsgerichte, dass diese Definition des Kontrollbegriffs unpraktikabel sei und nicht dem ursprünglichen Begriffsverständnis des ICSID-Übereinkommens entspreche:

> "The review of the Travaux préparatoires shows that, given the criticism drawn by attempts to define foreign control, the drafters considered that the enterprise of defining foreign control (...) was impracticable. Moreover, definitions of these terms would be difficult to apply in practice and would often lead to protracted investigation of the ownership or shares, nominees, trusts, voting arrangements, etc. (...)" [930]

Das Argument, dass die tatsächlichen Kontrollstrukturen eines Unternehmens häufig schwer zu erfassen seien und daher eine diesbezügliche Prüfung für die Schiedsgerichte nicht praktikabel sei, überzeugt wenig. Wie die oben zitierten

---

926 *Société Ouest Africaine des Bétons Industriels (SOABI) v. Senegal*, ICSID-Verfahren ARB/82/1, Entscheidung vom 1.8.1984, paras.4.01 ff.
927 *African Holding Company of America and Société Africaine de Construction au Congo S.A.R.L. v. Republic of Congo*, ICSID-Verfahren ARB/05/21, Entscheidung vom 29.7.2008, para.85 ff.
928 TSA Spectrum/Argentina, para.147.
929 TSA Spectrum/Argentina, para.153.
930 *Autopista Concesionada de Venezuela, C.A. v. Bolivarian Republic of Venezuela* (Decision on Jurisdiction), ICSID-Verfahren ARB/00/5, Entscheidung vom 27.9.2001, para.113.

Entscheidungen zeigen, sind die Prüfung von Unternehmensstrukturen und die Feststellung der Nationalität der jeweils kontrollierenden Einheit bei entsprechender Sorgfalt möglich.[931] Zudem ist dem Schiedsgericht in der Sache *TSA Spectrum de Argentina* zuzustimmen, dass die Mißbrauchsanfälligkeit einer rein formalen Betrachtungsweise äußerst groß ist.[932] Es ist daher überzeugender, mit der überwiegenden Mehrzahl der Schiedsgerichte die tatsächliche und effektive Kontrollausübung zum Maßstab im Rahmen des Art. 25 Abs. 2 (b) ICSID-Übereinkommen zu nehmen. Nur die Unternehmen, die tatsächlich einen Bezug zu einem Mitgliedsstaat aufweisen, sollen gemäß Art. 25 Abs. 2 (b) ICSID-Übereinkommen ein Schiedsverfahren beantragen können. Diese Überlegungen lassen sich ohne Weiteres auf die Bestimmung des Inlandsbezuges und die Ausübung präskriptiver Jurisdiktion übertragen. Der Heimatstaat eines Unternehmens darf nur dann präskriptiv tätig werden, wenn zwischen ihm und dem Regelungsobjekt eine tatsächliche Verbindung in Form effektiver und nachweisbarer Kontrolle besteht. Für die Frage, welche Gestalt diese Kontrollbeziehung im Einzelfall haben kann, kann auf die oben dargelegten Maßstäbe zurückgegriffen werden.

6. Zusammenfassung

Im Ergebnis ist festzuhalten, dass im Spannungsverhältnis des internationalen Investitionsrechts und des Menschenrechtsschutzes extraterritoriale Jurisdiktion des Heimatstaates auf Grundlage der Kontrolltheorie auf keine unüberwindbaren Schranken trifft. Die Analyse der relevanten IGH-Rechtsprechung ergab keinerlei zwingenden Hinweis, dass die Kontrolltheorie im Untersuchungsbereich völkerrechtlich unzulässig ist. Vielmehr zeigte sich, dass sowohl das internationale Investitionsrecht als auch das System des Menschenrechtsschutzes Besonderheiten aufweisen, die die Anwendbarkeit der Kontrolltheorie unterstützen. Soweit sich der Heimatstaat eines Mutterkonzerns auf Grundlage der Kontrolltheorie zur Regulierung einer Tochtergesellschaft entschließt, bestehen somit keine völkerrechtlichen Einwände, solange der Heimatstaat das „Erstzugriffsrecht" des Gaststaates respektiert. Die Anerkennung der Kontrolltheorie kann dabei helfen, den sehr wichtigen Bereich der Unternehmensneugründungen im Rahmen von internationalen Investitionen regulativ zu erfassen. Schließlich konnten zur Definition

---

931 Vgl. TSA Spectrum/Argentina, para.161 ff.; African Holding Company/Congo, para.85 ff.
932 Das Schiedsgericht verweist insofern auf *Scheuer* (2009), Art.25 Rn.849.

des zentralen Begriffs der Kontrolle verschiedene Anknüpfungspunkte aufgezeigt werden, die zu einer handhabbaren Begriffsbestimmung beitragen. Die auf der Unbestimmbarkeit des Begriffs der Kontrolle basierenden Bedenken gegen die Kontrolltheorie greifen nicht durch.

IV. Untersuchungsrelevante Entwicklungen im Bereich des Universalitätsprinzips

Das Universalitätsprinzip kann für den Untersuchungsgegenstand von Bedeutung sein, da es den Heimatstaaten die Möglichkeit eröffnen könnte, ohne unmittelbare Inlandsverknüpfung Investoren straf- oder zivilrechtlich für bestimmte, menschenrechtsrelevante Straftaten haftbar zu machen, die im Zusammenhang mit Direktinvestitionen im Ausland begangen wurden. Aus der Natur der Völkerrechtsverbrechen ergibt sich nicht nur die Strafbefugnis der Völkerrechtsgemeinschaft als Ganzes, sondern auch jedem Einzelstaat ist die strafrechtliche Verfolgung von Völkerrechtsverbrechen erlaubt. Das Universalitätsprinzip könnte demnach dazu beitragen, den regulativen Handlungsspielraum der Export- bzw. Heimatstaaten für die Bestrafung schwerster menschenrechtsrelevanter Verbrechen zu vergrößern.

Traditionellerweise wird der Anwendungsbereich des Universalitätsprinzips im internationalen Strafrecht bzw. Völkerstrafrecht[933] verortet. In neuerer Zeit gibt es allerdings vermehrt Stimmen in der völkerrechtlichen Literatur, die für eine Übertragung des Universalitätsprinzips auf das (internationale) Zivilrecht plädieren[934], eine Entwicklung, die für den vorliegenden Zusammenhang von großer Relevanz sein kann. Zudem wird zu prüfen sein, inwieweit die ursprünglich zur Bestrafung schlimmster von Individuen begangener Verbrechen geschaffenen Vorschriften des internationalen Strafrechts und Völkerstrafrechts auf transnationale Unternehmen übertragbar sind.

---

933 In diesem Bereich besteht eine Begriffsvielfalt, die häufig zu Unklarheiten führt, vgl. *Satzger* (2010), S.30 ff.; *Schröder* in: Graf Vitzthum (2010), 7. Abschnitt Rn.38 ff. Für diese Untersuchung sollen unter dem Begriff des Völkerstrafrechts diejenigen Normen verstanden werden, die eine unmittelbare Strafbarkeit nach Völkerrecht begründen. Der Begriff des internationalen Strafrechts hingegen umfasst die Gesamtheit der Normen, die den Anwendungsbereich des innerstaatlichen Strafrechts bei Sachverhalten mit Auslandsbezug festlegen.

934 Vgl. *Hailer* (2006), S.205 ff.

1. Grundzüge des strafrechtlichen Universalitätsprinzips

Der Strafanspruch eines Staates bedarf zu seiner Begründung – wie sonstiges staatliches Handeln auch – grundsätzlich einer hinreichenden Verbindung zur Person des Täters oder zum Tatort. Die Besonderheit des Weltrechts- bzw. Universalitätsprinzips besteht darin, dass sich der staatliche Strafanspruch aus keinem der traditionell anerkannten Grundsätze ergibt, er in diesem Fall vielmehr „internationalbezogen" ist.[935] Anders als die zuvor diskutierten Anknüpfungsprinzipien verzichtet das Universalitätsprinzip auf eine genuine Verbindung des regelnden Staats zum geregelten Sachverhalt. Die untersuchungsrelevanten Vorzüge des Universalitätsprinzips gegenüber den bislang dargestellten jurisdiktionsbegründenden Anknüpfungsprinzipien sind demnach darin zu sehen, dass es im Grundsatz ermöglicht, in einem begrenzten thematischen Bereich unternehmerische Tätigkeiten regulatorisch und adjudikativ zu erfassen, ohne dass der Exportstaat einen spezifischen Inlandsbezug darlegen muss. Der Staat kann die Verletzung eines Rechtsgutes allein deshalb ahnden, weil das betreffende Rechtsgut gewohnheitsrechtlich oder vertraglich international als besonders schutzwürdig und seine Verletzung deshalb als strafwürdig anerkannt ist. Das Universalitätsprinzip gilt insbesondere für den Bereich der Völkerrechtsverbrechen.[936] Hinsichtlich des genauen Umfangs der gewohnheitsrechtlich anerkannten Völkerrechtsverbrechen und der damit verbundenen Anwendbarkeit des Universalitätsprinzips bestehen große Unsicherheiten.[937]

Das *Restatement of the Law (Third)* verfolgt in dieser Frage einen relativ weiten Ansatz und zählt Piraterie, Sklavenhandel, Flugzeugentführung, Völkermord, Kriegsverbrechen und „möglicherweise" bestimmte terroristische Handlungen zu den vom Universalitätsprinzip umfassten Tatbeständen.[938] Das deutsche Völkerstrafgesetzbuch vertritt einen engeren Ansatz und unterwirft lediglich Völkermord, Verbrechen gegen die Menschlichkeit und Kriegsverbrechen dem Universalitätsprinzip.[939] Im Rahmen der ATCA-Rechtsprechung[940] wurde ein eigener US-amerikanischer Ansatz entwickelt. Danach gilt für jede Norm des Völkerrechts, für die nach US-amerikanischer Auffassung ein universeller völkerrecht-

---

935 *Ipsen* in: Ipsen (2004), § 42 Rn.7; *Satzger* (2010), S.42.
936 *Werle* (2007), Rn.184; *Bassiouni* (2003), S.114/115.
937 Vgl. *Hailer* (2006), S.206/207; *Zerk* (2006), S.111/112.
938 *American Law Institute* (1987), § 404.
939 § 1 Völkerstrafgesetzbuch, BGBl. 2002 I S.2254.
940 Ausführlich zur Rechtsprechung i.R.d. US-amerikanischen Alien Tort Claims Act (ATCA) sogleich unter Kapitel 4. F.

licher Konsens besteht, das Universalitätsprinzip.[941] Die Universalität des völkerrechtlichen Konsenses wird mit der Universalität der Jurisdiktionsbefugnisse gleichgesetzt, ein Ansatz, der den Anwendungsbereich des Universalitätsprinzips ganz erheblich ausweitet.[942] Die Vielfalt der vertretenen Meinungen wird schließlich in der Entscheidung des IGH im Fall *Democratic Republic of the Congo v. Belgium*[943] sichtbar, in der sieben Richter in Sondervoten insgesamt drei verschiedene Ansichten zum Umfang des Universalitätsprinzips vertraten. Die Richter *Guillaume* und *Ranjeva* sahen nur die Piraterie umfasst, die Richter *Koroma* und *Van den Wyngaert* Piraterie, Kriegsverbrechen und Verbrechen gegen die Menschlichkeit und schließlich die Richter(innen) *Higgins*, *Kooijmans* und *Buergenthal* sämtliche schwerwiegenden internationalen Verbrechen.

Es würde den Umfang dieser Arbeit übersteigen, die einzelnen Tatbestände auf ihre gewohnheitsrechtliche Verankerung hin zu überprüfen. Von ihrem thematischen Umfang her untersuchungsrelevant sind von den genannten Tatbeständen vor allem die Kriegsverbrechen und die Verbrechen gegen die Menschlichkeit. Da diese Tatbestände zugleich mehrheitlich dem gewohnheitsrechtlichen Universalitätsprinzip zugeordnet[944] und sowohl von staatlichen als auch nichtstaatlichen Akteuren verwirklicht werden können[945], sollen sie als Bezugspunkte dienen.

Auf den ersten Blick mag es ungewöhnlich erscheinen, transnationale Unternehmen in Zusammenhang mit dem Vorwurf von Kriegsverbrechen zu bringen. Jedoch hat sich bereits in einigen Fällen gezeigt, dass Unternehmen sich in internationalen wie auch nationalen bewaffneten Konflikten als Unterstützer einer Konfliktpartei an den kriegerischen Handlungen beteiligen bzw. selbst aktiv eingreifen, um beispielsweise Produktions- und Werkstätten zu schützen oder auszubauen.[946] Neben den Kriegsverbrechen zählen die Verbrechen gegen die

---

941 *Tel-Oren v. Libyen Arab Republic*, 726 F.2d 774, 781.
942 *Hailer* (2006), S.207.
943 IGH, *Case Concerning the Arrest Warrant of 11 April 2000 (Democratic Republic of the Congo v. Belgium)*, Entscheidung vom 14.2.2002.
944 Neben den oben genannten Nachweisen vgl. auch *Werle* (2007), Rn.187; *Stein/von Buttlar* (2009), Rn.625.
945 *Bassiouni* (2003), S. 68 ff.
946 Vgl. *Clapham* in: Kamminga/Zia-Zarifi (2000), 139 (148/149); siehe hierzu auch die Beteiligung des US-amerikanischen Erdölunternehmens *Occidental Petroleum* an kriegerischen Auseinandersetzungen in Kolumbien, „Die U'wa kämpfen gegen die Erdölförderung" in: Neue Zürcher Zeitung, 9./10.12.2006, S.8; oder auch die Verstrickung der internationalen Diamantenindustrie in den Bürgerkrieg in Sierra Leone, dazu *Amann* (2000/2001), 327 (330 ff.). Bei diesen Sachverhalten liegt die Vermutung nahe, dass sich

Menschlichkeit zu den internationalen Verbrechen, die bei Auslandsinvestitionen von ihrer tatbestandlichen Umgrenzung her Relevanz haben können. Im Zusammenhang mit den wirtschaftlichen Aktivitäten von transnationalen Unternehmen kann im Rahmen der Verbrechen gegen die Menschlichkeit vor allem die Versklavung in ihren modernen Erscheinungsformen von Bedeutung sein.[947] Darunter versteht man u. a. alle Formen des Menschenhandels sowie die systematische ökonomische Ausbeutung durch Zwangsarbeit, beides Verhaltensweisen, die dem wirtschaftlichen Bereich zuzurechnen und somit potentiell investitionsrelevant sind. Aber auch die Vertreibung und zwangsweise Überführung von Bevölkerungsteilen können beispielsweise mit der Ermöglichung von Großprojekten in Verbindung stehen.[948] Soweit diese Einzeltaten im Rahmen eines ausgedehnten oder systematischen Angriffs gegen die Zivilbevölkerung durchgeführt werden, können Verbrechen gegen die Menschlichkeit vorliegen.

2. Übertragbarkeit des Universalitätsprinzips auf das Zivilrecht

Jeder Staat ist auf Grundlage des Universalitätsprinzips berechtigt, seine Strafgewalt auf Taten zu erstrecken, unabhängig davon, wer diese begangen hat, wo sie begangen wurden und welche Nationalität das Tatopfer hatte. Für den Untersuchungsgegenstand ist allerdings nicht nur die strafrechtliche Verfolgbarkeit unternehmerischen Fehlverhaltens relevant, auch der zivilrechtliche Schadensausgleich kann für die Opfer unternehmerischen Fehlverhaltens von großer Bedeutung sein. Zu prüfen ist demnach, ob das ursprünglich im strafrechtlichen Bereich entwickelte Universalitätsprinzip als Anknüpfungspunkt für zivilrechtliche Regelungen dienen kann.

Das *Restatement of the Law (Third)* schließt ohne weitere Ausführungen von der Existenz des strafrechtlichen Universalitätsprinzips auf ein zivilrechtliches Universalitätsprinzip.[949] Auch die im Rahmen der Verfahren zum US-amerikanischen *Alien Tort Claims Act* (ATCA) zuständigen Gerichte beriefen sich zur Begründung ihrer internationalen Zuständigkeit regelmäßig auf das Universali-

---

die beteiligten Unternehmen Kriegsverbrechen (mit-)schuldig gemacht haben. Zu den tatbestandlichen Voraussetzungen des Kriegsverbrechens siehe *Satzger* (2010), S. 310 ff.

947 *Satzger* (2010), S.307; *Werle* (2007), S.333 ff.
948 Vgl. *Weschka* (2006), 625 (636).
949 *American Law Institute (1987),* § 404 comment b: "In general, states have exercised jurisdiction on the basis of universal interests in the form of criminal law, but international law does not preclude the application of non-criminal law on the basis, for example, by providing a remedy in tort or restitution for victims of piracy".

tätsprinzip.[950] Gegen die Zulässigkeit dieser Übertragung wird die andersartige Natur von straf- und zivilrechtlicher Jurisdiktion vorgebracht.[951] Danach soll das Universalitätsprinzip nur solche Verfolgungsmaßnahmen decken, die im Interesse und im Namen der internationalen Gemeinschaft erfolgen. Diese Voraussetzung lasse sich jedoch mit dem zivilrechtlichen Konzept einer Verfolgung im Namen und im Interesse eines individuellen Klägers nicht vereinbaren.

Für die Übertragbarkeit des Universalitätsprinzips spricht allerdings, dass die Sanktionierung eines menschenrechtsverletzenden Verhaltens nicht zwangsläufig allein durch das Instrument des Strafrechts erfolgen muss. Es ist dem einzelnen Staat überlassen, mit welchen Verfahrensarten er seinen Sanktionsanspruch durchsetzt. So werden beispielsweise im US-amerikanischen Schadensersatzrecht über das Institut der *punitive damages* auch Strafzwecke verfolgt. Im deutschen Strafverfahrensrecht wie auch in anderen Rechtsordnungen bietet das Adhäsionsverfahren dem Verletzten einer Straftat die Möglichkeit, bereits im Strafverfahren die aus der Straftat erwachsenden zivilrechtlichen Ansprüche geltend zu machen.[952] Diese wenigen Beispiele machen deutlich, dass Zivilrecht und Strafrecht hinsichtlich ihrer Funktion und ihres Anwendungsbereiches nicht klar zu trennen sind.[953] In der Literatur wird bezüglich des Universalitätsprinzips daher ein Erst-Recht-Schluss vom Straf- auf das Zivilrecht vertreten.[954] Wenn das Universalitätsprinzip schon auf das Strafrecht angewendet wird, muss es erst recht für das Zivilrecht gelten, da die strafrechtliche Verurteilung einen stärkeren Eingriff in die Hoheitsgewalt des Tatortstaates oder des Herkunftsstaates des Täters darstellt als eine zivilrechtliche Verurteilung.

Tatsächlich ist die Unterscheidung zwischen Straf- und Zivilrecht für die Anwendbarkeit des Universalitätsprinzips aus rechtlichen Gründen nicht zwingend geboten. Vielmehr erscheint die bisherige Beschränkung des Universalitätsprinzips auf das Strafrecht allein der historischen Entwicklung geschuldet, der Tatsache also, dass die Ausübung universeller Jurisdiktion bislang fast ausschließlich

---

950 Ausführlich zur Rechtsprechung i.R.d. US-amerikanischen ATCA sogleich unter Kapitel 4. F.; zur internationalen Zuständigkeit insbesondere *Wiwa et al. v. Royal Dutch Petroleum Company et.al.,* 226 F.3d 88(2nd Cir. 2000); *Filártiga v. Pena-Irala,* 630 F.2d 890 (2d Cir. 1980).

951 *Bradley* (2001), 323 (346/347); vgl. dazu auch den *amicus curiae brief* Australiens, der Schweiz und Großbritannien im ATCA-Verfahren *Sosa v. Alvarez-Machain* (abrufbar unter www.sdshh.com/Alvarez/Sosa%20Brief%20Final.pdf).

952 Zum deutschen Adhäsionsverfahren siehe §§ 403-406c StPO.

953 So auch der *amicus curiae brief* der Europäischen Kommission im ATCA-Verfahren *Sosa v. Alvar*ez-Machain (abrufbar unter www.sdshh.com/Alvarez/ECBriefforSosavAlvarez_Machain_vl_%5B1%5D.pdf); dazu *Nolte* in: Tomuschat/Thouvenin (2006), 373 (378).

954 M.w.N. *Hailer* (2006), S.208.

in (völker-)strafrechtlich relevanten Sachverhalten ausgeübt wurde.[955] Diese Verwurzelung des Universalitätsprinzips im Völkerstrafrecht macht eine Weiterentwicklung aber keineswegs unmöglich. Zum Zwecke eines umfassenden Menschenrechtsschutzes scheint eine Übertragung auf das Zivilrecht im Rahmen eines Erst-Recht-Schlusses vielmehr geboten. Nicht nach der formalen Zuordnung zu Straf- oder Zivilrecht, sondern nach dem sanktionierenden Potential des Verfolgungsmechanismus richtet sich die Anwendbarkeit des Universalitätsprinzips. Im Ergebnis spricht demnach viel dafür, das Universalitätsprinzip auf das Zivilrecht zu übertragen.[956] Der grundsätzliche Sinn und Zweck des Universalitätsprinzips, nämlich der Schutz grundlegender universeller Gemeinwerte, kann auch durch den Einsatz zivilrechtlicher Rechtsinstrumente verfolgt werden. Sowohl im Straf- als auch im Zivilrecht können Staaten somit innerhalb des (tatbestandlich eng begrenzten) Bereichs des Universalitätsprinzips ohne weitere Anknüpfungspunkte zum betreffenden Sachverhalt regulativ tätig werden.

Der historischen Entwicklung des Völkerstrafrechts entsprechend gelten die soeben aufgestellten Grundsätze für die Verfolgung von Individualpersonen. Von größerer Bedeutung für den Untersuchungsgegenstand und daher im Folgenden zu prüfen ist jedoch, ob das straf- und zivilrechtliche Universalitätsprinzip auf juristische Personen wie transnationale Unternehmen übertragbar ist.

3. Anwendbarkeit des Universalitätsprinzips auf transnationale Unternehmen

Ein Blick in die Entstehungsgeschichte des Völkerstrafrechts scheint darauf hinzuweisen, dass es der völkerrechtlich begründeten Strafbarkeit nicht gänzlich fremd ist, zu einem Verbund zusammengeschlossene Personengruppen nach völkerstrafrechtlichen Gesichtspunkten zu behandeln. So war der Nürnberger Militärgerichtshof von 1945 nach Art. 9 und Art. 10 des Statuts für den Internationalen Militärgerichtshof dazu befugt, eine Gruppe oder Organisation im Zusammenhang mit einem Verfahren gegen eines ihrer Mitglieder zu einer „verbrecherischen Organisation" zu erklären. Diese Kategorisierung führte zur Strafbarkeit der Mitgliedschaft in einer derartigen Organisation.[957] Der Militärgerichtshof stellte auf dieser Grundlage im Verfahren gegen I.G. Farben fest:

---

955 Vgl. *Werle* (2007), Rn.182 ff.
956 So auch *Stephans* (1997), 117 (135); *Abel* (2007), S.166 ff.
957 Art.9 des Statuts des Internationalen Militärgerichtshofs: "At the trial of any individual member of any group or organisation the Tribunal may declare (in connection with any act the individual may be convicted) that the group or organisation of which the indivi-

"Where private individuals, including *juristic persons*, proceed to exploit the military oc-
cupancy by acquiring private property against the will and consent of the former owner,
such action not being expressly justified by any applicable provisions of the Hague Regulations, is in violation of international law. (...) Similarly where a private individual or *a
juristic person* becomes a party to unlawful confiscation of public or private property by
planning and executing a well-defined design to acquire such property permanently, acquisition under such circumstances subsequent to the confiscation constitutes conduct in
violation of the Hague Regulations."[958]

Der Gerichtshof ging also davon aus, dass juristische Personen Völkerrecht, insbesondere die Haager Übereinkommen verletzen können.[959] Der Präzedenzwert
dieser Ausführungen ist jedoch recht gering, da die Aussagen zur völkerrechtlichen Schuld einer Organisation im Hinblick auf Art. 10 des Statuts ergingen, der
es den Vertragsparteien erlaubte, die Mitglieder einer für kriminell befundenen
Organisation vor eigenen Gerichten zu verfolgen. Die Feststellung der Krimina-
lität der Vereinigung war also nicht Selbstzweck, sondern bloßer Anknüpfungspunkt für die strafrechtliche Verantwortlichkeit natürlicher Personen. Es war
nicht Aufgabe des Militärgerichtshofes, juristische Personen zu verurteilen.
Auch nachfolgende internationale Spruchkörper, die nach völkerstrafrechtlichen
Grundsätzen arbeiten bzw. gearbeitet haben, hatten keine Jurisdiktionsgewalt
über juristische Personen.[960]

Daneben gibt es multilaterale Verträge in anderen Teilgebieten des Völkerrechts, die strafrechtliche Verantwortlichkeit juristischer Personen anerkennen.
So legt die *Basel Convention on the Control of Transboundary Movement of Hazardous Wastes and Their Disposal*[961] in Art. 2 Abs. 14 fest, dass sowohl natürliche als auch juristische Personen potentiell strafbare Transporteure giftigen
Mülls sein können. Die Konvention schafft ein internationales Verbrechen des
„*unauthorized transboundary movement of hazardous wastes*" (Art. 4 Abs. 3)

---

dual was a member was a criminal organisation."; Art.10: "In cases where a group or organisation is declared criminal by the Tribunal, the competent national authority of any
Signatory shall have the right to bring individuals to trial for membership therein before
national, military of occupation courts. In any such case the criminal nature of the group
or organisation is considered proved and shall not be questioned;" (abgedruckt in *Cassese
(2008)*, S.34).

958   Trials of War Criminals before the Nuremberg Military Tribunals, Vol. VIII, at p.1132-
1133 (abgedruckt in *Clapham* in: Kamminga/Zia-Zarifi (2000), 139 (167), Hervorhebungen d.d. Autor).
959   *Clapham* in: Kamminga/Zia-Zarifi (2000), 139 (167/191).
960   Vgl. nur Art.25 IStGH-Statut, der die Gerichtsbarkeit des Internationalen Strafgerichtshofes auf natürliche Personen beschränkt.
961   Basel Convention on the Control of Transboundary Movement of Hazardous Wastes and
Their Disposal, 1989, 28 ILM (1989), S.657.

und verpflichtet die Mitgliedsstaaten, die inkriminierten Handlungen von natürlichen und juristischen Personen auf nationaler Ebene zu verfolgen und zu bestrafen.[962] Auch die im Rahmen der OECD vereinbarte *Convention on Combating Bribery of Foreign Public Officials in International Business Transactions*[963] geht in ihrem Art. 2 grundsätzlich von der Verfolgbarkeit juristischer Personen aus:

> "Each Party shall take such measures as may be necessary, in accordance with its legal principles, to establish the liability of legal persons for the bribery of a foreign public official."

Man wird daher nicht leugnen können, dass dem Völkerrecht die strafrechtliche Verfolgbarkeit juristischer Personen zumindest in gewissen Teilbereichen bekannt ist. Wie gesehen gilt dies bislang jedoch nur in den Rechtsbereichen, in denen völkervertragsrechtliche Regelungen dies bestimmen. Eine automatische Übertragung der völkerstrafrechtlichen Pflichtenstellung des Individuums im Rahmen der Völkerrechtsverbrechen auf juristische Personen findet im Völkerrecht gegenwärtig keine Grundlage. Insoweit fehlt es am Konsens der Staaten, transnationale Unternehmen zu Adressaten völkerstrafrechtlicher Pflichten bzw. gewohnheitsrechtlicher Pflichten zu bestimmen. Hinweise auf eine derartige (partielle) Völkerrechtssubjektivität transnationaler Unternehmen bezüglich völkerrechtlicher Verbrechen finden sich in der aktuellen Staatenpraxis nicht.[964] Nach ganz überwiegender Auffassung bestehen daher bislang keine unmittelbaren gewohnheitsrechtlichen völkerstrafrechtlichen Verpflichtungen für transnationale Unternehmen, zu deren Durchsetzung das Universalitätsprinzip anwendbar wäre.

Neben den gewohnheitsrechtlich anerkannten Straftatbeständen kommen als völkervertragliche Quellen für die einschlägigen Völkerrechtsverbrechen die Genfer Konventionen von 1949 und Art. 85 Abs. 1 des Zusatzprotokolls vom 8. Juni 1977 für den Fall von Kriegsverbrechen in Betracht.[965] Auch bei diesen Völkerrechtsverträgen ist allerdings fraglich, ob sie auf transnationale Unternehmen anwendbar sind. Es würde wohl der Intention der Vertragsparteien dieser völkerstrafrechtlichen Verträge widersprechen, juristische Personen in den Anwendungsbereich *ratione personae* mit einzubeziehen. Denn zur Zeit der Ko-

---

962 Vgl. *Clapham* in: Kamminga/Zia-Zarifi (2000), 139 (174).

963 Abrufbar unter:www.oecd.com.

964 Vgl. *Hailer* (2006), S.223/224; *Gaedtke* (2004), 241 (247); *Schmalenbach* (2001), 57 (63/80).

965 Genfer Konvention I, Art.49; Genfer Konvention II, Art.50; Genfer Konvention III, Art.129; Genfer Konvention IV, Art.146.

difikation der entsprechenden Verträge wollten die Parteien das Verhalten von Individuen bei schwersten Verletzungen international anerkannter Rechtsgrundsätze strafbar machen.[966] Die Gefahren, die von nichtstaatlichen juristischen Personen in Zukunft für die Schutzgüter beispielsweise der Genfer Konventionen von 1949 ausgehen können, waren den ursprünglichen Vertragsparteien nicht bewusst. Dafür spricht auch, dass in relevanten völkervertragsrechtlichen Bestimmungen das Prinzip *aut dedere aut iudicare* als grundlegender Mechanismus zur effektiven Verfolgung internationaler Verbrechen niedergelegt ist. Ein transnationales Unternehmen kann nicht im tatsächlichen Sinne ausgeliefert werden. Nur soweit man als mögliche Täter Individualpersonen identifiziert, macht die Kodifizierung einer Auslieferungsregelung Sinn. Anhaltspunkte dafür, dass im Rahmen einer dynamischen Interpretation nun auch juristische Personen unter den Anwendungsbereich der entsprechenden Verträge fallen, bietet weder die Praxis der Vertragsparteien noch sonstiger Streitschlichtungsorgane.

4. Zusammenfassung

Das Universalitätsprinzip könnte für den untersuchungsrelevanten Bereich von erheblicher Bedeutung sein, da es – bei entsprechender Weiterentwicklung – die Verfolgung schwerster unternehmerischer Verbrechen ohne jeglichen Inlandsbezug ermöglichen könnte. Freilich wäre der Anwendungsbereich der relevanten Tatbestände nur in besonders schwerwiegenden Einzelfällen eröffnet. Genau in diesen Fällen ist das Bedürfnis nach Sanktionierung jedoch besonders groß. Vor allem die Tatbestände der Kriegsverbrechen und der Verbrechen gegen die Menschlichkeit, für die das Universalitätsprinzip gewohnheitsrechtlich gilt, bieten Anschlussmöglichkeiten für die Sanktionierung unternehmerischen Fehlverhaltens. Positiv dazu kann die zunehmende Anerkennung der Anwendbarkeit des ursprünglich im strafrechtlichen Zusammenhang entwickelten Universalitätsprinzips auf das Zivilrecht beitragen. Auf Grundlage des aktuellen Völkerrechts scheitert die Anwendung des Universalitätsprinzips auf den Untersuchungsgegenstand aber an der mangelnden Übertragbarkeit auf transnationale Unternehmen. Weder die Spruch- noch die Staatenpraxis lassen einen Schluss auf eine gewohnheitsrechtliche Fundierung der Ausweitung des Universalitätsprinzips auf transnationale Unternehmen zu. Dennoch kann das Völkerstrafrecht aufgrund seiner dynamischen Weiterentwicklung Ansatzpunkte bereithalten, die zukünftig

---

966 *Bassiouni* (2003), S.64; *Werle* (2007), Rn.2 ff.

für die wirksame Verfolgung schwerster unternehmerischer Straftaten nutzbar gemacht werden können.

V. Der Lifting-the-corporate-veil-Ansatz

Ein weiterer Ansatz jenseits der anerkannten Anknüpfungsprinzipien wird unter dem Stichwort *Lifting the Corporate Veil* diskutiert.[967] Der Ansatz beruht auf der Grundidee, extraterritoriale Regelungsbefugnisse nach den Kriterien der zivilrechtlichen Durchgriffshaftung zu bestimmen. Die insbesondere im Haftungsrecht geprägte Rechtsfigur der Durchgriffshaftung ist auch im Kartell-, Steuer-, Wettbewerbs- und Konkursrecht zu finden. Sie lässt ausnahmsweise die Durchbrechung der dem Trennungsprinzip folgenden Selbstständigkeit juristischer Personen zu. Entsprechend stellt die Heranziehung ihrer Kriterien zur Begründung extraterritorialer Jurisdiktion eine Erweiterung des aktiven Personalitätsprinzips dar. Dieser Ansatz fand bereits im *Barcelona Traction*-Urteil Erwähnung[968], ist aber bislang noch nicht gewohnheitsrechtlich anerkannt.

Bei der Übertragung der Kriterien der Durchgriffshaftung auf den Untersuchungsgegenstand bietet sich vor allem der Missbrauchstatbestand an. Voraussetzung ist danach, dass das investierende Unternehmen mit der Errichtung der selbstständigen ausländischen Unternehmenseinheit missbräuchliche Ziele verfolgt.[969] In Betracht kommt vor allem ein Rückgriff auf die Fallgruppe der Gesetzesumgehung. Diese setzt voraus, dass die Rechtsform der selbstständigen juristischen Person im Rahmen des Investitionsvorganges gewählt wurde, um rechtliche Anforderungen des Heimatstaates gezielt zu umgehen.[970] Hiermit sind diejenigen Unternehmen angesprochen, die bewusst ihre Produktionsstandorte

---

967 Vgl. *Böttger* in: Winter (2005), 37 (68 ff.); *Joseph* (2004), S.129 ff.; *Wallace* (2002), S.630 ff.

968 Vgl. *Barcelona Traction* (Belgium v. Spain), 3 (39): „The wealth of practice already accumulated on the subject in municipal law indicates that the veil is lifted, for instance, to prevent the misuse of the privileges of legal personality, as in certain cases of fraud or malfeasance, to protect third persons such as a creditor or purchaser, or to prevent the evasion of legal requirements or of obligations. (...) In accordance with the principle expounded above, the process of lifting the veil, being an exceptional one admitted by municipal law in respect of an institution of its own making, is equally admissible to play a similar role in international law. It follows that on the international plane also there may in principle be special circumstances which justify the lifting of the veil in the interest of shareholders".

969 *Mann* (1984), 9 (65).

970 *Meng* (1994), S.476.

verlagern und sich im Ausland ansiedeln, um strengere arbeits- und sozialrechtliche Vorschriften des Heimatstaates zu umgehen. In einer konkreten Investitionssituation müsste das investierende Mutterunternehmen also bewusst die Rechtsform der selbstständigen juristischen Person für den ausländischen Unternehmensteil gewählt haben, um diesen dem Zugriff des Exportstaates zu entziehen. Eine derartige vorsätzliche Umgehung bestimmter Anforderungen setzt voraus, dass das investierende Unternehmen eine Wahlmöglichkeit hinsichtlich der Rechtsform seines wirtschaftlichen Engagements im Importstaat hat. Wie bereits an anderer Stelle angemerkt, fehlt bei internationalen Investitionen regelmäßig diese Wahlmöglichkeit, da die Importstaaten die Gründung einer inländischen Tochtergesellschaft für die Aufnahme wirtschaftlicher Tätigkeiten auf ihrem Territorium zwingend voraussetzen. Zudem müsste dem Unternehmen Missbrauchsabsicht, also Umgehungsabsicht nachgewiesen werden, eine Voraussetzung, die in praktischer Hinsicht äußerst schwer nachzuweisen sein wird.

Neben diesen in der Regel nicht vorliegenden Bedingungen setzt die Durchbrechung des unternehmerischen „Schleiers" weiterhin voraus, dass die Tochtergesellschaft vollkommen von der Muttergesellschaft kontrolliert wird, in wirtschaftlicher und organisatorischer Hinsicht also unselbstständig ist.[971] Dabei soll eine hundertprozentige Anteilseignerschaft der Muttergesellschaft alleine nicht ausreichen. Die erforderliche Abhängigkeit wird erst dann angenommen, wenn beispielsweise die Tochtergesellschaft keine eigenständige Buchführung hat, diese vielmehr von dem Mutterunternehmen übernommen wird. Eine derartige unternehmensinterne Organisation dürfte wohl in keinem weltweit agierenden transnationalen Unternehmen vorherrschen. Die relative Unabhängigkeit der einzelnen Unternehmensteile soll gerade – innerhalb der zentral festgelegten, globalen Konzernstrategie – ein diversifiziertes, auf die speziellen Erfordernisse des jeweiligen nationalen Marktes angepasstes Vorgehen ermöglichen.

Die Voraussetzungen der Durchgriffshaftung stellen sich somit für den Untersuchungsgegenstand als sehr hoch dar, so dass der Anwendungsbereich praktisch leerlaufen dürfte. Ein tragfähiger Ansatz zur Begründung extraterritorialer Jurisdiktion im untersuchungsrelevanten Bereich kann darin jedenfalls nicht gesehen werden.[972]

---

971 Vgl. *Blumberg* (2000/2001), 297 (305).
972 *Böttger* in: Winter (2005), 37 (70).

D. Adjudikative Jurisdiktion

Soweit ein Staat von der Möglichkeit extraterritorialer präskriptiver Jurisdiktion Gebrauch macht, stellt sich die Frage, inwieweit diese auch gerichtlich durchgesetzt werden kann. Wird beispielsweise ein Arbeiter in einer ausländischen Tochtergesellschaft in seinem Recht auf Freiheit vor Zwangsarbeit verletzt, ist zu fragen, ob sich die Gerichte des Heimatstaates des transnationalen Unternehmens international für einen Schadensersatzprozess bzw. für ein strafrechtliches Verfahren zuständig erklären können. Es ist zu untersuchen, ob es gegen die völkerrechtlichen Grenzen der internationalen Zuständigkeit verstößt, wenn dem Opfer einer Menschenrechtsverletzung das Forum des Heimatstaates eröffnet wird, wenn ihm also eine Klagemöglichkeit gegen das Tochter- oder Mutterunternehmen in dem Heimatstaat der Mutter eingeräumt wird.

In der international-zivilprozessualen Literatur wird teilweise die Auffassung vertreten, dass die Frage der Gerichtsbarkeit und somit der internationalen Zuständigkeit in keiner Weise durch völkerrechtliche Grundsätze beeinflusst wird.[973] Jeder Staat könne so viele oder so wenige Rechtsstreitigkeiten an sich ziehen, wie es ihm zweckmäßig erscheine. Beschränkende Normen des Völkergewohnheitsrechts seien nicht feststellbar, der nationale Gesetzgeber habe damit bei der Regelung der internationalen Zuständigkeit freie Hand. Ein Missbrauch sei nicht zu erwarten, da kein Staat daran interessiert sei, die kostbaren Ressourcen seiner Gerichte auf Urteile zu verschwenden, die nirgendwo im Ausland Anerkennung fänden und im Inland nicht vollstreckt werden könnten. Nach dieser Ansicht könnten sich die Gerichte im Heimatstaat des transnationalen Unternehmens ohne Weiteres für dessen sämtliche menschenrechtsrelevante Handlungen für zuständig erklären.

Demgegenüber vertritt das völkerrechtliche Schrifttum mehrheitlich einen Ansatz, der sich an der allgemeinen Jurisdiktionsabgrenzung im Völkerrecht orientiert.[974] Danach darf ein Staat bei der Begründung internationaler Zustän-

---

973 M.w.N. *Schack* (2010), Rn.215.

974 Vgl. *Dahm/Delbrück/Wolfrum* (1989), S.323/324; *Mark/Ziegenhain* (1992), 3062 (3062/3063); *Herdegen* (2009), § 8 Rn.19; *Bertele* (1998), S.220 ff.; *Meng* (1994), S.226 ff.; vgl. dazu auch schon die Seperate Opinion im *Barcelona Traction* Fall von Richter Fitzmaurice (ICJ Reports 1970, 64 (105): "It is true that, under present conditions, international law does not impose hard and fast rules on states delimiting spheres of national jurisdiction in such matters (...), but leaves to States a wide discretion in the matter. It does however (a) postulate the existence of such limits – though in any given case it may be for the tribunal to indicate what these are for the purpose of that case; and (b) involve for every State *an obligation to exercise moderation and restraint as to the extent of the*

digkeit nur dann extraterritorial tätig werden, wenn er einen hinreichend sinnvollen Anknüpfungspunkt zum streitigen Sachverhalt aufweisen kann. Das Völkerrecht hindert einen Staat demnach, Rechtsstreitigkeiten zu entscheiden, die keinerlei nationale Berührungspunkte aufweisen.[975] Da jedoch bei der Bereitstellung eines Forums nicht das hoheitliche Interesse an der Durchführung des zivilrecht- lichen Verfahrens im Vordergrund steht, sondern die Dienstleistung gegenüber den Parteien, wird man auch geringste Verbindungen zum Kläger ausreichen lassen müssen *(sog. minimum contacts)*.[976] Die Anforderungen an die Anknüpfungspunkte sind daher im Vergleich zur präskriptiven Jurisdiktion reduziert.[977]

Soweit sich die Klage gegen einen Mutterkonzern (z. B. wegen Verletzung einer Kontrollpflicht nach dem *parent based approach*) richtet, kann sich die Gerichtsbarkeit des Export- bzw. Heimatstaates auf dessen Gebietshoheit stützen, die auch die Grundlage für eine möglicherweise folgende Vollstreckung darstellt. So kann beispielsweise im Rahmen eines Schadensersatzprozesses der Ort der deliktsrechtlichen Pflichtverletzung durch den Mutterkonzern als Anknüpfungspunkt dienen und zur Zulässigkeit des Verfahrens im Forum des Heimatstaates führen.[978] Ist eine ausländische, rechtlich unselbstständige Zweigniederlassung Beklagte, kann – in Parallelität zu den Ausführungen zur *jurisdiction to prescribe* – das aktive Personalitätsprinzip als unmittelbarer Anknüpfungspunkt dienen.

Ein Beispiel für adjudikative Jurisdiktion in Sachverhalten mit Auslandsbezug enthält die EuGVO[979], nach der europäische Unternehmen innerhalb des Anwendungsbereichs der Verordnung vor mitgliedschaftlichen Gerichten für Ver-

---

jurisdiction assumed by its courts in cases having a foreign element, and to avoid undue encrouchment on a jurisdiction more properly appertaining to, or more appropriately exercisable by, another state." (Hervorhebungen d. d. Autor).

975 Vgl. dazu *American Law Institute* (1987), § 421.

976 *Meng* (1984), 675 (692).

977 *Hailer* (2006), S.204/205.

978 Vgl. dazu den Gerichtsstand des Tatortes für Deliktsklagen in Art.5 Nr.3 EuGVO, der nach Auslegung des EuGH sowohl den Handlungs- als auch den Erfolgsort umfasst, vgl. *Schack* (2010), Rn.334 ff.; auf deliktische Handlungen des Mutterunternehmens, die ihre schädigenden Wirkungen im Ausland zeitigten, wurde zur Begründung der Zuständigkeit auch in nationalen Zivilverfahren in Großbritannien zurückgegriffen, vgl. *Rachel Lubbe v. Cape plc.* (1998, C.L.C. 1559); *Ngocobo v Thor Chemicals Holdings Ltd.*, 09/10/1995, (1995) TLR 579.

979 Verordnung 44/2001 des Rats vom 22.12.2000 (ABl. L 12, S.1 ff.) über die gerichtliche Zuständigkeit und die Anerkennung und Vollstreckung von Entscheidungen in Zivil- und Handelssachen.

gehen in Drittstaaten verklagt werden können.[980] In diesem Zusammenhang ist die *Owusu*-Entscheidung[981] des EuGH von Bedeutung, in der der Gerichtshof den prozessualen Grundsatz des *forum non conveniens* für unanwendbar im Rahmen der EuGVO erklärte.[982] Dies ist für den Untersuchungsgegenstand relevant, da in einer Reihe von menschenrechtsrelevanten Klagen gegen transnationale Unternehmen die Verfahren unter Hinweis des *forum non conveniens* zurückgewiesen wurden.[983] Das Europäische Parlament hat diese Rechtslage in einer Resolution bekräftigt:

> "(The European Parliament) Draws attention to the fact that the 1968 Brussels Convention as consolidated in Regulation 44/2001 enables jurisdiction within the courts of EU Member States for cases against companies registered or domiciled in the EU *in respect of damage sustained in third countries*; calls on the Commission to compile a study of *the application of this extraterritoriality principle* by courts in the Member States of the Union; calls on the Member States to incorporate this extraterritoriality principle in legislation".[984]

Unter jurisdiktionellen Gesichtspunkten problematisch ist wiederum die Behandlung der selbstständigen ausländischen Unternehmenstochter. Nach vorherrschender Ansicht verhindert die rechtliche Verselbstständigung den Zuständigkeitsdurchgriff des Heimatstaates des Mutterkonzerns.[985] Auf Grundlage der hier vertretenen Kontrolltheorie lässt sich jedoch argumentieren, dass der Zuständigkeitsdurchgriff auf eine rechtlich verselbstständigte Tochtergesellschaft keinen Verstoß gegen das Völkerrecht darstellt, solange ein inländisches Mutterunternehmen Kontrolle über die Tochter ausübt und die Zuständigkeit unter Berufung auf diese Kontrollbeziehung begründet wird.[986] Wenn die Kontrollbeziehung ausreichender Anknüpfungspunkt für extraterritoriale Gesetzgebung ist, muss sie aufgrund der minderen Relevanz hoheitsrechtlicher Erwägungen erst recht im Rahmen der adjudikativen Jurisdiktion als hinreichende Verbindung zwischen

---

980 Vgl. Art.2 i.V.m. Art.59 EuGVO.
981 EuGH, *Owusu v. Jackson*, Urteil vom 1.3.2005, C-281/02.
982 Ebda. Para.24 ff.; siehe dazu *Muchlinski* (2007), S.158/159.
983 Siehe dazu die Darstellung bei *Weschke* (2006), 625 (631 ff.); auch außerhalb des Anwendungsbereiches der EuGVO wird die *forum non coveniens*-Lehre in anderen *common law*-Ländern in letzter Zeit restriktiver angewendet, vgl. *Glinski* in: Winter (2005), 231 (242).
984 Resolution des Europäischen Parlaments zum Grünbuch der Kommission Promoting a European Framework for Corporate Social Responsibility (COM(2001) 366 – C5-0161/2002 – 2002/2069(COS)) (30 June 2002), para. 50 (Hervorhebungen d. d. Autor).
985 *Mann* (1986), 21 (24/26).
986 Ähnlich für die Zuständigkeit über das (ausländische) Mutterunternehmen vermittelt über die (inländische) Tochtergesellschaft *Bertele* (1998), S.237/238; vgl. auch *Muchlinski* (2007), S.143 ff.

Heimat- und Gaststaat ausreichen und die Einbeziehung eines ausländischen Unternehmensteils in einen Zivilprozess im Heimatstaat des Mutterkonzerns rechtfertigen.[987]

Für die Zulässigkeit adjudikativer Jurisdiktion im Strafrecht ergeben sich im untersuchungsrelevanten Bereich keine divergierenden Ergebnisse. Inländische Mutterunternehmen können aufgrund des Territorialitätsprinzips dem nationalen Strafanspruch unterworfen werden, ausländische unselbstständige Tochterunternehmen unterliegen nach dem aktiven Personalitätsprinzip der strafrechtlichen Gerichtsbarkeit des Heimatstaates.[988] Die Kontrolltheorie wird man auch im Strafrecht anwenden können, insbesondere dann, wenn eine entsprechende Regelung durch eine sogenannte *double criminality*-Klausel[989] erweitert wird, wenn also die Zuständigkeit der Strafgerichte von der Strafbarkeit der Tat am Tatort abhängig gemacht wird.

E. Vollstreckungszuständigkeit

Aus dem *Lotus*-Urteil des IGH ergibt sich, dass die Hoheitsgewalt eines Staates zur Rechtsdurchsetzung (*jurisdiction to enforce*) an den Grenzen des staatlichen Territoriums endet.[990] In dieser Hinsicht unterscheidet sich die Vollstreckungszuständigkeit von den zuvor beschriebenen Jurisdiktionsarten.[991] Der Erlass vollziehender Hoheitsakte im Ausland ist völkerrechtswidrig, wenn er ohne Zustimmung des anderen Staates ergeht, da er dessen Gebietshoheit verletzt und somit einen Verstoß gegen das völkerrechtliche Interventionsverbot darstellt. Aus diesen Grundsätzen ergibt sich, dass die Durchsetzung der zivil- oder straf-

---

987 So im Ergebnis auch Lord Hoffmann in seiner *dissenting opinion* im *Conelly* Fall (House of Lords, *Connelly v. RTZ Corp. Plc.*, 1997, 3 WLR 373, 388): "The defendant is a multinational company, present almost everywhere and certainly present and ready to be sued in Namibia. I would therefore regard the presence of the defendants in the jurisdiction as a neutral factor. If the presence of the defendants, as parent company and local subsidiary of a multinational, can enable them to be sued here, any multinational with its parents company in England will be liable to be sued here in respect of its activities anywhere in the world".

988 Vgl. *Satzger* (2010), S.40.

989 So z.B. in § 7 Abs.1 StGB.

990 *Lotus Case* (France v. Turkey), S.18: "Now the first and foremost restriction imposed by international law upon a state is that - failing the existence of a permissive rule to the contrary - it may not exercise its power in any form in the territory of another state. In this sense jurisdiction is certainly territorial"; siehe auch *Meng* (1984), 675 (727); *Schwarze* (1994), S.21.

991 *Mann* (1984), 19 (34/35).

gerichtlichen Entscheidung in der Regel im Gerichtsstaat, also im Heimatstaat des transnationalen Unternehmens erfolgen muss.

Soweit dem Mutterkonzern selbst ein menschenrechtsverletzendes Verhalten vorgeworfen und im Prozess nachgewiesen werden kann (beispielsweise eine Weisung an das Tochterunternehmen, aus Kosten- oder Termingründen bestimmte fundamentale Arbeitsstandards zu missachten), bereitet die Vollstreckungszuständigkeit keinerlei völkerrechtliche Probleme, da der Heimatstaat gegenüber staatszugehörigen (Mutter-)Unternehmen zweifellos vollstreckende Hoheitsgewalt ausüben kann. Dies gilt auch dann, wenn durch die Zwangsausübung gegenüber dem Mutterkonzern ein Verhalten der ausländischen Tochter erreicht werden soll.[992] Gegenüber einer ausländischen (selbstständigen oder unselbstständigen) Tochtergesellschaft darf der Heimatstaat des transnationalen Unternehmens jedoch nicht ohne die Zustimmung des Gaststaates vollstreckende Hoheitsgewalt im Gaststaat der Investition ausüben. Soll die Regelung der *foreign direct liability* trotzdem effektiv gemacht werden, wird die Vollstreckung im Forum des Heimatstaates stattfinden müssen.

Unter hoheitsrechtlichen Gesichtspunkten unproblematisch ist die Situation, wenn das Tochterunternehmen Vermögensgegenstände im Heimatstaat des Mutterkonzerns hält. In diesen Fällen kann die Vollstreckung (beispielsweise eines Schadensersatztitels) in die im Heimatstaat belegenen Vermögensgegenstände auf Grundlage des Territorialitätsprinzips betrieben werden.[993] Verfügt das Tochterunternehmen aber neben der Zugehörigkeit zum Mutterkonzern über keine sonstigen Verbindungen zum Heimatstaat, ist die Vollstreckung in das Vermögen der Tochtergesellschaft nach den traditionellen Anknüpfungspunkten nicht möglich. Daneben bleiben dem Heimatstaat freilich die sonstigen, nicht im strengen Sinn vollstreckungsrechtlichen Sanktionsmaßnahmen wie beispielsweise der Ausschluss des Tochter- bzw. Mutterunternehmens von öffentlichen Ausschreibungen oder – soweit welthandelsrechtlich zulässig – Importverbote.[994]

Auch wenn in bestimmten Fällen letztlich eine Rechtsdurchsetzung nicht möglich ist, wird man den Wert eines Verfahrens nicht ausschließlich an der tatsächlichen Vollstreckbarkeit eines Urteils bzw. den Unwert eines Verfahrens an der Nichtvollstreckbarkeit eines Urteils messen dürfen. Allein die Tatsache, dass ein Verfahren durchgeführt wird, stellt für die Opfer von Menschenrechtsverlet-

---

992 *Mann* (1986), 21 (22).
993 Vgl. für Deutschland dazu den unter völkerrechtlichen Gesichtspunkten kritisierten (vgl. *Mark/Ziegenhain* (1992), 3062 (3063)), aber dennoch allgemein anerkannten Vermögensgerichtsstand nach § 23 ZPO.
994 *American Law Institute* (1987), § 431 comment c.

zungen eine wichtige Anerkennung ihrer Leiden dar.[995] Die Motive, ein derartiges Verfahren durchzuführen, sind zu gewissen Teilen eher symbolischer, nicht so sehr kompensatorischer Natur. So konnte auch in vielen US-amerikanischen Verfahren im Rahmen des *Alien Tort Claims Act* der Schadensersatzanspruch der Opfer nicht tatsächlich durchgesetzt werden, da sich die Täter rechtzeitig aus dem Jurisdiktionsbereich der USA entfernt hatten. Dennoch wurde die Sinnhaftigkeit dieser Verfahren nie unter dem Gesichtspunkt der fehlenden Effektivität kritisiert. Für unseren Zusammenhang ist zusätzlich zu beachten, dass bereits die straf- oder zivilrechtliche Verurteilung einer Tochtergesellschaft in einem der großen, kapitalexportierenden Industriestaaten sowohl in wirtschaftlicher als auch in Hinsicht auf die öffentliche Wahrnehmung abschreckende Wirkung entfaltet. Diese negativen Auswirkungen auf das öffentliche Ansehen eines Unternehmensteils bzw. der gesamten Unternehmensgruppe sind in finanzieller Hinsicht häufig in gleichem Maße schädlich wie die Vollstreckung eines Schadensersatzanspruches.

F. Der US-amerikanische Alien Tort Claims Act: ein Beispiel für die Ausübung extraterritorialer Jurisdiktion

Das prominenteste Beispiel eines gesetzlichen Instruments, mit dessen Hilfe Völker- und Menschenrechtsverletzungen Gegenstand nationaler Zivilverfahren sein können, auch wenn die relevanten Rechtsverletzungen im Ausland von Ausländern begangen werden, ist der US-amerikanische *Alien Tort Claims Act*[996] (ATCA).[997] Dieses aus dem Jahr 1789 stammende Gesetz begründet die Zustän-

---

995 *Terry* in: Scott (2001), 109 (112 ff.); dort ist auch eine Stellungnahme des Centre for Constitutional Rights wiedergegeben, das viele der ATCA-Verfahren initiiert hat: "(…) satisfaction comes from the mere filing of a lawsuit, from confronting the defendant in court or forcing him to flee from the U.S., and from obtaining judgement from U.S. court which makes a formal record of the human rights violations and of the defendant's responsibility".

996 28 U.S.C. § 1350: "The district courts shall have original jurisdiction of any civil action by an alien for a tort only, committed in violation of the law of nations or a treaty of the United States". Die mit der Auslegung der Norm befassten Gerichte haben sich bisher lediglich auf Verstöße gegen Völkergewohnheitsrecht konzentriert. Das von den USA ratifizierte Völkervertragsrecht wurde noch nie zur Begründung einer ATCA-Klage angeführt. Demnach werden sich die folgenden Ausführungen auf die Tatbestandsalternative des Völkergewohnheitsrechts beschränken.

997 Auch andere Staaten haben auf Grundlage ihres allgemeinen Schadensersatz- und Zivilprozessrechts Klagen gegen transnationale Unternehmen zugelassen; vgl. dazu die Über-

digkeit amerikanischer Bundesgerichte für Klagen von Ausländern, in denen es um Delikte geht, die eine Verletzung des Völkerrechts darstellen.[998]

Ging es in den ATCA-Verfahren der 1980er Jahre in erster Linie um die Haftung von ausländischen Staatsbediensteten für Menschenrechtsverletzungen[999], so steht in jüngeren Verfahren die deliktsrechtliche Verantwortlichkeit Privater, insbesondere transnationaler Unternehmen, für im Ausland begangene Menschenrechtsverletzungen im Vordergrund.[1000] Konnten sich ATCA-Klagen nach dem ursprünglichen Verständnis der Norm nur gegen einen Staat bzw. dessen Organe richten, wurde im Jahr 1995 im Fall *Kadic v. Karadzic*[1001] entschieden, dass auch Private Anspruchsgegner sein können. Diese Entwicklung fand ihre Fortsetzung in der Entscheidung *Doe v. Unocal*[1002], in der das zuständige Bundesgericht auch privatrechtliche juristische Personen, insbesondere transnationale Unternehmen, als zulässige Anspruchsgegner im Rahmen des Deliktsanspruches zuließ. Die Anerkennung transnationaler Unternehmen als Anspruchsgegner führte zu einer Reihe von neuartigen Fragestellungen hinsichtlich der haftungsbegründenden Voraussetzungen des ATCA. Vor allem erforderte sie eine inhaltliche Konkretisierung derjenigen völkerrechtlichen Normen, deren Verlet-

---

sichten bei *Seibert-Fohr/Wolfrum* (2005), 153 (178 ff.); *Weschka* (2006), 625 (631 ff.); *Kamminga/Zia-Zarifi* (2000), S.209 ff.

998 Uneinheitlich wird die Frage beurteilt, ob die Vorschrift neben der Zuständigkeitsregelung auch einen materiellen Schadensersatzanspruch regelt, vgl. *Seibert-Fohr/Wolfrum* (2005), 153 (155/156); *Hailer* (2006); S.47 ff. Nach einer Ansicht ergibt sich der Schadensersatzanspruch unmittelbar aus dem ATCA, so z.B. *Pagnattaro* (2004), 203 (219). Der Supreme Court hat in der Entscheidung *Sosa v. Alvarez-Machain* (Supreme Court Case No.03-339, 124 S.Ct. 2739 (2004)) entschieden, dass die Vorschrift ihrem Wortlaut nach nur die Zuständigkeit der Bundesgerichte erster Instanz bestimmt. Der materielle Schadensersatzanspruch ergibt sich nach dieser Ansicht allein aus dem US-amerikanischem *federal common law*. Nach der Ansicht des Supreme Court basiert der ATCA auf der Überzeugung, dass das *federal common law* eine materielle Rechtsgrundlage bietet, soweit es um die Verletzung spezifischer Regeln des Völkerrechts geht, die eine persönliche Verantwortung begründen. Die Ansichten unterscheiden sich daher im Ergebnis nicht in einer Weise, die für die Untersuchung von Relevanz wäre.

999 *Filártiga v. Pena-Irala*, 630 F.2d 876 (2d Cir. 1980); in dieser Entscheidung wurde der Beklagte, ein ehemaliger Sicherheitsbeamter, auf Grundlage des ATCA wegen Folter zu Schadensersatzleistungen in Höhe von 10 Millionen Dollar verurteilt. Alle Beteiligten stammten aus Paraguay und die Tat ereignete sich in Paraguay.

1000 Vgl. nur United States Court of Appeals for the Ninth Circus, *Doe I v. Unocal Corporation* 248 F.3d 915 (9th Circ 2002); *Beanal v. Freeport-McMoRan, Inc.*, 969 F. Supp. 362, 372-373 (E.D. La.1997); ausführlich dazu *Weschka* (2006), 625 (634 ff.)

1001 *Kadic v. Karadzic* 70 F.3d, 232 (239/240), C.A.2 (N.Y.).

1002 *National Coalition Government of the Union of Burma v. Unocal, Inc.*, 176 F.R.D. 329, 349 (C.D. Cal.1997); *Doe v. Unocal Corp.*, 110 F. Supp. 2d 1294 (C.D. Cal. 2000).

zung durch private juristische Personen einen Schadensersatzanspruch begründen kann.

Nach der Rechtsprechung der US-amerikanischen Gerichte kann grundsätzlich jede Norm des Völkergewohnheitsrechts im Rahmen des ATCA Berücksichtigung finden, solange es sich um einen verbindlichen Rechtssatz handelt, der klar definierbar und universell gültig ist (*"specific, universal and obligatory international norms"*[1003]). Von beklagten transnationalen Unternehmen wurde immer wieder darauf hingewiesen, dass sich die menschenrechtlichen Verpflichtungen an Staaten, nicht aber an privatrechtliche juristische Personen richten. Die Gerichte akzeptieren diesen Einwand insofern, als auch sie von dem Grundsatz ausgehen, dass das Völkerrecht sich in erster Linie an die anerkannten Völkerrechtssubjekte, insbesondere also an Staaten richtet. Eine Haftung soll daher nur dann in Betracht kommen, wenn das Unternehmen selbst ausnahmsweise Adressat einer spezifischen völkerrechtlichen Verpflichtung ist oder wenn es im staatlichen Auftrag bzw. mit staatlicher Hilfe gehandelt hat (sog. *state action test*).[1004]

Hinsichtlich der unmittelbaren völkerrechtlichen Verpflichtung transnationaler Unternehmen argumentieren die Gerichte, dass einige Tatbestände des Völkerstrafrechts (so z. B. Völkermord, Kriegsverbrechen, Sklaverei) unmittelbare Pflichten zulasten von Individuen generieren. Bei diesen gewohnheitsrechtlich anerkannten internationalen Verbrechen sollen Private im Rahmen des ATCA unmittelbar verantwortlich gemacht werden können, ohne dass es eines staatlichen Mitwirkungsaktes bedürfe. Gleiches soll für transnationale Unternehmen gelten.[1005] Entwicklungen im Bereich des Völkerstrafrechts werden somit auf transnationale Unternehmen und das Zivilrecht übertragen. Diese Auslegung der völkerstrafrechtlichen Tatbestände entspricht nicht dem völkerrechtlichen *status quo*, nach dem juristische Personen nicht Adressaten der gewohnheitsrechtlichen Völkerstrafrechtsverpflichtungen sind.[1006] Es ist den US-amerikanischen Gerichten freilich unbenommen, für ihre innerstaatlichen Zwecke Völkerrecht so auszulegen und auszugestalten, wie sie es für angemessen halten. Aus zivilrechtlicher Sicht ist die Erstreckung der Haftung auf Unternehmen auch naheliegend. Denn

---

1003 So zum ersten Mal definiert in *Forti v. Suarez-Mason*, 672 F. Supp. 1531 (1539-40) (N.D. Cal. 1987); danach mehrfach wiederholt, z.B. in *Flores et al. v. Southern Peru Copper Corporation*, Second Circuit, Docket No.02-9008, S.29-30.
1004 Vgl. *Torres* (2003/2004), 447 (453); *Maassarani* (2005/2006), 39 (42 ff.); *Hailer* (2006), S.70 ff.
1005 *Kadic v. Karadzic* 70 F.3d, 232 (239-241), C.A.2 (N.Y.); *Tel-Oren v. Libyan Arab Republic* (1984), 726 F.2d 774.
1006 Vgl. *Hailer* (2006), S.223/224; *Gaedtke* (2004), 241 (247), *Schmalenbach* (2001), 57 (63/80).

ob eine Einzelperson oder ein Unternehmen zivilrechtlich haftet, macht im Bereich des Deliktsrechts keinen großen Unterschied. Trotzdem erscheint es dogmatisch wenig fundiert, bei einem Schadensersatzanspruch, dessen Haftungsvoraussetzungen die Verletzung von Völkerrecht beinhalten, ohne ausführliche Begründung die anwendbaren völkerrechtlichen Normen nicht entsprechend dem völkerrechtlichen *status quo* auszulegen.[1007] Trotz der dogmatischen Schwäche der ATCA-Rechtsprechung ist der Bezug auf die völkerrechtlichen Menschenrechte jedoch insofern als positiv zu bewerten, als der Vorwurf eines unilateralen *standard-setting* somit weitgehend abgeschnitten ist.

Für den vorliegenden Zusammenhang ist von Interesse, dass auch wirtschaftliche Menschenrechte bereits Gegenstand von ATCA-Verfahren gegen transnationale Unternehmen gewesen sind.[1008] So wurde im ATCA-Verfahren gegen den amerikanischen Ölkonzern Unocal dem Unternehmen unter anderem Beteiligung an Zwangsarbeit vorgeworfen.[1009] In seiner Entscheidung legte das zuständige Gericht den Tatbestand des internationalen Verbrechens der Sklaverei so aus, dass auch die Anordnung von Zwangsarbeit als moderne Form der Sklaverei mit umfasst war.[1010] Weiterhin führte das Gericht aus, dass sich das Verbot der Zwangsarbeit nicht nur an Staaten richtet, sondern auch transnationale Unternehmen zum Kreis der Verpflichteten gehören. Der Verstoß eines Unternehmens gegen das Verbot der Zwangsarbeit kann demnach auch ohne jegliche staatliche Beteiligung zur Schadensersatzpflicht nach dem ATCA führen.

Daneben sind auch Verletzungen der Vereinigungsfreiheit bereits Gegenstand von Klagen gewesen.[1011] Ob sich bereits ein den Anforderungen der Gerichte entsprechendes hinreichend bestimmtes und universell gültiges Gewohnheitsrecht auf Vereinigungs- und Gewerkschaftsfreiheit herauskristallisiert hat, ist

---

1007 *Gaedtke* (2004), 241 (247/248).
1008 Dazu *Torres* (2003/2004), 447 (457 ff.); *Pagnattaro* (2003), 203 (214 ff.); *Hailer* (2006), S.284 ff.
1009 *Doe I v. Unocal Corp.*, 14187 (14198).
1010 *Doe I v. Unocal Corp.*, 14187 (14210): "Our case law strongly supports the conclusion that forced labor is a modern variant of slavery. Accordingly, forced labor, like traditional variants of slave trading, is among the "handful of crimes (…) to which the law of nations attributes *individual liability*," such that state action is not required."; so auch in *Iwanova v. Ford Motor* Co.67 F.Supp. 2.d 424 (D.N.J. 1999).
1011 Vgl. *Sinaltrainal v. The Coca Cola Co.*, 256 F.Supp.2.d 1345 (1353); in diesem Fall wurde den beklagten Unternehmen vorgeworfen, dass sie sich Paramilitärs bedienten, um Gewerkschaftsangehörige einzuschüchtern. Dadurch sei es zu Verschleppungen, Folter, Freiheitsberaubungen und der Tötung eines Gewerkschaftsfunktionärs in der Produktionsstätte gekommen; vgl. auch *Villeda Aldana v. Fresh Del Monte Produce, Inc.*, No.01-3399-CIV; dazu *Torres* (2003/2004), 447 (459/460).

von den Gerichten bisher uneinheitlich beantwortet worden.[1012] Wenig erfolgversprechend waren in diesem Zusammenhang Klagen, die sich auf die gewaltlose Verletzung der Vereinigungs- und Meinungsfreiheit stützen.[1013] Sobald jedoch gewaltsam gegen Gewerkschaften und deren Aktivitäten vorgegangen und willkürlich Gewalt gegen friedliche Demonstranten angewandt wurde, nahmen die Gerichte einheitlich eine Schadensersatzpflicht an.[1014] Soweit man danach die Vereinigungsfreiheit bereits als haftungsauslösendes Recht im Sinne des ATCA ansehen kann, ist zu beachten, dass diese Gewährleistung durch die Gerichte in die Kategorie der Rechtspositionen eingeordnet wurde, in der eine staatliche Mitwirkungshandlung für die Annahme einer Völkerrechtsverletzung erforderlich ist.[1015] Die zivilrechtliche Haftung kommt also nur dann in Betracht, wenn der private Akteur zusammen mit Staatsbediensteten oder mit beachtlicher staatlicher Hilfe gehandelt hat und sich die Handlung des Privaten *de facto* als staatliche Handlung darstellt. Ein ausreichend enges Verhältnis in diesem Sinne wurde beispielsweise im Verfahren *Sarei v. Rio Tinto*[1016] angenommen, in dem die Regierung von Papua Neuguinea einem Konsortium eine Bergbaulizenz erteilte, Anteile an der Mine hatte und an den Profiten des Projekts beteiligt war. Die bloße Präsenz von staatlichem Militär im Rahmen unternehmerischer Tätigkeit soll jedoch nicht schon für die Annahme staatlichen Handelns ausreichen.[1017]

Die neuere Rechtssprechung des US-amerikanischen *Court of Appeals* zum ATCA fügt der Deliktshaftung nach dem ATCA eine neue Komponente hinzu. Die zivilrechtliche Haftung soll nach der Entscheidung *Doe I v. Unocal Corp*[1018] nicht nur in Betracht kommen, wenn ein Unternehmen im Zusammenwirken mit einem Staat selbst Urheber von schweren Menschenrechtsverletzungen ist, sondern auch dann, wenn sich ein Unternehmen an staatlich begangenen Menschenrechtsverletzungen in Form der Anstiftung oder Beihilfe zu Völkermord, Kriegsverbrechen oder Zwangsarbeit beteiligt.[1019] Vereinfacht ausgedrückt haftet ein transnationales Unternehmen nicht nur als Mittäter, sondern auch als bloßer

1012 Vgl. dazu *Seibert-Fohr/Wolfrum* (2005), 153 (158/159).
1013 Vgl. *Guinto v. Marcos*, 654 F.Supp. 276, 280 (S.D.Cal 1986).
1014 Vgl. *Wiwa et al. V. Royal Dutch Petroleum Co. Et al.*, United States District Court, S.D. New York, 2002, WL 319887, para.11 (S.C.N.Y.).
1015 *Stephans* (2000/2001), 401 (407); *Seibert-Fohr/Wolfrum* (2005), 153 (167).
1016 *Sarei et al. v. Rio Tinto Plc et al.*, 221 F.Supp.2d 1116 (1154/1155).
1017 *Beanal v. Freeport.McMoRan, Inc.*, 969 F.Supp 362, 379 (E.D.La. 1997).
1018 Court of Appeals, *Doe I v. Unocal Corp.* 248 F.3d 915, 947 (9th Cir. 2002), 14187 ff.
1019 *Doe I v. Unocal Corp.* 248 F.3d 915, 947 (9th Cir. 2002), 14187 (14212); ausführlich dazu *Seibert-Fohr/Wolfrum* (2005), 153 (169/170); *Gaedtke* (2005), 241 (248 ff.); *Maassarani* (2005/2006), 39 (42 ff.).

Teilnehmer für einen Gehilfenbeitrag (sog. *aiding and abetting liability*).[1020] So sind beispielsweise Anstiftung und Beihilfe durch ein transnationales Unternehmen bei Folter, Vergewaltigung und willkürlicher Tötung möglich, soweit diese Vergehen zur Förderung der Zwangsarbeit begangen wurden. Die Teilnahmehaftung ist somit dann einschlägig, wenn sich Unternehmen bei der Errichtung und Sicherung von Anlagen örtlicher Militärs bedienen und diese in Verrichtung ihrer Aufgaben schwere Menschenrechtsverletzungen begehen.[1021] In diesen Fällen soll es nach dem Urteil des *Court of Appeals* ausreichen, dass das betroffene Unternehmen aufgrund der Umstände Kenntnis von den Vergehen der unmittelbaren Täter hat und daher wissen muss, dass es Beihilfe leistet.[1022]

Von Bedeutung ist die Rechtsprechung zum ATCA aber nicht nur aus materiellrechtlicher Sicht, auch die Ausführungen der Gerichte zur internationalen Zuständigkeit können Aufschluss über die völkerrechtliche Zulässigkeit von Verfahren gegen transnationale Unternehmen geben. Denn auch im Rahmen des ATCA können US-amerikanische Gerichte Verfahren nur dann durchführen, wenn sie international zuständig sind. Dabei ist für den Untersuchungsgegenstand relevant, dass die US-amerikanischen Gerichte die grundsätzliche Trennung zwischen rechtlich selbstständigen Unternehmensteilen achten. Im Rahmen eines ATCA-Verfahrens ist es daher grundsätzlich nicht möglich, ein ausländisches Unternehmen in den USA zu verklagen, wenn keinerlei Anknüpfungspunkt zum US-amerikanischen Jurisdiktionsbereich vorliegt.[1023] Ausnahmsweise wurde eine Klage gegen den US-amerikanischen Mutterkonzern der handelnden Tochter jedoch zugelassen, wenn das Mutter- und das Tochterunternehmen tatsächlich eine Einheit bilden (sog. *alter ego*-Ausnahme) oder wenn das Tochterunternehmen die Aufgaben des Mutterunternehmens als Repräsentant im Ausland wahrnimmt (sog. *agency test*).[1024] Ein Verfahren, in dem das Gericht seine Zuständigkeit für einen Schadensersatzprozess gegen den Mutterkonzern annahm, obwohl die unmittelbar zur Verletzung führenden Handlungen von einem

---

1020 Ausführlich zu den verschiedenen Formen der Beteiligung von transnationalen Unternehmen an staatlichen Menschenrechtsverletzungen *Clapham/Jerbi* (2000/2001), 339 (342 ff.).

1021 Vgl. *John Doe I v. Unocal*, 248 F.3d 915, 947 (9th Cir. 2002), 14187 (14212); vgl. zu dieser weit verstandenen Beihilfe-Haftung *Seibert-Fohr* (2003), 195 (200 ff.); *Gaedtke* (2004), 241 (248).

1022 *John Doe I v. Unocal*, 248 F.3d 915, 947 (9th Cir. 2002), 14187 (14218).

1023 Vgl. dazu die Enscheidung *Doe I v. Unocal Corp.*, 27 F.Supp.2d 1174 (C.D. Cal. 1998), in der das Gericht seine internationale Zuständigkeit für die Klage gegen das französische Unternehmen Total ablehnte.

1024 *Seibert-Fohr/Wolfrum* (2005), 153 (172); *Gaedtke* (2004), 241 (251).

eigenständigen Unternehmen durchgeführt wurden, ist das Verfahren *Wiwa v. Royal Dutch.*[1025] Hier wurden nicht Handlungen des Mutterunternehmens Royal Dutch/Shell, sondern menschenrechtsverletzende Aktivitäten des Tochterunternehmens Shell Nigeria gerügt. Das Gericht ließ die Klage gegen die Muttergesellschaft jedoch zu, da die Verbindungen zwischen Mutter- und Tochterunternehmen hinsichtlich der gerügten Handlungen äußerst eng waren. Das Gericht führte aus:

> "(...) such factual allegation (...) are sufficient to give rise to an inference that the defendants did more than merely „hold stock" in Shell Nigeria. By involving themselves directly in Shell Nigeria´s anti-MOSOP (Movement for the Survival of the Ogoni People) activities, and by directing these activities, defendants made Shell Nigeria their agent with respect to the tors alleged in the complaint."[1026]

Die Ausübung von Kontrolle und Einfluss durch das Mutterunternehmen auf konkrete Entscheidungen einer formal selbstständigen Tochtergesellschaft kann demnach zuständigkeitsbegründend wirken. Die ATCA-Rechtsprechung unterstützt somit die in dieser Untersuchung entwickelte Ausformung der Kontrolltheorie. Auch für die Frage, ob ein ausländisches Unternehmen in den USA verklagt werden kann, kommt es auf die konkreten geschäftlichen Aktivitäten dieses Unternehmens in den USA sowie auf die tatsächliche Ausgestaltung des Verhältnisses zu der amerikanischen Tochtergesellschaft an.[1027] Wenn ausländische Unternehmen selbst in den USA wirtschaftlich tätig sind, ist es für die internationale Zuständigkeit irrelevant, dass sie Gesellschaften ausländischen Rechts sind. Dies gilt selbst dann, wenn die streitgegenständliche Völkerrechtsverletzung in einem anderen Land erfolgt. Auch wenn ein Unternehmen selbst nicht in den USA tätig ist, kann es dort verklagt werden, wenn es tatsächlich ein US-amerikanisches Tochterunternehmen kontrolliert oder als Agenten für sich tätig werden lässt.

Soweit internationale Verbrechen Gegenstand von ATCA-Verfahren gegen transnationale Unternehmen waren, nahmen die Gerichte ihre Jurisdiktionsbefugnisse auf Grundlage des Universalitätsprinzips an.[1028] Daneben finden die sonstigen US-amerikanischen Vorschriften der internationalen Zuständigkeit Anwendung, insbesondere der in diesem Zusammenhang wichtige Gerichtsstand

---

1025 *Wiwa et al. v. Royal Dutch Petroleum Company et.al.,* 96 Civ. 8386, U.S. Dist.LEXIS 3293; zum Sachverhalt *Abel* (2007), S.5.
1026 *Wiwa et al. v. Royal Dutch Petroleum Company et.al.,* 96 Civ. 8386, U.S. Dist.LEXIS 3293.
1027 *Seibert-Fohr/Wolfrum* (2005), 153 (172); *Gaedtke* (2004), 241 (255).
1028 So in *Wiwa et.al. v. Royal Dutch Petroleum Company et.al.,* 226 F.3d 88(2nd Cir. 2000); *Filártiga v. Pena-Irala*, 630 F.2d 890 (2d Cir. 1980).

des *doing business*, der sehr weitgende Jurisdiktionsbefugnisse eröffnet.[1029] Obwohl die US-amerikanischen Gerichte demnach im Rahmen des ATCA auf eine
ganze Reihe zuständigkeitsbegründender Normen zurückgreifen können, wird
aufgrund der Organisationsstruktur transnationaler Unternehmen und aufgrund
bestimmter Rechtsfiguren des US-amerikanischen Zivilprozessrechts in vielen
hier relevanten Konstellationen letztlich keine internationale Zuständigkeit der
US-amerikanischen Gerichte anzunehmen sein. Zu nennen ist in diesem Zusammenhang die Rechtsfigur des *forum non conveniens*, die in einigen Fällen die
Annahme der Zuständigkeit der US-amerikanischen Gerichte verhindert hat.[1030]
Nach diesem Grundsatz kann ein Gericht die Ausübung seiner Zuständigkeit ablehnen, wenn es die Gerichte eines anderen Staates für besser geeignet hält, das
Verfahren durchzuführen. In den ATCA-Fällen stellte sich häufig die Frage, ob
die Klage in dem Staat verfolgt werden sollte, in dem die Rechtsverletzung stattgefunden hat.[1031]

Zu beachten ist zudem, dass nach der Entscheidung des *Supreme Court* im
Verfahren *Sosa v. Alvarez-Machain*[1032] aus dem Jahr 2004 die amerikanischen
Bundesgerichte dazu aufgerufen sind, Zurückhaltung bei der Annahme von anwendbaren völkerrechtlichen Normen zu üben, ansonsten bestünde die Gefahr,
dass es zu einer Fülle von Klagen kommen könne, die negative Auswirkungen
auf die Außenpolitik der USA haben könnten.[1033] Nur solche Normen seien
demnach unter dem ATCA rügbar, die ebenso konkretisiert und akzeptiert seien,
wie jene Normen, die zur Zeit des Erlasses des ATCA nach Ansicht des Gesetzgebers von diesem erfasst gewesen seien (wie z. B. das Verbot der Piraterie und
der Schutz von Diplomaten).[1034] Nach dieser Entscheidung ist nicht damit zu
rechnen, dass zukünftig der Kreis der haftungsauslösenden völkerrechtlichen Po-

---

1029 *Stephans* (2000/2001), 401 (409).
1030 So z.B. in *Re Union Carbide Corporation Gas Plan Disaster at Bhopal, India*, 809 F.2d
    195 (2d Cir.1987); *Torres v. Southern Peru Copper Corporation*, 965 F.Supp. 895 (S.F.
    Tex. 1995); allgemein zum *forum non conveniens* in ATCA-Verfahren: *Gaedtke* (2004),
    241 (255/256); *Joseph* (1999), 171 (178/179).
1031 So z.B. in *Wiwa v. Royal Dutch Petroleum Company et.al., 226 F.3d 88*. Genauso wurde
    zum Teil die *Act of State Doctrine* herangezogen, um die Unzulässigkeit einer ATCA-
    Klage zu begründen. Nach dieser Doktrin urteilen die US-amerikanischen Gerichte nicht
    über die Handlungen von anderen Staaten, die in deren Staatsgebiet vorgenommen wur-
    den, vgl. dazu *Gaedtke* (2004), 241 (250/256); *Pagnattaro* (2003), 203 (258/259).
1032 *Sosa v. Alvarez-Machain*, 542 U.S. 692, 124 S.Ct. 2739, U.S., 2004.
1033 *Sosa v. Alvarez-Machain, 542 U.S. 692, 124 S.Ct. 2739 (2762)*; dazu *Fuks* (2006), 112
    (124/125).
1034 *Sosa v. Alvarez-Machain*, 542 U.S. 692, 124 S.Ct. 2739 (2765).

sitionen ausgeweitet werden wird.[1035] Für den Untersuchungsgegenstand bedeutet dies, dass lediglich das Zwangsarbeitsverbot als Grundlage für einen schadensersatzrechtlichen Anspruch vollständig anerkannt ist. Insoweit ist auch kein staatlicher Mitwirkungsakt erforderlich. Ordnen transnationale Unternehmen Zwangsarbeit selbst an oder leisten sie dazu Beihilfe, hat eine Klage auf Grundlage des ATCA – vorausgesetzt die entsprechenden prozessualen Voraussetzungen liegen vor – Aussicht auf Erfolg.[1036] Die Verletzung der anderen gewohnheitsrechtlich geltenden Kernarbeitsrechte durch transnationale Unternehmen löst nach der bisherigen Rechtsprechung nur dann die Schadensersatzpflicht aus, wenn sich das Handeln des Unternehmens aufgrund einer Kooperation mit dem jeweiligen Staat *de facto* als staatliche Handlung darstellt und sonstige menschenrechtsrelevante, insbesondere gegen die körperliche Integrität gerichtete Umstände hinzutreten.[1037] Aufgrund des eng begrenzten Bereichs der haftungsauslösenden völkerrechtlichen Rechtspositionen und der zurückhaltenden Position des *Supreme Court* bei der Erweiterung dieses Normenkatalogs ist die potentielle Haftung von transnationalen Unternehmen für die Verletzung von wirtschaftlichen Menschenrechten nach dem ATCA daher in erheblichem Umfang beschränkt.[1038]

Zusammenfassend lässt sich festhalten, dass der ATCA ein interessantes Zusammenspiel von internationalen Standards und nationalen Durchsetzungsmechanismen darstellt, für den Untersuchungsgegenstand aufgrund seines beschränkten Anwendungsbereiches allerdings nur wenige Ansatzpunkte bietet. Ein wirkungsvolles Instrument stellt der ATCA nur bei Schadensersatzklagen gegen transnationale Unternehmen wegen Zwangsarbeit dar. Als Alternative wurde daher vorgeschlagen, ein gesetzliches Instrument zu schaffen, das sich nicht unmittelbar auf die völkerrechtlichen Kernarbeitsrechte als haftungsauslösende Normen stützt, sondern auf inhaltlich entsprechende nationale Verletzungstatbestände, die auf Sachverhalte im Ausland Anwendung finden.[1039] In diesem Gesetz könnten transnationale Unternehmen unmittelbar als Verpflichtete bezeichnet werden, ohne dass sich das völkerrechtsdogmatische Problem der unmittelbaren Haftung transnationaler Unternehmen für Völkerrechtsverletzungen stellt.

1035 *Hailer* (2006), S.81; *Muchlinski* (2007), S.529/530.
1036 *Fuks* (2006), 112 (125/126).
1037 Vgl. *Torres* (2003/2004), 447 (469 ff.), *Seibert-Fohr/Wolfrum* (2005), 153 (160).
1038 So auch *Gaedtke* (2004), 241 (254); *Hailer* (2006), S.290; speziell für die ILO-Kernarbeitsrechte *Torres* (2003/2004), 447 (464 ff.).
1039 *Torres* (2003/2004), 447 (473 ff.).

G. Zusammenfassung

Die Untersuchung hat gezeigt, dass die Rechtsbeziehungen, die aufgrund internationaler Investitionsvorgänge entstehen, die bisherige Jurisdiktionsdogmatik vor neuartige Herausforderungen stellen. Das Lotus-Urteil des IGH kann in diesem Zusammenhang nur noch als ein erster Anhaltspunkt zur Bestimmung der staatlichen Regelungsmöglichkeiten gewertet werden. Es wurde deutlich, dass die nationalstaatliche Parzellierung der Jurisdiktionsbereiche nicht mehr zur zunehmenden Globalisierung der Märkte und zur transnationalen Organisationsstruktur global agierender Unternehmen passt. Gleichzeitig konnte aufgezeigt werden, dass eine dynamische Interpretation und die Fortentwicklung der bestehenden Prinzipien Antworten auf die neuen Regulierungskonstellationen bereithalten. So stellt das Territorialitätsprinzip im Rahmen des *parent based approach* ein wirkungsvolles Instrument zur Verbesserung der arbeitsrechtlichen Mindeststandards im Rahmen investitionsbedingter wirtschaftlicher Tätigkeit dar. Verhaltensanforderungen im arbeits- und menschenrechtlichen Bereich, die über die Muttergesellschaft an das ausländische Tochterunternehmen herangetragen werden, verstoßen nicht gegen das völkerrechtliche Interventionsverbot. Auch nach dem Personalitätsprinzip klassischer Ausprägung besteht die Möglichkeit, bestimmte rechtlich unselbstständige Teile eines transnationalen Unternehmens regulativ zu erfassen. Soweit beispielsweise dem Exportstaat zugehörige Unternehmen selbst im Importstaat tätig werden, stehen dem Exportstaat Regelungsspielräume offen.

Die traditionell anerkannten Anknüpfungskriterien zur Abgrenzung der staatlichen Jurisdiktionsbefugnisse werden dem transnationalen Charakter sowohl des internationalen Investitionsrechts als auch des Menschenrechtsschutzes jedoch nicht in allen Facetten gerecht. Ein Instrument, das den Herausforderungen im untersuchten Spannungsverhältnis zwischen Investitionsrecht und Menschenrechtsschutz effektiv gegenübertreten kann, ist die Kontrolltheorie. Sie stellt im Gegensatz zu den anderen Anknüpfungspunkten ein Kriterium zur Verfügung, das den komplexen grenzüberschreitenden Strukturen transnationaler Unternehmen gerecht wird. Ist das Anknüpfungskriterium der Kontrolle im allgemeinen Völkerrecht höchst umstritten und wird mehrheitlich wohl abgelehnt, so konnte nachgewiesen werden, dass im Bereich des internationalen Investitionsrechts und des Menschenrechtsschutzes vielfältige Faktoren dafür sprechen, die Geltung der Kontrolltheorie für diesen speziellen Sektor anzuerkennen. Rivalisierende Regelungsbedürfnisse der Gast- und Heimatstaaten können über den im Völkerstrafrecht entwickelten Grundsatz der Komplementarität in einen sachgerechten Ausgleich gebracht werden.

In Anwendung der gleichen Grundsätze konnten auch für den Bereich der adjudikativen Hoheitsgewalt keine unüberwindbaren Hindernisse festgestellt werden. Sowohl in zivilprozessualer als auch in strafverfahrensrechtlicher Hinsicht können sich Exportstaaten internationaler Investitionen für Prozesse über Menschenrechtsverletzungen im Investitionszusammenhang international zuständig erklären, ohne die Grenzen des völkerrechtlich Zulässigen zu überschreiten. Insofern es aufgrund eines derartigen Prozesses zur Verurteilung eines Unternehmens kommt, müssen sich die Vollstreckungsmaßnahmen in erster Linie gegen das inländische Mutterunternehmen richten. Die Vollstreckung gegen ein ausländisches Tochterunternehmen auf fremdem Staatsgebiet ist ohne die Zustimmung des ausländischen Staates völkerrechtlich unzulässig. Jedoch sprechen im menschenrechtlichen Bereich vielfältige Gründe dafür, die menschenrechtsfördernde Wirkung derartiger Verfahren bzw. Urteile auch ohne unmittelbare Vollstreckungsmöglichkeit nicht unterzubewerten. Diese Erfahrung wurde insbesondere im Rahmen der schadensersatzrechtlichen Verfahren auf Grundlage des US-amerikanischen *Alien Tort Claims Act* (ATCA) gemacht, mit dessen Hilfe Menschenrechtsverletzungen Gegenstand nationaler Zivilverfahren sein können, auch wenn die relevanten Rechtsverletzungen im Ausland von Ausländern begangen werden.

Wie gesehen handelt es sich bei dem Deliktsanspruch nach dem ATCA um ein interessantes Zusammenspiel zwischen internationalen Mindeststandards und nationalen Durchsetzungsmechanismen. Das Gesetz greift zur Bestimmung des menschenrechtlichen Mindeststandards auf international konsentierte völkerrechtliche Normen zurück, der Vorwurf eines unilateralen *standard-setting* ist somit weitgehend abgeschnitten. Die Durchsetzung dieser Standards wird nicht einer internationalen Institution überlassen, sondern der ATCA bedient sich der bewährten nationalen Durchsetzungsmechanismen. Allerdings ist die Anwendbarkeit des ATCA auf Sachverhalte, in denen wirtschaftliche Menschenrechte verletzt wurden, begrenzt. Nur bei Verstößen gegen das Zwangsarbeitsverbot durch ein Unternehmen hat eine Schadensersatzklage – soweit die sonstigen, zum Teil sehr einschränkenden Zulässigkeitsvoraussetzungen vorliegen – Aussicht auf Erfolg. Die Verletzung anderer gewohnheitsrechtlich geltender wirtschaftlicher Menschenrechte durch transnationale Unternehmen löst nach der bisherigen Rechtsprechung nur dann die Schadensersatzpflicht aus, wenn sich das Handeln des Unternehmens aufgrund einer Kooperation mit dem jeweiligen Staat *de facto* als staatliche Handlung darstellt und sonstige menschenrechtsrelevante, insbesondere gegen die körperliche Integrität gerichtete Umstände hinzutreten.

Kapitel 5: Die spezifisch grundrechtlichen Verpflichtungen Deutschlands als Exportstaat internationaler Investitionen

Nachdem in Kapitel 3 und 4 die Implikationen der völker- und menschenrechtlichen Garantien analysiert wurden, sollen abschließend die normativen Wirkungen der deutschen Grundrechtsordnung auf die relevanten investitionsrechtlichen Regelungsbereiche und -instrumente untersucht werden.[1040] Die deutsche Verfassungsordnung hat für den Untersuchungsgegenstand besondere Relevanz, da die Bundesrepublik Deutschland zu den großen Kapitalexportnationen gehört und zugleich der Staat mit den meisten bilateralen Investitionsschutzabkommen ist.[1041] Genauso wie das völkerrechtliche System des Menschenrechtsschutzes können auch die Grundrechte des Grundgesetzes auf die Instrumente und Regelungsbereiche des internationalen Investitionsrechts bzw. auf deren Ausgestaltung durch den nationalen deutschen Normgeber einwirken.[1042] Möglicherweise lassen sich aus der deutschen Grundrechtsordnung konkretere Vorgaben für die Ausgestaltung von Investitionsinstrumenten ableiten als aus den völkerrechtlichen Quellen, da die nationalen Grundrechte in der Auslegung durch das Bundesverfassungsgericht in der Regel einen höheren Bestimmtheitsgrad aufweisen. Zu untersuchen wird sein, inwieweit und gegebenenfalls in welcher Weise derartige grundrechtlich fundierte Anforderungen im grenzüberschreitenden Investitionskontext Geltung entfalten.

1040 Für die Unterscheidung zwischen *nationalen* Grundrechten und *völkerrechtlichen* Menschenrechten soll allein maßgebend sein, wer einen bestimmten Rechtssatz erzeugt hat, vgl. *Kunig* in: Graf Vitzthum (2010), 2.Abschnitt Rn.2. Nationales Recht wird vom Staat allein geschaffen, Völkerrecht hingegen von Völkerrechtssubjekten.

1041 Die Bundesrepublik Deutschland ist aktuell Vertragspartnerin in 134 in Kraft getretenen bilateralen Investitionsförderungs und -schutzabkommen; weitere neun Verträge sind unterzeichnet, aber noch nicht in Kraft getreten (Stand 13.01.2011; Zahlen abrufbar unter www.bmwi.de/BMWi/Navigation/aussenwirtschaft.html).

1042 Soweit ersichtlich wurde die grundrechtliche Dimension des internationalen Investitionsrechts bislang noch nicht eingehend untersucht. Ansätze dazu finden sich bei *Simma/Kahn* (1998), 1009 (1009 ff.), die die Berücksichtigung menschenrechtlicher Gesichtspunkte bei der Auslegung und Anwendung nationaler Vorschriften zur Steuerung der grenzüberschreitenden Wirtschaftstätigkeit untersuchen. Dabei steht jedoch die Inkorporation menschenrechtlicher Belange in das Außenwirtschaftsgesetz im Vordergrund, Ausführungen zum internationalen Investitionsrecht werden nicht gemacht.

Zur Prüfung der Folgewirkungen grundrechtlicher Garantien wird zunächst die *Anwendbarkeit* der Grundrechte in investitionsrelevanten Sachverhalten mit Auslandsbezug zu untersuchen sein. Zwei grundsätzliche Fragen sind hierbei zu klären: Gelten die Grundrechte des deutschen Grundgesetzes in investitionsrelevanten Sachverhalten mit Auslandsbezug und falls ja, mit welcher Intensität? Anschließend sollen die für den Untersuchungsgegenstand relevanten deutschen Grundrechte überblicksartig vorgestellt werden. Der eigentliche Schwerpunkt des Kapitels wird sodann auf der Übertragung der Grundsätze des grenzüberschreitenden Grundrechtsschutzes auf das internationale Investitionsrecht liegen.

Dabei sei bereits an dieser Stelle angemerkt, dass sich eine allgemeingültige Dogmatik der Grundrechtswirkungen bei grenzüberschreitenden Sachverhalten bislang nicht durchsetzen konnte.[1043] So herrscht vor allem in der Rechtsprechung noch immer ein einzelfallbezogener Ansatz zur Lösung grenzüberschreitender Grundrechtswirkungen vor, der es schwer macht, auf die hier aufgeworfenen Fragestellungen der Grundrechtsbindung bei grenzüberschreitenden investitionsrelevanten Sachverhalten allgemeingültige Antworten zu geben. Dennoch soll der Versuch unternommen werden, die grundsätzliche Anwendbarkeit der Grundrechte auf das internationale Investitionsrecht herauszuarbeiten.

A. Anwendbarkeit von Grundrechten in Sachverhalten mit Auslandsbezug

Unabdingbare Voraussetzung für die Annahme grundrechtlicher Bindungen der deutschen Staatsgewalt bei der Ausgestaltung und Durchführung des internationalen Investitionsrechts und seiner spezifischen Instrumente ist die Anwendbarkeit der deutschen Grundrechtsordnung in grenzüberschreitenden (Investitions-) Sachverhalten. Denn sind die Grundrechte ausschließlich auf deutschem Territorium anwendbar, lassen sich aus ihnen keinerlei Rechtsfolgen für die Ausgestaltung von völkerrechtlichen Investitionsschutzverträgen oder von Vergabevoraussetzungen für Investitionsgarantien ableiten, da deren grundrechtsrelevante Auswirkungen zum überwiegenden Teil im Ausland eintreten. So zeitigen z. B. die durch deutsche Investitionsgarantien unterstützten Investitionsprojekte ihre potentiell negativen Auswirkungen nicht im Exportstaat Deutschland, sondern im jeweiligen Importstaat.

1043 Zu den Ansätzen, ein umfassendes „Grundrechtskollisionsrecht" zu entwickeln, siehe *Heintzen* (1988), S.96 ff.; *Elbing* (1992), S.33 ff.; zur Kritik daran *Hofmann* (1994), S.24 ff.; 67/68; *Kronke* (1998), 33 (42).

Sowohl in der Rechtsprechung als auch im Schrifttum hat sich die Ansicht durchgesetzt, dass die Grundrechte des Grundgesetzes nach Art. 1 Abs. 3 GG die deutsche Staatsgewalt umfassend binden, ohne dass für die Regelung von Sachverhalten mit Auslandsberührung und für den Handlungsort oder die Wirkung des staatlichen Handelns im In- oder Ausland von vornherein eine Ausnahme zu machen ist.[1044] Das Bundesverfassungsgericht hat schon in einem Urteil aus den 1950er Jahren die Bindungswirkung der Grundrechtsordnung des Grundgesetzes für Handlungen deutscher öffentlicher Gewalt auch in den Fällen angenommen, in denen die Folgen der hoheitlichen Betätigung im Ausland eintraten.[1045] In dieser wie auch in nachfolgenden Entscheidungen hat sich das Gericht immer wieder auf Art. 1 Abs. 3 GG als „Leitnorm" berufen, die die umfassende Bindung der deutschen Staatsgewalt auch für Hoheitsakte mit Auslandsbezug vorschreibt.[1046] Kern der Judikatur besteht in der Formel:

> „Die Grundrechte binden in ihrem sachlichen Geltungsumfang die deutsche öffentliche Gewalt auch, soweit Wirkungen ihrer Betätigung außerhalb des Hoheitsgebiets der Bundesrepublik Deutschland eintreten."[1047]

Inzwischen geht die Rechtsprechung des Bundesverfassungsgerichts so selbstverständlich von der Anwendbarkeit der Grundrechte in grenzüberschreitenden Sachverhalten aus, dass es zur Begründung entweder gar keine Vorschrift des Grundgesetzes mehr heranzieht oder einfach auf die „Leitnorm" des Art. 1 Abs. 3 GG verweist.[1048] Daraus folgt, dass die Grundrechte deutscher und ausländischer Staatsbürgerinnen und Staatsbürger – jedenfalls soweit es sich um „Jedermann"-Grundrechte handelt – im Grundsatz bei der Regelung von Sachverhalten mit Auslandselementen Beachtung finden müssen.

So einhellig die ganz überwiegende Ansicht die grundsätzliche Anwendbarkeit von Grundrechten in Fällen mit Auslandsbezug annimmt, so einhellig betont sie die Möglichkeit oder gar Notwendigkeit der Einschränkung der Wirkkraft der Grundrechtsverbürgungen des Grundgesetzes.[1049] Die geringere Schutzintensität in grenzüberschreitenden Sachverhalten wird begründet mit der erforderlichen Rücksichtnahme auf grundlegende Wertvorstellungen fremder Rechtsordnungen bzw. der daraus folgenden Zurücknahme deutscher Wertvorstellungen und der

---

1044 *Badura* in: Merten/Papier (2006), § 47 Rn.13; *Elbing* (1992), S.220.
1045 BVerfGE 6, 290 (295).
1046 Eine ausführliche Beschreibung der relevanten Rechtsprechung des Bundesverfassungsgerichts findet sich bei *Hofmann* (1994), S. 14 ff.
1047 BVerfGE 57, 9 (23).
1048 M.w.N. *Hofmann* (1994), S.18.
1049 BVerfGE 31, 58 (75); 92, 26 (41 ff.); vgl. auch *Hofmann* (1994), S.72 ff.; *Elbing* (1992), S.168 ff.

Fähigkeit Deutschlands zu angemessener Teilnahme am internationalen Rechtsverkehr.[1050] Die Wirkung der Grundrechte in grenzüberschreitenden Sachverhalten erfährt demnach Modifikationen, die sich neben der mangelnden tatsächlichen Beherrschbarkeit derartiger Sachverhalte durch die deutsche Staatsgewalt aus der Völkerrechtsfreundlichkeit des Grundgesetzes sowie seinem Respekt für fremde Rechts- und Werteordnungen ergeben.[1051] *Hofmann* führt dazu aus, das dem Grundgesetz zugrundeliegende Prinzip der Einbettung in die internationale Rechts- und Staatengemeinschaft stelle eine von der Verfassung selbst angeordnete Möglichkeit der Einschränkung der Wirkkraft der Grundrechtsverbürgungen dar, die im Hinblick auf besonders gewichtige Inhalte fremder Rechtsordnungen sogar zu einer Notwendigkeit einer solchen Zurücknahme dieser Wirkkraft erstarken könne.[1052] Nur ein derartiges Verständnis der Selbstbeschränkung des deutschen Verfassungsrechts in seinem grundrechtlichen Bereich könne den andernfalls berechtigten Vorwurf eines „deutschen Grundrechtsoktroi" wirksam entkräften. Dabei wird aber allseits betont, dass die Reduktion der Wirkkraft der Grundrechte im grenzüberschreitenden Kontext ihrerseits nicht schrankenlos ist.[1053] Die Einschränkungen dürfen weder zu einem Verstoß gegen unabdingbare Grundprinzipien der deutschen verfassungsrechtlichen Ordnung (insbesondere gegen die Wesensgehaltsgarantie des Art. 19 Abs. 2 GG) noch gegen den nach Art. 25 GG von allen deutschen Hoheitsträgern zu beachtenden völkerrechtlichen Mindeststandard auf dem Gebiet der Menschenrechte führen.

Zusammenfassend ist also einerseits von einer *Erweiterung*, andererseits von einer *Einschränkung* der Anwendbarkeit von Grundrechten in grenzüberschreitenden Sachverhalten auszugehen.[1054] Von einer Erweiterung im untechnischen Sinne lässt sich sprechen, da die Anwendbarkeit der Grundrechte über die rein nationalen Staatsgrenzen Deutschlands hinaus erweitert werden. Andererseits unterliegen die in ihrer Anwendung derart erweiterten Grundrechte einer einzelfallabhängigen Einschränkung ihrer Wirkungsintensität, sie entfalten also nicht zwangsläufig die Wirkungen, die ihnen im rein innerstaatlichen Bereich zugestanden werden.

1050 Vgl. dazu *Hailbronner* (1997), 7 (20 ff.).
1051 *Röben* in: Grote/Marauhn (2006), Kap.5 Rn.110.
1052 *Hofmann* (1994), S.346.
1053 *Hofmann* (1994), S.68/169; *Stern* (1988), S.1243; *Röben* in: Grote/Marauhn (2006), Kap.5 Rn.110; vgl. dazu auch BVerfGE 59, 280 (282 ff.); 63, 332 (337); 75, 1 (16 ff.).
1054 Zu dieser Unterscheidung *Elbing* (1992), S.82 ff.

B. Relevante Grundrechte des Grundgesetzes und deren Funktionen

Um anhand dieser Maßstäbe die konkreten Folgewirkungen der einzelnen grundrechtlichen Garantien für das internationale Investitionsrecht herauszuarbeiten und bewerten zu können, sollen überblicksartig die in ihrem Schutzbereich den ILO-Kernarbeitsrechten vergleichbaren Grundrechte des Grundgesetzes und deren Schutzfunktionen vorgestellt werden.

I. Die relevanten Grundrechte

Die Grundrechte des Grundgesetzes enthalten Gewährleistungen, die den im völkerrechtlichen Teil dieser Untersuchung vorgestellten Kernarbeitsrechten weitgehend entsprechen. Explizit im Grundgesetz verankert sind die Koalitions- und Gewerkschaftsfreiheit in Art. 9 Abs. 3 GG und das Zwangsarbeitsverbot in Art. 12 Abs. 2 und 3 GG. Vom normativen Gehalt her unterscheiden sich die grundrechtlichen Garantien nicht in relevantem Maße von den internationalen Gewährleistungen der ILO-Konventionen und des IPwirtR. So umfasst die Koalitionsfreiheit nach Art. 9 Abs. 3 GG nach allgemeiner Auffassung sowohl die individualrechtliche Seite, also den freien Beitritt und Verbleib in der Koalition sowie die Teilnahme an der geschützten Tätigkeit, wie auch die kollektivrechtliche Seite, also das Recht, durch spezifisch koalitionsmäßige Betätigung die in Abs. 3 genannten Zwecke zu verfolgen.[1055] Zu den geschützten gewerkschaftlichen Tätigkeiten gehört insbesondere der Streik, wobei in Parallelität zu den ILO-Konventionen Nr. 78 und Nr. 98 das Recht auf politische Streiks, in denen es allein darum geht, Druck auf den Gesetzgeber zu erzeugen, nicht geschützt ist.[1056] Zudem umfasst Art. 9 Abs. 3 GG in Entsprechung zum völkerrechtlich fundierten Recht auf Kollektivverhandlungen die sogenannte Tarifautonomie, also das Recht der Tarifparteien, ihre Interessengegensätze in eigener Verantwortung auszutragen.[1057]

Unter Zwangsarbeit nach Art. 12 Abs. 2 und 3 GG wird – ähnlich wie in Art. 2 Abs. 1 ILO-Konvention Nr. 29 – der erzwungene Einsatz der gesamten Arbeitskraft des Betroffenen verstanden.[1058] Bei den bereits beschriebenen moder-

---

1055 *Löwer* in: von Münch/Kunig (2000), Art.9 Rn.55; *Scholz* in: Maunz/Dürig (2007), Art.9 Rn.169/170.
1056 Vgl. *Hufen (2009)*, § 37 Rn.14; *Löwer* in: von Münch/Kunig (2000), Art.9 Rn.80.
1057 BVerfGE 88, 3 (114); *Hufen (2009)*, § 37 Rn.5.
1058 *Hufen (2009)*, § 35 Rn.59; dazu auch BVerfGE 74, 102 (115).

nen Formen der Sklaverei als Unterfall der Zwangsarbeit kann dem Grundrecht aus Art. 2 Abs. 2 GG auf körperliche Unversehrtheit und Freiheit im Sinne des Erhalts der Fortbewegungsfreiheit Bedeutung zukommen.

Dem internationalen Diskriminierungsverbot in der Arbeit entsprechen auf der Ebene des Grundgesetzes verschiedene Aspekte des Art. 3 GG. So lässt sich beispielsweise der – einfachgesetzlich fundierte[1059] – Grundsatz der Lohngleichheit von Frau und Mann beim Arbeitsentgelt aus dem Gleichbehandlungsgrundsatz (in Verbindung mit Art. 141 EG) ableiten. Danach darf der Lohn nur nach der zu leistenden Arbeit ohne Rücksicht darauf bestimmt werden, ob sie von einem Mann oder einer Frau erbracht wird.

Demgegenüber kennt die deutsche Grundrechtsordnung kein explizites Verbot der Kinderarbeit. Nach der Konzeption des Grundgesetzes liegt die Verantwortung für das Wohl des Kindes in erster Linie in der Hand der Eltern. Nach Art. 6 Abs. 2 GG sind Pflege und Erziehung der Kinder „das natürliche Recht der Eltern und die zuvörderst ihnen obliegende Pflicht." Ein spezifisches individuelles Grundrecht zum Schutz von Kinderrechten gibt es nicht. Dennoch kann kein Zweifel daran bestehen, dass Kinder selbst einen grundrechtlichen Anspruch haben, vor entwicklungsschädigender Arbeit bis zu einem gewissen Mindestalter geschützt zu werden. Dieser Anspruch lässt sich aus Art. 2 Abs. 2 GG ableiten, der sowohl die physische als auch die psychische Gesundheit schützt.[1060]

Alle dargestellten Grundrechte sind sogenannte „Jedermann"-Grundrechte, d. h. sowohl deutsche Staatsbürger im Sinne des Art. 116 GG als auch Ausländer unterstehen ihrem Schutz.

II. Grundrechtsfunktionen, insbesondere die grundrechtliche Schutzfunktion

Die Tätigkeiten der Bundesrepublik Deutschland zur Förderung von Direktinvestitionen haben in aller Regel weder im Inland noch im Ausland unmittelbare Gefährdungen grundrechtlicher Positionen zur Folge. So ist der Abschluss eines völkerrechtlichen Investitionsschutzvertrages für sich genommen keine Handlung, die unmittelbar Grundrechte gefährdet oder verletzt. Die grundrechtlichen Gefährdungen beruhen vielmehr auf eigenständigen Handlungen der Investoren oder Subunternehmer bzw. auf dem kollusiven Zusammenwirken des Investors mit dem jeweiligen Gaststaat. Diese Handlungen sind aufgrund der Eigenstän-

---

1059 Vgl. Art.2 Abs.1 Nr.2 des Allgemeinen Gleichbehandlungsgesetzes vom 14.8.2006 (BGBl. I S.1897), zuletzt geändert durch Gesetz vom 12.12.2007 (BGBl. I S.2840).
1060 M.w.N. *Hufen (2009)*, § 13 Rn.4.

digkeit des unternehmerischen Aktivwerdens im Ausland den vergebenden Garantieagenturen nach den verfassungsrechtlichen Zurechnungsregeln in der Regel nicht zurechenbar.[1061] Für die folgende Untersuchung wird daher nicht die klassische Eingriffsabwehrfunktion der Grundrechte im Vordergrund stehen, sondern der von der Bundesrepublik Deutschland möglicherweise zu erwartende Schutz von Grundrechtsgütern im In- und Ausland vor den Gefährdungen durch geförderte Unternehmen.[1062] Diese sind regelmäßig juristische Personen des Privatrechts und daher selbst nicht an Grundrechte gebunden.[1063]

Dogmatisch hergeleitet werden die grundrechtlichen Schutzpflichten überwiegend aus dem objektiv-rechtlichen Gehalt der Grundrechte sowie aus Art. 1 Abs. 1 S.2 GG.[1064] Im Bereich dieser staatlichen Schutzpflichten „(…) geht es um das rechtlich gebotene Verhalten des Staates angesichts von Verletzungen und Gefährdungen grundrechtlich geschützter Güter (z. B. Leben, Gesundheit, Freiheit etc.) durch Dritte, vor allem durch Private, aber auch durch andere Staaten, also durch „Personen" oder Mächte, die selbst nicht Adressaten der Grundrechte des Grundgesetzes sind"[1065]. Art und Umfang des geforderten staatlichen Einsatzes variieren je nach den Umständen des Einzelfalls, nach dem betroffenen grundrechtlichen Schutzgut und den Interferenzen durch andere Rechtsgüter oder rechtlich geschützte Interessen.[1066] Den zuständigen staatlichen Stellen kommt bei der Erfüllung der Schutzpflichten ein weiter Einschätzungs-, Wertungs- und Gestaltungsspielraum zu, der auch Raum lässt, etwa konkurrierende öffentliche und private Interessen zu berücksichtigen.[1067]

1061 Ausführlich zu Zurechnungsfragen in Subventionskonstellationen *Dietlein* (2005), S.98 ff.; in diesem Punkt unterscheidet sich die grundrechtliche von der völkerrechtlichen Prüfung in Kapitel 3, in der die Investitionsgarantien und Investitionsabkommen im Rahmen der menschenrechtlichen Unterlassungskomponente diskutiert wurden, vgl. oben Kapitel 3. B. und C. Diese Divergenz hat ihren Grund in den unterschiedlichen national- und völkerrechtlichen Zurechnungsmaßstäben privaten Verhaltens. Der Ausschuss zum IPwirtR arbeitet mit „weiteren" Zurechnungstatbeständen als die deutsche Rechtsprechung und Lehre. In der folgenden Untersuchung wird jedoch deutlich werden, dass dieser theoretische Unterschied im Ergebnis nicht zu grundsätzlich divergierenden Bewertungen der Grund- bzw. Menschenrechtsbindung führt.
1062 Ausführlich zur grundrechtlichen Schutzfunktion *Dietlein* (2005), S.26 ff.; *Calliess* in: Merten/Papier § 44 Rn.1 ff.; *Hufen* (2009), § 5 Rn.5 ff.
1063 Vgl. nur *Papier* in: Merten/Papier (2006), § 55 Rn.1 ff.; eine hier relevante Ausnahme ist Art.9 Abs.3 GG; dabei handelt es sich um einen Fall der unmittelbaren Drittwirkung.
1064 Vgl. BVerfGE 39, 1 (41); 46, 160 (164); siehe auch *Dietlein* (2005), S.34 ff.; *Klein* (1989), 1633 (1635).
1065 *Klein* (1989), S.1633 (1633).
1066 *Heintzen* (1988), S.156; *Mayer* (2005), S.47.
1067 *Mayer* (2005), S.48.

C. Übertragung auf den Untersuchungsgegenstand

Die für investitionsbedingte Aktivitäten relevanten Grundrechte sind, wie soeben dargestellt, im Grundsatz in grenzüberschreitenden Sachverhalten anwendbar. Was ergibt sich daraus konkret für die untersuchten Regelungsinstrumente des internationalen Investitionsrechts?

I. Verpflichtung zur Ausübung extraterritorialer Jurisdiktion?

In diesem ersten Abschnitt soll die Frage geklärt werden, ob die deutsche Hoheitsgewalt aufgrund der Grundrechtsordnung des Grundgesetzes dazu verpflichtet ist, durch Erlass von Gesetzen oder ähnlichen Instrumenten zum Schutz von Ausländern tätig zu werden, soweit es sich um grundrechtsrelevante Gefährdungen handelt, die von einem deutschen Investor im Ausland ausgehen. Oder anders formuliert: Besteht eine grenzüberschreitende Schutzpflicht zulasten der deutschen Staatsgewalt, wenn die Gefahr besteht, dass ausländische Arbeitnehmer im Ausland durch deutsche Investoren in ihren Grundrechten verletzt werden?

An sich mutet schon allein die Formulierung dieser Frage fernliegend an, da derart weitreichende Verpflichtungen zulasten der deutschen Hoheitsgewalt eine gleichsam weltweite Verantwortlichkeit der deutschen Staatsgewalt für deutsche Investoren begründen würden, also auch für Sachverhalte, auf die Deutschland keinen unmittelbaren Einfluss ausüben kann. Dennoch lassen sich grundrechtsdogmatische Ansatzpunkte identifizieren, die die Annahme extraterritorialer Schutzverpflichtungen der deutschen Staatsgewalt nicht so fernliegend erscheinen lassen, wie der erste Blick vermuten lässt.

Im deutschen Verfassungsrecht ist – wie bereits ausgeführt – allgemein anerkannt, dass aus den Grundrechten gewisse staatliche Schutzpflichten folgen. Zugleich ist die grundsätzliche Anwendbarkeit der Grundrechte nicht auf das deutsche Territorium beschränkt, vielmehr können die Grundrechte, insbesondere die sogenannten „Jedermann"-Grundrechte, die deutsche Hoheitsgewalt potentiell überall auf der Welt Bindungen unterwerfen. Kombiniert man nun diese beiden Aspekte – grenzüberschreitende Anwendbarkeit der Grundrechtsordnung und Existenz von grundrechtlichen Schutzpflichten –, lässt sich möglicherweise eine grenzüberschreitende Schutzpflicht konstruieren, die den deutschen Staat zu einem Tätigwerden im Zusammenhang mit Investitionstätigkeiten deutscher Staatsan- und -zugehöriger im Ausland veranlassen könnte. Für derartige grenzüberschreitende Schutzpflichten könnte sprechen, dass Schutzpflichten nach vorherrschendem Verständnis nicht nur bestehen, wenn die Beeinträchtigung von Privaten im Inland ausgeht, sondern auch dann, wenn die Beeinträchtigung von außen herrührt.[1068] Schutzpflichten haben in dieser Hinsicht bereits eine gewisse Internationalisierung erfahren. Von diesem Punkt ist es nur ein „kleiner Schritt" hin zur Anerkennung von Schutzpflichten zugunsten Deutscher im Ausland und folgerichtig zugunsten von Ausländern bezüglich der „Jedermann"-Grundrechte.[1069]

Gegen die Verflechtung der beiden Ansätze und somit gegen die Akzeptanz grundrechtlicher grenzüberschreitender Schutzpflichten sprechen allerdings gewichtige Gründe. So gibt es keinen rechtlich fundierten Grund, einen Sachverhalt, der sich nur im Ausland abspielt und bei dem regelmäßig keine deutschen Staatsan- und -zugehörigen in ihren grundrechtlichen Positionen gefährdet sind, nach deutschen grundrechtlichen Werten zu behandeln. Es liegt aufgrund der Territorialhoheit viel näher, dass der jeweilige Gaststaat als Territorialstaat in diesem Bereich souverän – unter Beachtung seiner völkerrechtlichen Verpflichtungen – seine Wertvorstellungen umsetzen darf. Daneben ist zu beachten, dass ein Ausländer kraft seiner Staatsangehörigkeit der Personalhoheit seines Heimatstaates unterliegt, er befindet sich in erster Linie im Rechts- und Verantwortungsbereich dieser für Deutschland fremden Staatsgewalt. Es besteht weder Anlass noch Rechtfertigung, ohne zwingende Gründe das bundesdeutsche Grundrechtssystem fremder Staatsgewalt zu oktroyieren. Eine Verabsolutierung deutscher Verfassungsentscheidungen ist dem Grundgesetz fremd.[1070]

Eine allgemeine grundrechtliche Schutzpflicht der deutschen Staatsgewalt gegenüber Ausländern im Ausland, aus der sich eine Pflicht zur Ausübung extrater-

---

1068 *Hofmann* (1994), S.103.

1069 In diese Richtung bezüglich einer „grenzüberschreitenden Meinungsfreiheit" argumentiert *Elbing* (1992), S.97: „Geht man davon aus, dass die Verfassung eine effektive Grundrechtsausübung ermöglichen soll, dann müsste sie soweit reichen, dass der Betreffende im Ausland seine Rede halten kann. Daraus muss man folgern, dass auch ein Anspruch gegen die deutsche Staatsgewalt dahin besteht, dass sie - soweit ihr das möglich ist - auch andere, also von ihr selbst verursachte Hindernisse überwindet. Sie muss also darauf hinwirken, die Grundrechtsbetätigung zu ermöglichen. Soll die beabsichtigte Rede nun im Ausland gehalten werden und ist es der deutschen Staatsgewalt möglich, auch andere als in Deutschland angesiedelte Hindernisse zu überwinden, ist nicht einzusehen, warum diese Pflicht nicht beinhalten soll, zur Ermöglichung der Grundrechtsbetätigung auch im Ausland angesiedelte Hindernisse zu überwinden. (…) Bei weiter Auslegung des Art. 5 I 1 GG besteht also ein Anspruch darauf, dass die deutsche Staatsgewalt darauf hinwirkt, die beabsichtigte Grundrechtsbetätigung, hier die Rede im Ausland, zu ermöglichen".

1070 In diesem Sinne BVerfGE 18, 112 (117).

ritorialer Jurisdiktion ableiten ließe, ist daher abzulehnen.[1071] Die deutsche Staatsgewalt ist nur dann gemäß Art. 1 Abs. 3 GG zur Grundrechtsgewährleistung verpflichtet, wenn sie die volle oder zumindest bestimmende Herrschaft über den grundrechtsbeeinträchtigenden Sachverhalt ausübt. Die grundrechtliche Verantwortung der deutschen öffentlichen Gewalt endet jedoch grundsätzlich dort, wo ein Vorgang in seinem wesentlichen Verlauf von einem fremden Staat nach dessen eigenem, von der Bundesrepublik Deutschland unabhängigem Willen gestaltet wird.[1072] Diese Auffassung deckt sich mit der von *Isensee* auf der Staatsrechtslehrertagung 1974 formulierten Anmerkung, dass die „(…) grundgesetzliche Garantenpflicht nicht weltumspannend (ist); sie kann es schon deshalb nicht sein, weil eine universelle Grundrechtslast die realen Kräfte Deutschlands unendlich übersteigen müsste."[1073] Der allgemeine Rechtsgrundsatz des *ultra posse nemo obligatur* lässt sich insoweit auf die grenzüberschreitenden Rechtspflichten der Staatsgewalt übertragen.[1074]

II. Verpflichtungen bezüglich internationaler Investitionsabkommen

Die Untersuchung wird sich nun der Frage zuwenden, in welcher Weise sich die Grundrechte des Grundgesetzes auf den Gestaltungsspielraum der Bundesrepublik Deutschland beim Abschluss von Investitionsschutzabkommen auswirken. Dabei wird zu prüfen sein, inwieweit die Bundesrepublik Deutschland den Schutz und die Verwirklichung der arbeitsrelevanten Grundrechte bei Verhandlungen zu einem Investitionsschutzabkommen beachten und möglicherweise grundrechtsrelevante Veränderungen in den aktuellen Mustervertrag aufnehmen muss.

Grundsätzlich ist die auf Art. 1 Abs. 3 GG beruhende Bindung der Träger der deutschen auswärtigen Gewalt (insbesondere der Bundesregierung und des Bundestages[1075]) an die Grundrechtsordnung beim Abschluss völkerrechtlicher Ver-

---

1071 So auch *Hailbronner* (1997), 7 (35): „Aus den Grundrechten lassen sich (…) keine die auswärtige Gewalt determinierende Pflichten zum Schutz fremder Staatsangehöriger gegenüber fremder Herrschaftsgewalt ableiten".

1072 *Röben* in: Grote/Marauhn S.261/262; *Badura* in: Marten/Papier § 47 Rn.20; *Hailbronner* (1997), 7 (16 ff.); vgl. dazu auch BVerfGE 66, 39 (62).

1073 *Isensee* in: VVDStRL Heft 32 (1974), S.63.

1074 Vgl. *Mayer* (2005), S.57.

1075 Zum Begriff der auswärtigen Gewalt ausführlich *Wolfrum* (1997), 38 (39 ff.).

träge allgemein anerkannt.[1076] Das Bundesverfassungsgericht hat bereits in einer seiner frühen Entscheidungen die Ansicht vertreten, dass die Grundrechtsbindung für Zustimmungsgesetze zu einem völkerrechtlichen Vertrag gemäß Art. 59 Abs. 2 GG besteht, wenn das betreffende Gesetz den Inhalt des völkerrechtlichen Vertrages für die staatlichen deutschen Organe verbindlich macht oder unmittelbar Rechte und Pflichten des einzelnen begründet.[1077] Im Bereich der internationalen Investitionsabkommen ist insoweit zu beachten, dass nach der Grundkonzeption dieses Vertragstyps nur den ausländischen Investoren bestimmte Rechtspositionen bezüglich ihrer Investition zugestanden werden. Für die übrigen Personen, die der deutschen Hoheitsgewalt unterliegen, ergeben sich aus einem Investitionsschutzvertrag somit in aller Regel keine unmittelbaren Gefährdungslagen für grundrechtliche Garantien. Investitionsschutzabkommen sind nur insofern grundrechtsrelevant, als sich Deutschland als Gaststaat internationaler Investitionen nicht seines regulatorischen Spielraums zum Schutz der Grund- und Menschenrechte, also zur Ausübung des grundrechtlichen Schutzauftrages begeben darf. Die Bundesrepublik Deutschland darf sich völkervertragsrechtlich nicht solchen Verpflichtungen unterwerfen, die die Ausübung der grundrechtlichen Schutzpflichten auf dem eigenen Territorium gänzlich oder zum Teil unmöglich machen.

Wie bereits dargestellt, entfalten die Grundrechte im Bereich der völkerrechtlichen Verträge allerdings nicht zwangsläufig die gleiche Wirkungsintensität wie in rein nationalen Sachverhalten. So ist bei Abschluss völkerrechtlicher Verträge neben der Grundrechtsbindung auf das Völkerrecht, das Recht des fremden Staates sowie die Fähigkeit Deutschlands zur Teilnahme am internationalen Rechtsverkehr Rücksicht zu nehmen. Nach *Stern* bedeutet dies

> „(…) zwar keine Aufhebung der Grundrechtsbindung der deutschen Staatsgewalt, jedoch eine Modifizierung in dem Sinne, dass die Grundrechtsbindung nur insoweit effektiv ist, als die Grundrechtsdurchsetzung im Rahmen des allgemeinen Völkerrechts und bestehender völkerrechtlicher Verträge unter Abwägung von grundrechtschützenden Interessen einerseits und politischem Gesamtinteresse gegenüber der Völkergemeinschaft und dem Vertragspartner andererseits erreichbar ist."[1078]

Bei der danach vorzunehmenden Abwägung steht dem Träger der auswärtigen Gewalt ein Einschätzungs- und Beurteilungsspielraum zu.[1079] Wie groß dieser Ermessensraum ist, richtet sich im konkreten Einzelfall nach dem jeweiligen

---

1076 *Hofmann* (1994), S.102 ff.; *Hailbronner* (1997), 7 (25 ff.); *Stern* (1988), S.1230 ff., 1366 ff.
1077 BVerfGE 6, 290 (294 ff.); bestätigt durch BVerfGE 40, 141 (166); 72, 66 (66 ff.).
1078 *Stern* (1988), S.1231.
1079 *Hofmann* (1994), S.105.

Vertragsgegenstand und den sonstigen Umständen. Als allgemeine Leitlinie wird dabei vorgeschlagen[1080]: Je politischer der Vertragsgegenstand ist, je stärker er beispielsweise rein außenpolitische Sachverhalte betrifft, desto größer ist im Allgemeinen der dem Inhaber der auswärtigen Gewalt zustehende Einschätzungs- und Beurteilungsspielraum.[1081] Anders mag dies bei weitgehend unpolitischen Verträgen sein, wie beispielsweise im internationalen Steuerrecht. In diesem Bereich ergeben sich in der verfassungsgerichtlichen Praxis keine Anhaltspunkte für einen besonderen politischen Handlungsspielraum.[1082]

In der Literatur werden die völkerrechtlichen Verträge des Wirtschafts- und Handelsrechts dem Bereich der weitgehend unpolitischen Verträge zugeordnet und deshalb der politische Ermessens- und Gestaltungsspielraum in nur beschränktem Maße anerkannt.[1083] Inwieweit diese Feststellung vor dem Hintergrund der intensiven politischen Diskussionen um die Weiterentwicklung der WTO für das Welthandelsrecht noch gilt, kann freilich bezweifelt werden. Genauso ist der Abschluss von bi- und multilateralen Investitionsschutz- und Investitionsförderungsverträgen in letzter Zeit immer mehr zum Gegenstand politischer und zivilgesellschaftlicher Diskussion geworden. Ob Investitionsschutzverträge aufgrund ihrer im Vergleich zum Welthandelsrecht geringeren öffentlichen Kenntnisnahme zu den „unpolitischen" Verträgen gezählt werden müssen, kann letztlich offen bleiben, da die abstrakte Einordnung wenig hilfreich ist. Welche Wirkungen den einzelnen grundrechtlichen Garantien für den Fall des Abschlusses eines Investitionsabkommens zukommen, muss vielmehr anhand der konkreten Grundrechte und der sonstigen Umstände bei Abschluss von Investitionsverträgen untersucht werden.[1084]

Auch aus der Rechtsprechung des Bundesverfassungsgerichts lassen sich hinsichtlich des Umfanges und der Intensität der Schutzverpflichtungen bezüglich der untersuchungsrelevanten Grundrechte keine richtungsweisenden Schlüsse ziehen. Generell sollen die Grundrechtsverbürgungen durch die vom jeweiligen völkerrechtlichen Vertrag bedingten Einschränkungen nicht unter den für die Identität des Grundgesetzes unabdingbaren Kern abfallen.[1085] Dabei ist zu berücksichtigen, dass die Rechtsprechung des Bundesverfassungsgerichts es wohl

---

1080 *Hailbronner* (1997), 7 (28); ähnlich auch *Hofmann* (1994), S.105; *Stern* (1988), S.1231/1232.
1081 *Hofmann* (1994), S.105; *Badura* in: Merten/Papier (2006), § 47 Rn. 25; vgl. dazu auch das Urteil des BVerfG zum Grundlagenvertrag, BVerfGE 45, 39 (45 ff.).
1082 So *Stern* (1988), S.1231/1232.
1083 *Stern* (1988) S.1231/1232.
1084 *Stern* (1988), S.1234.
1085 BVerfGE 31, 58 (87); vgl. auch *Elbing* (1992), S.310.

zulässt, nicht alle im Grundrechtsteil anerkannten Grundrechte als zu diesem Kernbereich der deutschen öffentlichen Ordnung zählend anzusehen.[1086] Insoweit wird man für den Untersuchungsgegenstand feststellen können, dass beispielsweise der durch die grundrechtliche Lehre und Rechtsprechung detailliert ausgestaltete Schutzbereich der Koalitionsfreiheit nach Art. 9 Abs. 3 GG[1087] jedenfalls nicht in seiner Gesamtheit verbindliche Schutzpflichten statuiert. Doch welche Bedeutung haben die grundrechtlichen Verpflichtungen, die wie z. B. das Zwangsarbeitsverbot zum Kerngehalt der Grundrechtsordnung gezählt werden können?

Grundrechtliche Schutzpflichten führen schon im innerstaatlichen Bereich im Gegensatz zu grundrechtlichen Unterlassungspflichten nur in Ausnahmefällen zu einem Anspruch des Schutzberechtigten, gerichtet auf die Vornahme einer bestimmten staatlichen Maßnahme.[1088] Regelmäßig ist es eine höchst komplexe Frage, wie eine staatliche Schutz- und Handlungspflicht durch staatliche Maßnahmen zu verwirklichen ist. Je nach Beurteilung der tatsächlichen Verhältnisse, der konkreten Zielsetzungen und ihrer Priorität sowie der Eignung denkbarer Mittel sind verschiedene Lösungen möglich.[1089] Die konkrete Ausgestaltung des Schutzauftrages obliegt dem gesetzgeberischen Ermessen. So wäre es beispielsweise grundrechtlich nicht zu beanstanden, wenn die Bundesrepublik Deutschland es für wirtschaftspolitisch zweckmäßig erachten würde, weitreichende Enteignungsvorschriften in Investitionsschutzabkommen aufzunehmen, gleichzeitig aber dazu bereit wäre, die zum Schutz grundrechtlicher Güter erforderlichen Enteignungen ausländischer Investoren zu entschädigen und auf diesem Wege den gegebenenfalls erforderlichen Schutz der Grundrechte zu gewährleisten.

Für die Frage der internationalen Schutzpflichten lässt sich daher festhalten, dass die Bundesrepublik Deutschland sich im Rahmen von internationalen Investitionsabkommen nicht solchen Verpflichtungen unterwerfen darf, die die Erfüllung des grundrechtlichen Schutzauftrages unmöglich machen. Nimmt man die im Außenverhältnis anzunehmenden Einschränkungen und Relativierungen der grundrechtlichen Wirkungen zusammen, lässt sich darüber hinaus keine detaillierte grundrechtliche Verpflichtung der deutschen auswärtigen Gewalt bei Verhandlung und Abschluss von Investitionsschutzabkommen und nachfolgender innerstaatlicher Geltungsverschaffung feststellen.

1086 *Hofmann* (1994), S.60.
1087 Vgl. *Löwer* in: von Münch/Kunig (2000), Rn.56 ff.
1088 *Calliess* in: Merten/Papier (2006), § 44 Rn.7; *Hufen (2009)*, § 5 Rn.5.
1089 *Mayer* (2005), S.48.

Nach dem Bundesverfassungsgericht enthalten die Grundrechte allerdings nicht nur staatliche Unterlassens- und Schutzverpflichtungen, sondern verkörpern zudem eine objektive Wertordnung, die als verfassungsrechtliche Grundentscheidung für alle Bereiche des Rechts gilt sowie Richtlinien und Impulse für Gesetzgebung, Verwaltung und Rechtsprechung vorgibt.[1090] Die Auslegung der Grundrechte als Richtlinien und Impulse für alle Bereiche des Rechts umfasst die Verpflichtung des Staates, alles zu tun, um Grundrechte zu verwirklichen, bzw. alles zu unterlassen, was den Schutz von Grundrechten unmöglich macht, auch wenn ein subjektiver Anspruch des Bürgers darauf nicht besteht. Auf dieser Grundlage soll den Grundrechten in den auswärtigen Beziehungen die Funktion der „Zielrichtung der auswärtigen Politik"[1091] zukommen, die Grundrechte sollen also als Direktive für die deutsche Außen- und Außenwirtschaftspolitik dienen. Dieser objektiv-rechtliche Ansatz führt sicherlich nicht zu konkreten Handlungsanweisungen für die auswärtige Gewalt im Rahmen des Abschlusses von Investitionsschutzverträgen. Eine völlige Untätigkeit bei der Verhandlung von Investitionsabkommen mit menschenrechtlich „vorbelasteten" Staaten scheint jedoch nicht mit der Grundrechtsordnung des Grundgesetzes vereinbar zu sein. In grundrechtsgefährdenden Konstellationen sollte die Bundesregierung als Verhandlungsführerin darauf dringen, dass das Investitionsschutzabkommen – sei es in der Präambel oder in spezifischen Vorschriften – klarstellt, dass der Vertrag nicht zu Einschränkungen der grundrechtlich erforderlichen Handlungsfreiheit der Vertragsparteien führt.

III. Verpflichtungen bei der Vergabe von Investitionsgarantien

Im letzten Abschnitt soll der Frage nachgegangen werden, ob und falls ja in welchem Umfang die Bundesrepublik Deutschland aufgrund der nationalen Grundrechtsordnung dazu verpflichtet ist, Verantwortung für die grund- und menschenrechtlichen Auswirkungen von Investitionsprojekten zu übernehmen, die durch die Bundesrepublik Deutschland finanziell abgesichert werden. Bestehen dahingehende grundrechtliche Verpflichtungen, ergeben sich unmittelbare Folgen für das Vergabeverfahren und die darin geprüften Vergabebedingungen, die möglicherweise um grundrechtsrelevante Voraussetzungen erweitert werden müssen.

1090 BVerfGE 39, 1 (41); 7, 198 (205); vgl. *von Münch* in: von Münch/Kunig (2000), Vorb. Art.1-19, Rn.22.
1091 So *Tomuschat*, Diskussionsbeitrag, VVDStL (1997), S.114.

Die Vergabe einer Investitionsgarantie an ein deutsches Unternehmen stellt zunächst einen rein nationalen Sachverhalt dar, der grundrechtlichen Bindungen und verwaltungsgerichtlicher Kontrolle unterliegt. An der öffentlich-rechtlichen Natur der Garantievergabe ändert auch die Tatsache nichts, dass weite Teile des Vergabeverfahrens von dem privatrechtlich organisierten Mandatarkonsortium unter Federführung der PwC Deutsche Revision AG durchgeführt werden, da die Garantievergabe letztendlich durch einen Verwaltungsakt des Bundesministeriums für Wirtschaft und Technologie erfolgt. Die grundrechtliche Relevanz der Garantievergabe im rein nationalen Bereich kann sich beispielsweise aus der Ungleichbehandlung eines Konkurrenten und den sich anschließenden Fragestellungen um Art. 3 GG ergeben. Für den Untersuchungsgegenstand sind allerdings die grundrechtsbeeinträchtigenden Auswirkungen der geförderten Investition *im Ausland* von größerer Bedeutung. Wie bereits mehrfach dargestellt, können die faktischen Auswirkungen der wirtschaftlichen Aktivitäten des unterstützten deutschen Investors zu Verletzungen grundrechtlicher Positionen der im Ausland beschäftigten Arbeitnehmer und Arbeitnehmerinnen führen. Es stellt sich die Frage, inwieweit die Grundrechtsbindung diese faktischen, grenzüberschreitenden Auswirkungen hoheitlichen Handelns umfasst und die staatlichen Vergabestellen diese im Vergabeverfahren zu beachten haben. Es ist – abstrakt gefasst – die Frage zu beantworten, inwieweit die Bundesrepublik Deutschland im Ausland befindlichen Personen Schutz vor Gefahrenquellen für grundrechtliche Schutzgüter zu gewähren hat, die ihren Ursprung überwiegend im Geltungsbereich des Grundgesetzes haben und zumindest mittelbar von staatlichen Stellen unterstützt werden.

Nach überwiegender Meinung sind deutsche Hoheitsträger zum Schutz der Grundrechte ausländischer Betroffener verpflichtet, wenn hoheitliche Gewalt gegenüber einem der deutschen Hoheitsgewalt Unterworfenen ausgeübt wird, die intendierten grundrechtsrelevanten Folgen des Hoheitsaktes jedoch unmittelbar gegenüber einem Ausländer im Ausland eintreten.[1092] Wenn beispielsweise aus außen- und sicherheitspolitischen Gründen Bankguthaben von Ausländern eingefroren werden, ergeht der hoheitliche Akt nicht gegenüber dem ausländischen Betroffenen, sondern gegenüber der deutschen Bank, die das Konto des Betroffenen verwaltet. Die beabsichtigten Folgen treffen jedoch den im Ausland befindlichen Ausländer. In einem solchen Fall hat der betroffene Ausländer An-

---

1092 *Elbing* (1992), S.268; vgl. auch BVerfGE 57, 9 (23): „Die Grundrechte binden in ihrem sachlichen Geltungsumfang die deutsche öffentliche Gewalt auch, soweit Wirkungen ihrer Betätigung außerhalb des Hoheitsbereichs der Bundesrepublik Deutschland eintreten".

spruch auf die Einhaltung der anwendbaren Grundrechte. Ein Grundrechtsverstoß läge beispielsweise vor, wenn willkürlich einzelne Bankkonten gesperrt würden.[1093]

Die Beurteilung der Grundrechtsbindung bei der Vergabe von Investitionsgarantien unterscheidet sich von der beschriebenen Konstellation dadurch, dass die grundrechtsrelevanten Folgewirkungen der Garantievergabe nicht unmittelbar an das staatliche Handeln anknüpfen und von der staatlichen Vergabestelle keineswegs intendiert sind, sondern ein weiterer Akt, nämlich das grundrechtsgefährdende Tätigwerden des Investors, hinzukommt. Dieser weitere Zwischenschritt zwischen dem Hoheitsakt der Garantievergabe und der potentiellen Grundrechtsbeeinträchtigung könnte die Anwendbarkeit der Grundrechte ausschließen, da sich die grundrechtsverletzenden Wirkungen nur als faktische mittelbare Folgen der Garantievergabe darstellen, die nicht mehr dem Schutz- und Verantwortungsbereich des garantierenden Staates unterliegen. Es ließe sich argumentieren, dass der Staat durch die Vergabe einer Investitionsgarantie nicht in der Weise für die weiteren grundrechtsrelevanten Handlungen des Begünstigten verantwortlich ist, um ihm die gesamten nachfolgenden Handlungen des Investors zurechnen zu können. Ist die Frage der Reichweite des staatlichen Schutzauftrages schon im nationalen Kontext äußerst schwer zu beantworten[1094], müsse jedenfalls bei *grenzüberschreitenden* Auswirkungen eines Hoheitsaktes vor dem Hintergrund des Territorialitätsprinzips eine Schutzverantwortung der Bundesrepublik Deutschland abgelehnt werden. Dieser Argumentationslinie folgend geht *Heintzen* davon aus, dass

> „(…) die Staatsgrenze für die grundrechtliche Zurechenbarkeit der kausalgesetzlich weitläufig sich verzweigenden bloß faktischen Folgewirkungen hoheitlicher Betätigung ein unüberwindbares Hindernis (ist), weil der von ihnen im Ausland Belastete in territorialer Hinsicht der deutschen Staatsgewalt nicht untersteht.“[1095]

Nach dieser Auffassung können die faktischen Folgewirkungen staatlichen Handelns im Ausland nicht Anknüpfungspunkt für grundrechtliche Schutzpflichten sein. Dieser auf Grundlage eines engen Verständnisses des Territorialitätsprinzips gezogene Schluss ist jedoch keineswegs zwingend. Es lässt sich argumentieren, dass eine „Wertegleichgültigkeit" gegenüber Gefährdungen grundrechtlicher Güter jenseits der Grenzen des eigenen Geltungsbereichs nicht dem Grundverständnis des grundrechtlichen Schutzauftrages entspricht, der nach Art. 1 Abs. 3 GG auf die umfassende Bindung der deutschen Staatsgewalt unabhängig von ter-

---

1093 Beispiel nach *Elbing* (1992), S.268.
1094 Vgl. nur *Dietlein* (2005), S.70 ff.
1095 *Heintzen* (1988), S.155.

ritorialen Begrenzungen abzielt. Insbesondere aus dem in Art. 1 Abs. 2 GG formulierten Bekenntnis „zu den unverletzlichen und unveräußerlichen Menschenrechten" lässt sich die Entscheidung der Grundrechtsordnung entnehmen, staatliche Schutzpflichten auf solche *inländisch* verursachten Gefährdungslagen auszudehnen, deren Risiko sich *im Ausland* gegenüber dort befindlichen Ausländern realisieren kann.[1096]

Es liegt also – anders als in den bisher erörterten Konstellationen – nicht fern, im Falle der Garantievergabe vom Bestehen grenzüberschreitender Schutzpflichten auszugehen. Für den Bereich der extraterritorialen Jurisdiktion und der Investitionsabkommen wurde die Anwendbarkeit der grundrechtlichen Schutzfunktion unter anderem mit dem Argument abgelehnt, dass deutsche Hoheitsträger die zugrundeliegende Gefahr nicht (mit-)verursacht haben, demnach kein schutzpflichtbegründender Tatbestand vorliegt und die Bundesrepublik Deutschland aus rechtlichen und tatsächlichen Gründen keine Kontrolle über den Sachverhalt ausüben kann. Bei den Investitionsgarantien stellt sich die Lage jedoch anders dar, da die betreffenden Investitionsprojekte durch die staatlichen Investitionsgarantien finanziell unterstützt und häufig erst ermöglicht werden. Anders als z. B. bei der Erteilung einer bloßen Genehmigung, bei der der Staat neutraler Wächter über die Einhaltung der jeweils anwendbaren gesetzlichen Regelungen sein soll, verliert er bei der Garantievergabe mit der positiv-fördernden Einwirkung auf privates Handeln seine Neutralität und Unabhängigkeit.[1097] In dieser Konstellation ist die unmittelbare Zurechnung des unternehmerischen Verhaltens zwar nicht möglich, jedoch liegt die Annahme einer gewissen Schutzverantwortung der deutschen Hoheitsträger für die mittelbaren Folgen ihres Handelns sehr viel näher als in den oben dargelegten Situationen. Denn bei einer (Mit-)Verursachung der Gefahren lässt sich eine (Mit-)Verantwortung für den Schutz vor genau diesen Gefahren rechtfertigen. Dieser Verantwortung kann die garantievergebende staatliche Behörde gerecht werden, indem sie in das Vergabeverfahren grundrechtsrelevante Prüfungspunkte integriert.

Als Ergebnis dieser Darstellung lässt sich festhalten, dass auch die faktischen mittelbaren Auswirkungen der Vergabe von Investitionsgarantien zum Bestehen grundrechtlicher Schutzpflichten führen können. Es spielt für die Anwendbarkeit der Grundrechte im grenzüberschreitenden Kontext keine Rolle, ob ein gezielter, finaler Eingriff im Sinne der klassischen Eingriffsdogmatik vorliegt und an welchem Ort das deutsche Handeln seine Wirkungen zeitigt.[1098] Auch bei faktischen

---

1096 *Dietlein* (2005), S.122.
1097 *Dietlein* (2005), S.98/99.
1098 So auch *Elbing* (1992), S.220 ff./261.

Beeinträchtigungen stellt die Staatsgrenze nach der hier vertretenen Auffassung keine Grenze der Anwendbarkeit der Grundrechte in ihrer Schutzfunktion dar. Die Grundrechte ausländischer Staatsbürger sind daher – jedenfalls soweit es sich um „Jedermann"-Grundrechte handelt – im Grundsatz bei der Regelung von Sachverhalten mit Auslandselementen zu beachten, also auch bei der Förderung von Auslandsinvestitionen durch Garantievergabe.[1099]

Geht man mit der dargelegten Ansicht von der grundsätzlichen Anwendbarkeit der grundrechtlichen Schutzdimension aus, ist in einem zweiten Schritt der konkrete Inhalt der Schutzverpflichtung für den Bereich der Investitionsgarantien zu bestimmen. Insbesondere ist hier die Frage zu diskutieren, ob der deutsche Gesetzgeber aufgrund der beschriebenen Schutzpflicht dazu angehalten ist, die Garantievergabevoraussetzungen, die bislang keine obligatorischen grundrechtsspezifischen Prüfungskriterien enthalten, um solche Vergabebedingungen zu erweitern, oder ob die nach bisheriger Gesetzeslage bestehenden Berücksichtigungsmöglichkeiten grundrechtsrelevanter Belange ausreichen. Es ist zu prüfen, ab welcher Gefahrenschwelle sich der grundsätzlich in das Gestaltungsermessen des Gesetzgebers gestellte grundrechtliche Schutzauftrag in eine konkretisierbare Gesetzgebungspflicht, hier also in die Pflicht zur grundrechtssensiblen Ausgestaltung der Vergabevoraussetzungen, verwandelt.[1100]

Grundsätzlich gilt, dass die Schutzaufgabe der Legislative darin besteht, der Exekutive die normativen Instrumente bereitzustellen, um den ausführenden Organen im konkreten Fall ein schutzgewährendes Eingreifen zu ermöglichen.[1101] Dieser Gestaltungsauftrag kann sich auf die Ausgestaltung von Vergabe- und Genehmigungsverfahren beziehen. So hat das Bundesverfassungsgericht für das atomrechtliche Genehmigungsverfahren aus der schutzrechtlichen Dimension des Grundrechts aus Art. 2 Abs. 2 GG zum Schutz von Leben und Gesundheit eine bestimmte Verfahrensgestaltung mit gefährdungsspezifischen Prüfungspunkten als grundrechtlich geboten qualifiziert.[1102] Aus der Erteilung der Genehmigung für ein von privater Seite betriebenes Atomkraftwerk hat das Gericht auf eine „Mitverantwortung" des Staates für die aus dem Betrieb der Anlage resultierenden Gefährdungen der Bürger geschlossen und vor diesem Hintergrund wirksamen Schutz durch eine entsprechende Ausgestaltung des Genehmigungsverfahrens gefordert.[1103] Ein Element staatlicher Schutzpflichten besteht dem-

---

1099 So auch *Böttger* (2002), S.91/92; vgl. auch *Dietlein* (2005), S.122.
1100 Vgl. dazu *Dietlein* (2005), S.111/113; *Mayer* (2005), S.58.
1101 *Mayer* (2005), S.58/59; *Klein* (1989), 1633 (1637).
1102 Vgl. dazu BVerfGE 53, 30 (59 ff.).
1103 BVerfGE 53, 30 (58).

nach darin, die Rechtsordnung so auszugestalten, dass das Risiko rechtswidriger Grundrechtseingriffe gemindert oder nach Möglichkeit gar beseitigt wird. Entscheidende Kriterien für Art und Umfang der konkreten Schutzpflicht sind die Qualität der gefährdeten Rechtsgüter und die Intensität der Bedrohungslagen.[1104] *Dietlein* führt dazu aus:

> „Verletzt ist demzufolge die legislative Schutzpflicht vor allem dann, wenn der Gesetzgeber durch die Ausgestaltung der Rechtsordnung die grundrechtlichen Schutzgüter Privater erkennbar unabgeschirmten Gefährdungslagen seitens Dritter aussetzt, also keinerlei Vorsorge gegen erkennbare Schadenskonstellationen trifft, obgleich das Interesse des Handelnden an der Ausübung seines gefährlichen Tuns in deutlichem Missverhältnis zu den mit diesem Verhalten verbundenen Gefahren für die grundrechtlichen Schutzgüter anderer steht."[1105]

Die Einordnung der investitionsbedingten Gefährdungslagen in diese Grundsätze ist aufgrund der Vielgestaltigkeit der möglichen Konstellationen nicht einfach. Die Vergabe einer Garantie für ein Investitionsprojekt beispielsweise in den USA oder in Norwegen wird in aller Regel keine schwerwiegenden grund- oder menschenrechtlichen Probleme bereiten, anders hingegen bei Direktinvestitionen in Staaten, deren justizieller Menschenrechtsstandard nicht ein vergleichbares Schutzniveau erreicht. Wird der Bundesregierung z. B. ein Projekt in Myanmar oder in Indien zur Förderung vorgeschlagen, ist eine Überprüfung der konkreten grund- und menschenrechtlichen Umstände der Investition aufgrund der Vorerfahrungen verschiedener Investitionsprojekte in diesen Ländern angezeigt. Wie bereits an anderer Stelle dargestellt, prüft das Bundesministerium für Wirtschaft und Technologie bislang in keinem eigenständig festgelegten Prüfungsverfahren die grund- und menschenrechtlichen Folgewirkungen der zu unterstützenden Direktinvestition, lediglich die „Auswirkungen der Kapitalanlage auf das Anlageland" mit der fakultativen einzelfallbezogenen Prüfung der Menschenrechtsrelevanz gehören zum Prüfungsprogramm. Im Rahmen dieses Prüfungspunktes wird nach Angaben des Bundesministeriums für Wirtschaft und Technologie bei relevanten Förderungsanfragen die arbeits- und menschenrechtliche Situation im Zielstaat berücksichtigt.

Nach den vorherigen Ausführungen ist davon auszugehen, dass die fakultative Prüfung der grund- und menschenrechtlichen Belange, über deren Erforderlichkeit das Bundesministerium für Wirtschaft und Technologie ohne ermessensleitende Vorgaben befindet, nicht den Anforderungen des grundrechtlichen Schutzauftrages genügt. Denn auf diesem Wege ist keineswegs sichergestellt, dass die

---

1104 BVerfGE 39, 1 (45 f.), 88, 203 (254/262), 97, 169 (176).
1105 *Dietlein* (2005), S.113; vgl. dazu auch *Badura* in: Merten/Papier (2006) § 47 Rn.15.

Vergabestelle tatsächlich in allen relevanten Fällen eine hinreichende „Menschenrechtsverträglichkeitsprüfung" durchführt. Diese ist jedoch aufgrund des erheblichen Gefährdungspotentials, das mit der Unterstützung eines grund- und menschenrechtssensiblen Investitionsvorhabens verbunden ist, unabdingbar. Die einzelfallabhängige Einschätzung durch das Bundesministerium für Wirtschaft und Technologie und der Hinweis auf die OECD-Leitsätze begegnen dieser grund- und menschenrechtlichen Gefahrenlage nicht mit der adäquaten Schutzintensität. Erforderlich ist deshalb die Aufnahme eines Prüfungspunktes in die allgemeinen Vergabebedingungen, in dem bei jedem Förderungsantrag routinemäßig die grund- und menschenrechtlichen Folgewirkungen eines Investitionsvorhabens geprüft werden. Nur auf diesem Weg lässt sich sicherstellen, dass der staatliche Garantiegeber bei offen oder verdeckt grund- und menschenrechtsgefährdenden Investitionsprojekten eine Prüfung vornimmt und gegebenenfalls die Garantie verweigert. Mit der Einführung dieses Prüfungspunktes muss auch die Konkretisierung des grund- und menschenrechtlichen Prüfungsmaßstabes einhergehen, der mit dem bisherigen vagen Verweis auf die OECD-Leitlinien keine ausreichende Ausgestaltung erfahren hat.

D. Zusammenfassung

Angesichts der während der Erarbeitung des Grundgesetzes vorherrschenden wirtschaftlichen und politischen Umstände, die durch ein – jedenfalls aus heutiger Sicht – verhältnismäßig geringes Ausmaß grenzüberschreitender Sachverhalte gekennzeichnet war, ist es verständlich, dass die Frage der Wirkungen von Grundrechten in auslandsbezogenen Sachverhalten keine eigenständige Behandlung im Text des Grundgesetzes erfahren hat.[1106] Diese Fokussierung auf den nationalen Bereich bereitet angesichts der heutzutage anzutreffenden vielfältigen grenzüberschreitenden Wirkungen der Ausübung deutscher Hoheitsgewalt erhebliche Schwierigkeiten. Es entspricht daher allgemeiner Auffassung, dass in Reaktion auf die Ausweitung der Folgewirkungen staatlicher Aktivitäten auch die grundrechtlichen Schutzwirkungen eine Ausdehnung erfahren müssen, wenngleich aus Gründen der zwischenstaatlichen Rücksichtnahme die Grundrechtswirkungen abgeschwächt sein können. Gegenstand der Untersuchung des vorstehenden Kapitels war die Frage, inwieweit diese Ausdehnung untersuchungsrelevante Bereiche des internationalen Investitionsrechts erfasst.

1106 *Hofmann* (1994), S.1.

Als Ergebnis ist festzuhalten, dass lediglich im Bereich der staatlichen Investitionsgarantien eine grundrechtlich fundierte grenzüberschreitende Schutzverpflichtung deutscher Hoheitsgewalt besteht. Diese Verpflichtung hat zur Folge, dass die „Menschenrechtsverträglichkeitsprüfung" eines Investitionsvorhabens ausdrücklich in die Vergabevoraussetzungen der *Allgemeinen Bedingungen* aufgenommen werden muss. Die gegenwärtige Praxis des Bundesministeriums für Wirtschaft und Technologie, lediglich in „verdächtigen" Einzelfällen und bei bestimmten Großprojekten die grund- und menschenrechtlichen Auswirkungen eines Projekts zu prüfen, verstößt somit gegen den grundrechtlich fundierten Schutzauftrag. Im Gegensatz dazu lässt sich aus der Grundrechtsordnung nicht die Verpflichtung der Bundesrepublik Deutschland entnehmen, Grundrechte von ausländischen Arbeitnehmern im Ausland extraterritorial zu schützen, auch wenn deren grundrechtliche Positionen durch deutsche Investoren beeinträchtigt bzw. verletzt werden.

Im Rahmen von internationalen Investitionsabkommen darf sich die Bundesrepublik Deutschland völkervertragsrechtlich nicht solchen Verpflichtungen unterwerfen, die die Ausübung der grundrechtlichen Schutzpflichten auf dem eigenen Territorium gänzlich oder zum Teil unmöglich machen. Die grundrechtlichen Gewährleistungen verpflichten die Bundesrepublik Deutschland allerdings nicht zur Aufnahme von spezifisch grundrechtsschützenden Vertragsklauseln in Investitionsschutzabkommen. Die Grundrechte dienen im Rahmen von Investitionsabkommen allerdings als „Zielrichtung der auswärtigen Politik", die in bestimmten Konstellationen (z. B. bei der Verhandlung von Investitionsabkommen mit menschenrechtlich „vorbelasteten" Staaten) die Integration grund- und menschenrechtlicher Schutzvorschriften nahelegt.

Zusammenfassung

Die Ergebnisse der vorstehenden Untersuchung lassen sich wie folgt zusammenfassen:

1. Obwohl davon ausgegangen werden kann, dass ausländische Direktinvestitionen in ihrer großen Mehrzahl durchaus positive Wirtschafts- und Entwicklungseffekte sowohl für die Gast- als auch die Heimatstaaten zeitigen, haben sich ausländische Direktinvestitionen transnationaler Unternehmen in verschiedenen Konstellationen als Gefährdungsquelle für menschen- und grundrechtliche Schutzgüter erwiesen. Ein pragmatischer und zugleich völkerrechtlich zulässiger Ansatz zur Kompatibilisierung der Völkerrechtsregime des internationalen Investitionsrechts und des Menschenrechtsschutzes besteht in der verstärkten Einbeziehung der Exportstaaten internationaler Investitionen und der Betonung ihrer vielschichtigen Verantwortlichkeiten gegenüber den Gesellschaften der Zielstaaten.

2. Im investitionsrelevanten Bereich sind insbesondere wirtschaftliche Menschenrechte von den negativen Folgewirkungen internationaler Investitionstätigkeit betroffen. Die primären völkerrechtlichen Rechtsquellen in diesem Bereich sind der IPwirtR und die ILO-Kernarbeitsrechtsdeklaration mit den korrespondierenden ILO-Übereinkommen. Diese umfassen als zentrale Elemente das Gewerkschafts- und Streikrecht, das Verbot der Zwangs- und Pflichtarbeit, arbeitsrechtliche Diskriminierungsverbote und das Verbot der Kinderarbeit. Neben der völkervertraglichen Geltung lässt sich auch die völkergewohnheitsrechtliche Fundierung dieser Gewährleistungen belegen. Die wirtschaftlichen Menschenrechte verpflichten die Staaten zum Unterlassen von Menschenrechtsverletzungen sowie zum Schutz und zur Gewährleistung dieser Rechte. Die menschenrechtliche Unterlassenspflicht gilt nach der Spruchpraxis des Ausschusses zum IPwirtR nicht nur gegenüber Personen auf dem eigenen Territorium bzw. gegenüber Personen, die der effektiven Kontrolle des jeweiligen Staates unterliegen, sondern vor dem Hintergrund des im IPwirtR niedergelegten Konzepts der internationalen Hilfe und Zusammenarbeit grundsätzlich auch in grenzüberschreitender Perspektive.

3. Die investitionsrechtlichen Instrumente, die von den grenzüberschreitenden menschenrechtlichen Bindungswirkungen betroffen und daher von den Exportstaaten internationaler Investitionen vor dem Hintergrund dieser Verpflichtungen auszugestalten sind, umfassen die nationalen und internationalen Investitionsga-

rantien und die internationalen Investitionsabkommen (d. h. bilaterale Investitionsabkommen und investitionsrelevante regionale Abkommen). Diese investitionsrechtlichen Instrumente müssen nach der Spruchpraxis des Ausschusses den wirtschaftlichen Menschenrechten die Beachtung zukommen lassen, die zu deren effektivem Schutz erforderlich ist. Der konkrete Inhalt der menschenrechtlichen Verpflichtung richtet sich nach den spezifischen Bedingungen des jeweiligen Instruments.

4. Im Rahmen der internationalen Investitionsabkommen wurde die Frage der Entschädigungspflichtigkeit menschenrechtsschützender und -fördernder staatlicher Regulierungstätigkeit, die sich zugleich wertmindernd auf ausländische Investitionen auswirkt, als ein zentraler Punkt kollidierender Interessen des Investitions- und des Menschenrechtsschutzes identifiziert. Zur Lösung dieser und weiterer inhaltlicher Konkurrenzen müssen die Vertragsstaaten Regelungen in Investitionsabkommen aufnehmen, die sicherstellen, dass dem jeweiligen Gaststaat der zur Um- und Durchsetzung der menschenrechtlichen Verpflichtungen erforderliche legislative und exekutive Handlungsspielraum erhalten bleibt. Ein erster, niedrigschwelliger Schritt der vertragsschließenden Staaten liegt in der Aufnahme menschenrechtlicher Belange in die für die Auslegung erheblichen Erwägungsgründe der Präambel. Zugleich ließen sich durch die Begrenzung investitionsrechtlicher Standards (insbesondere des Schutzstandards der fairen und billigen Behandlung), die Einbeziehung von Investorenpflichten und die explizite Stärkung der Regelungshoheit der Gaststaaten weitere Handlungsoptionen für die Vertragsparteien identifizieren, mit deren Hilfe die Vertragsstaaten internationaler Investitionsabkommen ihren menschenrechtlichen Verpflichtungen nachkommen können. Welche der beschriebenen Instrumente ein Staat zur Erfüllung seiner Verpflichtungen nützt, liegt in seinem Ermessen. Die zu erreichende Schutzintensität ist durch die Gewährleistungen des IPwirtR und der ILO-Übereinkommen jedoch vorgegeben. Investitionsabkommen, die wirtschaftliche Menschenrechten in keiner Weise inkorporieren, verstoßen daher gegen die menschenrechtlichen Verpflichtungen der vertragsschließenden Staaten. Nach den Regeln der völkerrechtlichen Staatenverantwortlichkeit sind menschenrechtswidrige Investitionsabkommen von den Vertragsstaaten den menschenrechtlichen Verpflichtungen entsprechend abzuändern oder, falls eine konsensuale Änderung nicht erreicht werden kann, zu kündigen.

5. Daneben obliegen den Exportstaaten internationaler Investitionen bzw. den Mitgliedsstaaten internationaler Organisationen menschenrechtliche Verpflichtungen bei der Ausgestaltung der Vergabeverfahren für Investitionsgarantien. Als Strukturmerkmale eines menschenrechtsadäquaten Garantievergabesystems wurden folgende Elemente herausgearbeitet: Die normativen Grundlagen des

Vergabeverfahrens müssen Menschen- und Kernarbeitsrechte als Teil des obligatorischen Prüfungsprogramms enthalten. Dabei soll in erster Linie auf bestehende nationale Regelungen des Gaststaates Bezug genommen werden, zugleich aber für den Fall des Nichtbestehens bzw. des Bestehens eines unzureichenden nationalen Schutzsystems die Anwendbarkeit der internationalen Standards (v. a. der ILO-Konventionen und des IPwirtR) festgelegt werden. Kommt es nach der Überprüfung des vorgeschlagenen Projekts auf dieser Grundlage zum Abschluss eines Garantievertrages, muss dieser die Einhaltung der Kernarbeitsrechte als Vertragspflicht des Investors umfassen und Sanktionsmechanismen (z. B. die Kündigung des Garantievertrages) für den Fall der Verletzung der Kernarbeitsrechte vorsehen. Erforderlich ist insofern die überwachende Begleitung des geförderten Projekts durch die Vergabestelle.

6. Die Untersuchung der nationalen und internationalen Vergabeverfahren hat ergeben, dass einige westliche Industriestaaten bereits menschenrechtsrelevante Prüfungspunkte in ihre Vergabeverfahren integriert haben, die große Mehrzahl der nationalen Förderungsinstitutionen jedoch keine gemeinwohlorientierten Belange in ihr Prüfungsprogramm einbezieht und somit nicht den völkerrechtlichen Anforderungen entspricht. Positive Beispiele stellen die Vergabeverfahren des britischen *Export Credits Guarantee Department* und der US-amerikanischen *Overseas Private Investment Corporation* dar. Im Rahmen dieser Vergabeverfahren werden die menschen- und kernarbeitsrechtlichen Folgewirkungen der vorgeschlagenen Investitionsvorhaben in einem eigenständigen Prüfungsverfahren überprüft. Für das deutsche Vergabeverfahren lässt sich aus dem Vorhergehenden die Pflicht ableiten, die bislang einzelfallspezifisch durchgeführte Prüfung der arbeits- und menschenrechtsrelevanten Folgewirkungen geförderter Projekte als verpflichtenden Prüfungspunkt in die *Allgemeinen Bedingungen* der Garantievergabe zu integrieren. Gleiches gilt für die japanischen Investitionsgarantien der *Nippon Export and Investment Insurance*. Die untersuchten internationalen Finanzorganisationen (MIGA und EIB) zeichnen sich demgegenüber durch relativ hohe umwelt- und menschenrechtliche Standards aus, die nationalen und internationalen Garantiegebern als Leitbild für die Überarbeitung ihrer Garantievergabebedingungen dienen können.

7. Eine menschenrechtlich fundierte *Pflicht* der Exportstaaten zum extraterritorialen Schutz vor investitionsbedingten Gefährdungen kann auf Grundlage des geltenden Völkerrechts nicht festgestellt werden. Zwar lassen sich in einigen Stellungnahmen internationaler Organisationen und in der Spruchpraxis menschenrechtlicher Überwachungsorgane diesbezügliche Tendenzen erkennen, jedoch sind weder dem aktuellen Völkervertrags- noch dem Völkergewohnheitsrecht grenzüberschreitende Schutzpflichten zu entnehmen.

8. Bei der Untersuchung der Möglichkeiten der Exportstaaten, unternehmerisches Verhalten im Ausland unter menschenrechtlichen Gesichtspunkten zu regulieren, wurde deutlich, dass die nationalstaatliche Parzellierung der Jurisdiktionsbereiche nicht mehr zur zunehmenden Globalisierung der Märkte und zur transnationalen Entscheidungs- und Organisationsstruktur global agierender Unternehmen passt. Gleichzeitig konnte aufgezeigt werden, dass eine dynamische Interpretation und Fortentwicklung der bestehenden Prinzipien zum Teil adäquate Antworten auf die neuen Regulierungskonstellationen bieten. Verhaltensanforderungen im menschenrechtlichen Bereich, die über die Muttergesellschaft an das ausländische Tochterunternehmen herangetragen werden, verstoßen nicht gegen das völkerrechtliche Interventionsverbot. Daneben besteht nach dem Personalitätsprinzip klassischer Ausprägung die Möglichkeit, bestimmte rechtlich unselbstständige Teile eines transnationalen Unternehmens regulativ zu erfassen. Soweit beispielsweise dem Exportstaat zugehörige Unternehmen im Importstaat durch rechtlich unselbstständige Tochterunternehmen tätig werden, stehen dem Exportstaat Regelungsspielräume offen.

9. Weiterhin kann im untersuchungsrelevanten Bereich die Kontrolltheorie zur angemessenen Erweiterung der personalen Jurisdiktionsbefugnisse und somit zu einem Ausgleich staatlicher Regulierungsinteressen und grenzüberschreitender unternehmerischer Handlungsfreiheit beitragen. Durch die Kontrolltheorie lassen sich insbesondere selbstständige ausländische Unternehmensteile vom Rechtssystem des Exportstaates regulativ erfassen. Ist das Anknüpfungskriterium der Kontrolle im allgemeinen Völkerrecht höchst umstritten und wird mehrheitlich wohl abgelehnt, so konnte nachgewiesen werden, dass im Bereich des internationalen Investitionsrechts und des Menschenrechtsschutzes vielfältige Faktoren dafür sprechen, die Geltung der Kontrolltheorie für diesen speziellen Sektor anzuerkennen. Rivalisierende Regelungsbedürfnisse der Gast- und Heimatstaaten können über den im Völkerstrafrecht entwickelten Grundsatz der Komplementarität in einen sachgerechten Ausgleich gebracht werden.

10. Das Universalitätsprinzip hat das Potential, künftig zur Sanktionierung schwerster unternehmerischer Verbrechen beizutragen, da es die Möglichkeit der Strafverfolgung eröffnet, ohne dass eine sonstige jurisdiktionsbegründende Verbindung zwischen dem verfolgenden Staat und dem Tatort bzw. dem betreffenden Unternehmen existieren muss. Vor allem die Tatbestände des Kriegsverbrechens und des Verbrechens gegen die Menschlichkeit, für die das Universalitätsprinzip gewohnheitsrechtlich anerkannt ist, bieten Anschlussmöglichkeiten für die Sanktionierung schwerwiegenden unternehmerischen Fehlverhaltens. Auf Grundlage des aktuellen Völkervertrags- und -gewohnheitsrechts kann das Universalitätsprinzip allerdings (noch) nicht zu weiterführenden Ergebnissen beitra-

gen, da die Anwendung des für die Bestrafung von Individualpersonen entwickelten Universalitätsprinzips an der mangelnden Übertragbarkeit auf transnationale Unternehmen scheitert.

11. Im Rahmen des US-amerikanischen *Alien Tort Claims Act* (ATCA) können Menschenrechtsverletzungen zum Gegenstand nationaler Zivilverfahren gemacht werden, auch wenn die relevanten Rechtsverletzungen im Ausland von Ausländern begangen werden. Wie gesehen handelt es sich bei dem Deliktsanspruch nach dem ATCA um ein interessantes Zusammenspiel zwischen internationalen Mindeststandards und nationalen Durchsetzungsmechanismen. Die Anwendbarkeit des ATCA auf Sachverhalte, in denen wirtschaftliche Menschenrechte durch transnationale Unternehmen verletzt werden, ist allerdings begrenzt. Nur wenn diese gegen das Zwangsarbeitsverbot verstoßen, hat eine Schadensersatzklage – soweit die sonstigen, zum Teil sehr einschränkenden Zulässigkeitsvoraussetzungen vorliegen – Aussicht auf Erfolg. Die Verletzung anderer gewohnheitsrechtlich geltender wirtschaftlicher Menschenrechte durch transnationale Unternehmen löst nach der bisherigen Rechtsprechung nur dann die Schadensersatzpflicht aus, wenn sich das Handeln des Unternehmens aufgrund einer Kooperation mit dem jeweiligen Staat *de facto* als staatliche Handlung darstellt und sonstige menschenrechtsrelevante, insbesondere gegen die körperliche Integrität gerichtete Umstände hinzutreten.

12. Die Untersuchung der nationalen deutschen Grundrechtsordnung hat gezeigt, dass die Grundrechte des Grundgesetzes zwar in erster Linie für den nationalen Bereich konzipiert wurden, zugleich jedoch schon frühzeitig durch die Rechtsprechung des Bundesverfassungsgerichts auf grenzüberschreitende Sachverhalte übertragen und dazu in ihren konkreten Wirkungen modifiziert wurden. Für den Bereich des internationalen Investitionsrechts ließen sich verfassungsrechtliche Bindungen in erster Linie für die Vergabe von Investitionsgarantien ableiten. Die Bundesrepublik Deutschland ist danach auch aufgrund der Grundrechte verpflichtet, bei Investitionsgarantien für Projekte in menschenrechtlich „vorbelasteten" Staaten die grundrechtsrelevanten Auswirkungen des geförderten Projekts mit in die Beurteilung der Förderungswürdigkeit aufzunehmen. Damit eine wirksame Prüfung sichergestellt ist, müssen die bei der Garantievergabe bedeutsamen *Allgemeinen Bedingungen* um einen obligatorischen grund- und menschenrechtlichen Prüfungspunkt erweitert werden. Dagegen lässt sich aus der Grundrechtsordnung nicht die Verpflichtung der Bundesrepublik Deutschland entnehmen, Grundrechte von ausländischen Arbeitnehmern im Ausland zu schützen, wenn deren grundrechtliche Positionen durch deutsche Investoren beeinträchtigt bzw. verletzt werden. Die grundrechtliche Verantwortung der deutschen öffentlichen Gewalt endet grundsätzlich dort, wo ein Vorgang in seinem

wesentlichen Verlauf von einem fremden Staat nach dessen eigenem, von der Bundesrepublik Deutschland völlig unabhängigem Willen gestaltet wird. Hinsichtlich internationaler Investitionsabkommen kann daher lediglich die verfassungsrechtlich fundierte Pflicht formuliert werden, dass sich die Bundesrepublik Deutschland völkervertragsrechtlich nicht solchen investitionsrechtlichen Verpflichtungen unterwerfen darf, die die Ausübung der grundrechtlichen Schutzpflichten behindern bzw. unmöglich machen. Durch welche konkreten Maßnahmen die Bundesrepublik Deutschland dieser Verpflichtung nachkommt, steht in ihrem Ermessen. Darüber hinaus wirken die Grundrechte als „Zielrichtung der auswärtigen Politik", die in bestimmten Konstellationen (z. B. bei der Verhandlung von Investitionsabkommen mit menschenrechtlich „vorbelasteten" Staaten) die Integration grund- und menschenrechtlicher Schutzvorschriften nahelegt.

Literaturverzeichnis

Abel, Alexander (2007): Der Alien Tort Statute nach der Entscheidung des US-Supreme Court in der Sache Sosa v. Alvarez-Machain, Ein US-amerikanischer Weg zum Schutz der Menschenrechte, Aachen.

Acconci, Pia (2004): Determining the Internationally Relevant Link between a State and a Corporate Investor, in: Journal of World Investment & Trade, Vol.5, S.139-175.

Addo, Michael K. (Ed.)(1999): Human Rights Standards and the Responsibility of Transnational Corporations, Den Haag u.a.

Aguirre, Daniel (2004): Multinational Corporations and the Realisation of Economic, Social and Cultural Rights, in: California Western International Law Journal, Vol.35, S.53-82.

Aichele, Valentin (2009): Ein Meilenstein für die Unteilbarkeit: Das neue Fakultativprotokoll zum UN-Sozialpakt, in: Zeitschrift für die Vereinten Nationen und ihre Sonderorganisationen, S.72-78.

Aldrich, George H. (1994): What Constitutes a Compensable Taking of Property? The Decisions of the Iran-United States Claims Tribunal, in: The American Journal of International Law, Vol.88, S.585-610.

Alston, Philip (2005): Labour Rights as Human Rights, Oxford.

Ders. (2004): Core Labour Standards´ and the Transformation of the International Labour Rights Regime, in: European Journal of International Law, Vol.15, S.457-521.

Ders. (1992): The Committee on Economic, Social and Cultural Rights, in: Alston, Philip (Ed.): The United Nations and Human Rights, A Critical Appraisal, Oxford, S.473-508.

Ders. (1990): U.S. Ratification of the Covenant on Economic, Social and Cultural Rights: The Need for a Entirely New Strategy, in: American Journal of International Law, Vol.68, S.365-393.

Ders. (1979): The United Nations´ Specialized Agencies and the Implementation of the Covenant on Economic, Social and Cultural Rights, in: Columbia Journal of Transnational Law, Vol.18, S.79-118.

Alston, Philip/ *Quinn,* Gerard (1987): The Nature and Scope of State Parties' Obligations under the International Covenant on Economic, Social and Cultural Rights, in: Human Rights Quarterly, Vol.9, S.156-229.

Alston, Philip/ *Tomasevski,* Katarina (Ed.)(1984): The Right to Food, Utrecht.

Altiparmak, Kerem (2004): Bankovic: An Obstacle to the Application of the European Convention on Human Rights in Iraq?, in: Journal of Conflict and Security Law, Vol.9, S.213-251.

Amann, Diane Marie (2000/2001): Capital Punishment: Corporate Criminal Liability for Gross Violations of Human Rights, in: Hastings International Law and Comparative Law Revue, Vol.24, S.327-338.

Amerasinghe, Chittharanjan Felix (2005): Principles of the Institutional Law of International Organisations, 2nd Edition, Cambridge.

American Law Institute (1987): Restatement of the Law (Third), The Foreign Relations Law of the United States, Vol.I, II, St. Paul.

(Zitiert: *American Law Institute* (1987), §... comment...)

Amnesty International (2006): Human Rights, Trade and Investment Matters; abrufbar unter: www.corporate-accountability.org/eng/documents/2006/.

Dies. (2003): Human Rights on the Line, The Baku-Tbilisi-Ceyhan-pipeline-project; abrufbar unter: www.amnesty.org.uk/business.

Appelton, Barry (2002/2003): Regulatory Takings: The International Law Perspective, in: New York University Environmental Law Journal, Vol.11, S.35-48.

Attwooll, Elspeth (1986): The Right to be a Member of a Trade Union, in: Campbell, Tom et.al. (Eds.): Human Rights, From Rhetoric to Reality, Oxford/New York, S.232-249.

Bachand, Rémi/ *Rousseau*, Stéphanie (2003): International Investment and Human Rights: Political and Legal Issues, International Centre for Human Rights and Democratic Development, abrufbar unter: www.eldis.org/static/DOC14477.htm.

Banz, Michael (1988): Völkerrechtlicher Eigentumsschutz durch Investitionsschutzabkommen, Insbesondere die Praxis der Bundesrepublik Deutschland seit 1959, Berlin.

Bassiouni, M. Cherif (2003): Introduction to International Criminal Law, Ardsley.

Been, Vicki/ *Beauvais*, Joel (2003): The Global Fifth Amendment? NAFTA´s Investment Protections and the Misguided Quest for an International "Regulatory Takings" Doctrine, in: New York University Law Review, Vol.78, S.30-143.

Belling, Jan-Frederik (2008): Die Jurisdiktion rationae materiae der ICSID-Schiedsgerichte, Unter besonderer Berücksichtigung des Investitionsbegriffes des Weltbankübereinkommens vom 18.03.1965, Berlin,

Bernhardt, Rudolf (Ed.): Encyclopedia of Public International Law, Vol.I, 1992; Vol.III, 1997; Vol.IV, 2000, Amsterdam u.a.

(Zitiert: *Bearbeiter* in: EPIL (1992), S…)

Bertele, Joachim (1998): Souveränität und Verfahrensrecht, Eine Untersuchung der aus dem Völkerrecht ableitbaren Grenzen staatlicher extraterritorialer Jurisdiktion im Verfahrensrecht, Tübingen.

Blumberg, Phillip (2000/2001): Accountability of Multinational Corporations: The Barriers presented by concepts of the corporate Juridical Entity in: Hastings International and Comparative Law Review, Vol.24, S.297-320.

Blume, Lorenz/ *Voigt*, Stefan (2007): The Economic Effects of Human Rights, in: Kyklos, International Review for Social Sciences, S.509-538.

Blüthner, Andreas (2004): Welthandel und Menschenrechte in der Arbeit, The Compatibility of Human Rights at Work with the WTO-System, Frankfurt am Main.

Borris, Christian/ *Hennecke*, Rudolf (2008): Das Kriterium der Einhaltung von Vorschriften nationalen Rechts in ICSID Schiedsverfahren – Anmerkungen zum Schiedsspruch in der Sache Fraport v. Philippines, in: Zeitschrift für Schiedsverfahren, S.49-58.

Bossuyt, M (1975): La distinction entre les droites civils et politiques et les droits économiques, sociaux et culturels, in: Revue des Droits de l´homme, Vol.8, S.783-820.

Böttger, Katja (2005): Zwischen „Ökoimperialismus" und „fremdnütziger Umweltverantwortung", in: Winter, Gerd (Hrsg.): Die Umweltverantwortung multinationaler Unternehmen, Selbststeuerung und Recht bei Auslandsdirektinvestitionen, Baden-Baden, S.37-72.

Dies. (2002): Die Umweltpflichtigkeit von Auslandsdirektinvestitionen im Völkerrecht, Baden-Baden.

Bradley, Curtis A. (2007): Unratified Treaties, Domestic Politics, and the U.S. Constitution, in: Harvard International Law Journal, Vol.48, S.307-336.

Ders. (2001): Universal Jurisdiction and U.S. Law, in: University of Chicago Legal Forum, S.323-350.

Bradlow, Daniel/ *Grossman*, Claudio (1995): Limited Mandates and Intertwined Problems: A New Challenge for the World Bank and the IMF, in: Human Rights Quarterly, Vol.17, S.411-442.

Bratton, William/ *McCahery*, Joseph/ *Picciotto*, Sol/ *Scott*, Colin (Eds.)(1996): International Regulatory Competition and Coordination, Perspectives on Economic Regulation in Europe and the United States, Oxford.

Briggs, Herbert W. (1971): Barcelona Traction: The Jus Standi of Belgium, in: American Journal of International Law, Vol.65, S.327-345.

Brownlie, Ian (2008): Principles of Public International Law, 7th Edition, Oxford.

Ders. (1993): System of the Law of Nations, State Responsibility, Part I, Oxford.

Brupbacher, Stefan (2002): Fundamentale Arbeitsnormen der Internationalen Arbeitsorganisation, Eine Grundlage der sozialen Dimension der Globalisierung, Bern.

Bryde, Brun-Otto (1994): Verpflichtungen Erga Omnes aus Menschenrechten, in: Kälin, Walter u.a. (Hrsg.): Aktuelle Probleme des Menschenrechtsschutzes, Berichte der Deutschen Gesellschaft für Völkerrecht, Band 33, S.165-186,

Bullard, Madeleine Grey (2001): Child Labor Prohibitions are Universal, Binding and Obligatory Law: The Evolving State of Customary International Law Concerning the Unempowered Child Laborer, in: Houston Journal of International Law, Vol.24, S.139 ff.

Bundesministerium für Wirtschaft und Technologie/PricewaterhouseCoopers (2010): Investitionsgarantien der Bundesrepublik Deutschland, Direktinvestitionen Ausland, Jahresbericht 2009, Berlin/Hamburg.

Dies. (2007): Investitionsgarantien der Bundesrepublik Deutschland, Direktinvestitionen Ausland, Jahresbericht 2006, Berlin/Hamburg.

Burianski, Markus (2004): Globalisierung und Sozialstandards, Der Schutz von Kernarbeitsrechten im und durch den Internationalen Handel, Hamburg.

von Bülow, Hans-Joachim (1979): Schwierigkeiten mit dem Südafrika-Kodex, in: Recht der Internationalen Wirtschaft, S.600-603.

Cassese, Antonio (2005): International Law, 2nd Edition, Oxford.

Ders. (2008): International Criminal Law, 2nd Edition, Oxford.

Ceyssens, Jan/ *Sekler*, Nicola (2005): Bilaterale Investitionsabkommen (BITs) der Bundesrepublik Deutschland: Auswirkungen auf wirtschaftliche, soziale und ökologische Regulierung in Zielländern und Modelle zur Verankerung der Verantwortung transnationaler Konzerne, abrufbar unter:http://opus.kobv.de/ubp/volltexte/2005/612/pdf/BITSStudie.pdf.

Ceyssens, Jan/ *Feldt*, Heidi/ *Hörtreiter*, Isabel (2005): Zwischenstaatliche Instrumente zur Stärkung der Unternehmensverantwortlichkeit, WEED-Arbeitspapiere, Berlin.

Chapman, Audrey/ *Russell*, Sage (Eds.)(2002): Core Obligations, Building a Framework for Economic, Social and Cultural Rights, Antwerpen.

Christochowitz, Sabine (2001): Die Konvention Nr. 157 der Internationalen Arbeitsorganisation vom 21. Juni 1982 über die Errichtung eines internationalen Systems zur Wahrung der Rechte in der Sozialen Sicherheit, Bonn.

Ciorciari, John (2000): The Lawful Scope of Human Rights Criteria in the World Bank Credit Decisions: An Interpretative Analysis of the IBRD and IDA Articles of Agreement, in: Cornell International Law Journal, Vol.33, S.331-371.

Clapham, Andrew (2000): The Question of Jurisdiction Under International Criminal Law Over Legal Persons: Lessons from the Rome Conference on an International Criminal Court, in: Kamminga, Menno T./ Zia-Zarifi, Saman (Eds.): Liability of Multinational Corporations under International Law, Den Haag/Boston, S.139-195.

Clapham, Andrew/ *Jerbi*, Scott (2000/2001): Categories of Corporate Complicity in Human Rights Abuses, in: Hastings International and Comparative Law Review, Vol.24, S.339-349.

Coester-Waltjen, Dagmar/ *Kronke*, Herbert/ *Kokott*, Juliane (1998): Die Wirkungskraft der Grundrechte bei Fällen mit Auslandsbezug, Berichte der Deutschen Gesellschaft für Völkerrecht, Band 38, Heidelberg.

Comeaux, Paul E./ *Kinsella*, Stephan N. (1994): Reducing Political Risk in Developing Countries: Bilateral Investment Treaties, Stabilization Clauses, and MIGA & OPIC Investment Insurance, in: New York Law School Journal of International and Comparative Law, Vol.15, S.1-48.

Coomans, Fons (Ed.)(2006): Justiciability of Economic and Social Rights, Experiences from Domestic Systems, Antwerpen/Oxford.

Ders. (2004): Some Remarks on the Extraterritorial Application of the International Covenant on Economic, Social and Cultural Rights, in: Coomans, Fons/ Kamminga, Menno T. (Eds.): Extraterritorial Application of Human Rights Treaties, Antwerpen/Oxford, S.183-200.

Coomans, Fons/ *Kamminga*, Menno T. (Eds.)(2004): Extraterritorial Application of Human Rights Treaties, Antwerpen/Oxford.

Craven, Matthew (1995): The International Covenant on Economic, Social and Cultural Rights, A Perspective on its Development, Oxford.

Dahm, Georg/ *Delbrück*, Jost/ *Wolfrum*, Rüdiger (1989): Völkerrecht, Die Grundlagen. Die Völkerrechtssubjekte; Band I/1, Berlin/New York.

Darrow, Mac (2003): Between Light and Shadow: The World Bank, the International Monetary Fund and International Human Rights Law, Oxford/Portland.

Date-Bah, S.K. (1971): The Legal Regime of Transnational Investment Agreements that is most compatible with both the Encouragement of Foreign Investors and the Achievement of the Legitimate National Goals of Host States, in: Journal of African Law, Vol.15, S.241-250.

Dennis, Michael J. (2005): Application of Human Rights Treaties extraterritorially in times of armed conflict and military occupation, in: American Journal of International Law, Vol. 99, S.119-141.

Dennis, Michael J./ *Stewart*, David P. (2004): Justiciability of economic, social and cultural Rights: Should there be an International complaints Mechanism to adjudicate the Rights to food, water, housing and health?, in: American Journal of international Law, Vol. 98, S.462-515.

De Schutter, Olivier (2006): Transnational Corporations and Human Rights, Oxford.

Ders. (2006a): Extraterritorial Jurisdiction as a tool for improving the Human Rights Accountability of Transnational Corporations, abrufbar unter: www.corporate-accountability.org/eng/documents/2006/extraterritorial_jurisdiction_for_tnc.pdf.

Deutsches Institut für Menschenrechte (2005): Die "General Comments" zu den VN-Menschenrechtsverträgen, Deutsche Übersetzung und Kurzeinführungen, Baden-Baden.

Deva, Surya (2004): Acting Extraterritorially to Tame Multinational Corporations for Human Rights Violations: Who should „Bell the Cat"?, in: Melbourne Journal of International Law, Vol.5, S.37-65.

Dietlein, Johannes (2005): Die Lehre von den grundrechtlichen Schutzpflichten, 2.Auflage, Berlin.

Diez de Velasco Vallejo, Manuel (2007), Instituciones de Derecho Internacional Público, 16ª Edición, Madrid.

Dine, Janet (2005): Companies, International Trade and Human Rights, Cambridge.

Dolzer, Rudolf (2002/2003): Indirect Expropriations: New Developments?, in: New York University Environmental Law Journal, Vol.11, S.64-93.

Ders. (1992): Zur Bedeutung der ELSI-Entscheidung des Internationalen Gerichtshofs, in: Praxis des internationalen Privat- und Verfahrensrechts, S.137-140.

Ders. (1985): Eigentum, Enteignung und Entschädigung im geltenden Völkerrecht, Berlin u.a.

Dolzer, Rudolf/ *Herdegen*, Matthias/ *Vogel*, Bernhard (Hrsg.)(2006): Auslandsinvestitionen, Ihre Bedeutung für Armutsbekämpfung, Wirtschaftswachstum und Rechtskultur, Freiburg u.a.

Dolzer, Rudolf/ *Schreuer*, Christoph (2008): Principles of International Investment Law, Oxford.

Dolzer, Rudolf/ *Stevens*, Margrete (1995): Bilateral Investment Treaties, Den Haag u.a.

Dombois, Rainer/ *Hornberger*, Erhard/ *Winter*, Jens (2003): Transnational Labour Regulation in the NAFTA – a Problem of Institutional Design? The Case of the North American Agreement on Labour Cooperation between the USA, Mexico and Canada, in: The International Journal of Comparative Labour Law and Industrial Relations, Vol.19/4, S.421-440.

Dowell-Jones, Mary (2004): Contextualising the International Covenant on Economic, Social and Cultural Rights: Assessing the Economic Deficit, Leiden/Boston.

Drillisch, Heike/ *Sekler*, Nicola (2004): Bilaterale Investitionsabkommen und Investitionsgarantien - Konzept, Kritik und Perspektiven, Arbeitspapier von WEED, Berlin.

Dupuy, Pierre-Marie/ *Francioni*, Francesco/ *Petersmann*, Ernst-Ulrich (Eds.)(2009): Human Rights in International Investment Law and Arbitration, Oxford.

Ebenroth, Carsten Thomas/ *Karl*, Joachim (1989): Die Multilaterale Investitions-Garantie-Agentur, Kommentar zum MIGA-Übereinkommen, Heidelberg.

Eide, Asbjorn (2000): Economic and Social Rights, in: Symonides, Janusz (Ed.): Human Rights: Concept and Standards, Paris, S.109-174.

Ders. (1989): Realization of Social and Economic Rights and the Minimum Threshold Approach, in: Human Rights Law Journal, Vol.10, S.35-51.

Eide, Asbjorn/ *Krause*, Catarina/ *Rosas*, Allan (Ed.)(2001): Economic, Social and Cultural Rights, A Textbook, 2nd Edition, Dordrecht.

Elbing, Gunther (1992): Zur Anwendbarkeit der Grundrechte bei Sachverhalten mit Auslandsbezug, Berlin.

Elgeti, Till (2002): Völkerrechtliche Standards für Umweltverträglichkeitsprüfungen, Offenlegung und deren Durchsetzung im Investitionsversicherungsgeschäft, Dargestellt am neuen Verfahren der MIGA, Berlin.

Emmerich, Volker/ *Habersack*, Mathias (2008): Konzernrecht, 9. Auflage, München.

Fatouros, Arghyrios A. (1998): International Investment Agreements and Development – Problems and Prospects at the Turn of the Century, in: Hafner, Gerhard u.a. (Eds.): Liber Amicorum Professor Ignaz Seidl-Hohenveldern, Den Haag u.a., S.115-132.

Ders. (1997): National Legal Persons in International Law, in: Bernhardt, Rudolf (Ed.): Encyclopedia of Public International Law, Vol.III, Amsterdam u.a., S.495-501.

Ders. (1992): Developing States, in: Bernhardt, Rudolf (Ed.): Encyclopedia of Public International Law, Vol.I, Amsterdam u.a., S.1017-1024.

Fauchald, Ole Kristian (2006): International Investment Law and Environmental Protection, in: Yearbook of International Environmental Law, Vol.17, S.3-47.

Fedke, Tibor (2006): Corporate Governance in international agierenden Konzernen, Berlin.

Fenwick, Colin (2002): Minimum Obligations with Respect to Article 8 of The International Covenant on Economic, Social and Cultural Rights, in: Chapman, Audrey/ Russell, Sage (Eds.): Core Obligations, Building a Framework for Economic, Social and Cultural Rights, Antwerpen, S.53-86.

Fichtner, Nikolai (2006): Investitionspolitik für zukunftsfähige Entwicklung, Der Vorschlag eines "Model International Agreement on Investment for Sustainable Development" des IISD, Arbeitspapier von WEED, Berlin.

Fischer, Peter (1984): Staatsunternehmen im Völkerrecht, in: Berichte der Deutschen Gesellschaft für Völkerrecht, Band 25, Heidelberg, S.7-35.

Fischer-Lescano, Andreas/ *Gasser*, Hans-Peter/ *Marauhn*, Thilo/ *Ronzitti*, Natalino (Hrsg.): Frieden in Freiheit, Festschrift für Michael Bothe, Baden-Baden, S.637-646.

Frick, Helmut (1975): Bilateraler Investitionsschutz in Entwicklungsländern, Ein Vergleich der Vertragssysteme der Vereinigten Staaten von Amerika und der Bundesrepublik Deutschland, Berlin.

Fuks, Igor (2006): *SOSA V. ALVAREZ-MACHAIN* and the Future of the ATCA Litigation: Examining Bonded Labour Claims and Corporate Liability, in: Columbia Law Review, Vol.106, S.112-143.

Gaedtke, Jens-Christian (2004): Der US-amerikanische Alien Tort Claims Act und der Fall Doe v. Unocal: Auf dem Weg zu einer Haftung transnationaler Unternehmen für Menschenrechtsverletzungen?, in: Archiv des Völkerrechts, Band.42, S.241-260.

Geimer, Reinhold (1994): Menschenrechte im internationalen Zivilverfahrensrecht, in: Kälin, Walter u.a. (Hrsg.): Aktuelle Probleme des Menschenrechtsschutzes, Berichte der Deutschen Gesellschaft für Völkerrecht, Band 33, S.213-265.

Ghazi, Bahram (2005): The IMF, the World Bank Group and the Question of Human Rights, Ardsley.

Gibney, Mark/ *Tomasevski*, Katarina/ *Vedsted-Hansen*, Jens (1999): Transnational State Responsibility for Violations of Human Rights, in: Harvard Human Rights Journal, Vol.12, S.267-295.

Glinski, Carola (2005): Haftung multinationaler Unternehmen für Umweltschäden bei Auslandsdirektinvestitionen, in: Winter, Gerd (Hrsg.): Die Umweltverantwortung multinationaler Unternehmen, Selbststeuerung und Recht bei Auslandsdirektinvestitionen, Baden-Baden, S.231-282.

Görs, Benjamin (2005): Internationales Investitionsrecht, Frankfurt am Main.

342

Graf Vitzthum, Wolfgang (Hrsg.)(2010): Völkerrecht, 5.Auflage, Berlin.

(Zitiert: *Bearbeiter* in: Graf Vitzthum (2010), … Abschnitt Rn…)

Gramlich, Ludwig (1984): Rechtsgestalt, Regelungstypen und Rechtsschutz bei grenzüberschreitenden Investitionen, Baden-Baden.

Granger, Clotilde/ *Siroen*, Jean-Marc (2006): Core Labour Standards in Trade Agreements: From Multilateralism to Bilateralism, in: Journal of World Trade, Vol.40, S.813-836.

Grewlich, Klaus W. (1980): Transnational Enterprises in a New International System, Alphen aan den Rijn.

Großfeld (1986): Internationales Unternehmensrecht, Heidelberg.

Grote, Rainer /*Marauhn*, Thilo (Hrsg.)(2006): EMRK/GG, Konkordanzkommentar zum europäischen und deutschen Grundrechtsschutz, Tübingen.

(Zitiert: *Bearbeiter* in: Grote/Marauhn (2006), Kap… Rn…)

Habersack, Mathias (2006): Europäisches Gesellschaftsrecht, 3.Auflage, München.

Hailbronner, Kay (1997): Kontrolle der auswärtigen Gewalt, in: Veröffentlichungen der Vereinigung der deutschen Staatsrechtslehrer, Heft 56, Berlin/New York, S.7-37.

Hailer, Claudia (2006): Menschenrechte vor Zivilgerichten – die Human Rights Litigation in den USA, Berlin.

Happold, Matthew (2003): Bankovic v Belgium and the Territorial Scope of the European Convention on Human Rights, in: Human Rights Law Review, Vol.3, S.77-90.

Head, John W. (2007): Global Business Law, Principles and Practice of International Commerce and Investment, 2nd Edition, Durham/North Carolina.

Heintzen, Markus (1988): Auswärtige Beziehungen privater Verbände, Eine staatsrechtliche, insbesondere grundrechtskollisionsrechtliche Untersuchung, Berlin.

Herdegen, Matthias (2010): Europarecht, 12.Auflage, München

Ders. (2009): Internationales Wirtschaftsrecht, 8.Auflage, München.

Heselhaus, F. Sebastian M./ *Nowak*, Carsten (Hrsg.)(2006): Handbuch der Europäischen Grundrechte, München.

Higgins, Rosalyn (1989): The United Nations: Still a Force for Peace, in: The Modern Law Review, Vol.52, S.1-21.

Hilpold, Peter (2007): Human Rights and WTO Law: From Conflict to Coordination, in: Archiv des Völkerrechts, S.484-516.

Hirsch, Moshe (2008): Interactions between Investment and Non-Investment Obligations, in: Muchlinski, Peter/ Ortino, Frederico/ Schreuer, Christoph (Eds.): The Oxford Handbook of International Investment Law, Oxford, S.154-181.

Hoffmann, Anne (2006): Counterclaims by the respondant state in investment arbitration - The decision on jurisdiction over Respondent´s counterclaim in Saluka Investments B.V. v. Czech Republic, in: Zeitschrift für Schiedsverfahren, S.317-320.

Hofman, Rainer (1994): Grundrechte und grenzüberschreitende Sachverhalte, Berlin u.a.

Hufen, Friedhelm (2009): Staatsrecht II, Grundrechte, 2.Auflage, München.

Immenga, Ulrich/ *Mestmäcker*, Ernst-Joachim (2007): Wettbewerbsrecht, Band 1. EG/Teil 1, Kommentar zum Europäischen Kartellrecht, 4. Auflage, München.

International Labour Organization (ILO):

- Equality at work: Tackling the challenges, Global Report under the follow-up to the ILO Declaration on Fundamental Principles and Rights at Work, Report I (B), Genf, 2007.

(Zitiert: ILO (2007), Equality at work)

- Eradication of Forced Labour, General Survey concerning the forced labour Convention, 1930 (No.29), and the Abolition of Forced Labour Convention, 1957 (No.105), Report of the Committee of Experts on the Application of Conventions and Recommendations, Genf, 2007.

(Zitiert: ILO (2007), Eradication of Forced Labour)

- Freedom of Association, Digest of Decisions and Principles of the Freedom of Association Committee of the Governing Body of the ILO, 5th edition, Genf, 2006.

(Zitiert: ILO (2006), Freedom of Association)

- A global alliance against forced labour, Global Report under the follow-up to the ILO Declaration on Fundamental Principles and Rights at Work, Report I (B), Genf, 2005.

(Zitiert: ILO (2005), Alliance against forced Labour)

- A Future Without Child Labour, Global Report under the Follow-up to the ILO Declaration on Fundamental Principles and Rights at Work, Report I (B), Genf, 2002.

(Zitiert: ILO (2002), A Future Without Child Labour)

Ipsen, Knut (2004): Völkerrecht, 5.Auflage, München.

(Zitiert: *Bearbeiter* in: Ipsen (2004), §... Rn...)

Jägers, Nicola (2002): Corporate Human Rights Obligations: in Search of Accountability, Antwerpen.

Jerbi, Scott/ *Clapham*, Andrew (2001): Categories of Corporate Complicity, in: Hastings International and Comparative Law Journal, Vol.24, S.339-349.

Johannsen, Sven Leif Erik (2009): Die Kompetenz der Europäischen Union für ausländische Direktinvestitionen nach dem Vertrag von Lissabon, in: Beiträge zum Transnationalen Wirtschaftsrecht, Heft 90.

Joseph, Sarah (2004): Corporations and Transnational Human Rights Litigation, Oxford.

Dies. (1999): Taming the Leviathans: Multinational Enterprises and Human Rights, in: Netherlands International Law Journal, Vol. XLVI, S.171-203.

Kadelbach, Stefan (1992): Zwingendes Völkerrecht, Berlin.

Kaleck, Wolfgang/ *Saage-Maaß*, Miriam (2008): Transnationale Unternehmen vor Gericht, Über die Gefährdung der Menschenrechte durch europäische Firmen in Lateinamerika, Berlin.

Kaltenborn, Markus (2008): Entwicklungs- und Schwellenländer in der Völkerrechtsgemeinschaft. Zum Stand und zu den Perspektiven des Entwicklungsvölkerrechts, in: Archiv des Völkerrechts, S.205-232.

Kälin, Walter/ *Künzli*, Jörg (2008): Universeller Menschenrechtsschutz, 2.Auflage, Basel.

Kahn, Philippe/ *Wälde*, Thomas (Eds.)(2007): Les aspects nouveaux du droit des investissements internationaux/New Aspects of International Investment Law, Leiden/Boston.

Kamminga, Menno T./ *Zia-Zarifi*, Saman (Eds.)(2000): Liability of Multinational Corporations under International Law, Den Haag/Boston.

Karns, Margaret P./ *Mingst*, Karen A. (2004): International Organisations, The Politics and Processes of Global Governance, Boulder.

Kaufmann, Christine (2007): Globalisation and Labour Rights, The Conflict between Core Labour Rights and International Economic Law, Oxford/Portland.

Kinley, David/ *Chambers,* Rachel (2006): The UN Human Rights Norms for Corporations: The Private Implications of Public International Law, in: Human Rights Law Review, Vol.6, S.447-497.

Klee, Kristina (2000): Die progressive Verwirklichung wirtschaftlicher, sozialer und kultureller Menschenrechte – Eine Interpretation von Art. 2 Abs. 1 des Internationalen Paktes für wirtschaftliche, soziale und kulturelle Rechte, Stuttgart u.a.

Klein, Eckart (Hrsg.) (2003): Menschenrechtsschutz durch Gewohnheitsrecht, Berlin.

Ders. (2001): General Comments – Zu einem eher unbekannten Instrument des Menschenrechtsschutzes, in: Ipsen, Jörn/Schmidt-Jortzig, Edzard (Hrsg.): Recht – Staat – Gemeinwohl, Festschrift für Dietrich Rauschning, Köln u.a., S.301-311.

Ders. (2000): United Nations, Specialized Agencies, in: Bernhardt, Rudolf (Ed.): Encyclopedia of Public International Law, Vol.IV, Amsterdam u.a., S.1172-1193.

Ders. (Ed.) (1999): The Duty to Protect and to Ensure Human Rights, Berlin.

Ders. (1989), Grundrechtliche Schutzpflichten des Staates, in: Neue Juristische Wochenschrift, S.1633-1640.

Kloepfer, Michael (2008): Umweltschutz als transnationale Aufgabe, in: Andreas Fischer-Lescano/Hans-Peter Gasser/Thilo Marauhn/Natalino Ronzitti (Hrsg.): Frieden in Freiheit, Festschrift für Michael Bothe, Baden-Baden, S.637-646.

Kokkini-Iatridou, Dimitra/ *de Waart*, Paul J.I.M. (1983): Foreign Investment in Developing Countries – Legal Personality of Multinationals in International Law, in: Netherlands Yearbook of International Law, Vol. XIV, S.87-131.

Kokott, Juliane (1998): Grund- und Menschenrechte als Inhalt eines internationalen ordre public, in: Berichte der Deutschen Gesellschaft für Völkerrecht, Band 38, Die Wirkungskraft der Grundrechte bei Fällen mit Auslandsbezug, Heidelberg, S.71-111.

Krajewski, Markus (2009): Wirtschaftsvölkerrecht, 2.Auflage, Heidelberg.

Krajewski, Markus/ *Ceyssens*, Jan (2007): Internationaler Investitionsschutz und innerstaatliche Regulierung, in: Archiv des Völkerrechts, S.180-216.

Kriebaum, Ursula (2007): Privatizing Human Rights. The Interface between International Investment Protection and Human Rights, in: Reinisch, August/ Kriebaum, Ursula (Eds.): The Law of International Relations – Liber Amicorum Hanspeter Neuhold, Utrecht, S.165-190.

Kronke, Herbert (1998): Die Wirkungskraft der Grundrechte bei Fällen mit Auslandsbezug, in: Coester-Waltjen, Dagmar/ Kronke, Herbert/ Kokott, Juliane (Hrsg.): Die Wirkungskraft der Grundrechte bei Fällen mit Auslandsbezug, Berichte der Deutschen Gesellschaft für Völkerrecht, Band 38, Heidelberg, S.33-69.

Kuhlmann, Jens/ *Ahnis*, Erik (2007): Konzern- und Umwandlungsrecht, 2.Auflage, Heidelberg.

Künzli, Jörg (2001): Zwischen Rigidität und Flexibilität: Der Verpflichtungsgrad internationaler Menschenrechte, Ein Beitrag zum Zusammenspiel von Menschenrechten, humanitärem Völkerrecht und dem Recht der Staatenverantwortlichkeit, Berlin.

Langille, Brian A. (2005): Core Labour Rights – The True Story (Reply to Alston), in: European Journal of International Law, Vol.16, S.409-437.

Lansky, Mark (1997): Child Labour: How the Challenge is being met, in: International Labour Review, Vol.136, S.233-257.

Lawson-Remer, Terra Eve (2006): A Role for The International Finance Corporation in Integrating Environmental and Human Rights Standards into Core Project Covenants: Case Study of the Baku-Tbilisi-Ceyhan Oil Pipeline Project, in: De Schutter, Olivier (Ed.): Transnational Corporations and Human Rights, Oxford/Portland, S.393-425.

Leader, Sheldon (2006): International Trade and Human Rights, in: Nordic Journal of Human Rights, Vol.24, S.159-169.

Ders. (2006a): Human Rights, Risks, and New Strategies for Global Investment, in: Journal of International Economic Law, Vol.9, S.657-705.

Liberti, Lahra (2007): Investissements et Droit de´l Homme, in: Kahn, Philippe/ Wälde, Thomas (Eds.): Les aspects nouveaux du droit des investissements internationaux/New Aspects of International Investment Law, Leiden/Boston, S.791-852.

Lillich, Richard B. (1995/1996): The Growing Importance of Customary International Human Rights Law, in: Georgia Journal of International and Comparative Law, S.1-30.

Ders. (Ed.)(1981): U.S. Ratification of the Human Rights Treaties, With or Without Reservations?, Charlottesville.

Loomis, Worth (1999): The Responsibility of Parent Corporations for the Human Rights Violations of their Subsidiaries, in: Addo, Michael (Ed.): Human Rights Standards and the Responsibility of Transnational Corporations, Den Haag, S.145-159.

Lorenz, Dirk (2005): Der territoriale Anwendungsbereich der Grund- und Menschenrechte, Zugleich ein Beitrag zum Individualschutz in bewaffneten Konflikten, Berlin.

Luck, Edward C. (2008): Der verantwortliche Souverän und die Schutzverantwortung, Auf dem Weg von einem Konzept zur Norm, in: Vereinte Nationen, Zeitschrift für die Vereinten Nationen und ihre Sonderorganisationen, S.51-58.

Maassarani, Tarek F. (2005/2006): Four Counts of Corporate Complicity: Alternative Forms of Accomplice Liability under the Alien Tort Claims Act, in: New York University Journal of International Law and Politics, Vol.38, S.39-65.

Macklem, Patrick (2005): The Right of Bargain Collectively in International Law: Workers´ Right, Human Right, International Right?, in: Alston, Philip (Ed.): Labour Rights as Human Rights, Oxford, S.61-84.

Maier, Harold G. (1982): Extraterritorial Jurisdiction at a Crossroads: An Intersection between Public and Private International Law, in: American Journal of International Law, Vol.76, S.280- 320.

Malanczuk, Peter (1997): Akehurst´s Modern Introduction to International Law, 7th edition, London.

Malik, Mahnaz (2006): Time for a Change, Germany's Bilateral Investment Treaty Programme and Development Policy, Dialogue on Globalisation, Occasional Papers Nr.27, Genf.

Mann, Frederick (1992): Foreign Investment in the International Court of Justice: the *ELSI* Case, in: American Journal of International Law, Vol.86, S.92-102.

Ders. (1986): Zur staatlichen Hoheitsgewalt über ausländische Tochtergesellschaften und Zweigniederlassungen inländischer Unternehmen, in: Schweizerische Juristen-Zeitung, S.21-28.

Ders. (1984): The Doctrine of international Jurisdiction revisited after twenty years, in: Recueil des Cours, Collected Courses of the Hague Academy of International Law 1984, III, Tome 186, Den Haag u.a., S.19-99.

Mann, Howard (2008): International Investment Agreements, Business and Human Rights: Key Issues and Opportunities; abrufbar unter www.iisd.org/investment.

Ders. (2005): The Final Decision in Methanex v. United States: Some New Wine in Some New Bottles; abrufbar unter www.iisd.org/investment.

Mann, Howard/ *Moltke*, Konrad von (2005): A Southern Agenda on Investment? Promoting Development with Balanced Rights and Obligations for Investors, Host States and Home States; International Institute for Sustainable Development (IISD), Winnipeg.

Mann, Howard/ *von Moltke*, Konrad/ *Peterson*, Luke Eric/ *Cosbey*, Aaron (2006): IISD Model International Agreement on Investment for Sustainable Development Negotiators' Handbook, 2nd Edition, Winnipeg.

Mark, Jürgen/ *Ziegenhain*, Hans-Jörg (1992): Der Gerichtsstand des Vermögens im Spannungsfeld zwischen Völkerrecht und deutschem internationalen Prozessrecht, in: Neue Juristische Wochenschrift, S.3062-3063.

Maunz, Theodor/ *Dürig*, Günter (Hrsg.)(2010): Grundgesetz, Kommentar, München.

(Zitiert: *Bearbeiter* in: Maunz/Dürig (2010), Art... Rn...)

Mayer, Matthias (2005): Untermaß, Übermaß und Wesensgehaltsgarantie, Die Bedeutung staatlicher Schutzpflichten für den Gestaltungsspielraum des Gesetzgebers im Grundrechtsbereich, Baden-Baden.

Melish, Tara J. (2006): Rethinking the "Less as More" Thesis: Supranational Litigation of Economic, Social and Cultural Rights in the Americas, in: New York University Journal of International Law and Politics, Vol.39, S.171-344.

Meessen, Karl M. (1996): Extraterritorial Jurisdiction in Theory and Practice, London.

Ders. (1975): Völkerrechtliche Grundsätze des internationalen Kartellrechts, Baden-Baden.

Meng, Werner (1997): Wirtschaftssanktionen und staatliche Jurisdiktion – Grauzonen im Völkerrecht, Zeitschrift für ausländisches öffentliches Recht und Völkerrecht, S.269-327.

Ders. (1994): Extraterritoriale Jurisdiktion im öffentlichen Wirtschaftsrecht, Berlin.

Ders. (1989): Regeln über die Jurisdiktion der Staaten im amerikanischen Restatement (Third) of the Foreign Relations Law, Archiv des Völkerrechts, S.156-194.

Ders. (1984): Völkerrechtliche Zulässigkeit und Grenzen wirtschaftsverwaltungsrechtlicher Hoheitsakte mit Auslandswirkung, in: Zeitschrift für ausländisches öffentliches Recht und Völkerrecht, S.675-783.

Meron, Theodor (1995): Extraterritoriality of Human Rights Treaties, in: American Journal of International Law, Vol.89, S.78-82.

Ders. (Ed.)(1992): Human Rights in International Law: Legal and Policy Issues, Oxford.

Ders. (1989): Human Rights and Humanitarian Norms as Customary Law, Oxford.

Ders. (1976): Investment Insurance in International Law, New York/Leiden.

Merten, Detlef/ *Papier*, Hans-Jürgen (Hrsg.)(2006): Handbuch der Grundrechte in Deutschland und Europa, Band II, Grundrechte in Deutschland: Allgemeine Lehren I, Heidelberg.

(Zitiert: *Bearbeiter* in: Merten/Papier §... Rn...)

Metzger, Stanley D. (1971): Nationality of Corporate Investment under Investment Guaranty Schemes – The Relevance of Barcelona Traction, in: American Journal of International Law, Vol.65, S.532-543.

Morgenstern, Felice/ *Knapp*, Blaise (1978): Multinational Enterprises and the Extraterritorial Application of Labour Law, in: International and Comparative Law Quarterly, Vol.27, S.769-793.

Mountfield, Helen (2002): Regulatory Expropriations in Europe: The Approach of the European Court of Human Rights, in: New York University Environmental Law Journal, Vol.11, S.136-147.

Muchlinski, Peter (2007): Multinational Enterprises and the Law, 2nd edition, Oxford.

Ders. (2006): "CAVEAT investor"? The Relevance of the Conduct of the Investor under the Fair and Equitable Treatment Standard, in: International and Comparative Law Quarterly, Vol.55, S.527-557.

Ders. (2001): Human Rights and Multinationals: Is there a Problem?, in: International Affairs, Vol.77, S.31-47.

Muchlinski, Peter/ *Ortino*, Frederico/ *Schreuer*, Christoph (Eds.)(2008): The Oxford Handbook of International Investment Law, Oxford.

Multilateral Investment Guarantee Agency (MIGA):

- Multilateral Investment Guarantee Agency's Policy on Social and Environmental Sustainability, 2007.

(Zitiert: MIGA (2007), Policy on Social and Environmental Sustainability)

- Multilateral Investment Guarantee Agency´s Performance Standards on Social and Environmental Sustainability, 2007.

(Zitiert: MIGA (2007), Performance Standards on Social and Environmental Sustainability)

von Münch, Ingo/ *Kunig*, Philip (Hrsg.)(2000): Grundgesetz-Kommentar, Band 1, München.

(Zitiert: *Bearbeiter* in: von Münch/Kunig (2000), Art... Rn...)

Nam, Chu Yun Juliana (2006): Competing for Foreign Direct Investment through the Creation of Export Processing Zones: The Impact on Human Rights, in: De Schutter, Olivier (Ed.): Transnational Corporations and Human Rights, Oxford/Portland, S.161-181.

Newcombe, Andrew (2007): The Boundaries of Regulatory Expropriation in International Law, in: *Kahn*, Philippe/ *Wälde*, Thomas (Eds.): Les aspects nouveaux du droit des investissements internationaux/New Aspects of International Investment Law, Leiden/Boston, S.391-449.

Nieuwenhuys, Eva C./ *Brus*, Marcel M.T.A. (Eds.)(2001): Multilateral Regulation of Investment, Den Haag u.a.

Nolte, Georg (2006): Universal Jurisdiction in the Area of Private Law – the Alien Tort Claims Act, in: Tomuschat, Christian/Thouvenin, Jean-Marc (Eds.): The Fundamental Rules of the International Legal Order, *Jus Cogens* and Obligations *Erga omnes*, Leiden/Boston, S.373-384.

Nowak, Manfred (2005): U.N. Covenant on Civil and Political Rights, CCPR Commentary, 2'Auflage, Kehl.

Nowrot, Karsten (2006): Normative Ordnungsstruktur und private Wirkungsmacht, Konsequenzen der Beteiligung transnationaler Unternehmen an den Rechtssetzungsprozessen im internationalen Wirtschaftssystem, Berlin.

Ders. (2003): Die UN-Norms on the Responsibility of Transnational Corporations and Other Business Enterprises with Regard to Human Rights – Gelungener Beitrag zur transnationalen Rechtsverwirklichung oder das Ende des Global Compact?, in: Beiträge zum transnationalen Wirtschaftsrecht, Heft 21.

Office of the United Nations High Commissioner for Human Rights (OHCHR):

- Special Representative of the United Nations Secretary-General (SRSG) on the issue of Human Rights and Transnational Corporations and Other Business Enterprises, State Responsibilities to Regulate and Adjudicate Corporate Activities under the United Nations´ Core Human Rights Treaties, Individual Report on the International Covenant on Economic, Social and Cultural Rights, Report No.2, 2007.

(Zitiert: *OHCHR* (2007): ICESCR)

- Report of the Special Representative of the United Nations Secretary-General (SRSG) on the issue of Human Rights and Transnational Corporations and Other Business Enterprises, Human Rights Policies of Chinese Companies: Results from a Survey, 2007.

(Zitiert: *OHCHR* (2007): Human Rights Policies of Chinese Companies)

- Report of the Special Representative of the United Nations Secretary-General (SRSG) on the issue of Human Rights and Transnational Corporations and other Business Enterprises, Business and Human Rights: Mapping International Standards of Responsibility and Accountability for Corporate Acts, 2007.

(Zitiert: *OHCHR* (2007): Business and Human Rights)

- Interim Report of the Special Representative of the Secretary-General (SRSG) on the issue of human rights and transnational corporations and other business enterprises, Promotion and Protection of Human Rights, 2006.

(Zitiert: *OHCHR* (2006), Promotion and Protection of Human Rights)

- Human Rights and World Trade Agreements, Using general exception clauses to protect human rights, 2005.

(Zitiert: *OHCHR* (2005): Human Rights and World Trade Agreements)

Organisation for Economic Cooperation and Development (OECD):

- "Indirect Expropriation" and the "Right to Regulate" in International Investment Law, Working Papers on International Investment, Number 2004/4.

(Zitiert: OECD (2004), Indirect Expropriations and the Right to Regulate)

- Multinational Enterprises in Situations of Violent Conflict and Widespread Human Rights Abuses, Working Papers on International Investment, Number 2002/1.

(Zitiert: OECD (2002), Multinational Enterprises in Situations of Conflict)

Oxman, Bernhard (1997): Jurisdiction of States, in: Bernhardt, Rudolf (Ed.): Encyclopedia of Public International Law, Vol.III, Amsterdam u.a., S.55-60.

Pagnattaro, Marisa Anne (2004): Enforcing International Labor Standards: The Potential of the Alien Tort Claims Act, in: Vanderbilt Journal of Transnational Law, Vol.37, S.203-263.

Paul, Joel R. (2000/2001): Holding Multinational Corporations Responsible Under International Law, in: Hasting International and Comparative Law Review, Vol.24, S.285-296.

Perkams, Markus (2008): Piercing the Veil in International Investment Agreements, in: Reinisch, August/ Knahr, Christina (Eds.): International Investment Law in Context, Utrecht, S.93-114.

Petersmann, Ernst-Ulrich (2006): Human Rights, Constitutionalism and the World Trade Organisation: Challenges for World Trade Organization Jurisprudence and Civil Society, in: Leiden Journal of International Law, Vol. 19, S.633-667.

Peterson, Luke Eric (2005): The Global Governance of Foreign Direct Investment: Madly Off in All Directions, in: Dialogue on Globalization, Occasional Papers No.19.

Ders. (2006): South Africa's Bilateral Investment Treaties, Implications for Development and Human Rights, in: Dialogue on Globalization, Occasional Papers No.26.

Ders. (2007): Investment Treaty News: 2006 – A Year in Review, abrufbar unter:

www.iisd.org/pdf/2007/itn_year_review_2006.pdf.

Peterson, Luke Eric/ *Gray*, Kevin R. (2005): International Human Rights in Bilateral Investment Treaties and in Investment Treaty Arbitration, Research Paper IISD.

Pradhan, Jaya Prakash (2006): Quality of Foreign Direct Investment, Knowledge Spillovers and Host Country Productivity, A Framework of Analysis; ISID Working Paper, No. 2006/09, Institute for Studies in Industrial Development, New Delhi.

Ratner, Steven R. (2008): Regulatory Takings in Institutional Context: Beyond the Fear of Fragmented International Law, in: American Journal of International Law, Vol.102, S.475-528.

Ders. (2001): Corporations and Human Rights: A Theory of legal Responsibility, in: Yale Law Journal, Vol.111, S.443-545.

Reinisch, August/ *Knahr*, Christina (Eds.)(2008): International Investment Law in Context, Utrecht.

Reinisch, August/ *Kriebaum*, Ursula (Eds.)(2007): The Law of International Relations – Liber Amicorum Hanspeter Neuhold, Utrecht.

Riedel, Eibe (2003): Verhandlungslösungen im Rahmen des Sozialpakts der Vereinten Nationen, in: Koenig, Christian/Lorz, Ralph Alexander (Hrsg.): Die Universalität der Menschenrechte, Philosophische Grundlagen, Nationale Gewährleistungen, Internationale Garantien, Berlin, S.389-404.

Rindler, Heinz (1999): Der Schutz von Auslandsinvestitionen durch die MIGA unter besonderer Berücksichtigung der Beteiligungsgarantie des Bundes und des völkerrechtlichen Investitionsschutzes, Wien.

Rossi, Matthias (2007): Extraterritorial geschlossene Verwaltungsverträge, in: Archiv des Völkerrechts, S.115-135.

Rowat, Malcom (1992): Multilateral Approaches to Improving the Investment Climate of Developing Countries: The Case of ICSID and MIGA, in: Harvard International Law Journal, S.103-144.

Rudolf, Beate (Hrsg.)(2007): Menschenrecht Wasser?, Frankfurt am Main u.a.

Sacerdoti, Giorgio (1997): Bilateral Treaties and Multilateral Instruments on Investment Protection, in: Recueil des Cours, Collected Courses of the Hague Academy of International Law 1997, Tome 269, Den Haag u.a., S.261-455.

Ders. (1989): Barcelona Traction Revisited: Foreign-Owned and Controlled Companies in International Law, in: Dinstein, Yoram (Ed.): International Law at a Time of Perplexity, Essays in Honour of Shabtei Rosenne, Dordrecht u.a., S. 699-716.

Salacuse, Jeswald W. (2010): The Law of Investment Treaties, Oxford.

Salacuse, Jeswald W./ *Sullivan*, Nicholas (2005): Do BITs really work?: An Evaluation of Bilateral Investment Treaties and Their Grand Bargain, in: Harvard International Law Journal, Vol.46, S.67-130.

Salomon, Margot E. (2007): Global Responsibility for Human Rights, World Poverty and the Development of International Law, Oxford.

Salomon, Margot E./ *Tostensen*, Arne/ *Vandenhole*, Wouter (Eds.)(2007): Casting the Net Wider: Human Rights, Development and New Duty-Bearers, Antwerpen/Oxford.

Salow, Jochen (1984): Bundesgarantien für Kapitalanlagen im Ausland und internationaler Investitionsschutz, München.

Sands, Philippe (2003): Principles of International Environmental Law, 2nd Edition, Cambridge.

Saner, Raymond/ *Páez*, Laura (2006): Technical Assistance to Least-Developed Countries in the Context of the Doha Development Round: High Risk of Failure, in: Journal of World Trade, Vol.40, S.467-494.

Satzger, Helmut (2010): Internationales und Europäisches Strafrecht, 4.Auflage, Baden-Baden.

Sauvant, Karl P. (2005): New Sources of FDI: The BRICs, Outward FDI from Brazil, Russia, India and China, in: Journal of World Investment and Trade, Vol.6, S.639-709.

Schachter, Oscar (1982): International Law in Theory and Practice, Chapter XV: International Human Rights, Recueil des Cours, Collected Courses of The Hague Academy of International Law, 1982-V, S.327-351.

Schack, Haimo (2010): Internationales Zivilverfahrensrecht, 5.Auflage, München.

Scheinin, Martin (1995): Economic and Social Rights as Legal Rights, in: Eide, Asbjorn u.a. (Eds.): Economic, Social and Cultural Rights, A Textbook, Dordrecht, S.41-62.

Schermers, Henry G./ *Blokker*, Niels M. (2003): International Institutional Law, Unity within Diversity, 4th Edition, Boston/Leiden.

Schill, Stephan (2005): Völkerrechtlicher Investitions- und Eigentumsschutz in der ICSID-Entscheidung TECMED, in: Recht der Internationalen Wirtschaft, S.330-336.

Schilling, Theodor (2010): Internationaler Menschenrechtsschutz, Universelles und europäisches Recht, 2. Auflage, Tübingen.

Schmalenbach, Kirsten (2001): Multinationale Unternehmen und Menschenrechte, in: Archiv des Völkerrechts, S.57-81.

Schneider, Jakob (2004): Die Justiziabilität wirtschaftlicher, sozialer und kultureller Rechte, Berlin.

Schöbener, Burkhard/ *Herbst*, Jochen/ *Perkams*, Markus (2010): Internationales Wirtschaftsrecht, Heidelberg.

Schöber, Michael (1994): Die Multilateral Investment Guarantee Agency (MIGA) der Weltbank, Auswirkungen des internationalen Vertrages, München.

Schreuer, Christoph (2009): The ICSID Convention: A Commentary on the Convention on the Settlement of Investment Disputes between States and Nationals of Other States, 2nd edition, Cambridge.

Ders. (2005a): The Concept of Expropriation under the ECT and other Investment Protection Treaties, in: Investment Arbitration and the Energy Charter Treaty, S.108-159.

Ders. (2005b): Fair and Equitable Treatment in Arbitral Practice, in: Journal of World Investment and Trade, Vol.6, S.357-386.

Ders. (1998): Access to ICSID Dispute Settlement for Locally Incorporated Companies, in: Weiss, Friedl u.a. (Eds.): International Economic Law with a Human Face, Den Haag u.a., S.497-512.

Schwarze, Jürgen (1994): Die Jurisdiktionsabgrenzung im Völkerrecht, Neuere Entwicklungen im internationalen Wirtschaftsrecht, Baden-Baden.

Schweisfurth, Theodor (2006): Völkerrecht, Tübingen.

Seibert-Fohr, Anja (2003): Die Deliktshaftung von Unternehmen für die Beteiligung an im Ausland begangenen Völkerrechtsverletzungen, Anmerkungen zum Urteil Doe I v. Unocal Corp. des US Court of Appeal (9th Circuit), in: Zeitschrift für ausländisches öffentliches Recht und Völkerrecht, S.154-204.

Seibert-Fohr, Anja/ *Wolfrum*, Rüdiger (2005): Die einzelstaatliche Durchsetzung völkerrechtlicher Mindeststandards gegenüber transnationalen Unternehmen in: Archiv des Völkerrechts, S.153-186.

Seidl-Hohenveldern, Ignaz (1987): Corporations in and under International Law, Cambridge.

Ders. (1999): International Economic Law, 3rd Edition, Den Haag u.a.

Seidl-Hohenveldern, Ignaz/ *Loibl*, Gerhard (2000): Das Recht der Internationalen Organisationen einschließlich der Supranationalen Gemeinschaften, 7.Auflage, Köln u.a.

Sekler, Nicola (2003): Bilaterale Investitionsabkommen und deutsche Außenwirtschaftsförderung, in: Auslandsinvestitionen und Unternehmensverantwortung zwischen ökonomischer Liberalisierung und sozial-ökologischer Regulierung, Herausgeber: DGB-Bildungswerk e.V.; terre des hommes; Weed e.V.

Sengupta, A. (2002): On the Theory and Practice on the Right to Development, in: Human Rights Quarterly, Vol.24, S.837-889.

Sepulveda, Magdalena (2006): Obligations of International Assistance and Cooperation in an Optional Protocol to the ICESCR, in: Netherland Quarterly of Human Rights, Vol.24/2, S.271-303.

Dies. (2003): The Nature of the Obligations under the International Covenant on Economic, Social and Cultural Rights, Antwerpen u.a.

Servais, Jean-Michel (2005): International Labour Law, Den Haag.

Shaw, Malcolm N. (2008): International Law, 6th Edition, Cambridge.

Shemberg, Andrea (2008): Stabilization Clauses and Human Rights; abrufbar unter:

www.ifc.org/ifcext/sustainability.nsf/AttachmentsByTitle/p_StabilizationClausesandHuman Rights/$FILE/Stabilization+Paper.pdf.

Shihata, Ibrahim (1988): MIGA and Foreign Investment, Origins, Operations, Policies and Basic Documents of the Multilateral Investment Guarantee Agency, Dordrecht u.a.

Siebelt, Johannes (1994): Garantien für Kapitalanlagen im Ausland, in: Neue Juristische Wochenschrift, S.2860-2863.

Simma, Bruno (Ed.)(2002): The Charter of the United Nations, A Commentary, Oxford.

(Zitiert: *Bearbeiter* in: Simma (2002), Art... Rn...)

Ders. (Hrsg.) (1991): Charta der Vereinten Nationen, Kommentar, München.

(Zitiert: *Bearbeiter* in: Simma (1991), Art... Rn...)

Simma, Bruno/ *Alston*, Philip (1988/1989): The Sources of Human Rights Law: Custom, Jus Cogens, and General Principles, in: Australian Yearbook of International Law, Vol.12, S.82-108.

Simma, Bruno/ *Khan*, Daniel-Erasmus (1998): Die Berücksichtigung menschenrechtlicher Gesichtspunkte bei der Auslegung und Anwendung nationaler Vorschriften zur Steuerung der grenzüberschreitenden Wirtschaftstätigkeit, in: Festschrift für Wolfgang Fikentscher zum 70. Geburtstag, herausgegeben von Großfeld, Bernhard/ Sack, Rolf/ Möllers, Thomas u.a., Tübingen, S.1009-1029.

Skogly, Sigrun (2006): Beyond national borders: States' human rights obligations in international cooperation, Antwerpen/Oxford.

Dies. (2001): The Human Rights Obligations of the World Bank and the International Monetary Fund, London/Sydney.

Skogly, Sigrun/ *Mark*, Gibney (2002): Transnational human rights obligations, in: Human Rights Quarterly, Vol.24, S.781-798.

Sornarajah, Muthucumaraswany (2010): The International Law on Foreign Investment, 3rd Edition, Cambridge.

Stahn, Carsten (2007): Responsibility to Protect: Political Rhetoric of Emerging Legal Norm?, in: American Journal of International Law, Vol.101, S.99-120.

Stendar, Heike (2004): Überschneidungen im internationalen Menschenrechtsschutz, Zum Problem des overlapping von materiellen Garantien und Kontrollmechanismen, Berlin.

Stein, Thorsten/ *von Buttlar*, Christian (2009): Völkerrecht, 12.Auflage, Köln.

Stephans, Beth (2002): The Amorality of Profit: Transnational Corporations and Human Rights, in: Berkeley Journal of international Law, Vol.45, S.45-90.

Dies. (2000/2001): Corporate Liability: Enforcing Human Rights through Domestic Litigation in: Hastings International and Comparative Law Review, Vol.24, S.401-413.

Dies. (1997): Expanding Remedies for Human Rights Abuses: Civil Litigation in Domestic Courts, in: German Yearbook of International Law, Vol.40, S.117-140.

Stern, Klaus (1988): Das Staatsrecht der Bundesrepublik Deutschland, Band III/1, Allgemeine Lehren der Grundrechte, München.

Stone, Katherine (1996): Labour in the Global Economy in: Bratton, William u. a. (Eds.): International Regulatory Competition and Coordination, Perspectives on Economic Regulation in Europe and the United States, S.445 ff.

Streinz, Rudolf (2010): Europarecht, 9.Auflage, Heidelberg.

Súarez Franco, Ana Maria (2010): Die Justiziabilität wirtschaftlicher, sozialer und kultureller Menschenrechte, Frankfurt am Main u.a.

Suda, Ryan (2006): The Effect of Bilateral Investment Treaties on Human Rights Enforcement and Realization, in: De Schutter, Olivier (Ed.): Transnational Corporations and Human Rights, Oxford/Portland, S.73-160.

Terhechte, Philipp (2010): Art. 351 AEUV, das Loyalitätsgebot und die Zukunft mitgliedstaatlicher Investitionsschutzverträge nach Lissabon, in: Europarecht, Heft 4, S.517-531.

Terry, John (2001): Taking Filartiga on the Road: Why Courts Outside the United States Should Accept Jurisdiction Over Actions Involving Torture Committed Abroad, in: Scott, Craig (Ed.): Torture as Tort, Comparative Perspectives on the Developement of Transnational Human Rights Litigation, Oxford/Portland, S.109-133.

Theodorou, Heleni (2001): Investitionsschutzverträge vor Schiedsgerichten, Berlin.

Tietje, Christian (2010): EU-Investitionsschutz und –förderung zwischen Übergangsregelungen und umfassender europäischer Auslandsinvestitionspolitik, in: Europäische Zeitschrift für Wirtschaftsrecht, Heft 17, S.647-652.

Ders. (Hrsg.)(2009): Internationales Wirtschaftsrecht, Berlin.

Ders. (2003): Grundstrukturen und aktuelle Entwicklungen des Rechts der Beilegung internationaler Investitionsstreitigkeiten, in: Arbeitspapiere aus dem Institut für Wirtschaftsrecht, Martin-Luther-Universität Halle-Wittenberg, Heft 10.

Tomuschat, Christian (2008): Human Rights, Between Idealism and Realism, 2nd edition, Oxford.

Ders. (2001): International Law: ensuring the survival of mankind on the eve of a new Century. General course of public international law, Collected Courses of the Hague Academy of International Law, 1999, Den Haag.

Tomuschat, Christian/ *Thouvenin*, Jean-Marc (Eds.)(2006): The Fundamental Rules of the International Legal Order, *Jus Cogens* and Obligations *Erga omnes*, Leiden/Boston.

Torres, Melissa (2003/2004): Labour Rights and the ATCA: Can the ILO´s Fundamental Rights be Supported Through ATCA Litigation?, in: Columbia Journal of Law and Social Problems, Vol.37, S.447-484.

United Nations Conference on Trade and Development (UNCTAD):

- World Investment Report 2010 – Investing in a Low-Carbon Economy.

(Zitiert: *UNCTAD*, World Investment Report 2010)

- World Investment Report 2008 – Transnational Corporations and the Infrastructure Challenge.

(Zitiert: *UNCTAD*, World Investment Report 2008)

- World Investment Report 2007 – Transnational Corporations, Extractive Industries and Development.

(Zitiert: *UNCTAD*, World Investment Report 2007)

- World Investment Report 2006 – FDI from Developing and Transition Economics: Implications for Development.

(Zitiert: *UNCTAD*, World Investment Report 2006)

- World Investment Report 1999 – Foreign Direct Investment and the Challenge of Development.

(Zitiert: *UNCTAD*, World Investment Report 1999)

- World Investment Report 1994 – Transnational Corporations, Employment and the Workplace.

(Zitiert: *UNCTAD*, World Investment Report 1994)

UN-Wirtschafts- und Sozialrat (ECOSOC): Economic, social and cultural rights: Human Rights, Trade and Investment, Report of the High Commissioner for Human Rights, 2003.

(Zitiert: *UN Wirtschafts- und Sozialrat* (2003), Human Rights, Trade and Investment)

Vagts, Detlev F. (1970): The Multinational Enterprise: A New Challenge for Transnational Law, in: Harvard Law Review, Vol.83, S.739-792.

Ders. (1998): The Political Economy of a Bilateral Investment Treaty, in: The American Journal of International Law, Vol.92, S.621-641.

Veenstra-Kjos, Hege Elisabeth (2007): Counter-Claims by Host States in Investment Dispute Arbitration "Without Privity", in: Kahn, Philippe/Wälde, Thomas (Eds.): Les aspects nouveaux du droit des investissements internationaux/New Aspects of International Investment Law, Leiden/Boston, S.597-628.

Verdross, Alfred/ *Simma*, Bruno (1984): Universelles Völkerrecht: Theorie und Praxis, 3. Auflage, Berlin.

Vermeer-Künzli, Annemarieke (2007a): *Diallo* and the Draft Articles: The Application of the Draft Articles on Diplomatic Protection in the *Ahmadou Sadio Diallo* Case, in: Leiden Journal of International Law, Vol.20, S.941-954.

Dies. (2007b): As If: The Legal Fiction in Diplomatic Protection, in: European Journal of International Law, Vol.18, S.37-68.

Vierdag, E.W. (1978): The Legal Nature of the Rights Granted by the International Covenant on Economic, Social and Cultural Rights, in: Netherlands Yearbook of International Law, Vol.IX, S.69-105.

Wagner, Niklas Dominik (2001): Internationaler Schutz sozialer Rechte, Die Kontrolltätigkeit des Sachverständigenausschusses der IAO, Baden-Baden.

Wälde, Thomas (2006): New Aspects of International Investment Law, in: Kahn, Philippe/ Wälde, Thomas (Eds.): Les aspects nouveaux du droit des investissements internationaux/New Aspects of International Investment Law, Leiden/Boston, S.63-154.

Wälde, Thomas/ *Kolo*, Abba (2001): Environmental Regulation, Investment Protection and Regulatory Taking in International Law, in: International and Comparative Law Quarterly, Vol.50, S.811-848.

Wallace, Cynthia Day (2002): The Multinational Enterprise and Legal Control, Host State Sovereignty in an Era of Economic Globalization, Den Haag u.a.

Weiler, Todd (2004): Balancing Human Rights and Investor Protection: A New Approach for a Different Legal Order, in: Boston College International and Comparative Law Review, Vol.27, S.429-452.

Weiner, Allen S. (2003): Indirect Expropriations: The Need for a Taxonomy of "Legitimate" Regulatory Purposes, in: International Law FORUM du droit international Vol.5, S.166-175.

Weiss, Friedl/ *Denters*, Erik/ *de Waart*, Paul (Eds.)(1998): International Economic Law with a Human Face, Den Haag u.a.

Weissbrodt, David/ *Kruger*, Muria (2003): Current Developments: Norms on the Responsibility of Transnational Corporations and other Business Enterprises with Regard to Human Rights, in: American Journal or International Law, Vol. 97, S.901-922.

Werle, Gerhard (2008): Völkerstrafrecht, 2.Auflage, Tübingen.

Weschka, Marion (2006): Human Rights and Multinational Enterprises: How can multinational Enterprises be held responsible for Human Rights Violations Committed Abroad?, in: Zeitschrift für ausländisches öffentliches Recht und Völkerrecht, S.625-661.

Weschke, Katrin (2001): Internationale Instrumente zur Durchsetzung der Menschenrechte, Berlin.

Weston, Burns (1981): U.S. Ratification of the International Covenant on Economic, Social and Cultural Rights: With or Without Qualifications, in: Lillich, Richard B. (Ed.): U.S. Ratification of the Human Rights Treaties, With or Without Reservations?, Charlottesville, S.27-54.

Ders. (1975): „Constructive Takings" under International Law: A Modest Foray into the Problem of „Creeping Expropriation", in: Virginia Journal of International Law, Vol.16, S.103-175.

Wolf, Joachim (1997): Die Haftung der Staaten für Privatpersonen nach Völkerrecht, Berlin.

Wythes, Annika (2010): Investor-State Arbitrations: Can the `Fair and Equitable Treatment´ Clause Consider International Human Rights Obligations?, in: Leiden Journal of International Law, Vol. 23, S.241-256.

Zerk, Jennifer A. (2006): Multinationals and Corporate Social Responsibility. Limitations and Opportunities in International Law, Cambridge.

Zia-Zarifi, Saman (2001): Protection without Protectionism. Linking a Multilateral Investment Treaty and Human Rights, in: Nieuwenhuys, Eva C./ Brus, Marcel M.T.A. (Eds.): Multilateral Regulation of Investment, Den Haag u.a, S.101-135.

Ziegenhain, Hans-Jörg (1992): Extraterritoriale Rechtsanwendung und die Bedeutung des Genuine-Link-Erfordernisses, Eine Darstellung der deutschen und amerikanischen Staatenpraxis, München.

Ziekow, Jan (2007): Faires Beschaffungswesen in Kommunen und die Kernarbeitsnormen, Bonn.